山西省高校优秀青年带头人项目

中东城市民族社团 与宗教社团研究

ZHONGDONG CHENGSHI MINZU SHETUAN
YU ZONGJIAO SHETUAN YANJIU

车效梅 续亚彤 ◎ 著

中国社会科学出版社

图书在版编目（CIP）数据

中东城市民族社团与宗教社团研究 / 车效梅，续亚彤著 . —北京：中国
社会科学出版社，2015.2

ISBN 978 - 7 - 5161 - 5804 - 3

Ⅰ . ①中⋯　Ⅱ . ①车⋯②续⋯　Ⅲ . ①城市 – 民族地区 – 社会团体 –
研究 – 中东②城市 – 宗教团体 – 研究 – 中东　Ⅳ . ①C233.7②B928.37

中国版本图书馆 CIP 数据核字（2015）第 056434 号

出 版 人	赵剑英
责任编辑	任　明
特约编辑	乔继堂
责任校对	王佳玉
责任印制	何　艳

出　　版	中国社会科学出版社
社　　址	北京鼓楼西大街甲 158 号
邮　　编	100720
网　　址	http://www.csspw.cn
发 行 部	010 - 84083685
门 市 部	010 - 84029450
经　　销	新华书店及其他书店

印刷装订	北京市兴怀印刷厂
版　　次	2015 年 2 月第 1 版
印　　次	2015 年 2 月第 1 次印刷

开　　本	710×1000　1/16
印　　张	21
插　　页	2
字　　数	355 千字
定　　价	75.00 元

序 言 一

黄民兴

城市是人类文明发展的结晶。它既是人口聚集的空间，也是政治生活、经济活动、文化生活、社会交往的中心，交通运输的枢纽。以人口构成而言，城市具有多元化的突出特点，表现为民族、信仰、国籍、肤色、服饰等的丰富多元，而这种多元性的程度直接揭示出城市的规模和地位。

中东是欧亚非三大洲的交会处，是民族迁徙的十字路口。同时，中东也是世界宗教的摇篮，是犹太教、基督教和伊斯兰教三大一神教的发源地。因此，民族社团与宗教社团（包括教派社团）自然构成中东城市不可分割的一大特色，它们深深地融入了中东城市的血脉，塑造了它们的风貌。那一座座高耸入云的清真寺和教堂，构成了中东城市最显眼的地标，描绘出了城市的地平线，而宣礼塔的礼拜呼唤和教堂的清脆钟声组成了城市最普通也是最感人的乐符。1998 年 4 月，当笔者漫步在耶路撒冷老城的街头，古旧的街道和随处可见的清真寺、教堂、犹太会堂给人一种肃穆庄重的感觉，仿佛已经定格在历史的沧桑中，"宗教圣城"这一字眼突然变得鲜活起来。

山西师范大学是中国研究中东城市的重镇，以车效梅教授为首的研究团队多年来对中东伊斯兰城市的起源、类型、特点、现代化过程、全球化进程以及开罗、伊斯坦布尔、德黑兰等城市个案进行了卓有成效的研究，取得了丰硕成果，培养了大批人才，填补了国内空白。而本书标志着该团队对中东城市的研究进入了一个新领域——中东城市的民族社团与宗教社团。书稿对影响中东城市民族社团与宗教社团的背景进行了分析，包括上述社团的起源、伊斯兰时代的民族社团与宗教社团、西方化的冲击、现代中东民族国家时代的城市民族社团与宗教社团。同时，书稿的主要内容涉及中东城市民族社团与宗教社团的个案研究,包括亚历山大里亚、巴格达、伊斯坦布尔、新朱尔法、耶路撒冷和阿勒颇等。因此,本书运用丰富的外文资料,从全景与个案的不同角度为读者展示了中东主要国家的城市民族社团与宗教社团的历史演变过程,弥补了国内研究的空白。毋庸置疑,本书对于我们认识中东国家的民族宗教状况具有十分重要的意义。

不过,本书仍然存在不足。例如,所选择的个案均为不同城市的单一社团(并且没有穆斯林社团,如什叶派),而没有对某个城市的民族社团与宗教社团的全面分析。这有待于今后的努力了。

民族宗教问题是中东研究的一个重要方面,同时本书也是中东社会史研究的一项最新成果。希望以后该领域有更多更好的成果问世。

是为序。

黄民兴(西北大学中东研究所所长、教授、博士生导师)

2014 年 7 月 11 日

序 言 二

毕健康

中东，地跨欧洲、亚洲和非洲三大洲，"旧世界"的轴心，一片神奇而神秘的土地。

位于地中海东岸一隅的巴勒斯坦，不到3万平方公里的蕞尔之地，孕育出世界两大天启一神教——犹太教和基督教，旋即又成为伊斯兰教的圣土。

从巴勒斯坦地区放眼四周，中东的宗教之缘生动而鲜活地展现在我们的眼前。从巴勒斯坦向西南瞭望，广袤的西奈半岛沙漠尽收眼底，犹太教限制先知摩西带领犹太人逃出埃及，在西奈山接受"摩西十戒"。由此，西奈半岛便与犹太教和犹太人结下了不解之缘。"尼罗河的赠礼"埃及，自古以来宗教绵延不绝，从法老时代的太阳神崇拜，演变为基督教亚历山大里亚教会（正统派）和一性论的科普特教会。7世纪中叶以来，埃及又开启了伊斯兰化和阿拉伯化的历史进程。

在贫瘠而干燥的阿拉伯半岛，伊斯兰教先知穆罕默德于7世纪初得奉天启，伊斯兰教应时而生。阿拉伯人以宗教为纽带，团结奋发，南征北战，阿拉伯大帝国横跨欧、亚、非三大洲，改变了世界历史进程，为人类文明的传承、创新与发展做出了伟大贡献。

两河流域与伊朗自古以来交往密切。在古代伊朗，先知琐罗亚斯德出身米底王国贵族之家，20岁时出家隐居，30岁左右时得到神的启示，二元神论的琐罗亚斯德教（又称祆教、拜火教）开始在广阔的西亚地区传播。据说，琐罗亚斯德教对犹太教和基督教都产生了深远影响。

诚如我国世界史大家彭树智教授指出：文明的生命在交往，交往的价值在文明。中东是世界文明的摇篮。世界四大文明摇篮中，中东独占其二——埃及和两河流域。与此同时，中东文明的辉煌，恰恰是文明交往的产物。古代埃及的文明，向北与克里特文明，向东与巴勒斯坦地区和两河流域乃至伊朗文明密切交往，共同铸就了古代中东的辉煌文明与灿烂历史。

文明交往的主体，当然是文明实体，承载和创造文明的人类共同体。或许，"民族"这个词汇是近代人类的术语，但是辽阔的中东地区，自古以来就滋生和养育了各种民族或族群。正如车效梅教授所指出，中东地区主要是五大语系即闪含语系、尼罗—撒哈拉语系、阿尔泰语系、印欧语系和高加索语系数十种乃至数百种民族或族群纵横驰骋的大舞台。广袤无际的中亚大草原，是游牧民族策马千里的乐园。蔚蓝洁净的地中海，纤细秀丽的红海，是航海的商人发财的大通道。阿拉伯半岛和西奈半岛炎热难耐的漫漫沙漠，期盼着骆驼商旅清脆的铃声。深邃的星空，辽远而神秘的天际，始终召唤着虔诚的僧侣或伊玛目，云游四海，传播福音，拯救受苦受难的芸芸众生，净化和升华匆忙的人生。

然而，人类是一种多样化的极为复杂的存在。人类文明的发展，从来就是在交往中生存和发展的。一种缺乏交往动力与交往实践的文明，或早或晚都泯灭于无形之中，消失在漫长的历史长河中。人类文明的交往，除商业盈利和传播宗教的驱动外，夺取战利品或建立大帝国的冲动，促使国家之间或族群之间挥戈相向，演绎出一个又一个江山美人的动人故事。一个又一个大帝国兴衰起伏，一个又一个民族或族群崛起衰败。战争是辉煌的，战争是残酷的，战争更是不可避免的历史主旋律。

中东，民族兴衰与宗教兴盛的广阔舞台！

车效梅教授天资聪颖，受业于名师，刻苦钻研，数十年如一日，在中东史领域辛勤耕耘，取得了丰硕成果，令人敬佩！尤其值得一提的是，车教授紧紧地抓住中东伊斯兰教国家的现代化发展大势，以城市化问题为切入点和发力点，孜孜以求，出版了多种有影响力的专题著作，发表了数十篇论文。可以说，以车教授为首的团队，已经初步形成了中国的中东城市研究学派。这个学派以唯物史观为指导，把中东城市发展放到全球化的宏富视野中，把中东历史演进的纵向发展和全球化势不可当的横向拓展有机地结合起来，既考察历史发展的内在动力，又探讨文明交往的外在推动，同时面向未来，着眼于人类文明发展的大趋势。

刚刚拜读车教授的大作《全球化与中东城市发展研究》（人民出版社

2013 年版），又喜迎新作《中东城市民族社团与宗教社团研究》。这部新作，看来是对中东城市研究的细化与深化。但是，笔者在阅读书稿时，除了感佩于作者的勤奋与写作的兴奋外，更感受到多年来久违的另一种滋味，这就是叙述史的魅力。研究中东的民族社团与宗教社团，回归到具体的活生生的生命个体的存在与喜怒哀乐。我尤其喜欢"下篇"，即对民族社团与宗教社团的具体的历史的叙述与书写。正是在这种具体的书写中，让读者分享到这些社团的魅力，社团兴衰的原因不言自明。作者以一种润物细无声的方式，让读者感受社团的魅力。

我喜欢叙述史，让人感到淡淡的清香，又令人震撼和沉静深思的叙述史！

亚历山大里亚的犹太社团，曾经创造出极为辉煌的文明，是连接东方（犹太教及古代埃及文明）与西方（希腊与罗马文明）的桥梁。物是人非，时过境迁，"地中海新娘"——今日的亚历山大又是一种怎样和别样的景致啊！

巴格达的犹太人，在 20 世纪初曾经是最大的少数族群。二三十年代，犹太人在伊拉克的政治生活中，也曾占据相当显赫的地位。可是，到 20 世纪 50 年代初，巴格达的犹太社团便人去楼空，空空如也！何以至此，何以如斯？读者自然可以从品读中找到自己的感觉，得出自己的结论。

其实，人类发展到今天，科技无疑已经极为发达，但是人类的智慧在应对和处理人与人之间的关系，即社会关系和国家间关系上，却显得相当稚嫩。民族与民族之间、国家与国家之间、宗教与宗教之间的包容与共处，是人类智慧面临的直接挑战。科技的发展一日千里，人的道义与时尚也日新月异，但在面对人与人之间的矛盾、冲突与对抗时，人类的进步何其缓慢！几千年过去了，炮火声依然不时震撼我们的耳膜！人类在这方面取得的进步，真的不值得骄傲！

捧读车教授的新作，笔者深深地感到，人类缺乏的不是应对自然的科学与工程技术，而是处理人类自身内部关系的人文精神与宏大气度。人类需要付出更多的精力与智慧，以史为鉴，避免重蹈历史的覆辙，避免历史悲剧的重演。我们要自始至终地把"和""平"二字放在心上，并在政治与生活中真切地践行。"和"者，心平气和，不急不躁，平和地审视自己，看淡人生，尤其是看淡名利。心平气和，笑对世界，于是太阳每日皆新，世界天天美丽。人人平和，自然无须对抗博弈，包容天下，容纳其他民族与国家，携手建设人类的共同家园——越来越小的地球。

　　余天性愚钝，不知何以为文，以述心怀。唯先睹为快，聊表数语，仅一时之心得与感动，权且以为序！

　　　　　　毕健康（中国社会科学院世界历史研究所研究员、博士生导师）

　　　　　　2014 年 7 月 8 日 于北京

目　录

导　　论

人类文明的发源地中东，自古以来为多民族、多宗教相互冲突与融合之地。这里既是犹太教、基督教和伊斯兰教的诞生地，也曾孕育了波斯帝国（公元前6—前3世纪）、阿拉伯帝国（公元7—11世纪）和奥斯曼帝国（公元14世纪—20世纪初）三个地跨亚、非、欧的大帝国。民族、宗教构成的多样性，既缔造了中东独特的文明，也遗留下复杂的民族矛盾与宗教矛盾。诸如阿以争端、黎巴嫩内战、科普特人问题、亚美尼亚问题、犹太人问题、库尔德问题，等等。不仅使中东城市成为当今国际的焦点地区，而且也显现出中东民族问题和宗教问题的复杂性。

一　研究意义与相关概念的界定

中东城市民族社团与宗教社团研究既是一个具有深厚底蕴的历史问题，也是一个与当前中东热点问题有千丝万缕联系的现实课题，同时还是国内中东研究中一个新的命题。宗教和民族的多样性是中东伊斯兰城市的突出特征。同一民族或同一宗教的人们往往住在一个街区，形成社团。这些社团的共同特征是它们深深扎根在某种地域环境中。一部中东史就是一部多民族和多宗教的不断冲突与融合的历史。正是在不断冲突与融合的过程中，中东缔造了一个个大帝国，而每个帝国文明都是中东不同民族和宗教共同创造的结晶。随着中东城市化的迅猛推进，中东城市民族矛盾与宗教矛盾凸显，中东城市民族社团与宗教社团是我们全面了解中东城市和中东国家政局不可或缺的组成部分。

本书试图将中东城市民族社团与宗教社团纳入全球化背景下求源、比较、梳理、解构、定位。从全球视阈探讨中东城市民族社团与宗教社团在城市不同发展时期的不同地位和作用。从文明交往的视角解读希腊罗马时期、中世纪伊斯兰时期、西方文明冲击时期以及独立后中东城市民族社团与宗教社团的发展状况与成因、特点和影响。

在对中东城市的民族社团和宗教社团研究之前，有必要对文章涉及的一些基本概念进行界定。

1. 关于社区、社团、民族社团与宗教社团

"社区"一词最早是由德国社会学家滕尼斯（Ferdinand Tonnies）于1887年在其出版的《社区与社会》（亦称《礼俗社会与法理社会》或《共同体与社会》）一书中提出的。滕尼斯用德文"Gemeinschaft"（共同体）表示"社区"。他认为"社区"是基于血缘宗族关系构建起来的一种社会共同体。在这种社会共同体中，情感的、自然的意志占优势，个体的意志被感情化的共同意志所抑制。滕尼斯对"社区"和"社会"作了类型学上的区分。他指出：与建立在血缘、情感基础上的"社区"不同，"社会"是基于人们的契约关系和"理性"意志形成的社会联合。因而，在"社区"概念中，情感意志占支配地位，而在"社会"概念中，理性意志起决定性作用。[1]可见，滕尼斯的"社区"概念强调人与人之间形成的血缘纽带和联合，突出了内部成员对社区的情感归属和价值认同。

20世纪30年代随着欧美国家城市化水平的提高，"社区"再一次成为社会学家研究的焦点。以帕克、伯吉斯及麦肯齐等为代表的美国芝加哥学派社会学家开始以城市社区为研究对象，重新建构"社区"概念。他们首次将滕尼斯的德文"社区"一词翻译为英文"Community"。"Community"在《朗文英语大辞典》中的释义为"公社"、"社团"和"共同体"，指一切基于分享共同利益、宗教以及民族的人类群体。[2]尽管该词与德文"Gemeinschaft"相近，但芝加哥学派的社会学家们在具体研究过程中根据研究对象，赋予"社区"更多"地域"含义。如帕克认为"社区是占据在一块或多或少明确地限定了的地域上的人群汇集"。[3]芝加哥

---

[1]　参见蔡禾主编《社区概论》，高等教育出版社2005年版，第2页。
[2]　商务印书馆辞书研究中心：《朗文当代英语大辞典》（英英·英汉双解），商务印书馆2004年版，第343页。
[3]　［美］R. E. 帕克：《城市社会学》，华夏出版社1987年版，第110页。

学派社会学家延伸了滕尼斯的"社区"定义，使"社区"成为一个既重视地域因素，又强调心理文化因素的概念。20世纪30年代，"社区"（Community）概念引入中国。费孝通、吴文藻等社会学家在翻译帕克著作时将Community翻译为"社区"，且这种译法逐步得到社会学界认可。中国社会学学者普遍将"社区"理解为一种地域社会，它是位于"社会"研究之下的一个考察单元，同时文化因素又是"社区"的核心内容。因而，"社区是建立在地域基础之上的、处于社会交往中的、具有共同利益和认同感的社会群体，即人类生活共同体"。①

　　改革开放后，"社区"概念在中国更具本土特色。随着社会经济体制改革的深入发展，传统单位制下的各项社会功能开始向基层社会转移，于是城市社区建设成为政府解决转型时期各种矛盾的重要措施。虽然目前"社区"的概念尚无统一标准，但是在当前社会语境下，"社区"概念更强调"地理共同体"内涵，而严重缺乏对"精神共同体"内涵的关注。例如，近年来我国不少居民小区和居委会常常冠以"社区"称呼，其实这里的"社区"仅仅是指城市中被道路所环绕的居住地段。② 可见，社会学中"社区"所强调的成员归属意识和互动成分已经在使用中淡化了。

　　本书中的"社区"概念强调社会学意义上的"社区"，认为一方面"社区"是具有很强功能性的概念，它是具有共同文化和共同心理特性的结合体；另一方面，"社区"又具有较强的地域性成分，它是一定地域内共同生活的有组织的人群。总之，"社区"是空间单元和文化单元的统一体。在此基础上，为了与当前国内泛化使用的"社区"一词相区别，本书引入"社团"一词，代指社会学上的"社区"。一方面，"社区"的英文"Community"本身即含有社团之意；另一方面，"社团"作为那些具有某种共同文化特征的人群所结成的互益组织，更利于体现社会学"社区"概念中其成员在文化层面上的"互动"与"认同"。如波斯顿指出："互动"与"认同"只能发生在邻里或者较小的社团中，因为认同感只有在经常和持续的互动中才能发生。③ 需要明确的是，当本书为强调社区概念中的"文化、认同"成分而引入"社团"一词时，并不是要忽略"社区"概念中的"地域空间"成分。相反，空间特征为本书中的"社区"

① 蔡禾主编：《社区概论》，高等教育出版社2005年版，第3页。
② 郑杭生主编：《社会学概论新修》，中国人民大学出版社2006年版，第273页。
③ 丁竹元：《社区研究的理论与方法》，北京大学出版社1995年版，第61页。

或者说"社团"的分析提供了可操作性。正如 20 世纪 30 年代芝加哥学派社会学家在对城市社区结构、城市问题等的研究过程中，根据研究需要为滕尼斯的"社区"概念赋予"地域内涵"一样。同样，由于本书要具体研究中东城市居民的某种特殊社团（社区）——民族社团、宗教社团，因而我们也必须从某个地域共同体入手考察。这就决定了本书中的"社团"也并非一般意义上的社会组织，而是与"地域"紧密相关的共同体。从这种意义上看，如果一个群体没有共同的居住地，即使他们拥有共同的成员感或归属感、某种共同的信仰或者亚文化，也不是我们所要研究的对象。例如，整个犹太民族有着极强的认同感、归属感和互动关系，但其散布世界各地，缺乏本书中社团的空间特征，因而其并非真正意义上的社团。相反，如果在某个具体的城市中，犹太族群聚集在城市的某个区域，那么它就是一个典型的社团了，因为它兼备了社团所必需的文化要素和地理要素。

　　社团按照不同的视角可以分成诸多类型。其中民族社团和宗教社团是城市社区的重要组成部分。民族社团在具有社区一般特性的同时，还具有极强的民族性或民族文化属性。本书的民族社团以城市中少数民族社会成员为构成主体，以民族社会成员的共同地缘（通常是城市中的某个街区）和成员间密切的日常生活为基础的城市区域社会，它是一个兼具社会性和民族性的社会共同体。宗教社团与民族社团往往有重叠部分，如犹太教便是宗教中罕见的以民族命名的宗教，所以中东城市中的犹太社团既是宗教社团也是民族社团。

　　具体而言，城市民族社团与宗教社团具有如下特征：

　　（1）城市空间的占据。社区是一个区域性社会，地域是社区存在的物质载体，包括社区的范围、方位、形状、环境、自然资源等。占据一定的空间位置是社区不可缺少的基本条件。[①] 城市内的民族社团和宗教社团作为城市社区的组成部分，同样占据着一定的地域。中东城市中常见的少数民族聚居区，如亚美尼亚人社团、犹太人社团、基督教社团便是城市民族社团和宗教社团的典型代表。中东城市中的少数民族社团往往是城市内部民族居住隔离、民族文化集中分布的地区。

　　（2）以单一民族、单一宗教为主体的社团成员。人是社区活动的主

---

①　蔡禾主编：《社区概论》，高等教育出版社 2005 年版，第 7 页。

体，是社区得以存在和发展的物质基础之一。人口数量和质量共同决定着社区的发展。中东城市民族社团和宗教社团区别于一般社区的一个重要因素是人口构成和信仰的同质性。这种同质性主要体现为人口主要由某个单一民族、单一宗教人群构成。社团内的民族文化性影响着社团成员的生活方式，并在一定程度上塑造了社团内独特的组织方式和结构，塑造同民族、同宗教成员之间发生关系的本质和特征。这种本质和特征进一步体现在民族成员的风俗习惯、饮食起居等方面的差异，而且影响着民族社团成员的思维习惯、行为方式和心理素质。[①]

（3）强烈的归属感和认同感。社团中民族与宗教的同一性直接决定了民族社团、宗教社团内部具有强烈的民族意识和观念，而这种意识的核心表现为社团成员对于其所属社团存在一种感情上和心理上的凝聚力和认同感。这种感情对于这些社团十分重要。没有这种认同感，民族社团、宗教社团就不可能成为一个一致对外的共同体。而在与外界的交往过程中，社团成员的一致性又再次强化了这种社团情感。如城市中犹太人会聚一处的纽带就在于犹太人的民族意识，他们将自己看做接受了"十诫"扼守《圣经》的逃亡群体，并牢记其先辈曾遭受全世界强敌歧视、迫害和追赶达两千多年的历史。[②]

（4）完备的社团组织。社区成员具有持续的社会交往与互动。在民族社团和宗教社团中更多的社会交往和密切的社会关系是以服务于社团成员的组织而出现的。在民族社团中既有大量执行社团管理工作的组织，又有专门从事民族宗教事务的组织，还有大量服务性的公共设施。社团内的这些组织为社团的良性运行与协调发展发挥着重要作用。如中东中世纪城市犹太人生活载体的犹太社团内部，便具有相当完备的社团组织。这些组织对外协调同统治者的关系，充当所在国家对犹太人税收的代理人，为犹太人的利益辩护；对内实行自治管理，有效发挥管理、经济、文化和宗教的整合功能，保护其成员的基本利益，从而使得犹太人在穆斯林处于强势地位的政治环境中不仅得以生存，而且享有一定的政治和经济地位。

（5）中东城市内部的社团多种多样。如果以成员的宗教信仰进行分类，那就形成了宗教社团。但是在中东地区所有的民族基本上都是全民信

---

① 高永久、朱军：《试析民族社区的内涵》，《北方民族大学学报》2010 年第 1 期。
② 马戎：《民族社会学——社会学的族群关系研究》，北京大学出版社 2004 年版，第 74 页。

教，其民族性与宗教性更是密不可分。在阿拉伯世界，民族问题往往与宗教问题密切相关，宗教民族主义思潮特别强大。因此宗教社团往往与民族社团不易区分，如奥斯曼帝国从宗教看主要有四个米列特，即穆斯林、东正教徒、犹太人和亚美尼亚人；但从民族方面看，除阿拉伯人外，哈里发国家既包括一些曾经建立过国家的族群如波斯人、犹太人①和亚美尼亚人等，同时也包括许多从未有过国家的族群如库尔德人、普什图人等。正是基于该意义，本书研究同时使用民族社团和宗教社团，以便更全面地反映中东城市社团之状况。

2. 族体、族群、民族、民族社团

中国社会科学院民族学与人类学研究所所长郝时远先生将人类群体的划分为四个层次："种族"（race），"民族"（nation），"族体"（nationality），"族群"（ethnic group）。

种族与民族：种族仅在生物学意义上有科学价值，其社会历史、文化特征是通过民族过程来实现的。② 现代民族（nation）是现代国家政治构建的国民共同体，它在当代世界各国中仍处于构建过程中，而直接影响构建过程或整合程度的因素中包括基于历史、文化、语言、宗教等异质性要素的群体（族体、土著、移民等）。族体是那些不具有国家层面民族地位但得到社会承认和特殊待遇的、受到排斥或压迫的、人口在其所处的社会（通常是国家）中处于少数的群体（包括土著人）。族群则"既包括'前族体（former - nationality）'阶段的氏族、部落，又涵盖族体（nationality）本身及其内部分支，同时还涉及'后族体和后民族（post - nationality & post - nation）'的群体，即日益增多的从族体和民族中分离出来的移民群体（碎片）"。③

族体与族群：族体概念在 19 世纪以后逐渐流行于欧美。第一次世界大战中美国总统威尔逊在提出"十四点"原则时曾说"民族"就是 na-

---

① 到近代，犹太人其实是以宗教而非血缘衡量的集团。
② 王希恩：《全球化中的民族过程》，社会科学文献出版社 2009 年版，第 8 页。
③ 郝时远：《对西方学界有关族群（ethnic group）释义的辨析》。从上述关于族群包括族体内部分支的定义出发，一个族体内部因教派不同的集团可以定义为族群，如伊拉克阿拉伯人中的逊尼派和什叶派。

tionality 。① 在欧洲，对"族群"和"族体"两个概念有明确区分。西班牙人用"族群"界定脱离母体的非世居外来移民群体，如阿拉伯人、华人、吉卜赛人和犹太人等；世居的当地人，如加泰罗尼亚人、巴斯克人和加利西亚人，则无论他称还是自称、官方文件或学术著述都叫"族体"，1978 年西班牙宪法赋予他们以传统居住区为单位建立"自治共同体"的权利。英国、比利时等国家也承认国内不同的"族体"的存在并给予其自治权。在美洲国家，土著的印第安人不接受"族群"界定，而要求当局承认其为"民族"或"族体"。②

族群概念的希腊语原型"ethnos"（ethnic 为其形容词）指古希腊城邦时代的"族体"，在公元后的几个世纪中出现了用以指称"非希腊部落"的含义，而后来又有了非基督教或非犹太教的"异教徒"含义。③ 近代欧洲人借用该词汇，以亚非拉和大洋洲的殖民地社会和人民为研究对象而形成了"族种学"（ethnology，国内通行译名是"民族学"；西方有的国家叫文化人类学，cultural anthropology）。第一次世界大战后，拉美人类学在本土化的过程中将研究对象的界定由"族种"概念演变为"族群"概念（英语为 ethnic group）。族群的英文单词有两种表述，分别为"ethnic group"和"ethnicity"。其中"ethnicity"在 1933 年版的《牛津英语字典》中尚没有被收录，直到 1972 年该词汇才出现在这部字典的"补遗"和 1973 年的《美国传统英语字典》中。据说最早使用该词汇的是大卫·瑞斯曼，他在 1953 年第一次用"ethnicity"来表示一个族群（ethnic group）的性质和特征。因而"ethnicity"并不表示一个具体的族群，但通常被译为"族群"，并表现出解除土著人作为社会政治共同体存在及其领土权利的倾向，形成"多族群民族"观。20 世纪 70 年代以来，族群概念在美国日益流行。

在英文文献中很常见的是"ethnic group"，该词汇用以指具体的人类族群。④ 无论是泛指族群所具有的一般性质，还是具体指代某个族群，究

---

① "President Wilson's Fourteen Points", *Word War I Document Auchive*, 28 February 2008, http://wwi.lib.byu.edu/index.php/President_Wilson%27s_Fourteen_Points.

② 朱伦：《西方的"族体"概念系统——从"族群"概念在中国的应用错位说起》，《中国社会科学》2005 年第 4 期。

③ 郝时远：《Ethnos（民族）和 Ethnic group（族群）的早期含义与应用》，《民族研究》2002 年第 4 期。

④ 马戎：《民族社会学——社会学的族群关系研究》，北京大学出版社 2004 年版，第 54 页。

竟什么是族群呢？20 世纪 50 年代马克斯·韦伯认为族群不同于亲属群体，它是指由于体制、习俗或对殖民化以及移民的记忆认同的相似而对共同的血统拥有主观信仰的群体，这种信仰对非亲属的共同关心具有非常重要的意义。可见韦伯对族群的界定强调主观信念以及共同的历史经历。纳丹·格雷泽（Nathan Glazer）和戴尼尔（Daniel）认为，"族群"是指在一个较大的文化和社会体系中具有自身文化特质的一种群体，其中最显著的特质就是这一群体的宗教、语言特征，以及其成员或祖先所具有的体质的、心理的、地理的起源。[①] 中国学者马戎认为"族群"用于"表示多族群国家内部具有不同发展历史、不同文化传统（包括语言、宗教等），甚至不同体质特征但保持内部认同的群体。这些群体在一定程度可被归类于社会中的'亚文化群体'。"[②] 尽管中外学者对"族群"概念的认识不尽相同，但基本强调族群的本质是具有大致相同的社会历史文化的人类群体，这些群体共同享有相同的历史、文化、宗教、语言以及自我认同和他者认同。

由此可见，族群是人类历史上很早就出现的人类学现象。那么，为什么西方族群"ethnicity"词汇的出现又是如此之晚呢？要回答这一问题，我们必须将其与民族（nation）这一词汇相区别。英国著名社会学家安东尼·史密斯（Anthony Smith）认为民族（nation）只是人们身份认同的多种类别之一。他认为民族是除去性别、阶级等之外的，在人类社会发展过程中出现的新一类群体和身份认同。在历史上，由于"nationalism"（民族主义）的兴起，人类群体在一个新的政治基础上被统一称为某种新的共同体即民族（nation），可见民族（nation）是伴随着民族主义和民族国家的建立开始出现的。由于在一定程度上一个民族（nation）可以涵盖若干个族群（ethnicity），因此 20 世纪 50 年代美国社会学者在研究过程中逐渐意识到，如果在美国这一容纳了各大洲移民的多族群国家中用具有政治实体和固有领土含义的民族（nation）一词来表示这些移民群体是很不妥当的，因为只有美利坚合众国可以用"nation"一词来表述。在这样的社

---

① 廖杨：《民族·族群·社群·社区·社会共同体的关联分析》，《广西民族研究》2008 年第 2 期。

② 马戎：《理解民族关心的新思路：少数民族问题的"去政治化"》，《北京大学学报》2004 年第 6 期。

会环境下，侧重文化要素的族群（ethnicity/ethnic group）等术语应运而生。①

总之，民族（nation）通常具有政治实体的意味，而族群（ethnicity）是更强调语言、宗教以及文化习俗等非政治差异构成的群体。本研究中涉及的民族社团、宗教社团全部位于中东民族国家范围内的某个具体城市，因此这里的民族社团之"民族"并不具有政治色彩而更多是强调文化差异的族源群体。可以说，本研究中的民族宗教社团准确地讲应该是族群宗教社团。但是长期以来，我国政府出于种种原因一直把各少数民族称为"民族"，新中国成立后直到 20 世纪 90 年代，国内学者才再次提出 56 个民族和中华民族不应当都称为"民族"的观点。有鉴于国内特殊的社会语境，我们依然使用大众广为熟知的"民族"一词，并在此对其内涵给予特别说明。

3. 米列特制度和民族宗教社团

"米列特"（millet）意为"奥斯曼帝国内有特殊信仰的集团和民族"。②"米列特"制度是奥斯曼帝国主要的宗教民族政策之一，帝国将境内不同族群按照宗教信仰划分为不同的米列特如犹太人米列特、希腊人米列特、亚美尼亚人米列特以及穆斯林米列特等。其中，各族群的宗教领袖往往是其米列特的首领，他们对内是最高行政首脑，对外是素丹的行政官员。米列特内部具有较高的自治权，如拥有相对独立的司法权即可以制定各自的法规，当然这些法规必须是在不与帝国法律相悖的情况下方可实施。

由于奥斯曼帝国时期中东城市中的民族宗教社团便是在帝国"米列特"制度的框架下运行的，因而考察这一时期民族宗教社团的运行，很大程度就是考察米列特制度的内部运行机制。奥斯曼帝国将各米列特之下划分为不同的教区即本书中的民族宗教社团，如希腊人米列特下设君士坦丁堡牧首区、安提阿牧首区与耶路撒冷牧首区三个民族宗教社团。由于米列特首领大部分长期居于首都伊斯坦布尔，因而他们对下设的各民族宗教社团的约束力非常有限，再加上帝国允许各米列特内部拥有相对的自治权，实质上奥斯曼帝国城市中的各民族、宗教社团具有极大的

---

① 马戎：《民族社会学——社会学的族群关系研究》，北京大学出版社 2004 年版，第 60 页。
② 黄维民：《中东国家通史·土耳其卷》，商务印书馆 2002 年版，第 90 页。

自主性，是帝国米列特制度中真正发挥作用的单元，按照米列特制度行使自己的权利并履行各种义务。由米列特制度和奥斯曼帝国时期中东城市民族社团、宗教社团的关系可以看出，对中东不同历史时期的民族、宗教社团进行考察都不能忽视当时国家宏观的宗教政策和民族政策。

本书的研究范围限定于以下几个方面：（1）在时间跨度上，从希腊罗马时期的中东城市民族和宗教社团到当今；（2）从地理范围上，本书研究所涵盖的地域范围主要是中东史的大城市和具有特殊意义之城市；（3）在研究领域上，本书对以下问题进行重点研究：不同时期中东城市民族社团和宗教社团在中东城市的地位和本质；城市民族社团和宗教社团发展与嬗变的轨迹、原因和影响；城市民族社团和宗教社团的走向。

二 国内外文献综述

中国读者对中东城市民族社团与宗教社团发展状况的了解多来自已出版的马克思恩格斯著作。马克思的《宣战。——关于东方问题产生的历史》、《关于瓜分土耳其的文件》[①] 等文章中涉及西方列强与奥斯曼帝国基督徒之间的关系，特别提及了保护权与圣地问题。伯纳德·路易斯在《中东：激荡在辉煌的历史中》[②] 一书中阐述了奥斯曼帝国的米列特制度，并提及在西化的影响下少数族群所追求的目标等问题。斯坦福·肖的《奥斯曼帝国》[③] 一书中涉及有关中东族群的城市治理。斯塔夫里亚诺斯的《全球分裂：第三世界的历史进程》[④] 一书中提到了奥斯曼帝国内少数族群的发展变化过程。埃利·巴尔纳维主编的《世界犹太人历史》[⑤] 一书中分析了犹太人与基督徒地位变化的过程。此外，涉及中东城市问题的还有弗朗西斯·鲁宾逊的《剑桥

---

① 《马克思恩格斯全集》第 13 卷，人民出版社 1998 年第 2 版。

② 伯纳德·路易斯：《中东：激荡在辉煌的历史中》，郑之书译，中国友谊出版公司 2000 年版。

③ ［美］斯坦福·肖：《奥斯曼帝国》，许序雅、张忠祥译，青海人民出版社 2006 年版。

④ ［美］斯塔夫里亚诺斯：《全球分裂：第三世界的历史进程》，迟越等译，黄席群、罗荣渠校，商务印书馆 1993 年版。

⑤ ［以色列］埃利·巴尔纳维主编：《世界犹太人历史：从〈创世记〉到二十一世纪》，刘精忠等译，黄民兴校注，中国人民大学出版社 2007 年版。

插图伊斯兰世界史》①、菲利普·希提的《阿拉伯通史》②、西·内·
费希尔的《中东史》③ 等，虽然以上著作对中东城市社团有所涉猎，
但由于不是专门研究中东城市民族和宗教社团的著作，所以不能反映
国外中东城市社团研究的状况。有关中东城市民族社团与宗教社团的
研究，国外学者特别是西方国家学者，已发表了一些富有见解的成
果，现分类梳理如下。

1. 中东城市宗教社团与民族社团综合研究

格鲁恩鲍母的著作《穆斯林城市结构》提出清真寺和市场是中东城
市的两个焦点，中东地区在居住区实行种族、部族和职业隔离，缺乏市政
组织；在社会经济方面，行会是穆斯林城市的主要力量。20 世纪 50 年代
中期至 60 年代末，出现了一批对中东伊斯兰城市展开综合研究的学者和
著作，其中最著名是安德烈·雷蒙，其著作主要有《16—18 世纪阿拉伯
的大城市》④、《奥斯曼帝国时期阿拉伯的大城市》。⑤ 他通过阐释不同类
型的特殊机构（沙里亚法庭、宗教基金会、瓦克夫、专业人员社团，宗
教和种族区），勾画出了城市的"运作"系统。20 世纪 80 年代开始，国
外对中东城市的研究已进入多学科、多视角、全方位和各个层面研究的时
期。塞尔杰昂《伊斯兰城市》⑥ 内容涉及城市经济、管理、教育、社会等
各个方面。阿卜杜勒阿齐兹·萨卡弗的《中东城市的古代传统面对现代
世界》⑦ 在回顾中东城市历史传统的基础上，分析了中东城市向现代转变
过程中的移民问题、就业问题、少数民族社团发展问题、城市商业模式转
型问题、城市过快发展问题等，并对未来城市所呈现出的不确定性和城乡
不平衡发展做出预测。布鲁斯·马斯特在《奥斯曼阿拉伯世界中的基督

　　① ［英］弗朗西斯·鲁宾逊主编：《剑桥插图伊斯兰世界史》，安维华、钱雪梅译，世
界知识出版社 2005 年版。

　　② ［美］菲利普·希提：《阿拉伯通史》，马坚译，新世界出版社 2008 年版。

　　③ ［美］西·内·费希尔：《中东史》，姚梓良译，商务印书馆 1979 年版。

　　④ Andre Raymond, *The Great Arab Cities In The 16—18th Centuries*, *An Introduction*, New York,
1984.

　　⑤ Andre Raymond, *Arab Cities in the Ottoman Period*, Ashgate, 2002.

　　⑥ R. B. Serjeant, *The Islamic City*, UNESCO, Paris, 1980.

　　⑦ Abdulaziz Y. Saqqaf , *The Middle East City Ancient Traditions Confront A Modern World*, New
York, 1987.

徒和犹太人：宗派主义的起源》① 一书中回顾了奥斯曼阿拉伯各省的基督
徒和犹太人的历史，阐明了他们作为非穆斯林少数族群在 400 多年来的演
变历程，并重点说明了他们在西化浪潮下的一些变化。伯纳德·路易斯在
《伊斯兰统治下的犹太人》② 一书中强调要认识奥斯曼帝国犹太人的地位，
必须了解犹太人所处的社会环境和政治现实。他指出为了分析奥斯曼帝国
犹太人的地位，有必要同时比较研究当时基督徒的地位。奎塔特的
《1300—1904 年奥斯曼帝国的经济和社会史》③ 一书描述了 1300—1904 年
奥斯曼帝国的经济、社会发展状况，其中对伊斯坦布尔犹太人的经济活动
进行了简单介绍。苏瑞亚和胡里纳的《奥斯曼帝国和它的遗产》④ 系统探
索了奥斯曼帝国在耶路撒冷圣地问题上的政策。赖维的《15—20 世纪奥
斯曼帝国的犹太人与土耳其人》⑤ 以伊斯坦布尔、萨洛尼卡、伊兹密尔等
城市为例，探讨了 15—20 世纪奥斯曼帝国中犹太人与奥斯曼政府的关系
演化历程，并对犹太人的商业活动、犹太社区的组织机构、犹太人的文化
成就等进行了探讨。

2. 中东个案城市宗教社团与民族社团研究

马歇尔的《耶路撒冷：一座城市和未来》⑥ 从耶路撒冷所代表的宗教
象征引发的冲突、以色列在该城实施的民族政策、城中巴勒斯坦人对以色
列政策的反应、城市未来走向等几个方面阐释在巴以民族冲突下这座宗教
城市所呈现出的特征及未来走向。小布朗著的《耶路撒冷：城市的回
忆》⑦ 以回忆录的形式记述了中年时期曾长期生活于耶路撒冷的作者对这
座宗教城市的种种回忆，旨在向读者展示一座深陷各种宗教信仰冲突、民
族主义与宗教长期重叠的神圣之城的面貌。爱丽丝的《耶路撒冷：中世

① Bruce Masters, *Christians and Jews in the Ottoman Arab World*, Cambridge University Press, 2001.

② Bernard Lewis, *Jews of Islam*, Princeton University Press, 1984.

③ D. Quataert, *An Economic and Social History of the Ottoman Empire 1300—1904*, Cambridge, 1997.

④ Suraiya Faroqhi and Haulinalgi BrillI, "The Ottoman Empire and Its Heritage", *Politics*, *Society and Economy*, Volume 23, Leiden, Boston, Koln, 2001.

⑤ A. Levy, Jews Turks, *Ottomans: A Shared History*, *Fifteenth Through The Twentieth Century*, New York: Syracuse University Press, 2002.

⑥ Marshall L. Breger Ora Ahimeir, *Jerusalem: A City and Future*, Syracuse University Press, 2002.

⑦ Amos Elon, *Jerusalem: City of Mirrors*, Boston, Harper Collins Publisher Ltd. , 1991.

纪的城市》① 对耶路撒冷的各种社团和社区、经济与政治结构、宗教与国外政治团体间关系、城市经济来源等几个方面做了详尽阐述。

沃尔特·泽纳的《一个全球性社团——叙利亚阿勒颇犹太人》② 以意大利犹太人皮乔托家族为案例，分别探讨了这些 19 世纪来自意大利的犹太人是如何适应阿拉伯城市生活的；皮乔托在阿勒颇是如何与其他犹太人发生分异的；为什么生活在布鲁克林的叙利亚犹太人丧失了犹太身份的认同。米尼那·罗恩（Minina Rozen）的《1453—1566 年伊斯坦布尔的犹太社区》③ 论述奥斯曼帝国初期伊斯坦布尔犹太社区的概况，包括伊斯坦布尔犹太社区的地理分布、组织模式、内部结构、经济活动以及与奥斯曼帝国之关系。乌利尔·黑耶德《17 世纪的伊斯坦布尔犹太社区》④ 对 17 世纪的伊斯坦布尔犹太社区地理分布、社会风俗等进行了研究。伯恩斯坦的《17 世纪中期伊斯坦布尔的犹太社区》⑤ 一书描述了 17 世纪中期犹太社区的基本情况。迪雷克·阿克亚尔钦（Dlek Akyalcin）的《伊斯坦布尔建设中的犹太社区 1453—1520》⑥ 以税务档案为依据，对伊斯坦布尔犹太人的人口、财产、地理分布、地位变化等情况作了深入细致的分析。李恩廷的《17 世纪伊斯坦布尔行会的发展动态》⑦ 探讨了 17 世纪个体行会、行会中的成员和行会内部之间的关系、行会与政府利益关系。

尼辛的《巴格达最后一批犹太人》⑧ 以个人传记的形式论述作者 20 世纪上半期在巴格达犹太社团中的生活、学习以及工作状况，并对该时期伊拉克各个重大历史事件所产生的社会影响做了详细记录。大卫·沙逊·所罗门所著的《巴格达犹太人的历史》⑨ 研究巴格达犹太社团近千年历

---

① Alice L. Eckardt, *Jerusalem: City of the Ages*, New York : American Academic Association for Peace in the Middle East ; Lanham, MD: University Press of America, 1987.

② Walter P. Zenner, *A Global Community—the Jews from Aleppo Syria*, Wayne state university press, 2000.

③ Minna Rozen, *A History of the Jewish In Istanbul: The Formative Years, 1453—1566*, Leiden Boston: Brill, 2002.

④ Uriel Heyd, *The Jewish Communities of Istanbul in the Seventeenth Century*, Oriens 6, 1953.

⑤ Borenstein, L. , *The Jewish Community in Istanbul in Mid—seventeenth Century*, Ramat Gan: Bar Ilan University, 1979.

⑥ Dilek Akyalcin, *The Jewish Community in the Making of Istanbul Intra Muros, 1453—1520*, Istanbul: Sabanci University Press, 2003.

⑦ Eunjeong Yi, *Guild Dynamics in Seventeen Century Istanbul*, Leiden · Boston, 2004.

⑧ Nissim Rejwan, *The Last Jews in Baghdad*, University of Texas Press, 2004.

⑨ Daid Solomon Sassoon, *A History of the Jews in Baghdad*, Simon Wallenburg Press, 2006.

史，涉及巴格达犹太社团的社会、文化以及公共生活等方面，该书是目前唯一一部从宏观上整体研究巴格达犹太社团近千年历史的著作。作者旨在对其祖先所生活的这片土地上的犹太人历史做简明而公正的记述，是第一部为描述巴格达犹太人的文学、宗教领导、犹太会堂和圣地、学校和慈善机构而把各个时期巴格达犹太人资料收集整理到一起的尝试性著作。

Oded Peri 的《伊斯兰时期的耶路撒冷的基督教——奥斯曼帝国早期的圣地地位问题》① 利用奥斯曼官方的记录，第一次系统探讨圣地问题转化为一个国际性问题之前奥斯曼帝国在该问题上的政策，并试图通过研究奥斯曼官方记录来驱散一些神秘色彩。凭借这些记录的帮助，作者尝试建立奥斯曼统治时期对圣地问题的政策、原则、表现和目的，进一步厘清奥斯曼帝国时期在耶路撒冷历史上十分模糊且颇具争议的事件。安特雷恩·巴西尼主编的《中东阿拉伯地区的基督教社团：未来的挑战》一书阐明了阿拉伯基督徒的政治现状，并从人口统计、社团、教堂的角度来分析阿拉伯基督徒。肯尼斯·克拉格的《阿拉伯基督徒》② 一书是一部有关阿拉伯基督徒从古到今的通史性著作。其中的"欧洲的代理商"、"奥斯曼时代"两章对本书的写作有借鉴作用。

塔希尔·阿克恰姆的《从帝国到共和国：土耳其民族主义与亚美尼亚大屠杀》③、拉兹米克·潘诺西恩（Razmik Panossian）《亚美尼亚人：从国王和主教到商人和代表的时代》两书分析了阿巴斯一世之在伊斯法罕建立亚美尼亚工匠和商人的定居社区原因。④ 托马斯·马特乌斯（Thomas F. Mathews）和罗格·魏克（Roger S. Wieck）主编的《天堂中的财富——亚美尼亚人的艺术，宗教和社会》探讨了新朱尔法的组织结构和社区布局。⑤ 瓦兹肯·S. 高加西恩（Vazken S. Ghougassian）的《17世纪新朱尔法亚美尼亚主教区的出现》分析了穆斯林担任治安官的（Da-rugha）作用，治安官表面上负责新朱尔法的治安，实际上则是国王用以

①　Oded Peri, *Christianity Under Islam in Jerusalem*, *The Ouestion Of The Holy Site In Early Otto-man Times*, Brill · Lelden · Boston · Koln, 2001.

②　Kerneth Cragg, *The Arab Christian: A History in the Middle East*, London, 1992.

③　Tuner Akcam, *From Empire to Republic: Turkish Nationalism and the Armenian Genocide*, London & New York, 2004.

④　Razmik Panossian, *The Armenians: from Kings and Priests to Merchants and Commissars*, p. 78.

⑤　Thomas F. Mathews and Roger S. Wieck Organized, *Treasures in Heaven*, *Armenian Art*, *Religion*, *and Society*, 1994, May 21—22, The Pierpont Morgan Library, p. 53.

监视新朱尔法的耳目。① 苏希尔·乔杜里（Sushil Chaudhury）和米歇尔·莫雷诺（Michel Morineau）合著的《商人、公司以及贸易》② 研究了亚美尼亚人的商业网。他们认为，在 17 世纪，新朱尔法的亚美尼亚商人正是凭借着广阔的商业网在这个时代的贸易活动中占据优势地位的。此时，新朱尔法的商人遍及欧洲、中东、南亚和东南亚地区，他们还从俄罗斯和瑞典的统治者手中取得了贸易特权。丹尼尔·古夫曼（Daniel Goffman）的《奥斯曼帝国与早期近代欧洲》认为，"在奥斯曼帝国和萨法维帝国的领土上，许多学者以是否经营奢侈品来确认亚美尼亚人社区"。③

　　总体来看，国外学者在具体的研究方面已经取得了丰硕的成果，为国内的研究提供了有益的参考。

3. 国内研究状况

　　车效梅的著作《中东中世纪城市的产生、发展与嬗变》④ 探讨伊斯兰统治时期，中东城市民族社团和宗教社团发展状况。车效梅的另一著作《全球化与中东城市发展研究》⑤ 对中东不同时期的民族社团与宗教社团有所涉及。李鑫的硕士学位论文《15—17 世纪伊斯坦布尔犹太社区研究》⑥ 在广泛收集、整理历史史料的基础上，厘清了伊斯坦布尔犹太社区的内部结构、组织模式、经济、社会、发展等状况，试图还原 15—17 世纪伊斯坦布尔犹太社区的历史原貌。刘鑫耀的硕士学位论文《中东城市民间社团研究》⑦ 研究了从中东伊斯兰国家诞生至今保护人—委托人社团、职业社团、宗教社团、社区社团的历史与嬗变，并对社团的历史与成因、类型与特征、嬗变与作用、社团与伊朗伊斯兰革命关系、社团未来走向等进行了系统论述。于少波的硕士学位论文《黎巴嫩内战后的贝鲁特重建》⑧ 对贝鲁特的宗教民族纷争与城市重建关系进行了探讨。王宝龙的硕士论文《16—18

---

① Vazken S. Ghougassian, *The Emergence of the Armenian Diocese of New Julfa in the Seventeenth Century*, p. 64.

② Sushil Chaudhury, Michel Morineau, *Merchants, Companies and Trade*, p. 88.

③ Daniel Goffman, *The Ottoman Empire and Early Modern Europe*, Cambridge University Press, 2004, p. 87.

④ 车效梅：《中东中世纪城市的产生、发展与嬗变》，中国社会科学出版社 2004 年版。

⑤ 车效梅：《全球化与中东城市发展研究》，人民出版社 2013 年版。

⑥ 李鑫：《15—17 世纪伊斯坦布尔犹太社区研究》，硕士学位论文，山西师范大学，2010 年。

⑦ 刘鑫耀：《中东城市民间社团研究》，硕士学位论文，山西师范大学，2010 年。

⑧ 于少波：《黎巴嫩内战后的贝鲁特重建》，硕士学位论文，山西师范大学，2011 年。

世纪的阿勒颇商人团体》① 探析了阿勒颇的各商人团体在城市地位和作用。李晶的硕士学位论文《19—20 世纪巴格达犹太社团研究》② 在回顾巴格达犹太社团近千年历史的同时，从政治、经济与文化三方面论述 19—20 世纪巴格达犹太社团在西方文明冲击下发生的巨大变迁，揭示了巴格达犹太社团衰亡的原因。孙超的硕士学位论文《古代亚历山大里亚的犹太社区兴衰研究》③ 分析了公元 38 年前后犹太人最大的聚居地之一亚历山大里亚的发展，通过对古代亚历山大里亚犹太社区的研究，探讨古代多元文化之间的冲突与融合，并为当今世界的多元文化交融提供一些借鉴。张鑫的硕士学位论文《耶路撒冷基督教社团研究》④ 认为，宗教与政治冲突伴随着耶路撒冷的成长，由于基督教教会的分裂和耶路撒冷统治权的多次更迭，耶路撒冷基督教社团逐渐演变成民族宗教矛盾的焦点。全文以耶路撒冷基督教社团的发展史为主线，结合不同历史时期基督教社团的政治、社会特征，运用历史学、宗教学和民族学的相关知识，分析耶路撒冷基督教社团兴衰的原因以及民族宗教问题的实质。车效梅的《中东伊斯兰城市社区作用初探》⑤ 一文对社区由来、发展和作用进行了探讨。王新中、车效梅的《耶路撒冷的"隔都化"及其影响》⑥ 一文对宗教城市耶路撒冷形成隔都化的原因、现状以及影响进行了深入分析。

这些研究成果虽然各有突破，但对中东城市民族社团和宗教社团研究仍为薄弱环节，本书希冀在此有所贡献。

三　写作思路与研究框架

从文明交往视野探求民族社团与宗教社团在中东城市发展、嬗变的轨迹；厘清不同时期民族社团与宗教社团在中东城市的地位和本质；分析不同时期民族社团与宗教社团在城市中的作用；探析中东城市民族社团与宗教社团嬗变的本质；探讨不同时期民族社团与宗教社团的作用和影响。

---

① 王保龙：《16—18 世纪的阿勒颇商人团体》，硕士学位论文，山西师范大学，2011 年。
② 李晶：《19—20 世纪巴格达犹太社团研究》，硕士学位论文，山西师范大学，2012 年。
③ 孙超：《古代亚历山大里亚的犹太社区兴衰研究》，硕士学位论文，山西师范大学，2013 年。
④ 张鑫：《耶路撒冷基督教社团研究》，硕士学位论文，山西师范大学，2013 年。
⑤ 车效梅：《中东伊斯兰城市社区作用初探》，《山西师大学报》2006 年第 2 期。
⑥ 王新中、车效梅：《耶路撒冷的"隔都化"成因及影响》，《西亚非洲》2010 年第 1 期。

本书采取论述与比较分析的研究思路与写作方法。本书以马克思主义唯物史观为指导，从历史发展的角度，运用宗教学、社会学、民族学等多学科知识对中东城市民族社团与宗教社团进行研究。在研究与写作方法上，遵循以下原则：

首先，以历史学为主，同时吸收和借鉴其他学科的研究方法。考察中东城市民族社团与宗教社团产生、发展的历程，总结其本质和规律。由于民族社团与宗教社团研究涉及的范围很广，所以本书在运用历史学的基础上，采用宗教学、社会学、民族学等诸多学科研究方法，从而多视角、更全面地了解其发展的脉络与本质。

其次，从文明交往视阈，用比较与辩证分析的方法研究中东城市宗教学、社会学、民族学。关注不同时期城市民族社团与宗教社团发展的脉络；关注民族社团与宗教社团发展、嬗变的动因与本质；关注不同时期民族社团与宗教社团发展在中东城市的地位和作用。在比较的基础上探求中东城市民族社团与宗教社团发展发展的规律和特点，在辩证分析的前提下，研究中东城市民族社团与宗教社团发展本质和影响。

最后，宏观论述与个案分析结合以深化研究内容。本课题由上下两篇组成，上篇宏观论述共同研究背景与脉络，下篇个案分析细化研究内容。

课题正文的结构和内容大体如下：

上篇宏观探讨中东地区与其城市民族社团和宗教社团发展的来龙去脉。第一章分析上古时期中东民族和宗教发展状况；第二章探讨伊斯兰宗教理论与迪米、米列特的产生，民族社团、宗教社团在城市的发展状况与作用；第三章探析在西方文明血与火的洗礼中，中东城市民族社团和宗教社团地位上升的原因和影响；第四章论述中东国家独立后的民族政策、宗教政策对民族社团和宗教社团的影响。

下篇第五章至第十一章从不同层面、不同时段对不同城市的民族社团与宗教社团进行个案分析。虽然民族和宗教的多样性是中东城市发展的特点，但是由于中东地区地域辽阔、历史悠久，所以不同时期、不同城市的民族社团和宗教社团各有差异。为此本书通过个案以深化研究内容。

第五章亚历山大里亚早期的犹太社团。亚历山大里亚是公元前后埃及犹太人最大的聚居地之一。在托勒密王朝时期，是埃及犹太人中心。犹太文化和希腊文化的冲突、碰撞、融合、发展，为后来基督教的形成奠定了基础。本章探讨亚历山大里亚犹太人来源，托勒密王朝时期和罗马帝国初期犹太社区发展状况，分析公元38年反犹骚乱的始末和原因，探析亚历山大里亚犹太社区的兴衰成因。

第六章巴格达的犹太社团。巴格达犹太社团是中东历史上存在时间最长、社团规模最大、影响最为深远的犹太人社团，该社团曾长期作为世界犹太教中心而存在。本章在回顾巴格达犹太社团近千年历史的同时，从政治、经济与文化三方面论述19—20世纪巴格达犹太社团在西方文明冲击下的嬗变，揭示巴格达犹太社团衰亡的原因。

第七章伊斯坦布尔犹太人社区。伊斯坦布尔是奥斯曼帝国之都，是帝国犹太人聚集之地。该城市的犹太社区是中东城市犹太社区存在时间最长、发展从未间断的犹太社区。本章在广泛收集、整理历史史料的基础上，试图厘清伊斯坦布尔犹太社区的内部结构、组织模式、经济、社会、发展等状况，还原15—17世纪伊斯坦布尔犹太社区的历史原貌。

第八章耶路撒冷的基督教社团。宗教与政治冲突伴随着耶路撒冷的成长，由于基督教教会的分裂和耶路撒冷统治权的频繁更迭，耶路撒冷基督教社团逐渐演变成民族宗教矛盾的焦点。本章以耶路撒冷基督教社团的发展史为主线，结合不同历史时期基督教社团的政治、社会特征，分析耶路撒冷基督教社团兴衰的原因以及民族宗教问题的实质。

第九章新朱尔法的亚美尼亚社团。在17世纪亚美尼亚商人的商业网中，有两个城市处于最重要的地位：欧洲的阿姆斯特丹和波斯伊斯法罕城郊的新朱尔法。新朱尔法是亚美尼亚人在东方的商品集散地，他们以此为中心向奥斯曼帝国、俄国、南亚以及东南亚进行贸易。因此，新朱尔法的亚美尼亚社团成为中东城市亚美尼亚社团的代表。本章以新朱尔法的亚美尼亚社团的发展为线索，探索该社团兴衰路程与成因。

第十章耶路撒冷的亚美尼亚社团。亚美尼亚人是首个将基督教确立为官方宗教信仰的民族，耶路撒冷是亚美尼亚人在中东地区的重要聚居地，老城的亚美尼亚区更以其独特的基督教文化而闻名于世。本章在梳理耶路撒冷亚美尼亚人历史的同时，探讨亚美尼亚民族对耶路撒冷政治、社会文化的影响。

第十一章16—18世纪阿勒颇民族社团与宗教团体。阿勒颇是叙利亚的第二大城市，也是世界最古老并持续发展的城市之一。17—18世纪早期，阿勒颇优越的贸易地位吸引东西方商人纷至沓来，使它成为奥斯曼帝国内仅次于伊斯坦布尔和开罗的第三大城市。本章探析阿勒颇各商人团体在城市中的地位和作用，解析阿勒颇衰落的原因。

上　篇

中东城市民族社团与宗教社团总论

第 一 章

中东城市宗教社团与民族社团溯源

中东是人类文明的重要发祥地，古代美索不达米亚的两河文明与古埃及的尼罗河文明均源于此。同时，由于古代中东文明圈紧邻印度河文明圈与爱琴海文明圈，因此其内部及其与周边的文化交流与文明交往对中东的民族与宗教的成分、类型、结构、格局、发展和演化产生了深远的影响，对其进行系统研究有助于我们对中东各个时期城市中的宗教社团和民族社团的形成与发展有一个全面的认识。

一 古代中东的宗教

中东历史悠久、文化多样，具体表现为该地区的宗教历史长、类型多、分化深、关系杂、影响大，其中世界上最古老的国家宗教之一的犹太教及世界三大宗教中的基督教和伊斯兰教都产生于此。从纵的历时性角度看，古代中东的各种宗教社团就是在宗教产生、发展与分化的过程中形成的；从横的共时性角度看，古代中东的各种宗教社团又是在不同宗教的相互竞争和相互影响中产生的。

古代中东的主要宗教有一神教犹太教、基督教、伊斯兰教，二元神教祆教、诺斯替教和摩尼教。

从宗教类型和交往的角度看，古代中东宗教发展演变大体包括以下四个阶段。

第一阶段，以埃及和两河流域为中心的早期原始拜物教、多神教发展时期（远古至公元前 2500 年）。这一时期，埃及和两河流域是中东的两大文明中心，以多神为特点的宗教高度发达，形成了独特的教义、宗教组织、礼仪和设施。

第二阶段，多神教文化从两大中心向其他地区传播的时期（约公元前2500年至前6世纪）。这一时期，中东各地的落后民族逐渐发展起自己的文明和多神宗教，如胡里特人、赫梯、迦南、腓尼基、犹太人等。这些民族和国家经常处于两大中心的统治之下，其宗教也受到了两大中心尤其是两河流域的强烈影响。如居住于叙利亚的胡里特人的神谱中包括两河流域的神灵埃阿、安努、恩里尔、伊什塔尔等，并以两河的宗教中心尼普尔和埃里作为其献祭之地；而胡里特人也将两河的宗教文化传播到小亚细亚的近邻赫梯，乃至希腊。

第三阶段，二元神教和一神教兴起的时期（约公元前6世纪至公元1世纪）。融合了本民族宗教和外来宗教的落后民族开始加速发展，并进行了宗教革新，一跃超过了已趋式微的两大中心，波斯、犹太成为新的宗教中心并与其后统治中东的马其顿国家的希腊宗教文化相交融。主要成果是二元神教祆教、诺斯替教、摩尼教和一神教犹太教的形成和发展（根据多数学者的看法，祆教产生于公元前1000年以前，但其成为波斯国教却是在公元以后的萨珊帝国时期），以及各种民间秘教和新的哲学思想的流传，从而为世界宗教的产生奠定了基础。

第四阶段，世界性一神教兴起和主导的时期（公元1世纪至7世纪中叶）。本阶段首先是犹太教的完善时期，公元5世纪末犹太学者完成了口传律法集《塔木德》的编撰，从而标志着经典犹太教的最终形成。更重要的是，综合了中东和希腊文化的世界性一神教基督教宣告诞生，并传播至西亚北非和欧洲。然而，中东的许多民族对基督教所蕴含的浓厚的希腊因素进行了抵制，其后果是坚持彻底的一神论和反对偶像崇拜，但仍然吸收了一定的希腊文化的伊斯兰教的迅速崛起，并在中东占据主导地位。以三大一神教为基本文化载体的中东文明圈初步形成。古代中东的各种宗教在上述四个发展阶段中也逐渐形成具有规范社会政治经济生活及内部自治功能的紧密型宗教社团。

在早期，中东宗教即广泛地参与社会生活，与政治、经济、社会、文化密切联系。尤其值得一提的是，西亚早期国家一般产生于神庙。苏美尔城邦经济的主体是神庙，其面积可达城市总面积的1/3以上，而个别神庙控制的劳动力达到城邦劳动力总数的一半。城邦的早期国王名称即"恩"和"恩西"，而"恩"原是高级祭司，"恩西"则指神庙中的管理人或奠基者。显然，早期的城邦首领是从高级祭司而非氏族贵族中产生的。同时，神庙在两河流域和埃及城市的市区总面积中占到约 1/3。

从神庙和祭司阶层的社会职能上看，这一时期尚处于与其他机构和阶层相交叉的状态，社会分工不明确。如两河流域的神庙在经济事务上，负责农产品的储存和防灾、纳税、储备再生产物资、支付参加公共工程人员和神庙雇工的口粮、组织外贸等；城邦祭司往往由长老兼任，没有专职祭司。

在帝国时期，中东的宗教成为官方重要的意识形态工具。在埃及，法老被称为"拉（太阳神）的儿子"，其塑像与神像并列在神庙中，而法老死后往往要为其修建葬祭庙和宏伟的金字塔。在两河流域和波斯，同样存在着君权神授的悠久传统。总之，随着晚期宗教的发展与普及，中东于公元 4—9 世纪逐渐形成了成员有强烈认同、内部有强大凝聚力的紧密型宗教社团，尤以祆教和三大一神教这些"有经典的宗教"为典型。紧密型宗教社团的主要特征有：

（1）固定的崇拜仪式。信徒平常在家中礼拜，而每周在教堂、清真寺或会堂举行一次集体礼拜。祆教徒和伊斯兰教徒每天礼拜五次，在礼拜前须作大小净。对穆斯林而言，礼拜可以在工作场所和旅行途中进行，因而与他们的日常生活融为一体。

（2）共同的社团财产。由宗教机构管理，包括宗教设施、公共澡堂、学校、公墓、行政楼和宗教基金等。其中的宗教基金也负责慈善活动的开支。

（3）统一的宗教教育。祆教在萨珊帝国晚期形成了制度化的宗教教育；三大一神教也都设有专门的宗教学校，其科目包括世俗课程。

（4）无所不包的宗教法律和专门的法律机构。教法对信徒的日常生活作出了细致而广泛的规定，内容涉及伦理、饮食、丧葬、婚姻、财产继承、子女监护、放债等许多方面，并设有专门的法律机构处理社团内的相关事务。在饮食方面，高度重视洁净问题，因此一些食品属于禁忌之列。

（5）信徒有明显的外在标志。如男性犹太教徒必须作割礼，其服装和发鬓因所属教派而有不同。

（6）有关禁欲方面的规定。上述宗教都有洁净方面的规定。而禁欲主义主要存在于基督教、后期的祆教和苏菲派的一些派别中。

（7）对叛教的严厉惩罚。如祆教规定取消叛教者的财产继承资格，并可实施逮捕，劝说无效者可处死。伊斯兰教逊尼派的哈乃斐法学派也规定要取消叛教者的财产继承资格。当然，类似规定并不能阻止改宗，甚至大规模改宗现象的发生。

（8）宗教科层体制和宗教人士对社团控制的形成。在袄教内，形成了金字塔式、与萨珊帝国行政体制相一致的宗教体制：位居国家最高层、由政府任命的祭司长，与大省或一般省份长官平级的大祭司、祭司，县和县以下行政单位的神职人员。而像后期犹太教和伊斯兰教，则确立了不依赖于官方的，分别由拉比和乌莱玛、苏菲派首领控制的分散的自治社团。

（9）宗教与社会生活的广泛联系。政教合一是一个突出特点，如袄教僧侣即参与政治，包括国王废立。伊斯兰教的乌莱玛拥有解释经训教法的权力和司法、教育大权，控制着宗教基金瓦克夫，参与地方的税收、水利、治安、慈善事务，甚至出任行政官员。与社会生活的广泛联系实为入世型宗教的表现。

此外，犹太教和伊斯兰教还通过内婚制巩固社团，推动宗教的传播。宗教社团的形成增强了其内部的凝聚力，同时也加剧了社团之间的区别、对立乃至冲突。在萨珊帝国占领伊拉克以后，它逐渐开始承认当地宗教社团的自治，以宗教容忍换取纳税和政治支持。这一政策为后来的阿拉伯帝国所继承，适用对象为"迪米"（"有经典的宗教"信仰者，即犹太人、袄教徒和基督徒），奥斯曼帝国时期则发展为著名的"米列特"制度。在上述宗教中，袄教因过分依赖政府而在萨珊帝国灭亡后逐渐消亡，而三大一神教依靠其强有力的宗教社团使其在原政权解体后仍然得以生存，甚至迫使征服者改宗。

古代中东宗教的特点对近现代乃至当代中东的宗教状况产生了深刻的影响。当代中东仍然以伊斯兰教为主导，同时存在基督教和犹太教。由于传统宗教的特点，政教合一依然是近代中东政治制度的基本范式，而现代化改革势必牵涉传统文化的价值观（包括犹太教），从而使改革面临着巨大的困难；宗教激进主义也反映出伊斯兰入世性的特征。同时，以现代主义为代表，中东的知识精英也在改造传统文化、适应现代化方面进行了长期不懈的努力。另外，三大宗教的一神教特点及其并存于中东及邻近地区的事实也使它们之间产生了无法避免的尖锐冲突，中东近现代历史上的反殖民主义斗争、阿以冲突等无不带上了宗教色彩。这些都对中东不同时期的城市的宗教和民族社团有着深刻的影响。

二 古代中东的民族

中东（包括北非）主要是讲闪含语系语言的民族生活的地方，也有讲其他语系语言的民族建立的国家，大致有如下五个语系的民族：（1）使用闪含语系语言的民族：阿拉伯族、犹太族、豪萨族、柏柏尔族、贝都因族、瓦达伊族、图布族、巴吉尔米族、图阿雷格族、摩尔族、班巴拉族、贝贾族；（2）使用尼罗—撒哈拉语系语言的民族：努比亚族；（3）使用阿尔泰语系语言的民族：土耳其族、阿塞拜疆族；（4）使用印欧语系语言的民族：亚美尼亚族、伊朗（波斯）族、库尔德族、吉拉克族、卢里族、马赞德兰族；（5）使用高加索语系语言的民族：格鲁吉亚族、奥塞梯族、阿扎尔族、阿布哈兹族、阿迪格族。

上述中东民族的基本情况表明古代中东的民族类型多样、关系复杂。从大的方面看表现为不同文化、不同文明之间的战争与贸易交往，其结果之一就是在不同时期形成了各具特色的民族社团。

影响古代中东文化和文明发展与交往的因素主要是：第一，作为亚非欧三大洲海陆交通的要道，丝绸之路的必经之地，加上当地发达的文明，中东历来是民族入侵和迁移频繁发生之地，是农业文明与游牧文明、大陆文明与海洋文明冲突的典型地区，各种形式的战争交往频繁。第二，物产单一使发达的地区贸易、国际贸易成为中东历史的突出特点，贸易促进了不同民族间交往和文明形成、发展。第三，中东存在着多元文化。从语言和民族角度看，创造中东古代文明的民族主要分为三类：（1）闪族（闪米特族），包括阿卡德人、巴比伦人、亚述人、迦勒底人、犹太人、阿拉伯人、迦南人、阿拉米人等。（2）操印欧语言的民族，包括赫梯人、喜克索斯人、波斯人、帕提亚人、塞人等。（3）其他民族，包括古埃及人和苏美尔人，其中古埃及人是由闪族和含族（含米特族）融合而成的。在上述三大群体中，闪族显然是古代中东最大的民族群体，也是现今中东人口中最多、影响最大的群体（包括阿拉伯人、犹太人），但中东文明不等同于闪族文明，而是多元文明的大融合。中东也与希腊、罗马进行着文化交流。

上述三个方面都对中东不同时期民族社团的形成与特点有长久而深刻的影响，具体来看分为以下三个阶段：

第一阶段,两大文明中心东西辉映的时期(远古至约公元前 2000 年埃及第十二王朝的建立)。该时期是古代中东主要民族形成与发展时期,为民族社团萌芽时期。从历史上看,中东古代文明存在几大中心,这些中心灿烂辉煌,交相辉映、相互影响。其中,最早、最重要的文明中心是两河流域和埃及。两河流域形成了世界最早的城市、文字和文明。它发源于南方的苏美尔,而苏美尔奠定了希腊化以前两河流域古代文明的基本特征。公元前 2371 年,苏美尔与北部的阿卡德统一。古埃及文明虽发源较晚,但因尼罗河流域在地理上自成体系等原因,中央集权国家的发展却比两河流域更快。约公元前 3000 年,上、下埃及统一;此后,第四王朝(公元前 2650—前 2500 年)开始了金字塔的建造。

第二阶段,两大文明扩散和其他文明兴起的时期(约公元前 2000—前 550 年波斯帝国建立)。该时期是中东各民族交流与融合时期,是民族社团发展的雏形时期。埃及第十二王朝的建立标志着埃及恢复了政治稳定和经济繁荣,而两河流域也随之进入了政治上的帝国时代。本阶段的特点主要有:第一,两大文明中心在遭受外来入侵的情况下持续发展。在这一时期,两河流域和埃及均遭受外来入侵,但新的统治者最终都被同化了。两大文明进入了它们发展的巅峰时期。第二,中心文明的传播和地方文明的兴起。在两大文明中心的周边地区(主要是西亚),兴起了一系列别具特色的地方文明,如腓尼基、迦南、犹太、埃兰、胡里特赫梯、阿拉伯等。这些文明与两大中心进行贸易、交往,有时甚至处于后者的政治统治之下,因而大量吸收了其先进文化。在语言文字方面,苏美尔的楔形文字对周边国家产生了重大影响,包括赫梯、埃兰、胡里特乃至克里特的楔形文字均由此而来。同时,阿卡德文成为中东的通用语言,而埃及的纸草则成为地中海地区的主要书写材料。此外,一些地方文明也相互影响。如胡里特人的宗教吸取了迦南和叙利亚的宗教因素,而犹太人的早期宗教也吸收了迦南宗教的因素。第三,在融合中发展、创新。两大中心以外的地方文明不但茁壮成长,而且少数文明在融合各种文明的基础上青出于蓝,创造了意义重大的新的文明形式。在沿地中海的利凡特地区(即大叙利亚)形成了一条文明发展的"黄金海岸",其东边则是两河的"黄金水道",二者相连成为文明创新和交往的大动脉。大叙利亚的创新主要在语言和宗教方面,本阶段主要是语言。受埃及文字的影响,公元前 17 世纪在迦南产生了原始迦南文字,公元前 15 世纪在西奈产生了原始西奈文字。

公元前14—13世纪，在腓尼基产生了分别受西奈文字和两河楔形文字影响的毕布勒字母和乌加里特字母，这是世界上最早的字母。其中的毕布勒字母书写简便，适于商业簿记。腓尼基字母成为世界字母的发端，由此衍生出希伯来字母、阿拉米字母和希腊字母等。从原始迦南文字则发展出原始阿拉伯字母。此外，阿拉米文也逐渐取代阿卡德文成为西亚的通用文字。第四，中央集权帝国的广泛建立。埃及在经历了中王国的繁荣之后步入其全盛时期即新王国时期，并首度占领叙利亚。两河流域则先后建立了大一统的古巴比伦、亚述、新巴比伦等帝国，其版图扩展到叙利亚、腓尼基、小亚细亚东部、波斯西部和南高加索。同时，形成了米底、赫梯和胡里特人的米丹尼等强国。这些帝国的出现，本身就是中东地区社会经济发展、军事技术和军事组织改进和文明交往进一步发展的产物，而不仅仅是依靠军事征服。这就为后来波斯帝国的中央集权体制奠定了基础。

　　第三阶段，东西方交会时期（约公元前550年至公元7世纪初伊斯兰教兴起），也是中东各民族演进与分化时期，以及民族社团形成时期。这一阶段的特点主要有：第一，两大文明中心式微，边缘文明发展成为主要的文明，建立了空前的大帝国。分布在中东边缘的波斯、希腊罗马和阿拉伯文明取代了埃及和两河文明，建立了囊括欧亚非三大洲的大帝国，即波斯帝国、亚历山大帝国及其他希腊化帝国、萨珊帝国、罗马帝国和阿拉伯帝国。这些大帝国的建立，极大地便利了各地区间的交往，促进了不同文化间的碰撞与融合（包括与印度文明和中国文明），也导致了各具特色的民族社团的产生。第二，文化交往的形式和内容发生重大变化，由两大文明中心向中东内外各地区的传播为主演变为中东不同文明之间及与区外文明间的双向交往，甚至文明中心的吸纳多于付出。尤其重要的是，本阶段以希腊罗马为代表的西方文明通过军事征服，开始大规模地与东方文明展开交流，此即希腊化。广义的希腊化不应当局限于亚历山大帝国及其后继者塞琉古帝国和托勒密帝国，而应包括帕提亚帝国，甚至罗马帝国。特别是希腊化时期对古代中东城市中民族社团的形成有重大的影响。希腊化时期的特点是：（1）希腊化实即希腊文化与东方文化的交融。希腊化标志着东方文化全面登陆希腊，例如东方的占星术和宗教。同时，东方也第一次大规模引进了西方文化。在西亚，当时主要的文化形态是巴比伦文化、波斯文化和希腊文化，其具体形态又分为希腊风格、东方风格与东西融合的风格。（2）文化交融是军事征服的后果。希腊文化在中东的传播带有强制性，并表现出游离性的特点。它主要存在于在东方建立的希腊城市中，其政治、文化、体育设施全部为希腊式的，居民主要为希腊人。（3）地区中心从原有的文明中心迁移到欧亚大陆的交界处或其他地区的新兴城市。底比斯、巴比伦和雅典不再是地区的中心，后者移往位于欧亚大陆的交界处或其他地区的新兴希腊城市，如地中海滨的亚历山大、安条克和底格里斯河畔的塞琉西亚、泰西封。这些城市虽然地处古老的埃及、叙利亚和两河流域，但已经是希腊化城市，并且位于地区交通的枢纽。到萨珊帝国时期，巴比伦已经沦为废墟。阿卡德语于公元前 1 世纪时终被放弃。（4）随着时间的流逝，东西方文化从疏离逐渐走向融合。希腊化国家的中下层官员、军官和法官包括了大批当地人，东方城市仍然保留了自治地位。在语言上，西亚语言吸收了希腊语的部分词汇，当地人还部分使用了希腊姓氏，阿拉米语与希腊语同为官方语言。埃及文字因使用希腊字母而改造为科普特语。在民族成分上，到公元 1 世纪，在中东的希腊人日渐与当地人通婚，从而逐渐表示了民族性。托勒密王朝美艳绝伦的末代君主克娄巴特女王即是一位混血儿。随着罗马帝国向中东的推进，它占据了小亚细亚和叙利亚、黎巴嫩、巴勒斯坦等地区，从而将罗马文化传播到当地，尤其是拜占庭帝国在小亚细亚和叙利亚的统治维持了相当一段时间。在东方，帕提亚特别是萨珊帝国的崛起再次促成了波斯文化的传播，成为抗衡罗马帝国的中流砥柱，波斯文化的影响超过了早先的波斯帝国时期。

　　正是上述古代中东不同民族不同文化、文明之间的长期交往，使它们不断分化、组合，形成了独具民族特色的民族社团，并影响了其后伊斯兰时代中东民族社团的特点与格局。

第 二 章

中东伊斯兰城市宗教社团与民族社团

公元7—9世纪，伊斯兰文明以惊人的活力从近东和北非扩展到了西班牙，戏剧性地结束了古代城市文明的古老传统。[①] "在新宗教引进的三个世纪内，在伊斯兰土地上，城市化达到最高点。"[②] 由于城市是不同文化背景的人相聚合之地，所以民族和宗教的多样性成为城市发展的特征，而在中东城市种族"地"的存在被看作伊斯兰城市组织的一个特征。[③]

一 伊斯兰教理论与中东地区的族群、宗教状况

一些学者认为，在伊斯兰时代之前中东就已存在"民族"。多隆·门德尔斯指出："古代近东与犹太人为邻居的民族拥有特殊的界定很好的政治民族主义的象征，即庙宇、领土、王权和军队。"[④] 斯蒂芬·格罗斯比也指出，古代的犹太人、希腊人、阿拉米人、以东人、埃及人和亚美尼亚人大体上都可以看作古代"民族"，而其中的犹太人更为欧洲的近代民族提供了原型。

马克思和恩格斯在讨论希伯来人和阿拉伯人时指出："至于宗教问题，那么它可以归结为一个普遍的、从而是易于回答的问题：为什么东方

---

① Michael Grant, *The Ancient Mediteranean*, Scribner's, 1969, p. 192.
② 车效梅：《全球化与中东城市发展研究》，人民出版社2013年版。
③ G. H. Blake and R. I. Lawless, *The Changing Middle Eastern City*, Harnes, 1980, p. 121.
④ Doron Mendels, *The Rise and Fall of Jewish Nationalism*: *Jesish and Christian Ethnicity in Ancient Palestine*, New York, 1992, p. 1.

的历史表现为各种宗教的历史?"① 这确实是值得探讨的重要问题。直到现代，宗教仍同本地区的政治生活与国家关系缠绕在一起，尽管不能把全部问题都归结为宗教。同所有东方国家一样，土耳其国家是以国家和教会、政治和宗教紧密结合而且几乎可以说是两位一体为基础的。对于土耳其帝国及其当权者来说，《古兰经》同是信仰和法律的源泉。马克思在《宣战。——关于东方问题产生的历史》一文中解释了伊斯兰的民族与国家理念："古兰经和以它为根据的伊斯兰教法律把各个不同民族的地理和人文归结为一个简便的公式，即把他们分为两种民族和两种国家——正统教徒和异教徒的民族和国家。"②

在穆斯林社会，先知建立的穆斯林公社即乌玛（umma）包括两层含义，一是宗教（伊斯兰）团体，二是政治团体，③ 后者包括非穆斯林，即穆斯林控制下的地域或国家，等同于"伊斯兰家园"或"伊斯兰秩序"（Pax Islamica）。根据伊斯兰教教义，穆斯林必须信仰真主，服从使者，服从代表真主治理世间事务的主事人或执政者。至于"民族"，伊斯兰世界相关的情感仅限于语言文学、历史、文化、祖源和风俗，而不涉及政治认同和主权。④

阿拉伯帝国和奥斯曼帝国均为多族群、多语言和多文化的国家，其主导族群分别为阿拉伯人和土耳其人。由于伊斯兰对部落意识的超越、乌玛对阿拉伯人的重新整合、阿拉伯人对伊斯兰教的重大贡献和阿拉伯语的规范化，以及帝国的扩张等原因，阿拉伯人已逐步具有早期民族的性质。⑤但是，大扩张带来的混血和对文化属性的强调也削弱了共同血缘的意义。因此《圣训》指出，不以宗谱或血缘界定阿拉伯人，谁讲阿拉伯语，谁就是阿拉伯人。⑥ 土耳其人直到 19 世纪，也主要是把自己当作穆斯林。

具体而言，传统伊斯兰国家的民族宗教状况如下：

第一，伊斯兰教传统理论强调社会成员的信仰差异，明确区分穆斯林

---

① 马克思：《马克思致恩格斯》，《马克思恩格斯全集》第 28 卷，人民出版社 1973 年版，第 255 页。

② 马克思：《宣战。——关于东方问题产生的历史》，人民出版社 1973 年版，第 181 页。

③ 秦惠彬主编：《伊斯兰文明》，中国社会科学出版社 1999 年版，第 162 页。

④ ［英］伯纳德·路易斯：《中东：激荡在辉煌的历史中》，郑之书译，中国友谊出版公司 2000 年版，第 434 页。

⑤ 杨灏城：《阿拉伯人的团结和分裂——阿拉伯民族的形成及其特征》，载杨灏城、朱克柔主编《民族冲突与宗教争端》，人民出版社 1996 年版。

⑥ 秦惠彬主编：《伊斯兰文明》，中国社会科学出版社 1999 年版，第 163 页。

统治的伊斯兰领土（Dar Islam）和与异教徒的战争区域（Dar Harb），将征服异教徒的统治战争区域视为终极目标。① 结果，宗教信仰的差异导致"迪米"、"米列特"等概念的出现。

传统伊斯兰国家属于多族群帝国，其基本认同是宗教，民众依据其宗教的不同而划分成不同的宗教社团，实行宗教、司法、教育自治。由于这些国家的法律是宗教法，教育以宗教教育为主，因而不可能适用于其他宗教的信徒，从而使自治成为必然趋势。在奥斯曼帝国，统治者实行名为米列特的宗教社团自治，每个米列特拥有自己的自治机构，负责宗教、司法、教育、税收和治安等事宜，普通的米列特成员不与政府直接发生关系。帝国主要有四个米列特，即穆斯林、东正教徒、犹太人和亚美尼亚人。② 但是，米列特是从宗教方面划分的。从民族方面看，除阿拉伯人外，哈里发国家既包括一些曾经建立过国家的族群（如波斯人、犹太人和亚美尼亚人），同时也包括许多从未有过国家的族群（如库尔德人、普什图人等）。

第二，对于非穆斯林的迪米（dhimmi，包括基督徒、犹太人和祆教徒），国家不强迫他们改宗伊斯兰。事实上，迪米大批改宗主要是基于经济和社会等方面的原因自愿进行的；帝国的伊斯兰化过程同时也是阿拉伯化过程，非阿拉伯臣民因此接受了阿拉伯语和阿拉伯文化，更有部分人因与阿拉伯人的通婚而直接融入阿拉伯族群。

迪米人的概念源于穆罕默德时代的宗教对抗和穆斯圣战实践。根据《古兰经》的相关启示，穆斯林、"以物配主的人"和"有经典的人"分别属于截然不同的社会群体，而信仰差异是确定社会成员的权利和地位的基本准则。穆斯林在理论上享有充分的权利，构成居统治地位的社会群体。"以物配主的人"即多神崇拜的阿拉伯人，由于诋毁安拉，"安拉必不赦宥以物配主的罪恶"，他们"在大地上没有任何保护者，也没有任何援助者"，"当禁月逝去的时候，你们在哪里发现以物配主者，就在哪里杀戮他们，俘虏他们，围攻他们，在各个要隘侦候他们"。"有经典的人"即基督教徒和犹太人，因为曾受天经的启示，"当抵抗不信安拉和末日，

---

① 哈全安：《中东国家的现代化历程》，人民出版社 2006 年版，第 53 页。

② 斯坦福·肖：《奥斯曼帝国》，许序雅、张忠祥译，青海人民出版社 2006 年版，第 195——199 页。

不尊安拉及其使者的戒律、不奉真教的人，即曾经受天经①的人，你们要与他们战斗，直到他们按照自己的能力，规规矩矩地缴丁税"。② 可见"有经典的人"可以通过缴纳贡税作为条件换取穆斯林的保护。

"迪米"一词在阿拉伯语中意为契约，所谓的迪米人特指通过订立契约和缴纳贡税的形式接受保护的非穆斯林臣民，是所谓的"有经典的人"之宗教概念在现实领域的逻辑延伸。穆罕默德去世后，伴随穆斯林征服阿拉伯半岛以外的广大地区，非穆斯林臣民数量剧增，基督教徒和犹太人无疑处于被保护的地位，琐罗亚斯德教徒也被纳入迪米人的行列。③

在伊斯兰世界，最早涉及这种关系的族群是犹太人。穆罕默德为了确保麦地那政权的团结一致，非常注意处理穆斯林与犹太人之间的关系，并"与犹太人签订了名为'Sahifa'的共存协议"。④ 在协议中，穆罕默德承认犹太人是"有经典的人"，允许他们有信仰的自由。只要他们遵守相关规定并履行一些义务，就可以得到穆斯林的保护。

由于《古兰经》规定"信仰不得强迫"⑤，所以强迫皈依的宗教现象在伊斯兰世界并不多见。麦地那时期和倭马亚王朝时期，历任哈里发大多强调阿拉伯人与伊斯兰教合二为一的原则，无意扩大伊斯兰教的传播范围。个别哈里发甚至阻止非穆斯林改奉伊斯兰教。阿拔斯王朝时期，非穆斯林人数逐渐减少，但基督教徒始终遍布哈里发国家的各个角落，其中埃及与叙利亚的基督教徒超过百万。

第三，迪米可以从事各种职业，包括农业和手工业等；享有人身和财产安全，免受外敌侵凌；享有宗教、法律和教育自主；可以做官甚至从军（阿拉伯帝国时期，但从军的基督教奴隶改宗了）。阿拉伯帝国时期重视商业的发展，但到奥斯曼帝国时期则采取漠视政策，商业几乎成为少数族群的专利。在伊斯兰社会，信仰的差异是确定社会成员之权利和地位的基本准则，穆斯林至少在理论上享有充分的权利，构成居统治地位的社会群体。⑥ 迪米在理论上是地位较低的群体，以下权利是他们不得拥有的：

---

① 哈全安：《中东国家的现代化历程》，人民出版社 2006 年版，第 19 页。

② 《古兰经》，4：48，9：74，9：5，9：29。

③ 哈全安：《中东国家的现代化历程》，人民出版社 2006 年版，第 20 页。

④ Andrea Pacini edit, *Christian Communities in the Arab Middle East: The Challenge of the Future*, Clarendon Press Oxford, 1998, p. 69.

⑤ 《古兰经》，2：256。

⑥ 哈全安：《中东国家的现代化进程》，人民出版社 2006 年版，第 20 页。

（1）不得拥有比穆斯林高的地位；（2）不允许购买土地；（3）可以保有自己信仰的权利，但不得侵犯穆斯林的宗教信仰；（4）修建的房屋不可以高于周边穆斯林建的房屋；（5）不允许新建和修复教堂；（6）不可穿着非穆斯林不允许穿的衣服；（7）不可穿白色和浅绿色的衣服（在奥斯曼帝国只有穆斯林才可以穿）；（8）不可佩带武器；（9）不可骑马；（10）不可以使用穆斯林奴隶或者雇用穆斯林奴仆。

根据《古兰经》规定，迪米不得加入圣战的行列，迪米人以缴纳人丁税作为条件换取穆斯林的保护。人丁税征收的对象是迪米人中的成年男性，收额长期沿袭麦地那哈里发欧默尔制定的标准，即按照迪米人的财产状况，在银币区每年向纳税者分别征收 12、24 和 48 个迪尔汗（银币），在金币区每年向纳税者分别征收 1、2 和 4 个第纳儿（金币）。迪米人在缴纳人丁税的前提下，免服兵役、享有自治的权利。迪米人中的神职人员免缴人丁税。公元 924 年埃及总督曾经向基督教的教士征收人丁税，后者向哈里发穆格台迪尔申诉，穆格台迪尔遂吩咐埃及总督取消征收埃及基督教徒的人丁税。①

伊斯兰教法作为哈里发国家的官方法律，在大多数情况下仅规范穆斯林的社会行为。而迪米人沿袭各自的传统习惯，其司法仲裁大都诉诸各自的宗教领袖，执行各自的宗教法律。但是如果迪米人涉及与穆斯林之间的纠纷，必须诉诸伊斯兰教法庭，由卡迪依据伊斯兰教法予以裁决。穆斯林法庭在裁决时，往往拒绝接受迪米人的誓言和所提供的证据。《古兰经》承认奴隶存在的合法地位，而迪米人却不得拥有穆斯林作为奴隶。穆斯林的男子可以娶迪米人中的女子为妻，反之则被禁止。② 在奥斯曼帝国，一旦迪米违反相关规则，他们将失去作为迪米的权利。

第四，尽管《古兰经》规定，"你们只可信任你们的教友"，"信道的人，不可舍同教而以外教为盟友；谁犯此禁令，谁不得安拉的保佑"；至于"有经典的人"，他们"无论在哪里出现，都要陷于卑微之中，除非借安拉的合约与众人的和约不能安居"。③ 哈里发国家援引《古兰经》的相关启示，禁止迪米人出任官职，将迪米人排斥于政界和征战领域之外。哈里发国家规定，迪米人不得享有与穆斯林同等的政治权利，不得担任进而

---

① 哈全安：《中东国家的现代化进程》，人民出版社 2006 年版，第 22 页。

② A. K. S. Lambton, *State and Government in the Medieval Islam*, Oxford, 1985, p. 208.

③ 《古兰经》，3：73，3：28，3：112。

对穆斯林行使权利。麦地那时代，哈里发欧默尔曾明确告诫部下："不要
与基督教徒接触，因为安拉不喜欢他们；不要信任基督教徒，因为安拉不
信任他们；不要提高基督教徒的地位，因为安拉使他们陷于卑贱之好。"①
倭马亚王朝哈里发欧默尔二世在位期间，发现许多迪米人身居要职，于是
解除其职务。然而，伊斯兰国家在政治和军事上严重依赖非穆斯林和非阿
拉伯臣民。阿拔斯时代，基督教徒构成文职官吏即库塔卜的重要来源，历
代哈里发的御医大都来自基督教徒，犹太人则在金融兑换业独占鳌头，哈
里发穆格台迪尔甚至破例任命为基督教徒掌管军事部。②

　　迪米之所以能够做官，是因为早期的伊斯兰国家受到了萨珊帝国和拜
占庭帝国的影响，其行政文书大量使用波斯语和希腊语，因此国家相应地
在其行政机构中也必须大批起用波斯人和基督徒，而犹太人则在奥斯曼帝
国行省财政中扮演了重要作用。非穆斯林和非阿拉伯臣民构成阿拉伯帝国
和奥斯曼帝国军队的重要成分，如倭马亚王朝中的叙利亚基督徒、阿拔斯
王朝军队中的波斯人和突厥人、奥斯曼军队中的非土耳其人等。而且来自
异族的官员和军人（如马姆鲁克）在阿拉伯帝国和奥斯曼帝国时期都发
挥了重要的历史作用，他们甚至建立了自己的地方王朝。在奥斯曼帝国，
素丹的角色是保障臣民的安全和公平，而这些保障以沙里亚法为依据，为
了确保沙里亚法的执行，素丹需要武器，获得武器需要金钱，这些钱以税
收的形式向他的臣民征集。素丹要想保障税收，需要使他的臣民高兴和满
意。因此，素丹保障迪米的权利，这些都在沙里亚法中得以体现。

　　第五，族群与宗教、教派身份的重合。在中东地区，宗教、教派在社
会中扮演着重要作用，而不同族群独特宗教、教派归属为族群的认同提供
了重要资源。如波斯人、阿富汗哈扎拉人的什叶派身份有助于维持它们的
自身认同，同时也会加剧与逊尼派世界和本国的逊尼派民众的矛盾。

　　第六，宗教对立是构成社会矛盾的重要内容，宗教歧视和宗教迫害在
伊斯兰教世界时有发生。以犹太教和伊斯兰教为例，两大宗教的冲突始于
穆罕默德在麦地那传教时。伊斯兰教诞生时，由于犹太人善于经营、财力
雄厚并在麦地那城的政治经济中居于重要地位，因此穆罕默德为取得犹太
人支持，宣称自己是犹太教经典《圣经·申命记》中预言的先知之一。
但犹太人依仗自己优越的政治经济地位鄙视伊斯兰教，最终导致穆罕默德

---

① B. Yeor, The Dhimmis: Jews and Christians under Islam, London, 1985, p. 181.
② 哈全安：《中东国家的现代化历程》，人民出版社 2006 年版，第 23 页。

与犹太教的决裂。穆罕默德号召穆斯林三次进攻犹太人，将其逐出麦地那，之后为穆斯林立下誓约："信道的人们啊！你们不要以犹太教徒和基督教徒为盟友"，"你们中谁以他们为盟友，谁是他们的同教"，《古兰经》中对犹太人仇恨和鄙视的宗教信条随处可见，"你们必发现，对于信道者仇恨最深的是犹太人和以物配主的人"。[①]

哈里发国家对于迪米人的宗教信仰有各种限制，如迪米人只能使用已有的教堂而不得建立新的教堂，不得在穆斯林的面前展示诸如十字架之类的宗教标志和公开庆祝宗教节日。[②] 阿拔斯哈里发穆台瓦基勒也于公元849年和854年两次颁布法令，禁止迪米人就读于讲授阿拉伯语的学校，规定基督教徒和犹太人的宅门必须钉上画有撒旦图像的木牌，基督教徒和犹太人必须身着淡黄色的外衣，不得乘马而只能骑驴，死后葬身的陵墓不得高于地面。[③] 公元870年阿拔斯哈里发哈伦下令拆毁穆斯林征服后各地新建的基督教教堂，禁止基督教在复活节竖立十字架和在教堂门前设置撒旦的图像，一切迪米人必须身着规定的服饰以区别于穆斯林。[④]

在阿拔斯王朝后期，大马士革、拉玛拉、阿斯卡伦、耶路撒冷和巴格达等城市也发生穆斯林抢劫和拆毁基督教堂的事件。但该种事件并不普遍，穆斯林对迪米人的歧视和迫害的程度十分有限。[⑤] 中世纪基督教欧洲的宗教审判所以及"圣巴托罗谬之夜"和15—16世纪西班牙基督教屠杀穆斯林的惨剧在伊斯兰世界从未发生。[⑥]

大多哈里发采取相对宽容的宗教政策，"伊斯兰世界与基督教欧洲的区别在于：大批信奉伊斯兰教以外其他宗教的臣民生活在伊斯兰世界，而穆斯林在基督教欧洲却无法生存。在伊斯兰世界，基督徒和犹太人的教堂和修道院遍布各地，它们似乎并不隶属于政府权力的管辖，仿佛是国中之国，并享有穆斯林给予的种种权利。于是，基督徒和犹太人得以与穆斯林平安相处，从而形成在基督教欧洲所无法想象的和睦气氛。基督徒和犹太人皆有信仰的自由，但是他们改奉伊斯兰教以后如果再背叛伊斯兰教则必

---

① 《古兰经》，5：51，5：82。

② Al‐baladhuri, *Kitab Futuh al‐Buldan*, New York, 1968, pp. 271–272.

③ 哈全安：《中东国家的现代化历程》，人民出版社2006年版，第23页。

④ 同上书，第23页。

⑤ 同上。

⑥ 同上书，第23—24页。

须处死。相比之下，在拜占庭帝国，凡改奉伊斯兰教者必须处死"。①

在伊斯兰世界，统治者容许迪米人与穆斯林举行宗教辩论。公元718年巴格达的聂斯托里派教长提摩太曾经与阿拔斯王朝哈里发马赫迪探讨各自信仰的真伪，并为基督教辩护，其辩护词至今犹存。819年阿拔斯王朝哈里发马蒙在其宫廷举行神学辩论，主题是比较伊斯兰教与基督教的优劣。阿拔斯王朝哈里发穆台瓦基勒在位期间，穆斯林学者阿里·泰伯里撰写《论宗教与国家》一书，以温和的言辞为伊斯兰教辩护。法蒂玛王朝的哈里发哈基木以迫害异教徒而著于世，耶路撒冷的圣陵教堂和穆卡坦山的库赛尔修道院皆毁于哈基木在位期间。然而宗教的狂热并没有阻止哈基木任命曼苏尔·萨顿作为维齐尔和在宫中雇用基督教徒出任御医。1019年哈基木甚至下令重建被毁的库赛尔修道院。②

可见，穆斯林与迪米人法律地位的差异在大多数中东国家存在。各种迪米人如基督教徒、犹太教徒、琐罗亚斯德教徒等均可以从其特殊的宗教信仰和发源地来区别，他们通常有自己的教义约束其行为，有共同的规范来使其履行对国家的共同责任。他们通常只从事固定的职业，有时候也有一些准则规定他们的消费模式，甚至有对衣着的规定。但在大多数地区，这些规则看起来都不是强制性的。③

奥斯曼帝国继承了伊斯兰教的宗教宽容政策。它之所以如此，一是出于宗教考虑。奥斯曼帝国是以伊斯兰教为国教的社会，而伊斯兰教从创立之初便允许其他一神教存在，继承该传统在情理之中。二是出于统治的需要。奥斯曼帝国征服的许多地区基督徒仍在人口上占多数，对基督徒而言，宗教信仰是生命中最重要的标识，是誓死捍卫的阵地。而通过宗教宽容政策，能避免可能出现的反抗。三是出于经济利益的考虑。非穆斯林多缴纳人头税，如果太多的非穆斯林皈依伊斯兰教，政府会失去部分税收，这是帝国政府所不愿看到的。四是出于奥斯曼帝国所处的地缘政治。奥斯曼帝国同拜占庭帝国毗邻，历史上双方交往密切，在伊斯兰教区"到处仍保留着基督教的教堂和修道院，它们甚至仍效忠于君士坦丁堡的总主

---

① A. Metz, *The Renaissance of Islam*, Delhi, 1979, p. 32.

② 哈全安：《中东国家的现代化历程》，人民出版社2006年版，第24页。

③ Hooshang Amrahmadi and Salahs EL-Shakhs, *Urban Development in the Muslim World*, the State University of New Jersey, 1993, p. 23.

教"。① 当奥斯曼人将要攻下君士坦丁堡时，"很少看到有人在担心金角的奥斯曼社会和政府将同这个希腊国家会有极大的差别。生活、贸易、政府和宗教将会在很大程度上相同。奥斯曼人所表现的每一行动，都说明他们既是亚洲人，也是欧洲人"。② 在该背景下，推行米列特制度也就不足为奇。

"米列特"是奥斯曼帝国的一种宗教社群单位，意为"奥斯曼帝国内有特殊信仰的集团或民族"③。某种程度上，米列特制度是与奥斯曼帝国的行政机构、伊斯兰教机构并行的第三大机构，是帝国维持多民族、多宗教封建军事共同体的有效工具。穆斯林的"米列特"包括奥斯曼帝国境内信奉伊斯兰教而操土耳其语、阿拉伯语、库尔德语、阿尔巴尼亚语以及希腊语和其他巴尔干、高加索地区语言的诸民族。希腊人的"米列特"包括信奉东正教的希腊人、塞尔维亚人、保加利亚人、罗马尼亚人以及少量的阿尔巴尼亚人、阿拉伯人与土耳其人。亚美尼亚人的"米列特"包括信奉基督教的亚美尼亚人、埃及科普特派基督教徒和叙利亚的雅各派基督教徒。犹太人的"米列特"包括操西班牙语的犹太人、操阿拉伯语的犹太人和操希腊语的犹太人。"米列特"作为宗教政治群体，并不具有民族的内涵。每个"米列特"包含不同的民族成分，相同的民族却由于信仰的差异而分别属于不同的"米列特"④。向奥斯曼帝国交缴人丁税，是非穆斯林米列特区别于穆斯林米列特的主要标志。15 世纪 90 年代，巴尔干地区缴纳人丁税的非穆斯林为 67.4 万户；16 世纪 30 年代，安纳托利亚地区缴纳人丁税的非穆斯林为 6.3 万户。1489 年，奥斯曼帝国征纳的人丁税为 3000 万阿切克；1528 年人丁税占奥斯曼帝国全部岁入的 8%。⑤

不同的"米列特"成员生活在城市的各自区域，分别遵守各自的宗教法律，操各自的传统语言，恪守各自的生活习惯，隶属于各自的宗教首领，相安无事。穆斯林男子与非穆斯林女子之间的通婚现象随处可见，非穆斯林女子嫁于穆斯林男子后，可保留原有的宗教信仰，但是所生的子女

①　费希尔：《中东史》，姚梓良译，商务印书馆1980年版，第213页。

②　同上书，第205页。

③　黄维民：《中东国家通史·土耳其卷》，商务印书馆2002年版，第90页。

④　哈全安：《中东国家的现代化历程》，人民出版社2006年版，第38页。

⑤　H. Inlcik, *An Economic and Social History of Ottoman Empire*, Vol. 1: 1300—1600, Cambridge, 1994, pp. 26 – 66.

则被视作穆斯林。①

正是因为这种族群和宗教的宽容，早期阿拉伯国家的建立受到了犹太人和一些非主流教派基督徒的欢迎，且伊斯兰国家少有出现因族群矛盾引发的动荡。同时，大批在欧洲国家（如西班牙）居住的犹太人和基督徒因不堪忍受天主教会的迫害而移民到伊斯兰世界。当然，在伊斯兰国家并非没有族群和宗教矛盾，但与基督教世界相比，这种矛盾要缓和得多。

二　阿拉伯人征服与城市民族社团和宗教社团形成

"早在先知和四大哈里发时代，伊斯兰教就与权力联系在一起。这种宗教与权力，社团与政治的联系，在《古兰经》和其他早期宗教文献中显而易见。"② 穆罕默德主张建立一种统一的、公正的、虔诚顺从安拉的宗教社团，这种关于乌玛的宗教性的思想，构成了伊斯兰宗教观的核心内容，并对后来伊斯兰城市发展产生了重要影响。

公元 633 年伯克尔命哈立德率 500 名老兵袭击波斯帝国辖区的伊拉克边境重镇希拉城并占领之，此举标志着阿拉伯人远征的开始，在不到两年时间内，他们就打败了拜占庭、萨珊波斯的军队，征服了埃及、巴勒斯坦、叙利亚、伊拉克和波斯的大部分地区。在征服的过程中，从第二任哈里发奥马尔开始，在编制军队时采用了氏族部落的组织形式，"军队就是行动中的'温麦'即整个民族"。③ 所以不同部落的军队编排在一起，该编制奠定了军事城市区划制度。这样，军事城市以部落为单位，使不同的部落在自己部落谢赫领导下定居在自己的区内，这种由居住在同一地理位置的同一部落所形成的社区成为城市社会的基本团体。④如在阿慕尔的福斯塔特中，不同的阿拉伯部落被分在不同区，这是唯一阻止伊斯兰征服前世代结仇的敌人再结仇的办法。⑤ 在凯鲁万"建城初期，欧格白清真寺位于凯鲁万的核心，周围是阿拉伯人的住区，按照传统的部族形式划分，包括古莱西人住区、辅士住区、吉法尔人住区、莱赫米人住区、侯宰勒人住

①　哈全安：《中东国家的现代化历程》，人民出版社 2006 年版，第 39 页。

②　Miachel Kourtis, *Religion and Politics in the Middle East*, Westview Press, 1981, p. 12.

③　希提：《阿拉伯通史》，商务印书馆 1979 年版，第 173 页。

④　Desmond Stewart, Great Cairo, *Mother of the World*, Cairo, 1981, pp. 42 – 43.

⑤　Ibid., p. 44.

区等。① 公元 969 年，法蒂玛王朝的大将焦海尔·撒格利在福斯塔特附近，连接尼罗河与苏伊士地峡、穆盖塔木山之间另建新都开罗。为了给法蒂玛军队中不同的部族提供居住区，他划出大致 20 个区安置士兵和家属，这些区都有特定意义的名称：祖微拉（Zuwayla）居住来自卡亚微（Qayawan）和玛哈迪耶（Mahdiyya）的士兵；库塔玛（Kutama）住着柏柏尔人；戴蓝穆（Daylam）是来自伊朗里海的难民。②

征战结束后，原用作驻扎军队的区，逐步演变为根据不同种族、不同宗教及派居住的居民区，虽然在不同的国家它们有不同的名称，如马格里布称哈瓦玛（hawma），开罗和大马士革称哈拉（hara），阿勒颇、巴格达称玛哈纳（Mahana），但是它们有一个相似的外表和结构——通过区内主要街道（darb）与城市的街道网连接，这些街道名常常成为该区的名字。街道又分为许多小巷，小巷尽头往往是死胡同。这些区就形成了一个完全封闭的实体。③ 每个区有自己的清真寺、巴扎和公共浴池，常常位于区中心。区与区之间或者通过未确定的土地、被毁的土地相互隔离，或者通过围墙、障碍物、大门等保护。这些墙不仅为区提供安全而且也使这些区成为城市"易管理的组成部分"。④

阿巴斯王朝，基督徒主要分布在北非和新月地带，其中埃及和叙利亚基督徒的人数超过百万，他们分别属于希腊正教、科普特派、雅格派、聂斯托里派（即景教）和马龙派。犹太人主要居住在城市里。琐罗亚斯德教徒主要在伊朗南部。在少数族群的管理上，伊拉克和叙利亚的基督徒信奉聂斯托里派，隶属于巴格达的聂斯托里派教长，该教长由阿巴斯哈里发授职，是帝国境内全体基督教的宗教领袖。埃及的基督徒信奉雅格派科普特支系，隶属于亚历山大里亚和安提俄克的雅格教教长。犹太人有自己的首领，其管辖范围不仅包括宗教领域，而且涉及世俗生活的各个方面。

1. 城市宗教社团与民族社团形成原因分析

从广义的角度讲，伊斯兰城市仅仅是服从伊斯兰法律的个人所组成的

---

① 哈全安：《阿拉伯封建形态研究》，天津人民出版社 2000 年版，第 178 页。

② 车效梅：《中东中世纪城市的产生、发展与嬗变》，中国社会科学出版社 2004 年版，第 36 页。

③ Andre Raymond, *The Great Arab Cities in The 16—18th Centuries*, *An Introduction*, New York, 1984, p. 15.

④ Madanipour Ali, *Tehran: the Making of AMetropolis*, Chichester, 1998, p. 237.

共同体。该共同体包括所有的穆斯林，不论他独居或群居，是一个游牧者还是定居者，一个城市人或农村人。从狭义的范围看，伊斯兰城市仅仅是一个限定，是对在伊斯兰教的保护下有组织的城市社团和"文明"形式——古典时期著作者所使用的术语——所包括的内容的发展。① 但实际上，伊斯兰教文明在穆斯林征服后的几个世纪中逐渐发展成为一种带有基督教、犹太教、琐罗亚斯德教和阿拉伯宗教的成分，并融入了希腊—罗马、波斯—美索不达米亚的行政、文化和科学各成分的综合体。因此，民族社团和宗教社团在城市发展与繁荣过程中扮演着不可或缺的角色。

随着征伐范围的扩大，"麦瓦利"即非阿拉伯穆斯林出现。这些新教徒成群结队地涌入城市，成为雇员、工匠、店主和商人等，服务于阿拉伯贵族。由于同为穆斯林，因而他们要求与阿拉伯人平等，但未得到承认。尽管"麦瓦利"也在伊斯兰教军队中服役，但他们通常只能作为步兵参战，步兵得到的薪俸和战利品要低于阿拉伯骑兵。② 随着伊斯兰帝国的扩张，财富从属国行省源源不断地流入城市，"麦瓦利"的人数和财富也在不断增长，但他们却仍被排除在统治集团之外。于是，他们也就成了城市中的不安定因素。他们决心取得与他们的经济实力相称的社会地位。公元 750 年，阿拔斯哈里发王朝的建立，其意义远非普通的改朝换代，它意味着"麦瓦利"尤其是波斯人此后代替了腐朽的旧贵族。阿拉伯军人不再是享有薪俸的特权阶层，它已被皇家常备军所取代；皇家常备军开始时主要由波斯人组成。从前的军事重镇，如今在"麦瓦利"的控制下变成了巨大的商业中心。一部分阿拉伯人开始加入市民和农民的行列，另一部分则重新过起了游牧生活。阿拉伯帝国的结构也随着这些变化的发生，尤其是 762 年从大马士革往东迁都巴格达，而出现了根本的变化。这实际意味着阿拔斯哈里发政权开始放弃地中海，转而接受波斯的传统，寻求波斯的支持。哈里发不再是阿拉伯部落的酋长，而是一个享有神权的君主即"安拉在大地上的影子"。他的权力并不来源于部落的支持，而是建立在享有薪俸的官僚和常备军的基础上。③

① R. B. Serjeant, *The Islamic City*, Unesco, Paris, 1980, p. 13.

② ［美］斯塔夫里阿诺斯：《全球通史》，董书慧等译，北京大学出版社 2005 年版，第 217 页。

③ 同上。

帝国的建立、稳定的环境促使中东城市开始繁荣，城市民族社区和宗教社区形成并发展壮大。之所以如此，是因为同一个民族集团不断移民是民族社团出现的主要原因，同一部落或同一乡村的人们往往住在一个区，这又使家族关系普遍存在，谢赫能轻易地控制区的管理。部落、谢赫和部落委员会在城市公众生活中起重要作用。

区是城市社会的基本单位，是一个社团生活的地方，正如社会学家纳瓦勒·米斯瑞（Nawal al－messiri）指出的："生活在每一个区，特别是一个封闭的区，像生活在他们自己的王国，这个区有人管理、外人不可能进入，所有的大人和孩子相互认识，像一个农村。"① 这种团结的另一个方面是有利于居民的相互监督。区的团结也体现在当地庆祝活动中，无论是在私人方面如结婚、割礼，或在公共生活如宗教活动等。居民区组织既能严格地控制人民，又能留给人民一定的自由，这相当于人民享有一定的管理权和政府分权化的概念。这种状况随着奥斯曼帝国的到来而有所加强。②

少数民族之所以要聚集成团体，是为了确保自身的安全和其宗教、文化的延续性。城市是由人建立的空间结构，但这个空间结构一经建立就对生活在其中的人及其社会实践和社会关系产生影响。由于大量人群聚集市空间，他们频繁和密切的交往产生了英国社会学家吉登斯（Giddens）所说的"共同在场"效应。由于在现代到来之前，中东人以宗教认同自己的身份。"认同"（identity）简单来讲就是个体或群体彼此具有亲近感，从心理上、精神上、行为上将自己归属于某一特定客体。由于中东国家对非穆斯林的宽容政策，犹太人和基督教徒，他们按照沙里亚（Shari`ah）规则，在伊斯兰城市享有一定的自由，对他们的管理形成了一种特殊的类别。③ 基督教以教堂、犹太教以犹太会堂为中心形成一个封闭的、自我容纳的社区，守卫着自己原有的风俗，保持着各自的文化和特征，甚至口音。牧师或拉比是各自社区的代言人，由于他们只忠于各自的首领和社区，因而均根据其所属社区而非国家的法律来行事（虽然刑法仍受国家的保护）。此外，社区还提供给居民教育和大量慈善活动，如照顾寡妇和

① Andre Raymond, *The Great Arab Cities in The 16—18th Centuries*, An Introduction, New York, 1984, p. 16.

② 车效梅：《中东中世纪伊斯兰城市形态解读》，《西亚非洲》2007 年第 8 期。

③ R. B. Serjeant, *The Islamic City*, UNESCO, Paris, 1980, p. 44.

孤儿等，使这些社区成为事实上的"国中之国"①。各社区间的居民隔离并不是一成不变的，但常常是自愿形成的。自愿的聚集在城市发展历史上经常发生，这些聚集或是和经济利益有关，或是和政治优势有关，例如犹太居民区常在统治者宫殿附近，以便于其拉拢权贵、经营生意。这样的集中便利了每个人在各自的职位上充分发挥作用。② 他们以一种特别自由的方式管理自己，不仅包括个人地位，还包括法律、命令、安全及在他们区内的城市问题。谢赫是他们的宗教领袖，谢赫作为社区与政府的仲裁者负责收得税款、保证社区的治安和米列特成员对素丹的效忠；政府只要能从地方征收到税，便不会干预社区事务，从而地方的秩序便得以维系。例如，在开罗，科普特社区享有一定的自由，服从他们的首领（ru`asa）。同样犹太人的社区也紧密地居住在他们自己的区，位于开罗非常靠近中心的地方，那里有 10 个犹太人的会堂。犹太人拥有一个封闭和隔离区，并从自己民族中选出法官，根据自己的习惯处理纷争和争端。这样，米列特系统便成了政府对地方统治的工具。这些少数民族的米列特在某种程度上与中东国家所属的机构和伊斯兰教的宗教机构是平行的。1725 年叙利亚的基督徒（Melkites）从阿勒颇和大马士革向开罗移民，希望作为一个团体得到认可从而获得自治，最终，他们成功地定居在开罗的 Frankish 附近的特别区③。

在穆斯林各民族社团中，阿拉伯人、库尔德人和其他民族过着相互隔离的生活，因为这些少数民族有强烈的聚居趋向（如土耳其人和库尔德人表现得更加强烈）；而宗教团体通常遭受严厉的隔绝，例如，基督教或犹太教区的发展过程，它们的发展甚至并不常常源于政治决定。④ 宗教团体是塑造日常宗教生活的重要力量。如奥斯曼帝国时期，伊斯坦布尔有希腊东正教社区、罗马天主教社区和犹太人社区——这些区能在各自教会的领导下享有充分的自治，因此若干世纪以来各穆斯林民族（如土耳其人、阿拉伯人、阿尔巴尼亚人和库尔德人）和各基督教民族（例如塞尔维亚人、希腊人、保加利亚人和罗马尼亚人）一直生活在半自治和自给自足

---

① V. F. Costello, *Urbanization in the Middle East*, New York, 1977, p. 13.

② Hooshang Amrahmadi and Salahs EL – Shakhs, *Urban Development in the Muslim World*, the State University of New Jersey, 1993, p. 23.

③ Andre Raymond, *Arab Cities in the Ottoman Period*, Ashgate, 2002, p. 240.

④ Ibid. , p. 13.

的社区里，比邻而居。尽管有个别非穆斯林人确实在民族服装、生活习惯、居住区和税收上遭到不公平待遇，但是各社区只要承认素丹的权力、向帝国国库纳税，就能够拥有自己的教会、语言、学校和地方政府。①

建立在不同民族、宗教和功能特征的自我包含的和适度自治的社区，反映当时将自治权授予不同的民族和部落群在一个多元化和多种焦点的发展模式，而不是现代"少数民族聚居区"概念。②

首先，语言和文化因素在民族社团形成过程中不可或缺。社团的力量和影响依靠他们的民族和地理上的凝聚，根据他们与本土穆斯林团体的同化和一体化的水平不同而不同。因为明显的语言和文化的原因，叙利亚和北非的人口轻易地融合，他们的人口和团体在城市几乎与当地的穆斯林没有差别。相反土耳其人由于语言的不同，差别是非常明显的。③

城市的人口几乎每天接触外语，如土耳其语、亚美尼亚语、波斯语和欧洲语。这些语言团体生活在特殊的地区，强化了他们的认知。这种感情由于教育——用民族的语言读和写进一步加强。在这方面城市走在了农村的前面。如库尔德人的民族意识在城市首次被推动，库尔德人受教育阶级兴起和库尔德文化传统被认知。培养语言团体的意识常常是为了架起不同团体或不同成员之间的桥梁。通过与外国统治者与西方文化的交往，这种意识进一步增强，所有的这些因素相互作用，帮助最新的一代城市人口意识到他们自己是讲述着同样语言——阿拉伯语的阿拉伯人。④

奥斯曼帝国兴盛时期，帝国统治下的国家精英通常是土耳其人，土耳其语是官方语言。政府机构工作的人员懂得当地语言被认为是一种降低自己身份之事。⑤ 这样统治者对当地居民而言是外来人，而统治者本身对于当地知识所知甚少，当地居民既不认可他们的统治者，也不向政府表达自己的想法和需求。这样的隔膜导致统治者只能通过一些土著社会中的名士来充当自己和当地居民之间的"中间人"，实行间接统治。外来统治者不

---

① ［美］斯塔夫里阿诺斯：《全球通史》，董书慧等译，北京大学出版社 2005 年版，第557 页。

② Stefano Bianca, *Urban Form In The Arab World*, *Past and Present*, Thames and Hudson, 2000, p. 142.

③ Andre Raymond, *Arab Cities in the Ottoman Period*, Ashgate, 2002, p. 240.

④ Grbriel Baer, *Population and Society in the Arab East*, London, 1964, p. 202.

⑤ Guilain Denoeux, *Urban Unrest in the Middle East*, *A Comparative Study of Informal Networks E-gypt*, *Iran*, *and Lebanon*, State University of New York Press, 1993, p. 35.

希望看到土著居民组织发展为自己政权的挑战者，同时与外来统治者进行合作的土著领导人也意识到，如果自己控制的组织发展到统治者无法容忍的地步，对自己来说也是相当危险的事。于是结构松散但又可以为当地居民提供服务，不挑战政府的权威又可以满足社会管理需要的代理人组织出现，并逐渐成为一种特有的文化现象。中心代理人多为宗教领袖或民族领袖，正是由于他们的存在，既可以让异族统治者对征服地的居民进行有效统治以达到他们"分教而制"、"分族而制"之目的的，[①] 同时也让统治者在不直接参与的情况下可以有效地达到实现城市安全、道德建设、有效进行管理之目的。

其次，根据伊斯兰教拥有世界主义的观点，作为一个穆斯林他是整个穆斯林世界的公民，只对真主负责。在一块土地和另外一块土地间没有真正的边界，所有的移动是自由的。出于这种观念，伊斯兰教不鼓励成立正规的组织。同样他也要求个人加入到非正规组织以取得安全，与城市的社会政治命令协调。[②]

最后，阿拉伯帝国的军事扩张摧毁了被占领地区原有的政治体系，导致大量民族和宗教社团出现。历史上中东国家的一个重要特征——正式的政治组织出现晚且数量少。先知穆罕默德去世后，四大哈里发通过圣战，创建了地域广阔的阿拉伯帝国。该帝国军事强大，在军队征服基础上立国；帝国版图辽阔，包含诸多不同历史传统，不同文化之民族。在中世纪中东，一方面以沙漠为主的地势对中东不同民族之间交流造成不便，致使阿拉伯帝国控制整个国家困难；另一方面在阿拉伯帝国扩张过程中，为缓和当地居民的抵抗，对土著居民宗教信仰和生活方式干预不多。同时，阿拉伯人征服区域囊括一些古代文明国家，如波斯、埃及等。这些地区早已形成自成一体的行政和社会管理体系。这些被征服地区的政治组织在异族统治下，为避免和新统治者对抗，大多都转化为由当地居民自发成立、居民自我管理的民族社团、宗教社团等。这样既不引起异族统治者关注，又能通过自己成立的组织实现社会管理和服务功能。虽然具有自成体系的行政管理机构，但这些机构的完备性、严密性、组织能力、行政能力，与中

---

① 车效梅：《中东中世纪城市的产生、发展与嬗变》，中国社会科学出版社 2004 年版，第 92 页。

② Guilain Denoeux, *Urban Unrest in the Middle East*, *A Comparative Study of Informal Networks Egypt*, *Iran*, *and Lebanon*, State University of New York Press, 1993, p. 33.

世纪欧洲城市机构无法媲美。① 之所以如此，一方面是因为中东城市的兴衰受到多种非经济因素的影响，如商路变迁、战争、外贸范围等；另一方面，在阿拉伯征服过程中，体系完备、功能多样的正式组织的建立和维持面临诸多困难，而人们身处动荡环境则更需要团结，以保护自己的生命安全和财产不受损失。在此情况之下，民族社团和宗教社团应运而生。这些社团大多数是由有着共同利益需求之人自发组成的。

2. 城市宗教社团与民族社团发展状况

宽松的宗教政策促使中东城市宗教社团与民族社团发展。10 世纪，巴格达约有基督教徒 5 万人，而同时期爱德萨和提克里特居民也大多信仰基督教。从古代直到 13 世纪，美索不达米亚一直是流散在海外的犹太人聚集的主要中心，这一地区与巴勒斯坦犹太人的核心地带同样重要，有时甚至更为重要。但在 13 世纪之后，随着伊斯兰教哈里发职权及辖区的分裂，美索不达米亚犹太人尤其是巴格达犹太人社区衰落了。10 世纪中期，巴格达有 4 万—5 万基督教徒，犹太人虽然不及基督教徒数量多，但分布甚广，城居现象突出。阿勒颇有 5000 犹太人，摩苏尔 7000 人，库法 7000 人，巴士拉 2000 人，巴格达 1000 人，伊斯法罕 15000 人，设拉子 10000 人，哈马丹有 3 万人。中亚城市加兹纳有犹太人 8 万人，撒马尔罕有犹太人 3 万人。在开罗约有 25000 少数民族人口，几乎是开罗人口的 1/5。②

开罗有 7 个科普特区，大部分位于城市的西部，科普特社团享有一定的自由，服从他们的首领（ru'asa）。同样犹太人的社团也紧密地居住在自己的区域，即位于开罗非常靠近中心的地方，那里有 10 个犹太人的会堂。犹太人拥有一个封闭和隔离区，并从自己民族中选出法官，根据自己的习惯处理纷争和争端。这样米列特系统变成了政府统治的工具。在坦齐马特之前的奥斯曼首都被分为 4 个享有特权的自治区（Kadiuks 或 boroughs）：伊斯坦布尔、尤斯库达、加拉塔和阿尤布。自治区再被划分为街区，街区（Mahalles）是最小的管理单位。亚美尼亚人、希腊人和犹太人集中在海岸，马尔马拉海岸主要是希腊人和亚美尼亚人的居住地，而金角湾则集中

① Guilain Denoeux, *Urban Unrest in the Middle East*, *A Comparative Study of Informal Networks E-gypt*, *Iran*, *and Lebanon*, State University of New York Press, 1993, p. 30.

② 车效梅:《全球化与中东城市发展研究》，人民出版社 2013 年版，第 88 页。

了希腊人和犹太人居民。①

　　马赫默德二世于 1453 年进入君士坦丁堡后，遵循拜占庭的惯例，承认真那狄奥（Gennadias）当选为东正教总主教，正式命名为乔治主教。马赫默德二世授予真那狄奥君主节杖和个人护卫队，其总部在圣·阿颇斯特勒斯（Holy Apostles）。征服后的第一位亚美尼亚人主教是波斯霍普拉西姆（Boshoprakim），他管辖萨玛特亚（Samatya）区的潘瑞布勒普图斯（Peribleptos）教堂；第一位拉比是默舍·卡布萨里（Moshe Capsali），其总部在巴拉特，这是自拜占庭以来犹太人主要居住区。② 马赫默德二世鼓励逃走的希腊人重返城市，并重新安排了所有城市的犯人，“在金角湾沿岸给他们住房和土地”，“在这个特殊时期免除他们的税收”。此外帝国的命令导致绝大多数新人口重新定居，其中许多人参与了以后由马赫默德二世领导的多次战役。对征服的奴隶要求他们付出赎金后定居在城市，并鼓励他们从事建筑工作以赢得其赎金。重新定居最有效的办法是对来自帝国不同地区的穆斯林、基督教、犹太教家庭的强行迁移。为恢复伊斯坦布尔的经济和商业活动，一些有名的贸易商人被强行迁到首都。马赫默德二世的努力取得了显著的成就，从 1478—1489 年的人口普查中可以看出，1478 年在伊斯坦布尔有基督教家庭 5163 户，犹太人家庭 1647 户。到 1489 年分别上升到 5462 户和 2491 户。③ 在 1475 年，4 万名热那亚人和亚美尼亚人从克里米亚的卡法（Kaffa）城镇迁到君士坦丁堡。④

　　1477 年，根据马赫默德二世的命令帝国进行了第一次人口普查，这次普查的对象不包括军队和王宫人口。以家庭为单位计算，在伊斯坦布尔，有 9486 个穆斯林土耳其人家庭，4127 个希腊人家庭，1687 个犹太人家庭，434 个亚美尼亚人家庭，267 个热那亚人家庭和 332 个欧洲人家庭（除热那亚人外）。伊斯坦布尔全部的人口估计在 8 万—10 万，大约是征服时的 2 倍，其中在伊斯坦布尔旧城墙内的人口占全部人口的 88%，其余的分布在加拉塔，不包括环绕海峡两岸和博斯普鲁斯农村的人口。居住在伊斯坦布尔旧城墙内的 70% 的人口是穆斯林，其余的是非穆斯林；加

　　① Zeynep Celik, *The Remaking of Istanbul*, *Portrait of Ottoman City in the Nineteenth Century*, Washington, 1986, Introduce.

　　② Johe Freely, *Istanbul the Imperial City*, London, 1996, p. 184.

　　③ Zeynep Celik, *The Remaking of Istanbul*, *Portrait of Ottoman City in the Nineteenth Century*, Washington, 1986, p. 23.

　　④ Colin Thubron and the Editors of Time—Life Books, Istanbul, B·V, 1978, p. 8.

拉塔则相反，70%的人口是非穆斯林。1477 年的人口普查也显示，在伊斯坦布尔有 31 个吉普赛人家庭生活在第 6 座山上的狄奥多西城墙内，早在 14 世纪他们就定居于此，其后代至今仍生活于此。① 在 15 世纪的最后 10 年中，巴耶济特素丹（Beyazit）收留了大量西班牙犹太难民，他们于 1492 年被西班牙和葡萄牙驱逐，巴耶济特素丹重新把他们安置在萨鲁尼科、埃迪尔、伊兹密尔和伊斯坦布尔，在伊斯坦布尔他们主要集中在巴拉特（Balat）。随着伊斯坦布尔的发展，其人口也大量增加，从 1477 年的 16326 户增加到 1535 年的 80000 户，从 1453 年的 5 万人发展到 15 世纪后期的 50 万人。② 在 1477 年和 1535 年的两次人口普查中，穆斯林占全部人口的 58%，基督教徒占 32%，犹太人占 10%。1536 年，苏里曼一世与法国签订条约，该条约使法国商人获得贸易自由而不受奥斯曼帝国限制的权利，这为其他欧洲国家在帝国内的贸易提供了样板，欧洲人社团与他们的大使馆、教堂纷纷建立在加拉塔之上。此后这些比例变化不大，如 19 世纪晚期，穆斯林仍占伊斯坦布尔全部人口的 55%。③ 1871 年，伊斯坦布尔有 321 个居民区，284 个是穆斯林的，其余是希腊人、亚美尼亚人和犹太人的。④ 其中，犹太社区是帝国犹太人聚集之地。该社区历史源远流长，早在拜占庭帝国时期已存在，到奥斯曼帝国进一步发展壮大，是中东城市犹太社区存在时间最长、发展从未间断的犹太社区。

在加拉塔有 8 个穆斯林居住区，7 个希腊人居住区，3 个法兰克人居住区，1 个犹太人居住区和 2 个亚美尼亚人居住区。根据穆拉德四世（Murat IV）时期的人口普查，其人口为 20 万，穆斯林仅占 64000 人。1638 年在穆拉德四世准备征服巴格达之前，他的王权达到顶峰，就伊斯坦布尔而言，他组织行会大规模的游行："在君士坦丁堡城中，所有的行会和专业、商人和手工业、商店和职业在他们谢赫的领导下按照规则游行"⑤，其阵势极为壮观。城市人口的多样性，也体现在他们不同的习惯

① Johe Freely, *Istanbul the Imperial City*, London, 1996, p. 188.

② Michael N. Danielson Rusen Keles, *The Polities of Rapid Urbanization*, New York, 1986, pp. 54－55.

③ Zeynep Celik, *The Remaking of Istanbul*, *Portrait of Ottoman City in the Nineteenth Century*, Washington, 1986, p. 26.

④ 车效梅：《中东中世纪城市的产生、发展与嬗变》，中国社会科学出版社 2004 年版，第 81 页。

⑤ Johe Freely, *Istanbul the Imperial City*, London, 1996, p. 230.

上，正如一位英国旅行家的仆人所写："在土耳其所有的城市里，每周有三种安息日。土耳其人逢周五休息，犹太人逢周六休息，而基督教徒则在主日休息。"①

在德黑兰有一个祆教教区，一个犹太区和一个亚美尼亚人区。19世纪的德黑兰的生活区从外表上看相互之间并没有隔开，明显没有正式的派系冲突的存在。唯一的不严格的可识别的地理上的划分是奥德拉嘉（Oudlajan）东部的犹太人居住区。亚美尼亚人趋向居住在某一地区，最终保持一定的亚美尼亚人的本性。②

犹太社团，在奥斯曼帝国内有三种：第一，操希腊语的犹太社团，即"罗马尼亚人"或"格利戈"；第二，讲阿拉伯语的犹太社团，称为"穆斯塔拉布"；第三，从伊比利亚半岛逃出来的犹太人所组成的社团，该社团人数众多，后来几乎将前两个社团吞并。因此帝国内的犹太人绝大多数来自欧洲或是最终被欧洲来的社团文化所同化。"在土耳其，犹太人在整个社会内组成一个混杂的、繁荣的团体。通过该团体，人们可以看到那种令人钦佩、惊奇，同时又引人嘲讽的繁忙生活。"③ 如犹太人约瑟夫·纳西由于与世界各地的犹太人有交往，对帝国的商业做出很大贡献，苏里曼素丹便将巴勒斯坦的太巴列城及其四郊赠予了他。纳西重建该城市，使其成为巴勒斯坦地区的工商业中心。犹太人的影响由此可见一斑。在伊拉克，帕夏的财政官常常由犹太金融家来担任。④

几乎奥斯曼帝国的每个城市都设有犹太人区，为了对犹太人提供保护，绝大多数犹太人区位于城堡的附近，如开罗的犹太人位于哈瑞特·亚互德中心地区（Harat al–Yahud）、伊斯坦布尔的犹太人位于巴拉特区、德黑兰的犹太人位于奥德拉嘉（Oudlajan）东部等。由于非穆斯林街区族群组织的宗教领袖和商业街区的行会谢赫执行伊玛目职责，因此古典奥斯曼城市体系与现代市政组织相比，虽然必需的市政服务由人民自己提供，但却受城市行政人员所控制。⑤ 犹太人有自己的领袖，其管辖范围不仅包

① 戴维森：《从瓦解到新生》，学林出版社1996年版，第54页。

② Madanipour Ali, *Tehran: the Making of A Metropolis*, 1998, Chichester, 1998, pp. 238–239.

③ ［以色列］阿巴·埃班：《犹太史》，阎瑞松译，中国社会科学出版社1986年版，第193—194页。

④ 黄民兴：《中东国家通史·伊拉克卷》，商务印书馆2002年版，第141页。

⑤ Zeynep Celik, *The Remaking of Istanbul, Portrait of Ottoman City in the Nineteenth Century*, Washington, 1986, p. 43.

括宗教领域，而且也涉及世俗生活的各个方面。11 世纪开罗的法蒂玛哈里发与巴格达的阿拔斯哈里发分庭抗礼，伊斯兰世界的犹太人随之分裂，巴格达的犹太人首领称"赛雅达纳"，意为"我们的君主"；开罗的犹太人首领则称"萨尔·哈萨里姆"，意为"诸王之王"。[1]

基督教徒大都分别属于聂斯托里派和雅各派。伊拉克和叙利亚的基督教徒信奉聂斯托里派，隶属巴格达的聂斯托里派教长。埃及一带的基督教徒信奉雅各派，隶属亚历山大和安提俄克的雅各派教长。聂斯托里派教长在巴格达的住地，称"罗马人的修道院"，其周围是基督教徒的居民区，称"罗马人住区"。巴格达的聂斯托里派教长接受哈里发的授职，俨然是哈里发国家境内全体基督教徒的宗教领袖，管辖巴士拉、摩苏尔、奈绥宾等七个大主教区。雅各派在巴格达也设有修道院，并在巴格达以北的提克里特设有主教区。912 年雅各派的教长曾要求将其驻节地由安提俄克迁移到巴格达，遭到哈里发的拒绝。总的来说，与雅各派相比，聂斯托里派势力较大。[2]

值得关注的是，不同民族社团甚至同一民族社团不同宗教派别之间的冲突却时有发生。二者之间出现纷争的原因有二：一是教义歧义。"1707—1759 年，信奉天主教的亚美尼亚人和信奉格里高利教的亚美尼亚人之间的冲突。"[3] 各教派之间的斗争在耶路撒冷体现得最为淋漓尽致。在圣地居住着东正教徒 2000 人，天主教徒 1000 人，亚美尼亚教徒 350 人，科普特教徒 3490 人，叙利亚教徒 20 人，阿比西尼亚教徒 20 人，共计 6880 人。在耶路撒冷"没有一处圣所、一座小礼拜堂、一块圣墓神殿的石头不曾被用来挑起各基督教团体之间的争端"。[4] 二是工商业中的竞争关系。在奥斯曼帝国历史上，最早在工商业中发挥重要作用的基督徒是来自巴尔干半岛的希腊人，后来善于经营的亚美尼亚人成为希腊人强有力的竞争者。"他们在货币交换、金饰工艺、珠宝业、对外贸易、医药、喜剧等方面表现出来的才干使其后来逐渐取代了希腊人在帝国中的作用。"[5]

在奥斯曼帝国初期，这些教派矛盾只是帝国的内政问题，随着西方国

---

① 哈全安：《中东国家的现代化历程》，人民出版社 2006 年版，第 21 页。

② 同上。

③ 王三义：《亚美尼亚人问题的起源和演变》，《世界民族》2004 年第 6 期。

④ 马克思：《宣战。——关于东方问题产生的历史》，人民出版社 1973 年版，第 185 页。

⑤ Stanford Shaw and Ezel Kurat Shaw，*History of the Ottoman Empire and Modern Turkey*，Vol. Ti，Cambridge University Press，1977，p. 200.

家的侵入，教派间的矛盾也逐渐演变成了国际争端。

三　宗教社团与民族社团在城市的地位与影响

首先，民族社团和宗教社团是帝国经济正常运转的有力保障和帝国贸易的重要执行者。中东穆斯林世界贸易由犹太人、帕西人、科普特人、希腊东正教徒、印度人以及穆斯林等共同承担，[①]其贸易范围波及亚非欧三大洲。奥斯曼帝国地处亚非大陆的核心区域，长期控制东西方之间的贸易通道。欧洲基督教商人以及奥斯曼帝国境内的亚美尼亚人、犹太人和希腊人，成为奥斯曼帝国与西方基督教世界之间贸易交往的重要纽带。

在中东繁荣的城市经济中，犹太商人和穆斯林卡里米（Karimi）商人[②]扮演不可或缺的作用。犹太商人利用穆斯林征服打通东西方商业交通道路，9世纪开始，其商业网遍布全世界。纳博讷的犹太人"经红海或波斯湾到达广州"，并控制了绝大部分从伊弗利加、凯鲁万到埃及、埃塞俄比亚和印度半岛之间的商业联系。10—12世纪，埃及、伊拉克及伊朗的犹太富商主要经营远程贸易、银行业和税收，范围有时达到好几个省。[③]格尼扎（Geniza）[④]犹太人开辟了通过埃及的商道，而从印度通过红海的进口贸易则成了埃及穆斯林、卡里米人集团的专利。[⑤] 16世纪犹太人作为批发商或报税商在土耳其的塞萨洛尼亚、布尔萨、伊斯坦布尔、安德里诺波尔等地发了大财。[⑥]格尼扎信函中展示了中东商人地区化的贸易状况。如有一份信件记载一支由500只骆驼组成的商队装着东方香料及贵重物品从红海运至开罗的状况。另一条陆路贸易路线将埃及与的黎波里塔尼亚、

---

① ［英］M. M. 波斯坦、D. C. 科尔曼彼得·马赛厄斯主编：《剑桥欧洲经济史》第2卷，王春法主译，经济科学出版社2004年版，第341页。

② 卡里米商人最早出现于法蒂玛王朝时期，在巴哈里·马穆鲁克统治时期，卡里米商人几乎垄断了也门和埃及之间的香料贸易。卡里米商人在14世纪早期发展到巅峰。

③ ［法］布罗代尔：《15—18世纪的物质文明、经济与资本主义》第2卷，顾良、施康强译，生活·读书·新知三联书店1993年版，第151页。

④ 埃及犹太人上层社会控制的一个档案馆。

⑤ ［英］M. M. 波斯坦、D. C. 科尔曼彼得·马赛厄斯主编，王春法主译：《剑桥欧洲经济史》，第2卷，第362页。

⑥ ［法］布罗代尔：《15—18世纪的物质文明、经济与资本主义》第2卷，顾良、施康强译，生活·读书·新知三联书店1993年版，第152页。

突尼斯、摩洛哥联系在一起。① "只有通常由叙利亚和犹太商人贩卖的少量奢侈品能够在欧洲市场和贵族宫廷中看到。"② 其中，亚历山大的"法兰克人"市区和开罗的"叙利亚人"市区曾是威尼斯"条顿商馆"效法的榜样。这些中心固定的商业区在穆斯林城市中起着"常设交易会"的作用。③

其次，在帝国政治地位中扮演不可或缺之角色。基督教徒和犹太教徒在保留原有宗教信仰的同时，依旧操各自的语言。他们与穆斯林之间的社会地位的差异在于，穆斯林必须履行天课义务，而他们则须缴纳人丁税。他们在伊斯兰城市政治中扮演着重要的角色，人们甚至在素丹的营帐里可以看到基督教谋士为他出谋划策。阿拔斯王朝时期，哈里发为了削弱阿拉伯人与波斯人家族势力的影响，常常在中亚和高加索地区以及非洲招募奴隶出任官职，奴隶出身的高官显贵和封疆大吏屡见不鲜。埃及的马木鲁克王朝便是异族出身的奴隶皈依伊斯兰教后在尼罗河畔建立的政权。④ 穆罕默德二世在位期间首开任命奴隶作为"大维齐尔"的先河。马哈茂德二世于 1455—1468 年出任大维齐尔，是奥斯曼帝国历史上第一位奴隶出身的大维齐尔。⑤ 在 1453—1623 年的 48 位大维齐尔中，只有 5 位具有突厥人的血统，却有 33 人属于皈依伊斯兰教的前基督教徒，分别来自希腊人、阿尔巴尼亚人、斯拉夫人、意大利人、亚美尼亚人和格鲁吉亚人。⑥

在 16 世纪和 17 世纪，凡是去过奥斯曼帝国的欧洲人无不为它的行政效率所折服，它的行政管理人员都是原来的基督徒。"他们虽然名义上是素丹的'奴仆'，但却执掌帝国的全部官僚机构，甚至包括地位仅在素丹之下的宰相衙门。官员的委任和升迁主要是凭功绩，与基督教欧洲通行的惯例成鲜明对比。"⑦ 他们大量充当帝国政府的秘书、译员和顾问。奥

① ［英］M. M. 波斯坦，D. C. 科尔曼彼得·马赛厄斯主编，王春法主译《剑桥欧洲经济史》第 2 卷，第 358 页。

② Richard Hodage, Dark Ageb Economics: The Origins of Towns and Trade, New York, 1982, pp. 31, 181.

③ ［法］布罗代尔：《15—18 世纪的物质文明、经济与资本主义》第 2 卷，顾良、施康强译，生活·读书·新知三联书店 1993 年版，第 116—117 页。

④ 哈全安：《中东国家的现代化历程》，人民出版社 2006 年版，第 32 页。

⑤ H. Inalcik, The Ottoman Empire: the Classical Age 1300—1600, New York, 1973, p. 95.

⑥ 布罗克尔曼著，孙硕等译：《伊斯兰各民族与国家史》，商务印书馆 1985 年版，第 363 页。

⑦ ［美］塔夫里亚诺斯：《全球分裂：第三世界的历史进程》，商务印书馆 1993 年版，第 114 页。

斯曼帝国素丹及许多大臣都娶信仰基督教的女子为妻，她们或多或少影响了这些帝国高层人士的决策。帝国的米列特机构代表了成百上千万的帝国臣民，是帝国内一支不可轻视的政治力量。但是其内部也存在着阶级分化，除少数跻身统治阶级的行列外，绝大多数人是手工业者和商人。

同样，奥斯曼帝国是伊斯兰国家，以伊斯兰教的法律沙里亚法统治国家，沙里亚法决定了生活在奥斯曼帝国的非穆斯林无法享有与穆斯林平时的社会地位。[①] 奥斯曼帝国的人口构成十分复杂，宗教信仰的差异则是区分诸多社会团体的基本标志。奥斯曼帝国统治者沿袭哈里发时代形成的迪米人制度，实行所谓的米列特制度，进而将臣民划分为穆斯林、希腊人、亚美尼亚人和犹太人四大群体。"米列特"是一种宗教政治社群，因其归属之宗教而命名。"米列特"的成员遵守该宗教的规定甚至该宗教的法律，由自己的领袖主持行政——自然，其限度是不能与国家的法律和利益冲突。[②]

在奥斯曼社会，成为素丹的奴隶意味着荣耀和特权，甚至素丹的生母和御师也大都具有奴隶的身世。[③] 奴隶出身的官吏作为素丹的忠实的仆人，在维系奥斯曼帝国中央集权和克服地方离心力倾向方面具有举足轻重的作用。因此奴隶政治影响广泛是奥斯曼帝国的明显特征。[④] 苏莱曼在位期间，奥地利使臣记载："在土耳其人中，丝毫不看重出身；对某个人的尊重程度，是按他在公务中所担任的职务来衡定的。素丹在作出任命时，并不注重财富和等级这一类现象，他是根据事情本身的是非曲直来考虑取舍的。人们在部门中是否得到升迁，是依据其功绩决定的。这种制度保证了各种职务只委派给能力相称的人。在土耳其，每个人都把自己的祖宗家系、自身的命运前程掌握在自己手里，至于是成是毁就全看他自己了。"[⑤]

最后，宗教和民族社区对中东城市产生了深远影响。正是由于这些社区的存在，既有利于统治者"分教而制"、"分族而制"，也使城市安全、道德建设、管理在不同程度上有效进行。它们的存在使中东统治者无须建

① Minna Rozen, *A History of The Jewish Community in Istanbul: The Formative Years, 1453—1566*, Brill, Leiden, Boston, 2002, p. 16.

② 伯纳德·路易斯：《中东：激荡在辉煌的历史中》，郑之书译，中国友谊出版公司 2000 年版，第 426 页。

③ H. Inalcik, *The Ottoman Empire: the Classical Age 1300—1600*, New York, 1973, p. 87.

④ 哈全安：《中东国家的现代化历程》，人民出版社 2006 年版，第 32 页。

⑤ 戴维森：《从瓦解到新生》，张增健译，学林出版社 1996 年版，第 50 页。

立一个专门管理机构便可控制城市人口的基本需要，在公共服务方面也是如此。这些社区的力量无所不在，几乎没有留下个人生活的空间，甚至私人领域、家庭处于它们的监视下。因此古典奥斯曼城市体系与现代市政组织相比，必需的市政服务由人民自己提供，但却由城市行政人员控制。①但是，任何事情都是利弊皆有，居民区也是一样：社区内部团结的基础在一些情况下是源于宗教的同一性，犹太教、基督教机构生活在自己的团体中。第一，根据伊斯兰法律，最主要的社会集团利益在家庭和社区而不是在国家、省或城市。② 而中世纪伊斯兰城市的管理只认可信仰者个人和社区，认为家庭是个人和整个信仰者团体之间财富的控制者和传送者。一旦生活必需品、水和卫生设施从社区得到保障，家庭便完全可以生活在封闭的状态中，这成为中东伊斯兰城市缺乏市政机关的原因之一。同时，由于伊斯兰法并不承认其信仰者的一个社区对另一个社区拥有优先权，这就使城市也失去了自治权利。第二，社区享有城市管理上的一点权力，但是它作为一个整体并没有参与市政的意识。城市建立广场、露天市场和花园等活动仅仅是统治集团或宗教社区领导人心血来潮的结果，不需要征得城市居民的同意。第三，社区的存在固然有利于政府对居民加以控制，但是也产生了这样一个值得注意的问题，即城市人民对城市的忠诚往往少于对他们自己社区的忠诚。这不利于整个城市人民的团结，使中东城市人民不能像西欧城市人民那样团结起来争取自治。相反，这种独特的居民区的存在有利于区内人民团结和反抗政府。

① Zeynep Celik, *The Remaking of Istanbul*, *Portrait of Ottoman City in the Nineteenth Century*, Washington, 1986, p. 41.

② Madanipour Ali, *Tehran: the Making of A Metropolis*, Chichester, 1998, p. 229.

第 三 章

西方文明冲击与中东城市民族
社团和宗教社团嬗变

随着西欧民族国家的崛起和对外扩张，西方民族主义思想也传入中东，对传统的伊斯兰体制发出强劲挑战。在西方的压力下，18—19 世纪土耳其、伊朗、埃及、阿富汗等国先后进行了初步的现代化改革，受其影响中东城市民族社团和宗教社团社会开始嬗变。

一 城市民族社团与宗教社团的嬗变内因

随着工业文明的冲击、中东地区与西方国家的依附性交往和不平等性交往的展开，中东城市在被动卷入资本主义世界市场的过程中逐渐转型，城市民族社团与宗教社团的地位随之提升。

第一，主张族群自治的阿拉伯民族主义思想开始萌芽。奥斯曼帝国的改革派领袖米德哈特帕夏指出："在伊斯兰国家内，政府的原则，正如人民的主权在那里得到承认一样，是建立在本质属于民主的基础上的。"[①]同时，受西方民族主义思想的影响，帝国也出现诸如"奥斯曼民族"和"奥斯曼祖国"的概念以及泛突厥主义的思想等。泛伊斯兰主义的鼻祖阿富汗尼在主张建立一个由哈里发领导的统一的伊斯兰国家的同时，也强调采用共和制、宪政制与协商原则等，呼吁学习西方的科学文化。在阿拉伯地区，民族文化出现复兴，主张族群自治的阿拉伯民族主义思想开始萌芽。

第二，宗教平等与民族平等思想出现。坦齐马特改革中规定，帝国臣

---

① ［英］伯纳德·刘易斯：《现代土耳其的兴起》，范中廉译，商务印书馆 1982 年版，第175 页。

民不分宗教信仰一律平等。"对于许多穆斯林来说,让帝国范围内的非穆斯林取得与其平等的地位是对他们的最大侮辱,也是极端荒谬的事情。"①因而许多极端的穆斯林频频爆发起义,阻挠该宪法的推行。针对这种情况,1902年青年土耳其党人在巴黎召开"奥斯曼自由主义者大会",参加者包括土耳其人、亚美尼亚人、阿尔巴尼亚人、阿拉伯人、库尔德人等,呼吁恢复1876年宪法,实现奥斯曼帝国臣民平等地位和领土主权完整。②1921年凯末尔声明,他是"在为土耳其人民进行奋斗,不是为超出民族边疆以外的不论根据宗教或种族来规定的任何更加模糊、更加广泛的实体进行战斗"。凯末尔宣称:"土耳其大国民议会政府做出一项坚定的、积极的、具体的政策,而这样做的目的正是为了保全生命和独立……在规定的民族疆界内。"③凯末尔的共和主义思想的内容主要包括否定奥斯曼帝国传统的素丹制度和米列特制度。1924年宪法规定:"土耳其所有的人民,无论其宗教和种族如何,就其身份而言,均属土耳其人";"所有土耳其人在法律面前一律平等,任何团体、等级、家族和个人的特权均在被取消和禁止之列"。④

第三,民族社团与宗教社团地位提高,他们与穆斯林的纷争加深。在欧洲资本向中东大力渗透的背景下,奥斯曼帝国基督徒的社会地位大大提高。由于他们得到西方的经济文化扶持,其中一些人成为外国公司的买办,甚至直接加入外国国籍而成为欧洲人,于是实现了与奥斯曼穆斯林的地位转换。各基督教族群的民族主义倾向不断发展,其反抗运动取得突破,先后获得独立:希腊于1829年获得独立;保加利亚、罗马尼亚、塞尔维亚、黑山于1878年先后获得独立;马其顿、阿尔巴尼亚于1912年获得独立。同时,西方直接插手中东,成为当地基督教会的保护人,法国干涉黎巴嫩事务,保护当地的天主教徒;而奥斯曼帝国在与欧洲基督教国家的战争中屡屡失败,极大地伤害了本国穆斯林的感情。从领土上看,北非大片领土沦为英、法、西班牙等欧洲国家的殖民地,只有埃及名义上仍为帝国领土。

随着民族社团与宗教社团地位的提高,他们与穆斯林的纷争也逐渐增

---

① [英]伯纳德·刘易斯:《现代土耳其的兴起》,范中廉译,商务印书馆1982年版,第136页。

② 哈全安:《中东国家的现代化历程》,人民出版社2006年版,第67—68页。

③ [英]伯纳德·刘易斯:《现代土耳其的兴起》,范中廉译,商务印书馆1982年版,第371—372页。

④ 哈全安:《中东国家的现代化历程》,商务印书馆1982年版,第80页。

多。正如马克思所说："耶路撒冷定居者有 15500 人，其中有 4000 穆斯林，8000 犹太人。穆斯林约占四分之一，其中有土耳其人、阿拉伯人和摩尔人，他们当然在各方面都是主人。""在圣地的三大教派是东正教会、天主教会和亚美尼亚教会"。"天主教会可以说主要是代表拉丁民族；东正教会主要是代表斯拉夫民族、土耳其斯拉夫民族和希腊民族；其余的教会则主要代表亚洲和非洲民族。"① 在耶路撒冷的圣地和圣墓神殿分别由天主教徒、东正教徒、亚美尼亚教徒、阿比西尼亚教徒、叙利亚教徒和科普特教徒等占据。马克思在《宣战。——关于东方问题产生的历史》一文中说："我们发现在圣墓周围聚集着各种各样的基督教教派，在它们的宗教野心后面隐藏着同样多的政治的和民族的角逐。"②

第四，阶级分化加快。从 18 世纪开始，民族社团与宗教社团积极参与西方贸易、金融、现代工业、交通和出口农业等新经济部门，积累巨额财富和经验；他们享有外国保护，不受当地君主和官员压迫；坦齐马特改革和其他改革去除了几个世纪以来的负担，使其继续免除兵役，在与穆斯林的竞争中处于优势；由于得到更好的教育机会，特别是拥有外语和熟练技术的优势，他们在政府部门和外国企业中得到了更多就业机会。

伴随改革和经济变动，传统的部落趋于解体，开始形成稳定的阶级和社会集团，即本土的地主阶级和现代知识分子以及主要由少数族群组成的买办阶级。新兴阶级力量出现为各族群的自治和独立运动奠定了社会基础。青年土耳其党上台后，进一步推行泛突厥主义，压制阿拉伯人及其他非土耳其族群，进一步刺激了族群自治和独立思想的发展。

由此，中东国家内部不同宗教集团和族群间的冲突加剧，甚至引发骚动，如在奥斯曼帝国的黎巴嫩和叙利亚地区，第一次世界大战中土耳其人与亚美尼亚人的冲突，等等。

二　民族社团与宗教社团嬗变的外因

随着列强在奥斯曼帝国利益的增长，他们开始插手帝国的内政问题。"这种利益的扩大同古代的米列特制度相结合，也就把教义和民族性等同

---

① 马克思：《宣战。——关于东方问题产生的历史》，人民出版社 1973 年版，第 186—187页。

② 同上书，第 185 页。

起来，结果使民族主义成为宗教信仰的同义词。"① 如俄国一份公文中说："应当经常使奥斯曼的大臣们认识到这个真理，并使他们确信，只有在他们对土耳其帝国内的基督教臣民采取宽容与温和态度的条件下，他们才能指望得到各大国的友谊和支持。"② 结果"西方对少数族群的经济文化扶持和改革新政导致了中东国家内部不同宗教集团间的紧张，以至于出现骚动和独立运动"。③ 具体如下：

首先，世界贸易形势的变化引起民族社团利益的增加。新航路的开辟使几个世纪以来中东贸易的商业交往开始朝欧洲方向转移，④ 中东地区的重要性相对下降。而俄国势力在黑海的扩张则进一步削弱了土耳其人的地位。由于奥斯曼帝国给予欧洲人大量商业权益，使得欧洲人可以直接和奥斯曼臣民进行交易，于是黑海贸易就从土耳其人手中大量转到欧洲臣民手中，特别是希腊人手中。"拉姑扎人（拉姑扎位于西西里岛东南部）和希腊人的商船队发展迅速，希腊和马其顿的商人控制着多瑙河流域上游直至中欧的大宗陆上贸易。"⑤

其次，商业保护。由于法、英、荷三国在中东拥有巨大的商业利益，因而为保障这些利益，三国分别与奥斯曼国家签订特惠条例，其中包含在奥斯曼帝国内的西欧人拥有治外法权。如法国人有信仰自由、拥有和建立自己的教堂、遗产转移等一系列的特权。法国人将这些特权又给予在奥斯曼帝国内没有大使和领事的外国人，如葡萄牙人、西西里人等。法国、英国、奥地利、荷兰、沙俄将特权许可证，即巴拉特，出售给作为奥斯曼帝国的臣民的希腊人、亚美尼亚人、犹太人和巴尔干地区的其他基督徒。"仅 1808 年，奥斯曼帝国国内持有俄国巴拉特的希腊人就不少于 18 万。"⑥ 这些民族社团拥有特惠条例规定的好处，在帝国对外贸易中拥有比其他族群更为有利的条件。"到 18、19 世纪之交，素丹赛利姆三世由于打击欧洲列强的领事无效，自己也发行此类'保护令'——发行对象不

---

① ［美］西·内·费希尔：《中东史》，姚梓良译，商务印书馆 1979 年版，第 388 页。

② 马克思：《关于瓜分土耳其的文件》，《马克思恩格斯全集》第 13 卷，人民出版社 1998 年版，第 150—151 页。

③ 黄民兴：《论 20 世纪中东国家的民族构建问题》，《西亚非洲》2006 年第 9 期。

④ 车效梅：《中东中世纪城市社会结构分析》，《世界历史》2011 年第 1 期。

⑤ ［美］斯塔夫里亚诺斯：《全球分裂：第三世界的历史进程》，商务印书馆 1993 年版，第 129 页。

⑥ 同上书，第 122—123 页。

是穆斯林，而是奥斯曼帝国内信仰基督教和犹太教的商人。"① 这类保护令在帝国内创造出一个新的特权阶层。

　　但是，西方国家的支持是一柄双刃剑，它在提高民族社团地位的同时，也抑制了民族社团将工业做大、做强。西方国家利用特惠条例所给予的低税率，一方面使帝国手工业遭到重创，另一方面极力阻挠那些可能对他们形成竞争的工业。而奥斯曼帝国萌芽期的企业家多为希腊人、犹太人和亚美尼亚人。民族社团虽然从商业上获利甚多，但是真正控制权仍掌握在西方公司手中。西方国家通过限制投资人的权力并将投资和管理分开的办法使西欧商人得以筹措大量的资本，而亚美尼亚人、希腊人、犹太人则从来没有组织过任何足以同西方抗衡的公司。西方公司控制了对外贸易，只将一些不太重要的国内贸易留给帝国商人去经营。民族社团只充当了对外贸易的中间人、买办的角色。

三　城市民族社团与宗教社团居住区嬗变

　　1838 年，加拉塔成为亚美尼亚人、希腊人、欧洲人和犹太人（位于城墙外部临水的东部）的混合居住区。皮瑞主要为欧洲人居住区，混合一些信奉基督教的奥斯曼少数民族。1838 年加拉塔的街道网，根据地形经过几个世纪的发展而逐渐形成同一中心的与弯曲的海岸线平行的弓形状，与无规则的海岸线相连，一直到高地。1838 年的加拉塔没有与伊斯坦布尔相抗衡的大建筑。② 1838 年穆斯林占 44.06%，希腊东正教占17.48%，亚美尼亚人占 17.12%，犹太人占 5.08%，天主教占 1.17%，保加利亚人占 0.5%，拉丁人占 0.12%，清教徒占 0.09%，其他的外国人占 14.74%。③ 外国人比例高，他们的经济活动和价值观念与欧洲人相似，他们对伊斯坦布尔发展的影响是加强西化趋势。这些数字显示了 19 世纪下半期特殊的定居方式的出现，外国人居住在加拉塔的老热那亚城镇郊区的金角北部和它的延伸地区，而穆斯林主要集中在伊斯坦布尔半岛。

---

① ［英］伯纳德·路易斯：《中东：激荡在辉煌的历史中》，中国友谊出版公司 2000 年版，第 388 页。

② Zeynep Celik, *The Remaking of Istanbul, Portrait of Ottoman City in the Nineteenth Century*, University of Washington, 1986, p. 7.

③ Ibid., p. 36.

1855 年 5 月，政府组建城市秩序委员会（Commission for the Order of the City）。该委员会认为：所有主要国家的首都城市的建设都是完美的，而伊斯坦布尔城市急需装饰、规划、扩路、街灯和建筑方式等方面的改进。根据官方的报告，只要按照一定的规则和法律执行改建措施，就能得到积极的结果，正如欧洲那样。该委员会应该由熟悉欧洲方法的人组成："决定利用奥斯曼知识和长期定居在该城市的外国家庭和熟悉外国方法的人组成城市委员会。"①

由皮瑞、加拉塔和图菲恩（Tophane）组成的第 6 区被选为示范区有两个原因：一是在 19 世纪 40 年代后该区已开始流行欧式建筑；正如 1857 年的报告中所指出的："因为第 6 区已经存在许多有价值的房地产和许多欧式建筑，这些房屋的主人绝大多数到过其他国家首都，理解其价值，所以改革将首先在第 6 区开始。"②第 6 区委员会由大维齐任命的主管和政府任命的 7 名成员组成，每半年更换委员会的 3 名成员。委员会委员必须具备以下条件：在该城生活 10 年以上，并在第 6 区内拥有价值 10 万 Kurus 的房地产。除了委员会固定的委员外，土耳其宫廷还任命 4 名外国顾问。顾问也必须在首都定居 10 年以上，熟悉市政事务，拥有价值 200 万 Kurus 的房地产。二是该区大部分人口是欧洲人。其人口的 47% 为外国人，32% 为非穆斯林奥斯曼人，仅 21% 为穆斯林。③

第 6 区委员会与以前市政委员会的最大不同是其成员构成，政府开始起用外国人参与城市管理。当然政府改建第 6 区的资金要仰仗这些外国人的贷款，这也是政府让外国人参与城市管理的一个原因。第 6 区委员会的职责包括：制定区内规则，建设和维修公路，安装街灯、自来水和排水系统，其任务与以前市政委员会任务相同。第 6 区委员会从事的第一项任务是对该区土地清册进行调查，这在奥斯曼首都是第一次，随后着手拓宽道路、安装汽灯、自来水和排水系统工作。

第 6 区有钱的人是市容改革的主要受益者。政府在皮瑞的主要大街上安装了街灯，开始清扫街道。但是居住在小巷与后街穷苦的希腊人、亚美尼亚人和土耳其人，并没有从这些服务中受益。可见现代化的城市服务首

---

① Zeynep Celik, *The Remaking of Istanbul, Portrait of Ottoman City in the Nineteenth Century*, p. 42.

② Ibid., p. 45.

③ Ibid., p. 36.

先有利于欧洲人而不是对市政资源进行民主分配。

城市现代化最明显的地区是金角湾以北的地区，这里不仅成为城市中最欧化的地区，而且在城市中的地位也大大提高。皮瑞位于加拉塔城墙内北部的山上，其主要居民为欧洲人。随着国际贸易的增加，皮瑞出现了许多欧式的旅馆，1865 年帝国授权给奥斯曼帝国旅馆公司的代表詹姆士·米瑟瑞（James Missirie），建立和经营欧式旅馆以便为外国的旅游者和居民提供方便的住所。1876 年希腊商人在此建立了皮瑞城市大楼，它标志着这个国家建筑新时代的开始①。格德·瑞街区的建立使皮瑞进一步西化，"街区的生活是舒适和优雅的，路的两边布满了英国和法国的旅店、精致的咖啡屋和灯光闪闪的商店、剧院、外国的领事馆、俱乐部和不同国家的大使馆等"。② 随着这些建筑而来的是西方生活方式，欧洲模式的咖啡屋、夜总会、旅店等带来欧洲生活的另一方面：在家外边吃边娱乐。1864 年，"随着城墙的推倒，加拉塔将得到一个现代面貌"。③ 1868 年第 6区管理局为自己建立总部"第六区大厦"，其本身是当时巴黎模式的反映。这样，加拉塔成为城市最现代化的地区——办公大楼、银行、剧院、旅店、百货大楼和高层建筑大量出现在该区。这些建筑与奥斯曼的圆顶和尖塔纪念物形成鲜明的对比，使城市进入两重性——传统的伊斯坦布尔和现代的加拉塔。在文明的时代，伊斯坦布尔的大街仍是黑的，而加拉塔和皮瑞有汽灯；在伊斯坦布尔半岛，生活方式仍是旧有的模式，④ 而加拉塔现在的居民则完全模仿欧洲生活模式。

由于伊斯梅尔大力提倡豪华建筑，外国商人与本国官僚贵族在开罗竞赛豪奢。"欧洲人（在开罗——引者）感觉到像在自己的家中，他们在现代地区享有自己的地位。"⑤ 随着新城市的建立，希腊式和德国式的啤酒店、法国式的咖啡店雨后春笋似的发展起来。这样仅用了十年的时间，新开罗形成了一个庞大的建筑群。到英国占领时，以穆罕默德·阿里林荫大道为界，形成了两个截然不同的城市——西边现代化的开罗、东部传统的开罗。在新区的生活方式是欧式的，住的是上层阶级，拥有宽敞的别墅、

① Zeynep Celik, *The Remaking of Istanbul*, *Portrait of Ottoman City in the Nineteenth Century*, p. 136.

② Ibid. , p. 133.

③ Ibid. , p. 70.

④ 车效梅：《挑战与应战——伊斯坦布尔的现代化历程》，《世界历史》2008 年第 3 期。

⑤ Magali Morsy, *North Africa 1800—1900*, London, 1984, p. 168.

马车道、铁路、电、自来水和剧院等。①

19世纪，德黑兰城市结构开始发生巨大变化，一个两重性的城市结构基础出现。德黑兰城市的南北划分显示了跨越经济线的社会和空间的隔离。② 城市的北部是中上层阶级居住地，与南部相比，享有更多社会和经济优先权。北部有林荫大道，宽敞住房，较低的人口密度，较高的识字率和就业率，更集中的现代设施，更宜人的环境和更多的绿色空间，更完备的地下排水系统和更清洁的空气，居民区的生活方式更加西化和世界性，清真寺几乎不存在。③ 南部则相反，人口密度高，出生率和死亡率高，收入和识字率低，有许多的清真寺、茶馆、烤羊肉串店和宗教的图书馆，电影院上演的多为喜剧、英雄冒险片和音乐片。④

在中东，几乎所有的大城市都经过城市现代化改革，从而创造了一个拥有双重结构的城市，即老区由老的、传统的结构组成，位于城市老的部分，传统的社会、政治和文化仍在这里发挥作用；新区由新的结构组成，位于新的部分，现代的世俗的政治、经济和文化占主要地位。城市新旧两极分化产生了两个不同的结果，一是新中心比旧中心发展快，说明城市生活世俗性开始增强；二是新旧并列的结构，延误了城市作为一个整体进入世界市场经济的步伐。同时，新旧分隔模式出现反映了社会收入的分化，其中根据个人收入确定其关系的状态与早期城市的布局明显不同。在早期，根据由同一种族、宗教等聚居形成的居民区使城市有一个相对一致的外表和社会本质，而市场经济不断发展使这些传统不断地被个人主义所代替。个人主义的手段信仰（为达目的不择手段）损害了这些共同体成员的社会信仰，社会阶级在空间上出现分隔的进程开始了，并成为这些城市此后发展的一个最重要的特征。这既是城市现代化过程中的一个必然产物，也是整个国家被纳入资本主义世界市场的一个必然结果。一个城市两个世界的巨大差异，极大地刺激着这些城市人推动他们学习西方的步伐，使这些城市市民的世界观发生变化。

---

① V. F. Costello, *Urbanization in the Middle East*, New York, 1977, p. 94.

② Madanipour Ali, *Tehran: the Making of A Metropolis*, Chichester, 1998, p. 235.

③ G. H. Blake and R. I. Lawless, *The Changing Middle Eastern City*, Harnes, 1980, pp. 149 – 150.

④ 车效梅：《德黑兰两次现代化改革探析》，《西亚非洲》2007年第12期。

四　城市民族社团与宗教社团的发展和影响

1. 人口增加

1886 年的人口普查显示，伊斯坦布尔的人口是 851491 人。其人口 40 年来增长超过 110%，其中有 129243 名外国人，多为城市的欧洲居民和部分帝国失去领土的难民。在城市的永久居民中，53% 是穆斯林，21% 是亚美尼亚人，3% 是犹太人。[①] 据 1924 年的人口普查，伊斯坦布尔人口为 1165866 人，达到其历史最高水平，实际上人数比这还高。因为普查并没有涉及第一次世界大战后到伊斯坦布尔的 10 万难民，其中包括逃避布尔什维克的 65000 白俄罗斯人。在普查的人口中，61% 是穆斯林土耳其人，26% 是希腊人，7% 是亚美尼亚人，6% 是犹太人，有希腊护照的有 305000 人。此后在伊斯坦布尔的希腊人人数不断下降，至今只有 3000 人留在伊斯坦布尔。[②]

埃及大量的外国人出现在塞德和伊斯梅尔时期，特别是在 19 世纪 60 年代早期，由于棉花的繁荣和两位统治者进行的多项项目吸引了大量的外国人。到 1872 年埃及人口约为 8 万人，约 4.7 万人生活在亚历山大，2 万人在开罗，7500 人住在沿苏伊士运河的城市，其余的住在其他的省。[③] 到 1875 年时仅美国埃及 1836 年有 3000 外国人服务于帕夏的军队或技术部门与贸易部门。在 1872 年欧洲人为 8 万人，其中希腊人 3 万，意大利人为 1.5 万。1907 年达到顶峰 22.1 万或占全部人口的 2%。他们主要集中在大城市。在 1907 年外国人占开罗人口的 16%，亚历山大的 25%，塞德港的 28%。1922 年后外国人数下降，到 1947 年为 15 万人，政府开始压榨他们和少数民族。1937 年法外治权和领事裁判权被取消。在第二次世界大战期间意大利和德国人的财产被没收。1956 年英、法和犹太人，1960 年比利时人，分别被取消外国所有权。[④]

1794 年巴格达犹太人的数量为 2500 人，占城市人口中的 3.3%（城

---

①　Johe freely, *Istanbul the Imperial City*, London, 1996, p. 284.

②　Ibid., p. 302.

③　Gabriel Baer, *Fellan and Townsman in the Middle East*, London, 1988, p. 67.

④　Charles Issawi, *An Economic History of the Middle East and North Africa*, New York, 1982, p. 81.

市人口总数为75000人）。1893年犹太人数量增加20倍，而作为整体的城市人口仅仅增加了2倍。整个19世纪，巴格达犹太教会堂的数量增加了10倍，从3个增加到大约30个。这些数字展示了犹太人口所具有的巨大活力。[①]

2. 经济地位上升

世界市场的建立便利了在欧洲人和当地人之间的中间人。这些中间人主要由希腊人、亚美尼亚人、犹太人和信仰基督教的阿拉伯人组成。少数民族也是现代政府和他们人民之间的传送带。欧洲政治和经济优势的建立意味着这些社团在世界各地包括中东地位的上升。由于外国人控制着开罗、伊斯坦布尔、德黑兰等城市的政治、经济等大权，如他们在这些城市享有相对独立的行政权、司法权、开发权、征税权等，因而受其保护的少数民族也受益良多。大多数的穆斯林感到与欧洲人和当地少数民族相比，他们得到的很少。"除了殖民者，谁因此得利？我在各地发现部分的迹象：一些中间人——犹太人、叙利亚—黎巴嫩人、科普特人和一些利用进口贸易的穆斯林；一些与政府有关的帕夏；获得机械化和建立资本主义庄园的地主"，"当商业、金融和法律给帝国的异族人口一个根据自己才能重新分配的机会，土耳其人和基督教徒是不平等的；基督教徒是优越的，他们得到土耳其的金钱和土地，并在法院证明他们有权这样做。外国的垄断获利是最多的，在其后的是土著的基督教徒，但是并不是奥斯曼人"[②]。

中间人地位的上升是由一系列的因素决定的。第一，从18世纪开始，他们积极参与新经济的发展部门，如与西方的贸易、金融、现代的工业、机械化的交通和出口的农业。第二，他们享有外国保护；免除一定数量的税，免除当地君主和官员的压迫。恩格斯曾经说过："谁在土耳其进行贸易呢？无论如何不是土耳其人。当他们还处于原始的游牧状态时，他们进行贸易的方法只是抢劫商队，现在他们稍微文明一点的时候，是任意强征各种各样的捐税。居住在大海港的希腊人、阿尔明尼亚人、斯拉夫人和西欧人掌握了全部贸易，而他们也没有任何理由应当感谢土耳其的贝伊和帕

① Shlomo Deshen, "Baghdad Jewry in Late Ottoman Times: The Emergence of Social Classes and of Secularization", *AJS Review*, Vol. 19, No. 1 (1994), p. 22.

② Charles Issawi, *An Economic History of the Middle East and North Africa*, New York, 1982, p. 12.

夏让他们有从事贸易的可能。如果把所有土耳其人赶出欧洲，贸易也决不会碰到什么灾难。"① 外商在中东大城市有自己的居住区，有代理和办事的机构。亚美尼亚人、希腊人和一部分阿拉伯人充当欧洲商人的中介人或代理人，从事中间经济和过境贸易业务。第三，坦齐马特等改革去除了几个世纪以来的负担。因为他们继续免除军队的服务，使他们在与穆斯林的竞争中处于优势。第四，他们比穆斯林得到更好的教育机会，特别是拥有外语和技术熟练的优势，这使他们受到更多政府部门和外国企业的雇用。第五，他们得到了更多来自欧、美语言学家的帮助。埃及传教士就开办了240 所学校，有学生 8000 人。学生中大多是亚美尼亚人，其余的是基督徒，因为穆斯林禁止改宗。

表 3－1　　　　1886 年伊斯坦布尔人口的职业构成（被调查人数）

米列特	政府公务员		贸易与工业		学生		宗教人员与孩子		被调查的总人数
	人数	百分比（%）	人数	百分比（%）	人数	百分比（%）	人数	百分比（%）	
穆斯林	22984	11.4	51073	25.4	73199	36.4	54083	26.8	201339
希腊人	348	0.04	33866	36.8	37717	41.0	19873	21.6	91804
亚美尼亚人	494	0.06	35979	43.0	32399	38.6	14998	17.8	83870
保加利亚人	1		3238	81.4	634	15.9	104	2.6	3977
天主教徒	155	4.9	1783	55.5	845	26.3	426	13.3	3209
犹太教徒	99	0.04	6984	31.1	8067	36.2	7244	32.3	22349
新教徒	3	0.06	123	25.3	218	44.7	144	29.4	488
拉丁人	28	5.3	251	47.5	140	26.5	109	20.7	528
总数	24112		133297		153219		96981		407609

资料来源：Stanford J. Shan, *History of the Ottoman Empire and Modern Turkey*, Vol. Ⅱ, London, 1977, p. 244.

在土耳其希腊人、亚美尼亚人和犹太人控制城市部分和农村的相当部分。加拉塔的银行家由地中海东部诸国和岛屿的人和少数民族人组成。在1912 年，112 个银行家中只有一个是穆斯林土耳其人。在工业中仅 15%的资本属于土耳其。在商业部分，亚美尼亚人和希腊人早在 19 世纪就在欧洲建立了自己的商业，经营土耳其的绝大部分商业。在农业方面，中间人对种植经济作物特别积极，如棉花和丝。在伊朗，少数民族起的作用较

---

① 《马克思恩格斯全集》第 9 卷，人民出版社 1961 年版，第 29 页。

少；亚美尼亚人在工业和贸易、犹太人在贸易中是重要的。[1]

在埃及，科普特人控制着大量的土地，在政府的公务员和职业的阶层中有较高的地位。希腊人、犹太人、叙利亚—黎巴嫩人和亚美尼亚人控制着工业、贸易、金融、交通等领域。他们提供大量的熟练工人、手工业者和小商人。犹太人、叙利亚—黎巴嫩人和亚美尼亚人在政府的公务员中也占有很高的比例。此外，他们在农村也有相当的分量，特别是希腊人在棉花的种植中。1917 年外国人口占开罗人口（80 万）的 10% 以上，第一次世界大战后，外国人对国家的控制下降，当地人开始代替外国人在商业、技术、管理和军队中的作用，埃及的中产阶级和工人阶级队伍发展迅速。[2] 1937 年仅仅 1% 的外国人从事农业，42% 从事商业、金融和服务，而 59% 的埃及人从事农业，11% 从事商业、金融和服务。外国人拥有埃及财富的 1/10 甚至更多，并享有政治特权。[3] 1951 年在埃及商业中穆斯林占 31%，科普特人占 4%，欧洲人占 30%，犹太人占 18%，叙利亚—黎巴嫩人占 11%，希腊人占 6%，亚美尼亚人为 2%。另外，黎巴嫩人创办和拥有埃及的主要的报纸和杂志。[4]

表 3 - 2　　　1912 年奥斯曼民族在经济中的地位（俄国学者的分类）　　单位:%

	土耳其人	希腊人	亚美尼亚人	其他
国内贸易	15	43	23	19
工业和手工业	12	49	30	10
职业	14	44	22	20

资料来源：Charles Issawi, *An Economic History of the Middle East and North Africa*, p. 90.

在 20 世纪初少数民族的作用达到顶点，此后土耳其、埃及和其他国家民族意识日益增加，开始替代少数民族的作用，使少数民族变得越来越危险。在土耳其，1895—1923 年可怕的团体冲突几乎排除了所有的亚美

---

[1] Charles Issawi, *An Economic History of the Middle East and North Africa*, New York, 1982, p. 90.

[2] V. F. Costello, *Urbanization in the Middle East*, New York, 1977, p. 94.

[3] Charles Issawi, *An Economic History of the Middle East and North Africa*, New York, 1982, p. 80.

[4] Ibid. , p. 90.

尼亚和希腊人，此后由于 1942 年的资本税的影响，许多的犹太人也移民了。①

表 3 - 3　　　　　　　　1900 年宗教少数民族大致的数量　　　　　　单位：千人

	亚美尼亚人	希腊人	基督教阿拉伯	科普特	犹太人
埃及	20	60	50	7000	40
土耳其	1100	2600			220
伊朗	60			10	50

资料来源：Charles Issawi, An Economic History of the Middle East and North Africa, p. 91.

从巴格达被蒙古人摧毁到 18 世纪中期，随着美索不达米亚自身变成了两个敌对帝国边境的一个省，巴格达犹太人的重要性下降。到 18 世纪，大多数巴格达犹太人依靠做生意生活。18 世纪后期，波斯统治衰微，19 世纪奥斯曼帝国重申它对美索不达米亚省的统治，巴格达开始在英印贸易中发挥作用，犹太社团大量增加。② 巴格达特别是犹太人居住区成为商业中心，19 世纪 20 年代巴格达的犹太人开始在印度和整个远东立足，19 世纪末他们在英国也站稳了脚跟。巴格达成为英国各个公司的代理人，特别是在英国和印度到伊拉克的纺织品进口贸易中，犹太人控制着伊拉克、印度以及波斯之间的国际贸易。奥斯曼帝国晚期直到 1932 年英国托管结束，巴格达的犹太社团是近代犹太人的荣耀之一。在同时代的中东和地中海世界里，只有萨洛尼卡 （salonika） 的犹太人社团在规模与制度方面可以与巴格达的犹太人相匹敌。③

19 世纪末，奥斯曼商业趋向集中于非穆斯林少数民族团体手中，他们不服从伊斯兰法律，享受自己社会和法定的生活。这些团体集中在帝国的商业中心，维护他们的利益成为后来西方国家干预帝国内部的事务的理由。④

3. 政治地位提高和独立性增强

19 世纪，奥斯曼帝国的民族社团在民族主义影响下，政治上追求三

---

① Charles Issawi, An Economic History of the Middle East and North Africa, New York, pp. 90 - 91.

② Shlomo Deshen, "Baghdad Jewry in Late Ottoman Times: The Emergence of Social Classes and of Secularization", AJS Review, Vol. 19, No. 1 (1994), p. 21.

③ Ibid., p. 19.

④ V. F. Costello, Urbanization in the Middle East, New York, 1977, p. 19.

个目标。第一，保持殖民主义入侵以来获得的特权与原有的自治地位，如执行自己的宗教、法律、教育、文化。该目标基本达到。第二，在欧洲公民权观念影响下，追求平等的公民权，即与主体穆斯林地位平等。19 世纪民族社团经济地位的上升、与外界的沟通频繁，于是他们急切希望改变旧秩序下低穆斯林一等的政治身份。西方观念特别是自由、平等观念对奥斯曼帝国的基督徒影响深远，自由的含义在于让他们在商业上少受政府的影响，平等的含义在于让他们与穆斯林取得同等的地位。这两个目标在内外两方面的影响下，至少在字面上得到了部分的实现。"政府倾向于把臣民当作单个个人，而不是当作某一地区传统认可的团体成员看待。'帝国敕令'郑重宣布奥斯曼全体臣民，不分教派在法律面前一律平等。"[1] 第三，追求独立自主，或在本民族的土地上建立自治形态的政府。该目标既是帝国的基督徒竭力追求的，也是帝国政府所不允许的，后成为帝国分崩离析的一个重要原因。如被称作"忠诚的米列特"的亚美尼亚人，曾在 20 世纪初同青年土耳其党人合作，推翻了素丹阿卜杜勒·哈米德二世的统治。在西方民族主义思想影响与俄国的保护下，亚美尼亚人不再安于迪米的地位。巴尔干诸民族赢得独立的斗争也鼓舞了亚美尼亚人，宗教敌意和民族敌对加深。"从 1890 年开始，尤其是在 1895 年到 1896 年，造反与镇压、恐怖和屠杀狰狞地循环，蹂躏了土耳其东部，甚至还轻微地影响到了伊斯坦布尔。"[2] 1905—1909 年，土耳其政府联合库尔德人在各大城市杀害亚美尼亚人，特别是 1909 年 3 月 31 日，在吉里吉亚和叙利亚，有 3 万名亚美尼亚成年男子被杀害。[3] 在第一次世界大战的遣散行动中，"估计有 100 万至 150 万亚美尼亚人遇害，另有数十万人逃离土耳其"。[4] 第一次世界大战后，亚美尼亚人曾获得短暂的独立，但最终失败。土耳其政府继续执行民族高压政策。亚美尼亚高原的战略位置、亚美尼亚人长期处于中东弱势群体的位置以及列强的干涉等，成为亚美尼亚问题长期难以解决的重要因素。[5]

　　1898 年和 1915 年迪亚巴克尔爆发了多次亚美尼亚社团和叙利亚社团相

　　① 戴维森：《从瓦解到新生：土耳其的现代化历程》，张增建、刘同舜译，第 96 页。
　　② 伯纳德·路易斯：《中东：激荡在辉煌的历史中》，中国友谊出版公司 2000 年版，第 433 页。
　　③ 许晓光：《中东亚美尼亚问题探源》，《世界历史》1994 年第 1 期。
　　④ 同上。
　　⑤ 王三义：《亚美尼亚人问题的起源和演变》，《世界民族》2004 年第 6 期。

互攻击，许多人为躲避战乱不得不逃离了迪亚巴克尔。叙利亚社团将 1915 年的袭击称为"赛福"（sayfo）。仅在 1895 年的攻击中，至少有 2500 人被杀。第一次世界大战期间，迪亚巴克尔成为亚美尼亚人集合的场所，大约有 15 万人来到这里。而在迪亚巴克尔城中大约有 14000 名亚述人（库尔德人是其后裔），而到 1966 年在城中的亚述人只剩下了 1000 人。①

在 1914 年至 1924 年的 10 年间，特拉布宗城的社会结构逐渐遭到了破坏和解体。特拉布宗城中的亚美尼亚团体在 1915 年遭到了猛烈的攻击和残酷大屠杀。而特拉布宗城中的官员也参与组织了此次对亚美尼亚人的攻击。有报道称，当时特拉布宗人将亚美尼亚人投放到港口的船上，然后使其驶到黑海上慢慢地将其淹死。美国驻特拉布宗城的领事也述说了特拉布宗人是如何将亚美尼亚人投放到船上，过了几个小时之后一艘艘空荡荡的船都回来了。这位领事说，大约有 3000 名儿童被淹死。这一时期特拉布宗城的总督杰马尔·阿兹米（Cemal Azmi）曾炫耀自己在任期间所取得的成就，他说特拉布宗在其在任期间因城市逐渐盛产凤尾鱼而闻名世界。

4. 阶级分化加剧

土耳其人从未发展起自己的资产阶级。他们对商业不感兴趣，或者说不尊重商业，因此奥斯曼的资产阶级基本上是希腊人、亚美尼亚人和犹太人。② 巴格达的犹太社团在 19 世纪后半叶取得了重要发展：一个宗教阶层的确立，从 20 世纪开始，犹太社团的阶级构成已十分明显。如当地的一位犹太雇员写的一篇英国领事报告反复提到社团内部的"阶级"分化以及个人的"阶级"身份。"阶级"这一术语的使用并非偶然，同时代发表的一篇布道训诫生动地描绘了阶级分化。一位高级学者表达了他对革新的苦恼，谈到了该社团古老的宗教学校：

> 我们的社团中有一些人，离开了居所成为脚夫、垃圾处理者、茅坑清理者等被人轻视的职业，他们与联盟学院（Alliance schools）的毕业生形成对比，这些毕业生知道如何写作，了解外国语言并过上很

---

① Michael R. T. Dumper and Bruce E. Stanley, *Cities of The Middle East and North Africa, A Historical Encaclopedia*, ABC—CLIO, Inc., 2007, p. 130.

② ［美］斯塔夫里阿诺斯：《全球通史》，董书慧等译，北京大学出版社 2005 年版，第 561 页。

好的生活，许多人成为商人的秘书，另一些人自己成为大商人。①

这份谈话反映出富有的商人阶层与其他阶层的对抗，由于财富分化的趋势刺激了对宗教文化分化的培育。② 这位牧师清晰地区分了三个阶层——普通商人、富有商人和学者，这三个阶层的划分既以所拥有的物质为特征，又以宗教文化为特征，而且他深刻地意识到了在他们当中的紧张关系。19 世纪与 20 世纪之交，巴格达的犹太人开始出现不同的社会阶层。③

在贝鲁特地区及其周围，一个欣欣向荣的使用阿拉伯语的新兴基督徒中产阶级发展壮大起来。以社会阶层为基础来隔离住宅区就是这种趋势的一部分。所有富人的社区都搬迁到了现代的市区，而亚美尼亚人在他们的贫民区与刚移民城市的贫穷的什叶派和库尔德人毗邻而居。④

5. 现代化与世俗化趋势出现

在贝鲁特，新兴基督徒中产阶级通过与西方商人的接触，开始接受西方的生活方式。"基督教马龙派创办第一所西式学校。在这所学校里，除宗教内容外，还讲授历史、地理、数学、物理、语法、古代语言、现代语言、逻辑和哲学等多门学科。"⑤ "天主教和信教的教士们也通过办学校、行医和劝诱改宗，广泛地传播新观念。在 19 世纪，君士坦丁堡的罗伯特学校以及美国人开办的贝鲁特大学（1866 年）和开罗大学（1919 年）的毕业生在中东政治界和知识界领袖人物中所占的比例相当大。"⑥

从 19 世纪 70 年代开始，一些犹太人在行为中逐渐忽视正统犹太教规定，如经常在安息日光顾咖啡馆和音乐厅等。1889 年一份报道抱怨在巴格达的犹太人抛弃了神圣的信仰与风俗。Yosef Hayim 拉比对偏离正统犹太教的行为进行评论。他在 1897 年写道："这些年来一些人在安息日光顾

---

① Shlomo Deshen, *Baghdad Jewry in Late Ottoman Times: The Emergence of Social Classes and of Secularization*, pp. 35 - 36.

② Ibid. , p. 36.

③ Ibid. .

④ Gabriel Baer, *Population and Society In The Arab East*, Routledge, London, 1998, p. 192.

⑤ Andrea Pacini edit, *Christian Communities in the Arab Middle East: The Clxallenge of the Future*, Oxford: Clarendon Press, 1998, p. 86.

⑥ ［美］斯塔夫里亚诺斯：《全球分裂：第三世界的历史进程》，迟越等译，商务印书馆 1993 年版，第 20 页。

非犹太人的咖啡屋。由于各种原因我们并不会大声对此抗议，我们仅仅建议他们只消费那些在他们到来前就被准备好的东西"；"在神圣的安息日这一天，犹太人不应该到闲散人所聚集的场所，这一点已经被传教士教过许多次了，无论是谁，只要不去咖啡馆，都将得到保佑"。①

　　总之，欧洲政治和经济优势的建立意味着民族社团和宗教社团在中东地位的上升，而这些社团的存在也为欧洲列强干预中东事务提供了条件。如黎巴嫩宗派间的裂痕在 19 世纪末期扩大，显现出与西方贸易侵犯的联系。② 马克思《在东方战争》一文中谈到，土耳其境内基督教各教派的人数构成如下：信奉天主教的不到 80 万人，信奉新教的不到 20 万人，而信奉东正教的有将近 1000 万人③。俄罗斯仗势"公然宣称它决心要把所有土耳其人赶出博斯普鲁斯海峡，并把圣安德烈十字架竖立在圣索菲娅清真寺的尖塔上"。④

---

①　Shlomo Deshen, *Baghdad Jewry in Late Ottoman Times*: *The Emergence of Social Classes and of Secularization*, p. 38.

②　For example, Leila Fawaz's study, Merchants and Migrants in Nineteenth Century Beirut (Cambridge, Mass, 1983).

③　［法］马克思：《东方战争》，《马克思恩格斯全集》第 13 卷，人民出版社 1998 年版，第 28 页。

④　［法］恩格斯：《土耳其问题》，《马克思恩格斯全集》第 12 卷，人民出版社 1998 年版，第 29 页。

第 四 章

现代中东城市民族社团与宗教社团

第二次世界大战后，中东民族国家的构建在形式上宣告完成。其一，殖民地的独立。叙利亚、黎巴嫩于 20 世纪 40 年代独立，塞浦路斯、科威特和南也门于 60 年代独立，特鲁西亚列国于 70 年代初独立。其二，国家的联合。7 个酋长国联合成为阿联酋，卡塔尔和巴林各自建国。1990 年，南北也门合并为一个国家。目前，尚未完全独立的只有巴勒斯坦。

一 独立后的中东国家的族群、教派构成

第一，基本上是单一族群的国家——如埃及、除巴林外的五个海湾阿拉伯君主国、约旦、巴勒斯坦为阿拉伯逊尼派为主。这些国家中，存在一定比例的基督徒，如埃及的科普特人，但关于他们属于阿拉伯人还是单独的族群，甚至其在总人口中的比例都存在争议。沙特存在一定比例（约 15%）的什叶派；海湾阿拉伯产油国（包括下面的巴林）还存在人数众多的外籍人口。

第二，以一个族群占压倒性多数（70% 或更多）的多族群国家——伊拉克（阿拉伯什叶派为主，少数族群为库尔德人和阿拉伯逊尼派）、叙利亚（阿拉伯穆斯林为主，尤其是逊尼派；少数族群有阿拉伯基督徒等）、土耳其（土耳其人为主，少数族群为库尔德人）、以色列（犹太人为主，少数族群为阿拉伯人）和巴林（阿拉伯什叶派为主，少数族群为阿拉伯逊尼派）。

第三，以一个族群占一般多数（50%—60%）的多族群国家——伊朗（波斯人为主，少数族群为亚美尼亚人、阿塞拜疆人、库尔德人等）

和阿富汗（普什图人为主，少数族群为塔吉克人、哈扎拉人、乌兹别克人等）。

第四，各族群比例接近的多族群国家——黎巴嫩为阿拉伯基督徒和穆斯林，包括许多教派；塞浦路斯为东正教的希腊族与伊斯兰教的土耳其族；也门以阿拉伯人为主，其中什叶派的宰德派和逊尼派的沙裴仪派各占一半。

二 独立后中东民族国家构建的发展

1. 政治层面

（1）意识形态与合法性基础的变动。随着民族国家的形成，民族主义已经成为中东的政治合法性基础，大体可分为以下类型：自由主义共和制民族主义（土耳其、以色列）、君主制民族主义（伊朗、阿富汗、约旦、阿拉伯海湾五国）、阿拉伯地方民族主义（黎巴嫩、也门）、伊斯兰改革主义与君主制民族主义的复合型（沙特）、阿拉伯社会主义（埃及、叙利亚、伊拉克）。尽管制度不同，但各国都将巩固政治独立、发展国民经济、改善社会福利、缩小贫富差距、扩大政治参与、促进世俗化和社会融合作为其重要的发展目标，而阿拉伯国家的一个共同目标是统一。从发展方向上看，20 世纪 60 年代末以来的一个重要趋势，是意识形态的实用主义和保守主义倾向的发展，表现在阿拉伯世界是实际放弃对统一的追求、谋求阿以问题的政治解决、阿拉伯社会主义的褪色、伊斯兰日益取代民族主义的地位和市场经济的盛行等。

（2）建立完善的中央集权国家体制。表现为宪政和代议制的发展、内阁制的确立、官僚制的扩大和完善、文官和专家逐渐取代军人和王室政治、地方行政管理的完善等。因此，国家的资源和政治动员能力、治理能力空前加强。① 这在向来政治发展滞后的海湾地区尤其明显。②因此，新的国家体制首先是世俗的，即世俗的政党、王室和政治力量执掌政权，宗教势力即使是在名义上的政教合一国家（如沙特）也处于服从世俗力量的

---

① 英国学者伯纳德·刘易斯认为，现代伊斯兰国家的行政权力远远超过古代的伊斯兰国家。见 Ben‐Dor, *State and Conflict in the Middle East*, p. 27.

② Jill Crystal, *Oil and Politics in the Gulf: Rulers and Merchants in Kuwait and Qatar*, Cambridge University Press, 1990.

地位，从而巩固了民族国家体制。其次，除阿联酋采纳联邦制度外，其他所有国家都无一例外地建立了中央集权体制，没有采纳联邦制度；换言之，没有任何国家给予少数族群以自治地位（阿联酋存在少数族群什叶派，主要在迪拜，但联邦的设立基于酋长国而非少数族群的存在）。只有在美军进占后的伊拉克，新的宪法建立了联邦体制，而库尔德人自从海湾战争以来即事实上享有的自治地位得到了宪法的确认。从目前我们所查到的中东主要国家的英文版现行宪法中，只有伊拉克新宪法提及族体（"伊拉克是一个由多族组成的国家"，a country of multiple nationalities），① 伊朗伊斯兰共和国 1980 年宪法和阿富汗的 2004 年宪法提及"族群"（ethnic group），其他国家的宪法均未提及这两个字眼。可见中东国家在努力维护其中央集权制。

（3）政治参与的扩大。战后初期，中东仅有以色列和黎巴嫩建立了代议制政府，此后土耳其步其后尘，埃及也恢复了多党制。科威特、卡塔尔、巴林、阿联酋和沙特阿拉伯也先后成立了议会或协商会议。由此，上述海湾国家在理论上成为二元君主制国家，即由君主及少数人掌握实际权力。此外，各国也有相当一部分议员由民选产生，如君主制时期阿富汗的长老院（2/3）和人民院（100%）、伊朗参议院（50%）和众议院（100%）及约旦众议院（70%）。除海湾地区以外的许多国家也授予妇女以选举权。

值得注意的是，中东民族国家构建过程中保留了诸多传统因素。如阿拉伯国家均规定伊斯兰教为国教，伊斯兰法为主要的法源之一，国家元首一般均为穆斯林，黎巴嫩和现在的伊拉克均实行教派政治；在私法方面，继续按宗教和教派实施各自的教法（包括以色列）；海湾国家普遍保留了政教合一的制度和浓厚的伊斯兰文化传统；部落家族文化普遍存留，如海湾地区的王室政治和裙带关系；政党带有浓重的部落家族和民族色彩；以托古改制的方法推进改革，如用协商原则阐释民主制的必要，以经训为依据进行法律改革。有人认为，随着民族运动的深入，穆斯林逐渐取代了基督徒在政治精英中的地位，前者为得到群众的支持，只有采纳他们所熟悉的话语即伊斯兰话语。② 这可能是导致上述情况的原因之一。此外，在政治民主化方面各国仍有很大空间。

① "Iraqi Constitution"，http：//www. uniraq. org/documents/iraqi_ constitution. pdf.
② 伯纳德·刘易斯等人的看法，见 Ben - Dor，*State and Conflict in the Middle East*，pp. 53 - 54，58 - 59。

2. 社会经济和文化层面

包括四个方面：（1）基于共同认同的民族文化和"公民神话"（civil myth）的发展。各国高度注重发展主体族群的语言（阿拉伯语、土耳其语、波斯语和普什图语），包括前伊斯兰时期在内的历史研究和考古发掘，以及博物馆建设等。如土耳其官方甚至认为，土耳其人自古以来就与安纳托利亚半岛存在联系，而波斯、埃及、伊拉克和以色列也十分重视对古代史的研究，并将大量的古代符号运用于现实之中。① 当然，各国也适当地强调伊斯兰教的地位。在君主时代的伊拉克、约旦、沙特和科威特等国，王室都宣称自己为先知后裔。所有这些都旨在培养共同的民族认同。

（2）从国家干预到市场导向的经济转型。在建国初期，许多国家均对经济进行了有力干预，如推行国有化、土改和合作化，控制农产品的价格、收购和出口，控制金融机构和外贸，制订发展计划，控制物价、利率、汇率、税收等经济杠杆，大量投资发展基础设施和工业等。然而，20世纪 70 年代以来，各国普遍开展经济调整，促进市场经济的发展，减少国家干预。同时，石油收入的迅速增长对产油国的民族国家构建产生了非同寻常的推动作用，并影响到其构建的方式。

（3）社会融合的进展。许多国家采取了鼓励社会融合的政策，促进少数族群的社会经济发展，缩小贫富差距。如 1948—1958 年，伊拉克部长以上的统治精英中，逊尼派占 44%，什叶派占 33%，库尔德人占19%，后两个集团受到了一定照顾，尽管什叶派的比例低于其在总人口中的比例。1958 年革命后，伊拉克的新宪法宣称阿拉伯人和库尔德人同为伊拉克的两大民族。1978 年，什叶派各省的小学生占全体人口的 20.8%，只稍低于逊尼派省份（21.8%）。两地区的医院和医生比例基本相当。② 在政府的鼓励下，阿曼的俾路支人逐渐阿拉伯化，并与阿拉伯人通婚。

（4）社会变迁。一系列社会变迁促进了社会融合。在海湾地区，各国普遍废除了奴隶制。由于政府的推动和经济因素的影响，各国游牧民纷纷定居。到 1970 年，游牧民仅占中东人口的 1%。迅速的社会流动和城市化使传统的农民、市民和牧民的分野趋于消失。此外，在非产油国，传

---

① A. Baram, *Culture, History and Ideology in the Formation of Ba' thist Iraq, 1969—1989*, New York, 1991.

② Phebe Marr, *The Modern History of Iraq*, Westview Press, 1985, pp. 282 - 284.

统的大地主和商人在土改和国有化运动中遭受沉重打击，农村和城市的财产分布更加平均。新兴的城市中产阶级、小资产阶级、工人和农民成为一些国家政权的重要支持者。在海湾地区，大批外籍劳动力的存在加强了本国人的国民意识。[①]

3. 国际层面

这一层面的支持来自两个方面，即本地区的国家、地区组织和地区外的国家、国际组织。在本地区内有如阿盟对科威特独立和巴勒斯坦的支持，以色列对黎巴嫩的支持等；在国际上有如西方国家对保守的君主制国家和黎巴嫩的支持，国际社会对巴勒斯坦的支持等。

毋庸置疑，中东国家在民族国家构建进程中也存在许多问题，主要表现如下：

第一，领土争端。由于委任统治时期领土划分的任意性以及历史遗留的问题，许多国家之间存在领土和河水争端。如阿联酋与伊朗的岛屿争端、海湾国家间的领土争端、两伊间的领土和河水争端、伊拉克与科威特之间的领土争端、阿富汗与伊朗间的河水争端等。这些争端导致了地区形势的紧张，甚至是引发战争的原因之一。

第二，意识形态与国家属性的问题。首先是泛阿拉伯主义与阿拉伯国家民族主义的关系问题。如果说土耳其、伊朗和以色列已经明确了它们的民族国家属性，但阿拉伯国家尚未完全解决这一问题。阿拉伯国家自认为属于一个民族，因此并非"主权的民族国家"。叙利亚宪法第三条提道"叙利亚阿拉伯地区是阿拉伯祖国（the Arab nation）的一部分"。[②] 1981年，黎巴嫩的《阿拉伯未来》杂志公布了一项对来自 10 个阿拉伯国家的6000 名受访者的调查结果。调查显示，高达 78% 的受访者认为存在"阿拉伯祖国"，大部分人希望看到统一的实现。同时，87% 的人认为未能实现统一的原因在"阿拉伯统治者"，而认为统一努力产生了积极作用的不超过 42%，有 51% 的人甚至主张在国家应付挑战时应当接受来自非阿拉伯世界的帮助。杂志的编辑宣称：对统一的支持业已消失，而支持者更希

① Jill, *Oil and Politics in the Gulf*, pp. 139 – 145.

② "Constitution of Syria", http：//policy. mofcom. gov. cn/en/flaw! fetch. html? id = 71070ba2—2719—4807—8010—d4cd9373734c.

望的是部分地统一。①20世纪80年代以来，埃及与以色列单独缔和，1993年甚至连一向作为泛阿拉伯主义标志的巴勒斯坦也走上了"民族化"道路，与以色列单独签订了和平协议，而此后的海湾战争进一步打击了阿拉伯民族主义。② 但统一观念对阿拉伯国家的政策和民众思想的影响仍未消失。另一个例子是以色列。以色列的建国原则是犹太国家与民主制，但二者相互矛盾，因为民主制要求承认阿拉伯人的完全平等地位。

伊斯兰教也是一个涉及超民族思想的问题。尽管土耳其经历了几十年的世俗化，然而战后却出现向伊斯兰回归的潮流。1978年在土耳其伊兹密尔一家纺织厂进行的调查发现，28名工人自称"穆斯林"，58人自称"土耳其人"，其余68人自称"穆斯林"的与农村保持着密切联系。③ 这种身份的含混也证明了精英与草根之间的价值鸿沟。至于伊斯兰主义者，他们更是以伊斯兰的传统价值观完全否定民族国家的概念，试图恢复伊斯兰法，而其中的激进派更是以各种暴力活动挑战当局；在伊朗，乌里玛直接建立了一个伊斯兰共和国，出现了向传统国家回归的势头。当然，伊斯兰在某些场合也可以起到巩固民族国家的作用，像土耳其执政的伊斯兰政党所做的那样。

第三，宗教、教派和族群纠纷。在前文所列从族群、教派构成的角度划分的四大类型国家中，基本上是单一族群的国家较为稳定，宗教、教派和族群纠纷较少（但仍然存在如埃及的科普特人问题和沙特的什叶派问题）。而其他国家则相反，只有叙利亚和伊朗相对稳定。在新月地带，尽管各国的政治精英主张社会平等，但实际情况则大不相同。首先，在意识形态方面，阿拉伯世界倡导的泛民族主义事实上产生了将少数族群边缘化④的效果。如阿拉伯民族主义排斥非阿拉伯族群，泛伊斯兰主义排斥非穆斯林，从而在这些国家造成社会隔阂。⑤ 1958—1968年的伊拉克，同样在部长以上的统治精英中，逊尼派的比例超过君主时代，达54%，什叶

---

① Ben – Dor, *State and Conflict in the Middle East*, pp. 138 – 139.

② Ibrahim A. Karawan, "Arab Dilemmas in the 1990s: Breaking Taboos and Searching for Signposts", *The Middle East Journal*, Vol. 48, No. 3, 1994.

③ Carlo Caldarola, *Religion and Societies: Asia and the Middle East*, Mouton, 1982, p. 189.

④ 车效梅、李晶：《多维视野下的西方"边缘性"理论》，《新华文摘》2014年第8期。

⑤ 萨阿德·埃丁·易卜拉欣：《阿拉伯世界中的民族冲突与建国》，《国际社会科学杂志》（中文版）1999年第2期。

派和库尔德人分别下降到 30% 和 11%。[①] 从实际情况看，一些国家（如叙利亚、伊拉克和巴林）执政的是少数族群（阿拉维派和逊尼派），而阿拉伯国家推行的国有化和土改往往沉重打击了政治上居劣势的少数族群的利益，如伊拉克什叶派大地主、商人和沙特的汉志商人。[②] 而且族群问题不仅仅是宗教或教派问题，往往与城乡差别、地区差别和部落问题等相互交织。

此外，激进的阿拉伯国家采取无情的镇压手段对付少数族群，使矛盾更加激化。在土耳其、伊拉克和伊朗，当局与库尔德人之间均爆发过激烈的武装冲突。在黎巴嫩，由于穆斯林人口的增长而导致的政治诉求受挫，教派政治最终崩溃，国家陷入血腥内战。

第四，经济社会发展中的矛盾。在中东各国致力于改善普通民众状况的同时，也出现了新的社会鸿沟。在非产油国，革命后上台的军人和其他势力成为新贵，大批农村移民造成城市的贫民窟；在产油国，王室成员及与其关系密切的商人在石油繁荣中迅速崛起，成为新兴的大资产阶级，而普通国民只能依靠政府的福利措施改善生活。另外，洪水般涌入产油国的外籍劳工构成当地的另类人群，遭受种种歧视，也成为社会不安定的根源之一，而且人数往往超过本国人口的外籍移民已经对一些海湾国家的国家属性造成威胁。此外，由于经济发展中存在的种种问题，多数国家未能形成发展健康的资产阶级，从而对公民社会的建立作出重大贡献。

第五，政治发展的滞后。[③] 在一些国家，议会缺乏真正的立法权，妇女和外籍人员没有选举权，少数族群处于边缘地位。不论是君主制还是共和制，中东政治在总体上仍然带有威权主义性质。这无疑削弱了统治精英的政治合法性基础。政治动员的扩大与现实的社会、政治和经济矛盾，促成伊斯兰主义和其他反对派的兴起。

第六，地区形势、战争和外来势力的影响。在后冷战时期，世界经济的集团化和区域化发展加速，而在中东，业已存在的地区组织如阿盟、地

---

① Marr, *The Modern History of Iraq*, p. 282.

② Kiren Aziz Chaudhry, "Economic Liberalization and the Lineages of the Rentier State: Iraq and Saudi Arabia Compared", in Nicholas Hopkins and Saad Eddin Ibrahim eds., *Arab Society: Class, Gender, Power and Development*, Cairo, 1997.

③ P. J. Vatikiotis 认为，现代中东政治的问题，部分地渊源于传统伊斯兰统治者已经习惯于民众的"姑息"，从而导致对民众要求的漠视和国家机构的虚弱。见 P. J. Vatikiotis, *Arab and Regional Politics in the Middle East*, Croom Helm and St. Martin Press, 1984, p. 140。

区合作组织、中东北非经济首脑会议等无法发挥重大作用（海湾合作委员会例外）。虽然 20 世纪 70 年代以来以石油涨价为契机，阿拉伯国家在金融、劳务、产业、交通运输、外援等方面形成了新的合作关系，但这种关系依然受到非经济因素的干扰。以色列学者 Gabriel Ben Dor 认为，这正说明了中东民族国家的"成熟"，不过此种情况毕竟不利于各国经济的进一步发展。

中东重要的战略地位和各种历史、现实原因，使本地区的国家频繁地受到外来势力的干预，或者主动干涉邻国，从而影响到民族国家构建的发展。其中最突出的是阿以冲突，由此先后爆发了五次中东战争，其他冲突还有两次阿富汗战争、两伊战争、海湾战争和伊拉克战争。而黎巴嫩内战也有外来势力的重要影响。所有这些冲突都对相关国家的经济、社会和政治发展产生了严重影响。近年来，美国在中东极力推进"民主"计划，对地区形势产生了新的微妙影响。

总之，战后中东国家的民族国家构建取得了重大成就，民族国家体系已经较为稳固。不过必须看到，中东的民族国家依然带有传统伊斯兰体制的痕迹，传统的政治文化甚至在国际关系领域和民间也有影响。显然，在民族国家构建进程中各国也遭遇了重大挫折，极少数国家甚至陷入了长期战乱，有学者认为这些国家（伊拉克和北非的素丹、索马里）已进入了国家解构阶段。[1]可以说，由于中东现代国家形成较晚，因而国家构建与民族构建的同步进行是造成上述情况的重要原因之一。[2] 那么，完全回归伊斯兰能否解决问题，伊朗的例子证明情况并不那么简单。显然，中东的民族国家构建之路仍然漫长而曲折。

三　独立后中东国家的民族政策

中东国家在教派结构和民族构成上具有典型的多元化特征，民族矛盾和宗教纠纷错综复杂，且相互交织。从法律层面讲，中东国家独立后所制

---

① 易卜拉欣：《阿拉伯世界中的民族冲突与建国》。不过，尽管西方学者有预言，但无论是黎巴嫩，还是伊拉克和阿富汗，它们无一真正分裂。

② 有西方学者认为，其实西欧也经历了漫长的国家构建时期，付出了巨大的社会代价。Charles Tilly, "Reflections on the History of European State—Making", in Charles Tilly ed., *The Formation of National States in Western Europe*, Princeton, 1975, p. 71.

定的宪法中，均规定各民族平等和居民享有信仰自由（个别国家例外）。但从实践层面看，中东国家的构建者们并没有真正将这种法律规定付诸现实，各国少数民族或教派与所在国家主体民族或宗教之间存在诸多现实的不平等。尽管通常情况下，很多国家尽量避免内部民族或宗教冲突的激化，致力寻找各自的调和办法，即在偏重某一方面的同时，并不完全排斥另一方面，甚至有些少数民族或教派（如以色列的德鲁兹人）的确享有较充分的自由和平等，但这种自由和平等仍具有相对性。

就民族来讲，按照通用的中东十八国之说，中东地区只有以色列、塞浦路斯、土耳其、伊朗和阿富汗 5 个非阿拉伯国家，其余均为阿拉伯国家。除阿拉伯人、波斯人、土耳其人等主要民族外，该地区还存在库尔德人（叙利亚、伊拉克、伊朗、土耳其）、科普特人（埃及）、德鲁兹人（以色列、叙利亚、黎巴嫩）等诸多少数民族。尽管在法律上，中东各国均规定了民族平等原则，但在实践中，中东各国内部的少数民族在政治、经济和文化等方面不同程度地受到不平等待遇。表现如下。

1. 主体民族主义与国族创建的悖论

民族国家是当今世界最为流行的国家形态，构成民族国家的可以是单一的民族结构，也可以是比较复杂的和十分复杂的民族结构。[1] 事实上，真正的单一民族国家几乎是不存在的。几乎所有民族国家中都有一个占主导地位的民族，不存在纯粹的公民或种族国家，所有国家都展现了一种公民和种族因素的混合，即便西欧国家所谓的公民民族也是建立在国内主导民族的文化、传统和语言基础之上的。[2] 如在号称最公民化的国家——瑞士中，其民族传统和认同也是来自操德语的核心民族；再如，在双民族国家——比利时和加拿大，其种族因素也比公民因素显得更为重要。因此，尽管民族国家的构建是实现各族体在经济、政治和文化上"均质化"的过程，然而对于多民族国家来讲，主体民族主义（即指多民族国家内主体民族的民族主义）的构建直接关系到国家的民族属性甚至能否持续存在。因而，在民族国家构建的实际过程中，各国往往注重加强主体民族的

---

① 宁骚：《民族与国家：民族关系与民族政策的国际比较》，北京大学出版社 1995 年版，第 269 页。

② Taras Kuzio, *Ukraine：State and Nation Building*, London and New York：Routledge, 1998, p. 123.

权力，强调主体民族主义的构建。这样便造成了全球范围内多民族国家普遍面临的一个族际政治问题，即主体民族主义与国族创建之间的悖论问题。对于这一问题，有些国家解决得较好，有些国家解决得不好。由于各国的历史和现实国情迥异，因而在该问题上至今没有找到具有普遍意义的解决模式、机制可供各国参考和借鉴。同时，这也是一个在动态中展开和滚动的问题，其动态属性决定该问题无法一劳永逸地解决。

战后签订的《凡尔赛和约》及相关国际协定为欧洲乃至世界造出的是要使各国国界与民族疆域一致重合的民族国家模式，[①] 这一模式成为新独立的中东国家的构建者们所追求的理想模式。然而，中东各国基本上都是多民族国家。因而，对这种单一民族国家模式的推崇，不可避免地导致主体民族主义的过度膨胀，致使民族国家权力行使的均质性要求受到挑战，有违中东国家宪法中关于各民族平等的相关规定，进而造成族裔认同与民族认同之间的巨大裂痕。"国家民族主义在多民族国家中实际上一般是以主体民族的民族主义为核心的，在很多时候难免以忽视其内部的少数民族为代价"[②]，因而各种"次民族主义运动自然梦想着有这么快乐的一天，它们将要褪去这个'次级'的外衣"。[③]

2. 阿拉伯民族主义者的理念

阿拉伯民族主义（也称泛阿拉伯主义）属于一种重要的泛民族主义形式，它几乎是中东20世纪的显著特征，事实上，直到第二次世界大战以后它才获得长足发展。建立一个包括所有属于阿拉伯人的领土在内的统一的阿拉伯国家，是泛阿拉伯主义孜孜以求的长期政治目标。1904年纳吉布·阿祖利发表了《阿拉伯民族的觉醒》一文，标志着阿拉伯民族主义的产生。到20世纪50年代纳赛尔登台执政后，阿拉伯民族主义进而成为阿拉伯世界的一支重要力量，没有哪一位阿拉伯领导人能够无视它的存在，其对当代中东的政治、经济、思想、国际关系等领域产生了重要而深远的影响，并影响到阿拉伯国家国内的民族政策。因为在纯粹的阿拉伯民族主义者看来，

---

① ［英］埃里克·霍布斯鲍姆：《民族与民族主义》，李金梅译，上海人民出版社2000年版，第130页。

② 朱毓朝、茹东燕：《当代国际关系中的民族问题》，《民族研究》2004年第5期。

③ ［美］本尼迪克特·安德森：《想象的共同体：民族主义的起源与散布》，吴睿人译，上海人民出版社2003年版，第2页。

作为国家、社会和公民资格的政治认同支柱的是文化和语言。所以，任何操阿拉伯语、以阿拉伯语为母语、继承阿拉伯文化传统、承认自己是阿拉伯人的人均属于"阿拉伯民族"的正式成员，均享有充分的公民权利，而不管其在种族和宗教上有何差异。尽管非阿拉伯的民族文化群体的个人在法律上被视作平等的"阿拉伯"公民，但阿拉伯民族主义者不承认非阿拉伯的民族文化群体具有在"阿拉伯家园"中以自治体或独立实体的形式在一起生活的权利。时至今日，中东的大多数国家并未实行民族自治制度，埃及、伊朗、土耳其和阿富汗宪法中更是只字未提民族自治。泛阿拉伯主义者把非阿拉伯人排除在具有充分资格参与政治体制的人群之外，但非穆斯林的阿拉伯人则被相对充分地融合进国家的政治生活中，这些人大部分是基督教徒。在这种情况下，非阿拉伯人很自然地感受到自己受到了泛阿拉伯主义的威胁，他们不可避免地将受到不平等的民族待遇。

在 20 世纪五六十年代，一些中东国家也先后采取了"开明的"或准开明的治理体制——如埃及、伊拉克、叙利亚、黎巴嫩和约旦等国。在这种"开明的"体制下，处于少数地位的民族或宗教等亚群体者在政治上均有一席之地。如叙利亚独立后的第一位总理法理斯扈利便是基督徒；曾任埃及总理的布特洛斯·加利和优素福·沃赫拜均是科普特基督教徒；伊拉克也有什叶派和库尔德人担任过总理和议会议长，如依·库巴。然而，这种开明试验很快便宣告结束，导致这些亚群体曾享有的平等迅速丧失。而且即便在这种所谓"开明的"时期，这些少数群体所享有的平等也只是相对意义上的，仍受到主体社会的种种限制和歧视。另外，尽管法律和伊斯兰传统文化中也均具有关于民族平等的思想，但很多中东国家往往口惠而实不至，民族平等并未从口号变成现实，往往推行各种歧视性的民族政策，乃至诉诸暴力解决民族问题。

（1）忽视或限制少数民族地区的经济、文化与社会发展，推行种种民族歧视政策。中东国家往往重视主体民族地区的发展，而忽视少数民族地区正常的建设和开发，对少数民族推行种种具体的歧视性的民族政策。如伊朗胡齐斯坦省的大多数居民是阿拉伯人，但他们在就业、升学、晋级等方面备受波斯主体民族的歧视，阿拉伯人极为不满，不断提出民族平等与自治要求。① 胡齐斯坦地区经济水平与其他地区明显存在差距。土耳其境内

---

① 　王京烈主编：《面向二十一世纪的中东》，社会科学文献出版社 1999 年版，第 253 页。

的库尔德人地区与其他地区在经济上也存在严重利益分配不公、地区间发展不平衡。据统计，20 世纪 80 年代初期，占土耳其总人口的 1/5 的库尔德人，工业生产总值仅为全国的 3%，失业率却为全国平均数的 3 倍，6 岁以上的儿童入学率占 13%（其中女孩占 19%），远低于土耳其全国 60% 的平均入学率。① 希腊人也受到种种不公正待遇。如自 1964 年起，土耳其实行一种禁止伊斯坦布尔的希腊族人变卖他们自己财产的法令②。伊拉克和伊朗的库尔德人也长期处于贫困状态，伊朗库尔德人的失业率高达 25%。③

　　此外，以色列政府也忽视或有意限制国内阿拉伯地区的发展。如以色列为了发展犹太人的经济，没有将所有阿拉伯地区列入 A 类发展区，④ 以政府不向阿拉伯地区提供或提供少量的经济贷款。同时，以政府对国内阿拉伯人的教育投资也很少。据报道，以色列统一耶路撒冷后，历届耶路撒冷的市政府几乎没有在阿拉伯区建设新校舍，导致数千名阿拉伯学生上学困难。以色列阿拉伯人在政治上、经济上、文化上受到主体社会的各种歧视。政治上，以政府在政权机构中排挤阿拉伯人，限制阿拉伯人的公民参政权利。在以色列议会中共有 120 个席位，但以借阿拉伯人在议会中的席位最多时才达 13 个⑤，只占 1.08%，而阿拉伯人占以色列社会总人口的 20%⑥。经济上，直到 20 世纪 60 年代初，以政府一直执行阿拉伯人和犹太人的双重工资标准，阿拉伯人的整体工资比犹太人低 30% 多。⑦ 而且阿拉伯人主要做建筑工人、脚夫以及饮食、饭店、商店的服务人员等，且多是临时工，而这些职业在广大以色列犹太人中被视作低贱职业。文化上，阿拉伯教育后续委员会的统计显示：以色列政府每年花在每个阿拉伯学生的开支仅为 192 美元，而每年花在每个犹太学生的开支则为 1100 美元；阿拉伯学生的失学率为 12%，比犹太学生的失学率高一倍。⑧ 在以政府内

① 闫文虎：《土耳其民族问题及其影响下的对外政策》，《河南社会科学》2004 年第 3 期。
② Peter Calvert, *Border and Territorial Disputes of the World*, London：John Harper Publishers，2004，p. 313.
③ Charles G. MacDnald, Carole A. O'Leary, *Kurdish Identity：Human Rights and Political Status*, University Press of Florida, 2007, p. 187.
④ 阎瑞松主编：《以色列政治》，西北大学出版社 1995 年版，第 250 页。
⑤ 陈天社：《处境尴尬的以色列阿拉伯人》，《中国民族》2008 年第 5 期。
⑥ 丁隆：《阿拉伯裔当了以色列部长》，《世界知识》2007 年第 5 期。
⑦ Shimon Shamir, The Arabs in Israel - Two Years after the Or Commission Report [EB/OL], http：//www. Dayan. org/ kapjac/ files/shamirEng. pdf, 2009 年 9 月 27 日。
⑧ 杨阳：《以色列阿拉伯公民的发展现状及其政治意识》，《阿拉伯世界研究》2009 年第 6 期。

部，大多数犹太人希望保持希伯来语的优势地位，不同意把阿拉伯语作为官方语言。1995 年的调查发现，30% 以上的犹太人认为不应将阿拉伯文化作为以色列文化的一部分，70.7% 的犹太人认为在公众场合完全没有必要标注阿拉伯语，而只需标注希伯来语。①

尽管以色列国内的德鲁兹人被赋予宗教社团自治的地位和经济上的种种优惠待遇，以及可以进入以色列国防军体系，但这并不意味着德鲁兹人已经拥有了与犹太人完全平等的地位，它仍是一个处在犹太主流社会之外的少数群体。以色列国家强烈的犹太属性和在巴勒斯坦建设一个犹太人家园的犹太复国主义思想，使包括德鲁兹人在内的阿拉伯人等少数民族必然处于以色列民族国家构建的范畴之外。事实上，德鲁兹人无论是对以色列国家的决策还是在有关德鲁兹社团地位问题上的作用都十分微弱。② 一位德鲁兹青年教师一语道破天机："在服兵役时我们是德鲁兹人，享受公共服务与社会资源时我们又成了阿拉伯人。"③

（2）采取同化、暴力等强制手段解决民族问题。在中东国家，主体民族与少数民族对抗激烈，相当一部分国家解决少数民族问题时，常常诉诸同化、军事管制乃至镇压等强制手段。其中，土耳其、伊拉克和以色列便是三个典型案例。

土耳其从建国初期开始，就抹杀了国内少数民族的文化、民族特性，实行民族同化政策，根本不承认国内有少数民族的存在，往往采取强制手段解决民族矛盾。这突出表现在土耳其政府对待国内库尔德民族问题上。1923 年以来，土耳其历届政府都不承认其境内存在库尔德民族，对库尔德人均采取否认和打击的态度，库尔德语被禁止使用，所有字典、图书中有关"库尔德人"、"库尔德斯坦"的词条统统被删掉，连姓名、地名也被强令改为土耳其语，还强迫土耳其人从东部迁居内地。土耳其 1924 年宪法明确规定，"土耳其不存在宗教和民族差别，土耳其所有公民都是土耳其人"。④ 1982 年土耳其宪法第 66 条规定"凡是通过公民资格的纽带隶

①　Majid Al - Haj, *Immigration and Ethnic Formation in A Deeply Divided Society: the case of the 1990s immigrants from the Former Soviet Union in Israel*, Boston: Brill, 2004, p. 66.

②　李志芬：《以色列德鲁兹人的特殊地位》，《世界民族》2010 年第 2 期。

③　Ori Stendel, "The Arabs of Israel: Between and Anvil", in Y. Dinstein and M. Tabory (eds.), *The Protection of Minorities and Human Rights*, London: Martinus Nijhoff Publishers, 1992, p. 369.

④　Charles G. MacDnald, Carole A. O'Leary, *Kurdish Identity: Human Rights and Political Status*, University Press of Florida, 2007, p. 63.

属于土耳其国家的人都是土耳其人"，第 42 条规定"在教育和训练机构中，不得把土耳其语之外的任何一种语言作为母语传授给土耳其公民"。①直到今天，土耳其也未承认库尔德人的少数民族地位和赋予使用库尔德语广播、教育的文化权利。尽管厄扎尔上台后，一定程度上调整了以往对库尔德人的强硬政策，采取了一些相对宽松的政策。然而，厄扎尔逝世后，新一届土耳其政府又重新恢复了对库尔德人传统的强硬政策。土耳其境内的希腊人也有类似的遭遇。根据《洛桑条约》，拥有许多希腊族居民的伊米弗诺斯（Imvros）和特涅多斯（Tenedos）两岛归属土耳其，但岛上希腊族居民仍具有自治等特权。② 然而，土耳其不仅剥夺了希腊族人的自治权，而且夺去了他们大量的可耕地，并禁止教授希腊语（1951—1963 年除外）。③

伊拉克对国内库尔德人也实行了类似的民族同化和暴力政策。20 世纪 70 年代，伊拉克宣布禁止库尔德地区的学校使用库尔德语，所有行政部门、学校、街道、公司名称一律改用阿拉伯文书写。从 1968 年到 1989 年，伊拉克有 779 个库尔德人村庄被毁坏，37726 个库尔德家庭被送入集中营。④ 同时，对于库尔德人的反抗，伊拉克政府往往采取血腥的镇压。如 1988 年伊拉克在哈勒卜杰地区（Halabja）对库尔德人使用化学武器，致使 5000 多名库尔德人丧生。⑤ 不过，需要指出的是，伊拉克 2005 年临时宪法宣称国家采取联邦制，承认"库尔德斯坦"作为联邦形式存在，使库尔德人某种程度上赢得了当家做主的权利，获得了事实上的自治，库尔德政党联盟也成为议会中一支重要的政治势力。

另外，以色列政府也长期对国内阿拉伯人采取诸如军事管制等被称为"内部殖民主义"的强硬政策。所谓"内部殖民主义"，是指中央政府对国内的一些地区采取了一种与殖民主义相似的统治形式。根据以色列政府颁布的国防法，政府有权限制阿拉伯人的行动自由，甚至根据安全需要将

---

① 姜士林等主编：《世界宪法大全》（上卷），中国广播电视出版社 1989 年版，第 431 页。

② Ioannis A. Stivachtis, *Co - Operative Security and Non - Offensive Defence in the Zone of War: the Greek - Turkish and the Arab - Israeli Cases*, New York: Peter Lang, 2001, p. 71.

③ Ibid. .

④ Charles G. MacDnald, Carole A. O'Leary, *Kurdish Identity: Human Rights and Political Status*, University Press of Florida, 2007, pp. 125 - 145.

⑤ Mordechai Nisan, *Minorities in the Middle East: A History of Struggle and Self - Expression*, Mc-Farland & Company, Inc. , Publisher, 2002, pp. 46 - 47.

一些地区划为"禁区"，政府还可以根据自己的意愿将阿拉伯人拘禁或驱逐出境，乃至控制旅行许可证的签发等。1948—1966 年，以色列政府长期对阿拉伯人的聚居区实行军事管制，限制他们的行动自由。这样的军事管制虽然到 1966 年被解除，但紧急状态条例的有效期限却持续到 20 世纪90 年代初。伴随以色列经济现代化的发展和犹太移民的陆续到来，为获取更多的土地资源，以政府通过颁布《不在者地产法》和《土地获取法》以及没收国内阿拉伯人的居住证等手段，肆意掠夺国内阿拉伯人的土地资源。据统计，以色列阿拉伯人的 65%—75% 土地被没收，且多是肥沃的土地。① 以色列还对阿拉伯人反抗政府侵占自己土地的行为进行暴力镇压。

四　中东国家独立后的宗教政策

就宗教来讲，中东国家信奉的宗教主要有伊斯兰教、基督教和犹太教。其中，除以色列和塞浦路斯外，都是清一色的伊斯兰国家。伊斯兰教又分为逊尼派和什叶派两大派别。逊尼派是土耳其、埃及、约旦、巴勒斯坦、叙利亚、阿富汗和阿拉伯半岛多数国家的主要派别。什叶派信徒在伊朗、伊拉克和巴林占多数。什叶派又细分为十二伊玛目派、伊斯玛伊派、宰德派、德鲁兹派、阿拉维派等分支。基督教和犹太教分别是塞浦路斯和以色列的主要宗教。另外，在所有国家，除了主要教派外，还不同程度存有其他少数教派，如什叶派（黎巴嫩、阿富汗、沙特、科威特、卡塔尔、阿联酋、也门、土耳其和叙利亚）、逊尼派（伊拉克、伊朗、巴林等国）、基督教（埃及、叙利亚、伊拉克、阿联酋、科威特、土耳其、以色列、卡塔尔和伊朗）、犹太教（伊朗和土耳其等国）以及琐罗亚斯德教（又称袄教、拜火教，主要在伊朗）、印度教（主要在阿富汗）、萨比教（在伊拉克南部）等。尽管在立法方面，中东绝大多数国家规定居民享有宗教信仰的自由，但由于伊斯兰教根深蒂固的影响和伊斯兰复兴运动的不断泛起致使中东各国的少数教派并未享有真正的自由和平等。另外，如前所述，即使在有些国家实行开明实验时期，少数教派也仍遭受一定的不平等。

① 阎瑞松主编：《以色列政治》，西北大学出版社 1995 年版，第 250 页。

宪法规定：

从国家立法方面看，在绝大多数中东国家的宪法中，都规定了居民的宗教信仰自由。如埃及宪法第 40 条规定，"所有公民在法律面前一律平等，不因性别、民族、语言和宗教而受到歧视"[①]；埃及宪法第 46 条进一步强调，"国家保证信仰自由"[②]。土耳其宪法第二十四条规定："每一个人都有宗教信仰的自由"；阿富汗宪法第二条规定，"在法律规定的范围内各种宗教有信仰、举行仪式的自由"[③]。然而，中东伊斯兰国家大都将伊斯兰教规定为国教，将伊斯兰教法作为国家的立法依据。埃及宪法第二条规定："伊斯兰教是国教，伊斯兰法原则（沙里亚法）是立法的主要来源"；伊拉克宪法规定："任何法律都不能和伊斯兰信条冲突"（第二条）。[④] 而且除土耳其以外的中东伊斯兰国家均在宪法中明文规定国家元首必须是穆斯林，有时甚至规定了其所属的法律学派。这说明，信仰的平等是以政治不平等为代价的，在信仰平等的口号下隐含着宗教间事实上的不平等。

理论根源：

根据伊斯兰主义者的理念，他们往往将文化、社会和国家的政治纽带建立在宗教基础之上，从而势必将阿拉伯世界中的非穆斯林居民排斥在各自国家的政治体制之外。这些非穆斯林居民总数约达 1800 万，其中大多数是基督教徒，包括数十万犹太人。[⑤] 而按照极端的纯粹的伊斯兰主义者的观点，这种排斥还应扩大到约 2100 万的非逊尼派穆斯林身上（即各种什叶派和哈瓦吉利派）。[⑥] 尽管主流伊斯兰主义者仅是有限度地奉行这种排斥，即禁止非穆斯林人士担任最高级的领导职务，如政府首脑、地方长官和法官，但纯粹的伊斯兰主义者则会把非穆斯林排斥在任何层次的国家或政府职位以外。他们的理由是，非穆斯林是作为"被保护的社会集团"而存在的，他们具有管理

---

① Kevin Boyle and Adel Omar Sherif, *Human Rights and Democracy: the Role of the Supreme Constitutional Court of Egypt*, p. 289.

② Ibid. .

③ 姚大学：《当代中国与中东民族政策及民族问题之比较》，《西亚非洲》（双月刊）2011 年第 7 期。

④ 同上。

⑤ ［埃及］萨阿德·埃丁·易卜拉欣：《阿拉伯世界中的民族冲突与建国》，《国际社会科学杂志》1992 年第 2 期。

⑥ 同上。

自己社区事务的权力，只要缴纳某种人头税就行了。非穆斯林群体不仅要尊重穆斯林多数，而且还得承认伊斯兰国家的主权，否则他们将不能期望得到尊重和同情，以及宗教问题上的容忍。在伊斯兰主义者来看，所有的穆斯林都是平等的，而不管他们在民族起源、文化或来自哪个国家等方面存有何种差别。伊斯兰主义者这种把公民资格建立在宗教基础之上的政治秩序观，受到了非阿拉伯穆斯林的欢迎，却使阿拉伯世界的非穆斯林人成了另类。

具体表现：

除以色列和塞浦路斯外，其他16个中东国家均为伊斯兰国家。因此，中东国家的宗教政策可以分为伊斯兰国家的宗教政策和非伊斯兰国家的宗教政策。

（1）伊斯兰国家的宗教政策。尽管伴随中东伊斯兰国家世俗化在第一次世界大战后的大规模开展和第二次世界大战后的深入发展，伊斯兰传统宗教势力受到史无前例的打击，但这些伊斯兰国家并没有达到政教彻底分离的程度，具有鲜明的两世并重特征的伊斯兰教对伊斯兰国家的社会、政治、经济、文化等各个方面仍发挥着不容忽视的影响，而且它还是这些国家增强自身政权合法性的一个最有效资源。尤其20世纪70年代和90年代先后发生了两次伊斯兰复兴运动高潮后，这些伊斯兰国家政府无论持有怎样的宗教政策，也不管是否情愿，都不得不在不同程度地强化伊斯兰教，强调本国的伊斯兰特性，从而将不可避免地触及国内其他少数教派的利益和地位。下面主要以沙特和埃及作为案例进行说明。

沙特阿拉伯是一个逊尼派主政、以逊尼派穆斯林为主的伊斯兰国家，伊斯兰教是国教，并严格遵守瓦哈比教义。按照沙特法律，所有公民都应是穆斯林，一个穆斯林如果想改宗，将被视为叛教。任何公开表达伊斯兰教以外宗教信仰的行为，均应遭到禁止。尽管近些年来，在国内外的各种重大压力下，沙特政府允诺其他宗教信仰团体私下可以进行宗教活动，但沙特宗教警察仍然继续对私下进行宗教活动的其他宗教信徒进行逮捕和迫害。同时，沙特也不允许任何非穆斯林神职人员进入其国内开展宗教活动。

科普特人是埃及信仰基督教的少数民族。历史上，科普特人曾享有较充分的宗教自由，甚至一度步入埃及政治和经济领域的中心。然而，1923年埃及正式废除了使科普特人享有一定的内部事务自治权的"米列特"

制度，科普特人被推入民族的洪流中却没有任何的宪法保障。尽管科普特人积极参加 20 世纪二三十年代的埃及独立运动，但这并没有从根本上改善他们与穆斯林之间的关系。事实上，即便在革命年代，穆斯林对科普特人的怀疑、反感、憎恶和歧视也从来没有消失。而科普特人也经常抱怨无法自由地修建教堂。1934 年，埃及政府规定教堂和清真寺、教堂和教堂之间要有一定的距离，并要考虑周围穆斯林是否反对。1952 年 7 月，以纳赛尔为代表的穆斯林发动了推翻法鲁克王朝统治的革命，客观上使科普特人在政治和经济等领域进一步被边缘化。在以纳赛尔为首的“自由军官组织”和其后成立的“革命指导委员会”中没有一个科普特人。革命成功后，军人执掌了埃及的国家政权，许多军官担任了高级职务，而这与科普特人无关，因为科普特人向来极少有任军官者。在埃及总共 90 名准将及以上的军官中，仅仅有一名上将是科普特人。① 这样，埃及国家最高权力便完全由少数穆斯林精英所掌控。萨达特上台后，科普特人与穆斯林之间的地位越来越不平等。1971 年颁布的新宪法规定伊斯兰教为国教，沙里亚法为立法原则，从而引发了埃及穆斯林与科普特人的民族、宗教争端。1981 年 9 月 5 日，萨达特废黜了教皇并把他幽禁在一座修道院内，从而使宗教矛盾进一步激化。另外，在高等院校，科普特人学生虽然成绩优秀，但极少有人能够进入大学优等生名单。在教育受限的情况下，科普特人要求开办自己的大学，却一直遭到政府的拒绝。在新闻出版方面，穆斯林所办的报刊很少受到约束，但科普特人创办的报刊则要接受严格审查。虽然穆巴拉克上台以后，科普特人的地位得到一些改善，但在官员任命、教育和其他公共领域，科普特人仍受到政府政策的歧视与限制。直到最近，科普特人仍需得到政府的批准才可以修建自己的教堂。

另外需要指出的是，泛伊斯兰主义的超国家认同并不能有效地弥合或掩盖各国内部的分裂，泛伊斯兰主义这种认同范式对下一层次的认同往往无能为力。伊斯兰国家内部存在的逊尼派认同与什叶派认同之间的对立便是一个佐证。中东伊斯兰国家绝大多数属于逊尼派国家，作为少数教派或处于非执政地位的什叶派常常受到逊尼派政府的限制与压迫。这种现象在沙特、伊拉克和巴林表现得较为明显。

在沙特，逊尼派教徒占绝对多数，什叶派属宗教少数派，主要生活在

---

① 李福泉：《埃及科普特人问题探析》，载《世界民族》2007 年第 5 期。

盛产石油的东方省。长期以来，什叶派穆斯林在社会上一直受到各种歧视和不公正待遇。沙特当局只允许什叶派在东方省的卡蒂夫市庆祝阿舒拉节，不允许什叶派出版自己的书籍，也很少同意他们自建清真寺。在政府雇佣方面，涉及安全和内政的部门以及油气化工企业，什叶派教徒都受到种种严格限制和歧视。另外，沙特政府还通过非官方的措施限制什叶派学生进入高等学校就读的人数。沙特各省、市没有一位省长或市长是什叶派穆斯林，在政府任命的 59 位市议员中，仅 3 位来自什叶派。[①]

伊拉克 95% 的人信奉伊斯兰教，什叶派教徒占人口多数。2003 年伊拉克战争爆发前，伊拉克是逊尼派主政，但在此次战争后，什叶派在伊拉克强势崛起，进而主导政坛。伊拉克战争前，什叶派穆斯林尽管在人口上占多数，但一直处于被统治的状态，被排除在国家政治生活之外。逊尼派虽只占全国人口约 20%，却长期执政。历届伊拉克政府均奉行政教分离政策，因而对什叶派宗教学校、出版物严加控制，并不断迫害什叶派宗教人士，引起什叶派的抗议，致使两大教派之间的矛盾越积越深。伊拉克战争后，什叶派转而崛起，但两派间的矛盾犹存，且似乎将更趋激烈。

伊朗巴列维王朝通过建立的现代教育体系，推行世俗司法制度，政府控制宗教地产等。如 1971 年，国家颁布法律，规定所有清真寺的"瓦克夫"（waqf）[②]土地必须分配或出售给农民。这样，全国清真寺由 1965 年的 2 万所下降到 1975 年的 9015 所。[③]宗教势力的政治地位又呈下降趋势，到 1963 年，伴随着"库姆事件"[④]的爆发，政教关系已难以调和。[⑤]虽然巴列维的世俗化改革削弱了乌里玛的整体势力，但乌里玛所掌握的社会底

①　工联：《中东地区宗教中的少数派》，《国际资料信息》2008 年第 10 期。

②　"瓦克夫"指用于公益慈善事业的资产或资金，一般由富裕的穆斯林自愿捐赠清真寺，由清真寺负责管理和支配，多用于学校、医院、浴室、陵园、桥梁、路面、接济生活贫困的穆斯林等。

③　车效梅、王泽壮：《城市化、城市边缘群体与伊朗伊斯兰革命》，《历史研究》2011 年第 5 期。

④　1963 年 1 月，巴列维国王为了使"白色革命"披上"人民的"的外衣，决定举行全民投票。"白色革命"的核心是土改，土改的核心是大土地所有者和清真寺把超过限量的耕地、果园交给国家，由国家来分配给无地农民。这一政策极大地损害了宗教人士所享受的传统利益，因此招致霍梅尼领导的宗教界人士的普遍反对和抵制。6 月 4 日，什叶派穆斯林的传统节日"阿舒拉"这一天，群情激昂的学生与军警发生了冲突，6 月 6 日遭到军队镇压，死亡达两千余人，伤数千人。这就是伊朗现代史上著名的"库姆事件"，又称"库姆惨案"。

⑤　王泽壮：《伊朗左翼（社会主义）运动的产生和发展——从"库姆事件"到伊斯兰革命（下）》，《西亚非洲》2007 年第 3 期。

层组织和动员网络并没有彻底消除。随着历史条件和局势的变化，乌里玛
阶层的社会弹性与活力得以恢复。①

　　巴林也是一个由占人口少数的逊尼派掌权的国家，什叶派在政治、经
济和文化等各方面均受到压制。政治上，巴林王室实行分而治之的政策，
通过利益拉拢一部分支持政府的什叶派，同时排斥什叶派民众的政治参
与。据统计，在政府高级职位的分配中，1971 年什叶派和逊尼派两派各
占一半，2000 年什叶派的比例一下子降至 17%，2010 年还不到 10%。②
同时，为了维护逊尼派的绝对统治，巴林政府还禁止什叶派参军。经济
上，什叶派教徒大多只能在医疗保健等服务性行业和工业等体力劳动领域
获得就业机会，大多从事低技术、低报酬的工作。很多什叶派穆斯林的月
薪低于 200 第纳尔，而根据巴林劳动部的规定，最低保障线是 350 第纳
尔。③ 即便是这样，什叶派穆斯林的失业率仍比较高。文化上，巴林的公
立学校仅允许讲授逊尼派的马立克教法学，直到 2002 年才建立了第一所
可以讲授什叶派加法里教法学的学校。另外，巴林政府鼓励逊尼派外籍人
入籍的政策和外籍雇佣军的存在，也进一步加剧了什叶派民众与逊尼派政
府之间的矛盾。

　　（2）非伊斯兰国家的宗教政策。中东地区只有以色列和塞浦路斯属
于非伊斯兰国家。然而，塞浦路斯由于内部的希腊族和土族之间的争斗和
对立，缺少明确的国家身份认同，不能算作一个完整意义的主权国家。因
此，这里只把以色列作为一个典型案例进行分析。

　　犹太教原本是一个相对统一的宗教，但近现代以来，犹太教逐步分化
出诸多教派，主要有正统派、改革派和保守派三大派别。当前，在以色列
的正统派教徒人数虽然不多，但势力却最为强大，处于主导地位，同时还
存在保守派、改革派和卡拉派等多种教派。正统派在以色列享有无可争议
的特权地位，而改革派和保守派等其他教派则受到较大压制。

　　自 1948 年以色列建国后，正统派犹太教是唯一获得以色列官方认可
和支持的派别，改革派和保守派等其他派别则没有得到官方的承认。在以

---

① 车效梅、王泽壮：《城市化、城市边缘群体与伊朗伊斯兰革命》，《历史研究》2011 年第
5 期。

② 中国评论新闻网文章：《巴林：被教派矛盾撕裂的国家》，http：//gb. chinareviewnews.
com/crn—webapp/mag/docDetail. jsp？coluid=81&docid=101641923&page=1，2011 年 3 月 28 日。

③ 同上。

色列，一般犹太人认为，正统派是唯一可以接受的信仰形式，其他教派特别是改革派不属于真正的犹太教。正统派不仅垄断了犹太教各级组织和宗教法庭，而且还获得了其他教派所没有的许多特权，使改革派、保守派、伊斯兰教等其他宗教派别受到不同程度的压制。

首先，法律方面。迄今为止，以色列只有《组织法》，而没有宪法，但正统派对一般法律具有重大影响。如以色列《婚姻法》完全被正统派支配。按照1953年的《犹太教法管辖权（结婚和离婚）》，犹太人结婚和离婚应按犹太教法进行。换句话说，任何人无论信教与否，如要结婚与离婚，均须到拉比法庭办理。没有获得拉比法庭的认可，任何婚约都不具有法律效力，正统派拉比借此完全垄断了处理犹太人婚姻事务的权力。再如，改革派和保守派曾多次试图通过议会修改法律，赋予其平等地位，但均遭到正统派的坚决反对，最后以失败告终。

其次，教育方面。以色列教育具有鲜明的正统派宗教色彩。在以色列，宗教教育是国民教育极为重要的组成部分。由于得到了政府的大力资助，正统派建立了许多不同层次的宗教学校，控制着占全国学生1/3的宗教学校。在这些学校，只允许传授正统派宗教思想和培养正统派宗教神职人员及其他宗教专门人才。在公立学校里，既开设世俗课程，也开设正统派宗教课程。

最后，社会生活方面。在正统派的影响下，以色列政府要求所有犹太人严格遵循某些犹太教礼俗和戒律，如安息日。在以色列，安息日（从周五下午日落到周六下午天空中出现第一颗星星）期间，所有政府机关和公共部门均停止工作，全国公共交通中断，公共服务场所停业。

此外，以色列于1950年还没收了大量的伊斯兰宗教地产瓦克夫。犹太人在宗教节日上也对阿拉伯穆斯林进行歧视。安息日、赎罪日及所有的犹太传统节日和宗教节日都被定为全国性的节日，而阿拉伯穆斯林的传统节日却没有被选作全国性的节日。另外，以色列对穆斯林等非犹太教教徒的歧视还表现在对犹太人的认定标准上。如1952年的以色列《国籍法》规定，只要其母亲是犹太人或皈依犹太教且不信仰其他宗教的人便是犹太人。

在文化方面，族裔认同与民族认同之间的悖论问题是全球范围内多民族国家普遍面临的一个族际政治问题，该问题伴随多民族国家建设的始终。大体上讲，中东国家为建构统一的民族认同，在该问题上大致遵循两种思路：同化和多元化。但除黎巴嫩等极少数国家实行多元化政策外，伊拉克、土耳其、伊朗、叙利亚、以色列、沙特、巴林等多数国家实行的是一种压制乃至同化政策，尤为强调主体民族或宗教的利益。就同化主义来说，虽然同化主义者看到了主体文化对少数民族或族裔有着难以抗拒的诱惑力，但却忽视了族裔的历史根植性，低估了它的抵抗力，从而导致民族国家创建同质文化的事业始终受到这种到目前为止尚未得到妥善解决的少数族裔的分裂力量的重大挑战①。就多元主义来说，多元主义模式尽管较之同化论更为包容，有助于实现族裔文化平等和缓解族裔文化冲突，但也容易陷入激进的文化相对主义，加剧民族的分化。因为多元主义模式实质是以民族政治认同统合族裔文化认同，致使民族这个"想象的共同体"变得空洞起来，凝聚力变弱，以致使原有的族裔文化认同变成可怕的分裂性力量。对于有着多元文化的中东各国而言，建设一个民族国家，必须在文化上对这个民族的文化认同有起码的共识，应寻求一种既包含动态多元又支持国家统一的民族文化认同。如果没有文化认同，民族主义也只是一个巨大而空洞的道德符号。②

综上所述，大多数中东国家的民族宗教结构较为复杂，存在多种少数民族或教派，民族问题与宗教问题往往你中有我、我中有你，相互交织。中东国家构建者们在具体的民族国家构建过程中，往往过度强调主体民族或宗教的利益，忽视少数民族或教派的正当权益，乃至不同程度诉诸大民族主义或泛民族主义（泛阿拉伯主义、泛突厥主义、泛伊斯兰主义），导致主体民族主义过度膨胀，催生或强化了少数民族或教派的不满情绪以至分离意识，致使民族和宗教问题长期困扰各国。实现多民族国家内部的族际政治整合和各民族一律平等，需要建立起多民族国家下的合乎理性的族际政治准则，有效保持主体民族主义和国家民族主义二者之间的均衡和合理的张力。正如史密斯所言：民族表现了族裔的和公民的两种要素之间有时不和谐但却是必要的共生关系，这种关系是建立在官僚制以及规范职业化的社会基础之上的；在现代世界中，任何一个国家的成功都依赖于这种共生关系和这种社会基础；当这种共生关系趋于完美时，当公民与族裔两种成分之间不存在缝隙时，文化和公民权彼此相互加强，国家的作用才会

---

① Alain Dieckhoff and Natividad Gutierrez, *Modern Roots: Studies of National Identity*, Aldershot: Ashgate Publishing Limited, 2001, p. 13.

② 陈壁生：《民族主义与民族国家建构》，《社会科学论坛》（学术评论卷）2006 年第 9 期。

得到充分实现；相反，当这种共生关系被削弱或者被拆散，当公民的或者族裔的要素其中一方逐渐占据了优势，国家的团结和权力就会被削弱，就可能导致公民身份与族裔的冲突。① 在民族或宗教多种多样的国家里，统治者必须坚持政治多元主义。统治者应切实采取措施调和少数人群体的利益，保持政策的连贯性，而不能单凭一时心血来潮。同时，有关国家也应放弃利用民族或宗教问题打击别国的政策，并防止外来势力的插手。认同具有多样性，国家认同和其他集体认同一样，其内部总是无法避免不同认同之间竞争的发生②。倘若它在吸纳和整合其他认同时不给予它们以生存空间则必然招致它们的抵制，引发国内民族冲突乃至外溢，进而影响有关国家之间的关系。因而，对于中东民族国家的构建者们来讲，在构建或维系民族认同时，要保持族裔认同与民族认同之间合理的张力，努力消除民族认同中族裔与民族的冲突，实现不同社会身份之间相互补充、相互增进和相互建构的良性互动。

五 中东城市宗教与民族社团发展状况

（1）国有化与民族社团、宗教社团的衰落。欧洲政治和经济优势的结束意味着这些团体在世界各地包括中东地位的衰落。③ 在埃及从 20 世纪 30 年代起政府企图压榨少数民族和外国人，并鼓励土著的资产阶级取代他们。在第二次世界大战后，少数民族开始离开这个国家，他们的地位由于 1956 年的苏伊士运河战争进一步下降，被国有化毁灭，1961 年他们的财产被没收。④

中东国家独立后的民族政策引发大批基督教徒和犹太人移居国外。在巴勒斯坦，原来一些基督教徒占多数、具有浓厚基督教文化特色的城市，如伯利恒和拿撒勒，已经成为穆斯林聚居区。耶路撒冷的基督教徒从 1944 年的 3 万人减少到不足 1 万人，只占总人口的 2.5%。耶路撒冷的一

---

① 包胜利：《主体民族主义与国族"创建"之间的悖论》，《世界民族》2006 年第 4 期。

② 何佩群、俞沂暄主编：《国际关系与认同政治》，时事出版社 2006 年版，第 16 页。转引自 Craig Calhooun, *Social Theory and the Politics of Identity*, Cambridge：Blackwell Publishers, 1994, p. 27。

③ Charles Issawi, *An Economic History of the Middle East and North Africa*, New York, 1982, p. 89.

④ Ibid. , pp. 91 – 92.

位主教警告:"我们信仰的诞生地将很快见不到本土基督教居民了。在这里,我们的信仰只能由那些冰冷的石头建筑和外来的守墓人作代表了。"①

　　由于移民海外的大多是青壮年,多数拥有高学历和高技能,因此大量移民造成中东一些民族社团和宗教社团的年龄结构失衡,男女比例失调,整体素质下降,缺乏活力。人口的减少和社团活力的下降,加重了中东本有的宗教少数人心态。他们自觉隔离于主流伊斯兰社会之外,许多精英都持有外国护照,一旦本国发生不测,迅即移居国外。这使少数民族在中东政治领域少有作为。如今再少有像昔日反英斗争中的华夫脱党人或阿拉伯社会复兴党的阿弗拉克那样的政治家。无论是人口减少,还是素质下降,以及默然的社会态度,都会导致中东民族社团和宗教社团在其所在地的政治和社会生活中越来越边缘化的危险。对中东社会生活而言,多样性将简化为单一宗教和语言的单调平面,整个地区将因文化的日益狭窄而贫困。②

　　(2)城市化、世俗化与城市传统社区的解体。城市化"使几乎所有的人都生活在时间、能源、高度紧张的重压之下"。③城市生活削弱了的宗教和社区关系。首先,大家族组织再次遭到瓦解。在中东,一个人不仅仅是作为一些团体的个体而存在,同时也是其家庭一员;血缘组织认同的丧失使得宗教团体遭到破裂。在城市,对宗教的信仰和对宗教戒律的奉行正在衰退,这是理性主义观念、教育的传播和同西方接触逐步发展的结果。当宗教生活失去其吸引力时,必将导致作为一个社会群体而存在的宗教社团解体。而城市建立的新的社会单位,例如语言、地方情感、职业和社会等级④等进一步加速了宗教社团的衰落。

　　(3)民族冲突削弱了民族社团和宗教社团的力量。以贝鲁特为例,内战前穆斯林区和它近邻基督教徒区和平相处。⑤然而,爆发于1975年的内战导致社团关系紧张,所谓穆斯林贝鲁特从来不排外⑥的历史终结。

---

①　Miclrael Meateer, *Arab Christians among Middle East's Most Oppressed*, Anglicnra, Journal February 2000.

②　Daniel Pipes, Cleansing the Mideast of Christians, http://www.christianity.ca/news/international/2004/9.000.htm.

③　车效梅:《德黑兰都市困境探析》,《世界历史》2007年第4期。

④　Gabriel Baer, *Population and Society in The Arab East*, Routledge, London, 1998, p. 202.

⑤　Fuad Khuri, *From Village to Suburb: Order and Change in Greater Beirut*, Chicago, 1975.

⑥　Jnet L. Abu - Lughod, "The Islamic City—Historic Myth, IslamicEssence, and Contemporary Relevance, International Journal of middle East", *Studies*, Vol. 19, No. 2, May 1987, p. 166.

（4）由于历史渊源与现实利益纠葛，在短期内，中东地区民族矛盾、宗教矛盾不会化解。如果这些矛盾不能得到妥善解决，民族社团与宗教仍将参与甚至领导社会运动。

可喜的是，无论是阿拉伯基督教社会，还是中东阿拉伯国家，都意识到民族社团和宗教社团发展问题的严重性，并积极应对。基督教会发挥社区中心的作用，团结教徒，同时要求他们以开放的胸襟对待穆斯林。阿拉伯社会人士呼吁，基督教徒应以阿拉伯国家为祖国，放弃隔离心态，积极投身社会生活。他们呼吁阿拉伯基督教徒"应该与穆斯林兄弟一道投身于反对独裁、专制和暴政的斗争中，不能仅仅因为现政权抵制伊斯兰运动就支持它们"。[1]无论中东阿拉伯国家领导人，还是其他国际人士，都希望中东民族社团与宗教社团的稳定与健康发展，并在促进中东政治和社会发展，加强宗教、文明间对话，维护世界和平等方面发挥积极作用。

---

① Khalid Amayreh, Arabs and Arabism/Muslims and Christians, http：//www. al— bushra. orb/ latpatral arabism. htm.

下　篇

中东城市犹太社团与基督教社团个案研究

第 五 章

亚历山大里亚早期的犹太社团

亚历山大里亚是公元前后埃及犹太人最大的聚居地之一。在托勒密王朝时期，该城市成为埃及犹太的中心。犹太人和犹太哲学，对希腊化时期的文化融合做出了巨大贡献。犹太文化和希腊文化的冲突、碰撞、融合、发展，为后来基督教的形成奠定了基础。

一 亚历山大里亚犹太人的来源

1. 亚历山大里亚建立前后犹太人的迁入

亚历山大大帝远征的同时建立了许多希腊化殖民城市，埃及的亚历山大里亚是其中最为重要的城市之一。"他建立埃及的亚历山大里亚，意在创建一个重要的商城，作为连接希腊和法老土地的桥梁。"[①] 亚历山大里亚约建于公元前 332 年，由亚历山大大帝亲自选址，首席建造师是蒂诺克拉底。城市建设开工几个月后，亚历山大大帝离开，再也没有回到这座以他自己名字命名的城市。城市的定居者主要是希腊人和马其顿人，其政治制度和管理方式是希腊式的。公元前 323 年，亚历山大大帝逝世后，其部将托勒密把亚历山大的遗体运回亚历山大里亚。托勒密王朝建立后，以亚历山大里亚为都城。托勒密王朝一方面推进希腊化，另一方面保护不同民

---

① 维克多·切利科夫：《希腊化文明与犹太人》，石敏敏译，上海三联书店 2012 年版，第 19 页。

族的生活习俗，因此吸引了大量犹太人聚居于此。①

亚历山大大帝的征服战争改变了古代近东的历史进程。在公元前 4 世纪最后的 12 年，他击溃了波斯帝国，控制了从达达尼尔海峡到印度的广大地域。这位马其顿征服者并没有和巴勒斯坦的犹太人发生直接对抗，对巴勒斯坦几乎没有兴趣，在占领了主要的要塞推罗后，便踏上了前往波斯帝国心脏地区的道路；他径直前往埃及，后又到美索不达米亚。希腊文明和犹太文明的这次相遇对犹太人的历史和文化却产生了长远影响。在领略过希腊世界的语言、文学和学识之后，犹太人展开了一场文化革命，对自我观念进行了重塑，这在犹太教发展和变化方面有着重要的意义。

犹太人对于埃及并不陌生。《圣经》开篇《创世记》里面就提到约瑟在埃及冒险并成为法老宰相的故事，②《出埃及记》更是留下了脍炙人口的摩西率领受迫害的犹太人离开埃及的故事。③ 虽然现在并没有足够的证据证明这些故事的真实性，但它们从一个侧面反映了犹太人和埃及的关系，迁居到埃及新城亚历山大里亚，从某种意义上对他们来讲只不过是"故地重游"罢了。根据 20 世纪初在尼罗河上的大象岛出土的阿拉姆语纸草文献，我们可以看到，早在埃及被波斯征服之前（公元前 525 年），一支小规模的犹太殖民军队就存在于此，直到约公元前 400 年一直过着独立的生活。文献《阿里斯泰亚书信》中也谈到犹太人在埃及王普萨姆提克时代（公元前 594—公元前 589 年）来到埃及，协助他攻打埃塞俄比亚人，同时另一些犹太人与波斯人一起来到埃及。④ 在希腊化时代，巴勒斯坦的犹太人与希腊化诸王国频繁接触，犹太人的散居范围迅速扩展。

"关于犹太人最初是出于何种目的以及通过何种方式来到亚历山大里

---

① 托勒密王朝初期的民族政策，基本上采取了自亚历山大大帝以来诸希腊化王国的传统，不干涉臣民的宗教信仰。相关叙述可以参考约瑟夫斯的《犹太古史》以及阿巴·埃班的《犹太史》，桑德拉的 *The Alexandrian Riots of 38 C. E. and the Persecution of the Jews: A Historical Reconstruction*、维克多·切利科夫的《希腊化文明与犹太人》等一些专著也有部分章节涉及托勒密王朝民族政策的论述。

② 《圣经·旧约》，《创世记》第三十七章直至第五十章，断断续续记述了约瑟被兄长出卖，拐卖到埃及，为法老解梦，成为宰相，一直到兄弟和解举家迁往埃及，在法老的庇护下定居的故事。

③ 《圣经·旧约》，《出埃及记》详细记述了犹太人在埃及遭受新法老的迫害，在摩西的带领下，历经磨难返回犹太故地的故事。

④ 《阿里斯泰亚书信》的英译全文，网址 http://www.ccel.org/c/charles/otpseudepig/aristeas.htm, p. 13。

亚，目前没有清晰可靠的资料。"① 犹太历史学家约瑟夫斯认为这个进程最早始于亚历山大时代，因为亚历山大允许犹太人定居亚历山大里亚，与希腊人享有同等权利。约瑟夫斯认为亚历山大东征的远征军围攻推罗时，曾派遣信使去见犹太人大祭司，要求大祭司把对大流士的忠诚和贡品转移给他。犹太大祭司拒绝了他的要求，亚历山大非常愤怒。推罗围攻战结束后，他开始进攻耶路撒冷，后来亚历山大接受了犹太大祭司的投降，并按照犹太人的信仰向上帝献祭。根据约瑟夫斯的说法，大祭司向亚历山大请求按照犹太习俗免除七年的贡品，要求生活在各地的犹太人都能够按照自己的律法生活，亚历山大答应了他的请求。犹太人接受这一恩惠后，便对亚历山大忠心耿耿。② "约瑟夫斯认为亚历山大大帝给了犹太人居住在亚历山大里亚的权利。"③ 但该说法是否真实存在争议，因为其他存留下来的非犹太资料里面没有记载。亚历山大还允许那些加入自己军队的犹太人继续遵守他们自己的律法，许多犹太人也因此加入了军队。这些军人的后裔也是后来亚历山大里亚犹太人的来源之一。④

　　希腊化时期两种重要的原始资料阿里斯泰亚和赫卡泰欧斯的著作里，对亚历山大大帝时代犹太人移居埃及之事都缺乏记载。贾斯特尔指出，各种碑铭明确显示在亚历山大里亚建城之时就有犹太定居者，但证据并不充分，碑铭上的日期确实是注明了在亚历山大里亚建立的早期，但是没有确凿的证据表明这些碑铭本身属于亚历山大大帝的时代。⑤ 约瑟夫斯还提到撒马利亚人跟随亚历山大大帝前往埃及，定居在底比斯成为士兵和农民，这同样缺乏足够的根据。有的学者认为，约瑟夫斯的记载更多的是在为犹太人辩护，将亚历山大大帝和犹太人联系起来能很好地满足辩护的动机。总体来说，在亚历山大里亚城建立前后，犹太人的迁居状况是模糊不清的，缺乏充足资料。根据现有材料，我们只能推测犹太人在亚历山大里亚建立初期有可能因种种原因迁入该城。犹太人在这一时期的迁入活动即使

---

①　Anthony Hirst and Michael Silk, *Alexandria*, *Real and Imagined*, Ashgate, 2004, p. 146.

②　约瑟夫斯：《犹太战记》(*The Wars of the Jews*) 出自 *The Works of Josephus*, English Translated by William Whiston, Peabody: Hendrickson Publishers, Inc. , 1998, 第 2 册 487 节。

③　Sandra Gambett, *The Alexandrian Riots of 38 C. E. and the Persecution of the Jews: A Historical Reconstruction*, Leiden Boston, 2009, p. 23.

④　保罗·梅尔：《约瑟夫著作精选》，王志勇译，北京大学出版社 2004 年版，第 198 页。

⑤　维克多·切利科夫：《希腊化文明与犹太人》，石敏敏译，上海三联书店 2012 年版，第 272 页。

存在，也是小规模的，更多的是随着亚历山大大帝的军队来到这里的犹太军人。犹太人真正开始大规模迁入亚历山大里亚，应该发生在托勒密王朝初期。

2. 托勒密王朝初期犹太人的迁入

关于托勒密王朝时期埃及犹太人迁居亚历山大里亚的方式有不同的记载。一是根据《阿里斯泰亚书信》的记载，托勒密一世时期有 10 万犹太囚徒被带到埃及，其中 3000 人到了服兵役的年龄，托勒密把他们安置在要塞里，其余的（老人和孩子）则赐予自己的士兵当奴隶。① 狄奥多罗斯记载加沙之战之后，托勒密俘虏了德米特里乌斯手下的 8000 士兵，把这些战俘全部编入埃及的诺姆中去。② 这一记载中可靠的一点是，托勒密一世在攻打巴勒斯坦尤其是占领耶路撒冷之后，确实抓到了很多犹太囚徒，由此也可以推论，犹太人散居埃及始于托勒密一世时期，并且很多犹太人离开故土是不自愿的。二是在埃及和叙利亚（包括巴勒斯坦）之间存在着广泛的奴隶贸易，不少叙利亚犹太人被贩卖到埃及。根据犹太历史学家约瑟夫斯的《犹太古史》的说法，由于奴隶数量的剧增，托勒密二世颁布了一道法令，释放 12 万从耶路撒冷来的犹太奴隶。③ 根据现代学者的考证，把犹太人从非犹太人的叙利亚人中分别出来是不现实的，约瑟夫斯的记载只是出于他个人的美好想象而已。但是，从约瑟夫斯记载的数字可以看出，当时犹太人奴隶买卖的规模十分巨大。阿里斯泰亚也提到，在托勒密二世时代那些在希腊化时期前来到埃及的犹太人现在也获得了自由。为了证实这一陈述，阿里斯泰亚还提供了一份正式阐述这一方案详情的王室法令。④ 三是托勒密王朝的宽松统治和经济环境吸引犹太人，他们纷纷移民埃及去淘金。约瑟夫斯还记载，"加沙之战后，托勒密占据了叙利亚的皇宫，许多犹太人由于听说托勒密的温和宽厚的统治，就随他到埃及，

---

① 《阿里斯泰亚书信》的英译全文，网址 http://www.ccel.org/c/charles/otpseudepig/aristeas.htm, pp.12 – 14。

② 《狄奥多罗斯全集》第 19 册 85 节。

③ 约瑟夫斯的著作《犹太古史》(*The Antiquities of the Jews*) 出自 *The Works of Josephus*, English Translated by William Whiston, Peabody: Hendrickson Publishers, Inc., 1998, 第 12 册 11 节。

④ 《阿里斯泰亚书信》英译全文，网址 http://www.ccel.org/c/charles/otpseudepig/aristeas.htm, pp.22 – 24。

情愿在许多事务上协助他"。① 这些人中有犹太人的大祭司希西家。希西家当时大约 66 岁，其才能被周围的犹太人所赞许，他参与了托勒密王朝的国家事务，获得了自己的权威。他在加沙之战结束后和托勒密一世建立了联盟关系。他召集愿意追随他前往埃及的犹太人，向他们宣读了到埃及居住并且建立新的社区的主要原则以及相关计划。② 约瑟夫斯声称亚历山大大帝将亚历山大里亚靠近海边的一个地区赠送给犹太人并作为他们的居住地。

托勒密王朝统治期间，犹太人开始大规模定居埃及，其中既有被迫迁来的犹太战俘、奴隶、雇佣兵及家属，也有犹太民众、工匠、商人、祭司和文士。大量移民为埃及的富庶和托勒密王朝的经济发展所吸引，亚历山大里亚城为社会发展提供了大量的工作机会和机遇，对于富有冒险精神的犹太人来说，亚历山大里亚具有磁铁般的吸引力。托勒密诸王因犹太人善战的缘故，把上万名犹太人从巴基斯坦迁入埃及，形成埃及境内重要的社群。其他外族包括加拉太人③，也因为雇佣军关系在埃及定居。新移民因授田缘故散布王国境内，并在乡村或城市形成自己的民族社区，与本土埃及人比邻而居。

总之，犹太人早在波斯帝国征服埃及前曾小规模地定居埃及，但是真正开始大规模迁入则是在希腊化时代开始之后。实际上，在希腊化时代之前，犹太人迁居的重点是东方的巴比伦。亚历山大大帝的征服战争使犹太人开始大范围地接触希腊文明，在亚历山大里亚城建立之初，少部分犹太雇佣军、犹太商人跟随远征军来到埃及并且定居于此。但是，从各种材料的记载分析，亚历山大里亚建立之初，定居在这座城市的犹太人还比较少，犹太人开始大规模聚居亚历山大里亚并且形成社区是在托勒密王朝初期。

关于托勒密王朝初期犹太人的迁居方式，目前尚存争议，争论的重点在于犹太人是自愿来到埃及，还是成为战俘和奴隶被迫来到埃及。约瑟夫斯等犹太护教者认为犹太人是在与托勒密诸王建立友好的关系后主动前往

① 《反驳阿庇安》英译全文，网址 http://www.yuncheng.com/read/book/30318/2849/1，第 1 册 186 节。

② 同上书，第 1 册 189 节。

③ 加拉太位于古代安纳托利亚地区中部（今天的土耳其中部），和犹太王国比邻，那里的居民骁勇善战，因此作为雇佣军加入了托勒密王朝的军队，在埃及长期定居下去。

埃及，甚至提出犹太人在亚历山大里亚的定居是亚历山大大帝的特许。阿里斯泰亚书信等一些相关材料则显示出犹太人是作为战俘被托勒密诸王带到埃及，定居在以亚历山大里亚为中心的埃及各地。笔者认为，这两种观点其实并不矛盾，犹太人迁往埃及应该是多种途径并存的结果，其中既存在被迫迁来的战俘和奴隶，也存在由于各种原因主动来到亚历山大里亚的犹太人。随着时间推移和政治形势的变化，最终形成了犹太人大规模聚居亚历山大里亚的局面。

二　托勒密王朝时期亚历山大里亚的犹太社区

1. 托勒密王朝时期犹太社区的形成

托勒密王朝在积极推广希腊文明的同时，还对犹太人采取比较宽容的政策，尊重犹太人的传统文化和信仰。"托勒密王朝最初的三位国王遵守希腊化王朝的传统，不去干涉臣民的宗教信仰。"[1] "约瑟夫斯认为托勒密一世把亚历山大里亚四分之一分城区配给犹太人居住。"[2] 在托勒密二世（公元前263—前246年）在位时，大部分犹太奴隶获释成为自由人。释放犹太囚徒间接表明埃及犹太人影响力的增加，亚历山大里亚犹太社区与托勒密王室之间的关系在改善，这种关系在百年之后的托勒密六世统治时期结出丰硕果实。托勒密三世（公元前246—前221年）在视察耶路撒冷时，在第二圣殿[3]向雅赫维（Jahaweh 或者 Yahveh，犹太人对上帝的称呼）献祭。一方面，犹太人独特的宗教信仰对众多非犹太人显示出相当魅力，从而出现了一个声势浩大的皈依犹太教浪潮；另一方面，许多埃及的犹太人在坚持其传统宗教信仰的同时，热心地学习、掌握希腊语，熟

---

[1]　William Tarn, *Hellenistic Civilisation*, Methuen & Co Ltd. , 1978, p. 212.

[2]　Sandra Gambetti, *The Alexandrian Riots of 38 C. E. and the Persecution of the Jews: A Historical Reconstruction*, Leiden Boston, 2009, p. 34.

[3]　第二圣殿，原址位于耶路撒冷，第一圣殿被毁后所建。公元前586年，犹太人被新巴比伦王国的尼布甲尼撒掳往巴比伦，第一圣殿被毁。新巴比伦王国又被波斯帝国所灭，居鲁士释放了犹太人，并允许犹太人重建圣殿。犹太人开始了圣殿的重建，重建过程进展缓慢，直至大流士统治时期才完成，大流士也对第二圣殿的重建给予支持，建成之时已是第一圣殿被毁70年后的公元前516年。公元前19年，希律王大规模的整修和扩建第二圣殿，由此第二圣殿又被称为希律圣殿，但大部分情况下它仍被称为第二圣殿。公元70年，耶路撒冷在犹太战争中被罗马帝国军攻陷，第二圣殿也被毁，圣殿里的圣物被送往罗马。关于第二圣殿的重建过程，可以参见《圣经·旧约》中的《以斯拉记》。

读、研究各种希腊著作，吸收希腊人的思想观念和思维方法，建立希腊式的露天体育馆、健身馆和戏院，模仿希腊人生活方式。而亚历山大里亚是东西方文化融合的典范。这座港口城市既是托勒密王朝首都和希腊文明的传播中心，也是当时世界上流散犹太人口最为集中的城市，数十万犹太人在希腊文化的熏陶下，结合本民族的文化传统，"创造了一种独特的、兼具犹太和希腊特征的文化。这种文化不仅影响古代哲学，而且对早期的基督教也起过相当大的作用"。① 《希伯来圣经》(Septuagint) 希腊文译本②和斐洛哲学即是这种文化的重要代表。

散居的犹太人很清楚，唯有与自己兄弟在一起并相互帮助，才能在异国他乡建立新的生活。因此，凡有犹太人居住的地方，就建有组织化的犹太社区，创立一种公共生活样式，使他们有力量抵制同化。这种生活模式甚至留存到现在，当然其中已有很大变化。③

托勒密王朝对犹太人态度友善、宽容，几乎允许犹太人实行完全自治。亚历山大里亚的犹太人社团是拥有独立的司法体系，能建立自我管理社区权力的民族（或宗教）团体。犹太人生活在犹太社区里，拥有自己的行政和司法机构，在宗教事务中享有充分自由，拥有自治的教育机构，不必履行与本民族信仰相互抵触的宗教义务等。犹太人乐于学习希腊文化和希腊语，常常起希腊的名字，使用希腊的政治体制，在建立他们自己的贸易协会时也吸取和采纳希腊的经验，并逐渐适应了希腊式的法规。生活中，他们像希腊人一样在坟墓上刻碑铭，青年犹太学生还热衷在希腊式学校中阅读荷马史诗、柏拉图和亚里士多德的作品，这样便产生了"希腊化的犹太人"，他们在种族起源上是犹太的，在语言、服饰、生活习惯上是希腊的；更令人可叹的是，这里还产生了新一类的犹太哲学家，如以斐洛为代表的亚历山大里亚犹太哲学学派。

在托勒密埃及时代，犹太人还作为政府官员享有盛名，在行政管理上

----

① 阿巴·埃班：《犹太史》，中国社会科学出版社 1985 年版，第 73 页。

② 这是《希伯来圣经》最早的希腊文译本。相传是 72 位犹太长老在亚历山大里亚翻译的，又称为"七十子文本"或"七十贤士译本"。公元前 3—前 2 世纪用流行的希腊文编译而成，首先为不熟悉希伯来文的亚历山大里亚犹太人使用，亦称"亚历山大本"。公元 1 世纪流传于巴勒斯坦，为基督教最初应用的《圣经·旧约》，现仍为希腊东正教的通行本。后被译成多种文字，流布于全世界。

③ 维克多·切利科夫：《希腊化文明与犹太人》，石敏敏译，上海三联书店 2012 年版，第 272 页。

占据各种位置，从最低级的职位到仅次于王的大臣。约瑟夫斯曾经提到托勒密诸王委托犹太人担当尼罗河地区的警务工作。一段时间内，从尼罗河到红海的商队征收关税的职位都掌控在亚历山大里亚的犹太富豪手里，小税务官员中也有相当数量的犹太人。①

托勒密六世时期，奥尼亚神殿的建立是埃及历史上犹太繁荣时期开始的标志。② 约瑟夫斯曾经四次提到这一神殿的建造，但是他的记载存在一些矛盾，在《犹太战记》里他认为神殿是耶路撒冷大祭司奥尼亚三世建造的，③ 但在《犹太古史》里则认为神殿的建造者是奥尼亚三世之子奥尼亚四世。④ 根据《马加比二书》，奥尼亚三世在安条克被杀，未能逃到埃及，并且《犹太古史》是在《犹太战记》之后写成的，目前学者们倾向于认为神殿的建立者是奥尼亚四世。⑤ 约瑟夫斯提出建立神殿的原因有两个，一是奥尼亚自己想要建立威望，获得赞誉；二是使埃及的犹太人能聚集在神殿里，以休戚与共的情感为托勒密国王的健康祷告。⑥

"公元前2世纪中叶，犹太人已成为亚历山大里亚人口的重要组成部分，其数量在18万人左右，当时的城市总人口在50万到60万之间。犹太人遍布社会的各个阶层，从最富有的阶层到最贫穷的阶层，从事的职业与非犹太人没有多大差别。"⑦

散居世界各地的犹太人与巴勒斯坦的犹太人保持密切的联系，亚历山大里亚的犹太人也不例外。他们时刻关注着耶路撒冷的形势，寻求政治和思想支持。

---

① 维克多·切利科夫：《希腊化文明与犹太人》，石敏敏译，上海三联书店2012年版，第313页。

② 同上书，第253页。

③ 约瑟夫斯：《犹太战记》(*The Wars of the Jews*) 出自 *The Works of Josephus*，English Translated by William Whiston, Peabody：Hendrickson Publishers, Inc., 1998, 第1册33节，第7册423节。

④ 约瑟夫斯的著作《犹太古史》(*The Antiquities of the Jews*) 出自 *The Works of Josephus*, English Translated by William Whiston, Peabody：Hendrickson Publishers, Inc., 1998, 12册387节，13册62节。

⑤ 维克多·切利科夫：《希腊化文明与犹太人》，石敏敏译，上海三联书店2012年版，第253—258页。

⑥ 约瑟夫斯的著作《犹太古史》(*The Antiquities of the Jews*) 出自 *The Works of Josephus*, English Translated by William Whiston, Peabody：Hendrickson Publishers, Inc., 1998, 13册63节，67节。

⑦ Anthony Hirst and Michael Silk, *Alexandria, Real and Imagined*, Ashgate, 2004, p. 146.

2. 犹太文明和希腊文明的交会

亚历山大里亚城建立不久就成为地中海地区各种文明融合的中心。正是在亚历山大里亚城，希腊文明和犹太文明首次相遇、碰撞、冲突、交会和融合，最终使亚历山大里亚成为希腊化世界的文化中心。根据《圣经》，犹太人在亚历山大大帝之前对希腊人略有所知，他们对希腊人有专门的称谓，这一称谓在整个近东广为流行，即"雅完"，就是爱奥尼亚。在《创世记》第十章中罗列的国名当中，基提是雅完的一个儿子。① 在希腊化时代，"基提"一词逐渐被用来泛指以希腊人为首的西方诸民族，尤其是塞琉古人和罗马人。亚历山大大帝征服后，双方认知加深。犹太历史学家约瑟夫斯指出，犹太人既不是来自海滨治国，也不沉迷于商业当中，也不依靠通过与别人的交流来抬高自己。② 他们住在远离大海的地方，丰衣足食，专心于耕作。他们生活的首要任务是要体察神赐予他们的律法，保守先知传给他们的虔诚使命。他们以前从未与希腊人相互来往，而希腊人是与埃及人、罗马人进行交易并混杂地住在一起的，并且进出口商品；希腊人与腓尼基人有来往，这是出于商业贸易的需要。正是如此，公元1世纪的反犹主义者经常以希腊的经典作家们从来没有提到过犹太人作为依据来斥责犹太人，把他们视为一群文化上的暴发户。一边是将理性奉为至上的希腊文明，另一边是将信仰和侍奉神作为全部生活内容的犹太文明，两种文明在亚历山大里亚首次交会。

亚历山大大帝东征后半个多世纪，犹太文明与希腊文明的融合产生了重要成果，其中对《旧约全书》的希腊文翻译工程，即《希伯来圣经》的"七十士子"译本为代表之一。传说托勒密二世希望能在亚历山大里亚图书馆收藏译本犹太教经书，于是写信给耶路撒冷的大祭司，邀请巴勒斯坦犹太人的十二支派各选派 6 名长老，共计 72 名博学之士来亚历山大里亚译经，这些长老在他的支持下完成翻译。③ 有记载认为这 72 位长老居住在法洛斯岛，每天都按照犹太人的习俗在大海边净手，潜心翻译，历

---

① 根据《圣经·旧约》中《创世记》篇第十章第 2 节记载，挪亚之子是闪、含、雅弗，雅弗之子是歌篾、玛各、玛代、雅完、土巴、米设、提拉，雅完之子是以利沙、他施、基提、多单。"这些人的后裔，将各国的地土、海岛，分开居住，各随各的方言、宗族立国。"

② 《反驳阿庇安》英译全文，第 1 册 12 节。

③ 《阿里斯泰亚书信》的英译全文，pp. 41 – 51。

经72天完成，在翻译方式和内容方面取得高度一致。① 这种说法是不可靠的，实际上，翻译过程历经近两百年。这本译作有重要的历史地位，《希伯来圣经》希腊文译本的存在，为犹太教乃至后来的基督教在罗马帝国境内的传播奠定了基础。这部译作不仅对居住在亚历山大里亚的犹太人产生了影响，也对非犹太人产生了深远的影响。这部圣经体现两个主题：首先是为犹太人提供可以和希腊经典作品相媲美的、具有宗教性质的经典著作；其次是反驳部分希腊人和埃及人的文化歧视，这些人认为犹太人在文化交融的过程中很少发挥作用。事实上，《希伯来圣经》希腊文译本发挥了任何翻译作品都未曾起到的作用，不仅使已经希腊化的犹太人找回了自己的宗教信仰，还使最早的基督徒于《新约》成书前找到他们信仰的依据，并且从讲希腊语的异族中赢得大批皈依者。总之，如果没有《希伯来圣经》希腊文译本，基督教能够在未来的历史发展中得以传播是很难想象的，更哪能奢谈成为今天世界性的宗教；自然，建立在希腊文化、希伯来文化、基督教文化之上的近代西方文明也就成了无源之水、无本之木。

　　"当时的亚历山大里亚不仅有一座博物馆和一所综合性质的古代大学，还有一座著名的图书馆。埃及人首先发明了使用纸草来写书，当时的整个地中海地区的纸草都由埃及出产供给。犹太青年们通过这种纸草书籍，学习柏拉图、亚里士多德以及斯多葛派的哲学思想。"② 在希腊文明和犹太文明交会的过程中，犹太人不仅是学习者，而且是创造者。在希腊文明从犹太文明中获取宗教哲学思想的同时，犹太文明也受到希腊文明的诸多影响。

3. 托勒密时代犹太人与其他族裔之间的摩擦

　　托勒密王朝时期，犹太人和其他族裔之间时有摩擦发生。犹太人在埃及迅速的繁衍生息与其独特的宗教信仰，使他们在其他族类人眼中显得格格不入。托勒密二世（公元前282—前246年）统治时期，埃及祭司曼涅托在其著作《埃及史》中"谈及犹太人，当然不是满怀同情的谈及；相反，他的书完全可以看作反犹主义文学的第一次表述"。③ 可见，生活在

---

① 《阿里斯泰亚书信》的英译全文，pp. 301–308。
② 阿巴·埃班：《犹太史》，中国社会科学出版社1985年版，第75页。
③ 维克多·切利科夫：《希腊化文明与犹太人》，石敏敏译，上海三联书店2012年版，第251页。

亚历山大里亚的埃及人对待犹太人的态度并不友善，至少部分埃及人对城里的犹太居民是敌视的。

托勒密四世（公元前222—前205年）在位期间，曾希望去耶路撒冷的圣殿献祭，但遭遇亚历山大里亚的犹太人阻止。托勒密四世大怒，作为报复，他下令惩罚犹太人，因为他们不愿意崇拜狄奥尼索斯神。

公元前2世纪后，又有大量的犹太人移民埃及。这与托勒密六世亲犹太政策和马加比反抗塞琉古入侵的失败有关。托勒密六世曾用被废黜而逃到埃及的马加比高级祭司奥尼亚统率其犹太人军队，并在赫利奥坡里斯划拨一块土地供犹太士兵定居。在此定居点，犹太人恢复并建立了自己的神庙。犹太人的聚居区主要在亚历山大里亚，其余犹太移民散居各地。不论是尼罗河谷还是三角洲，城乡到处可见犹太人的身影，人数在罗马统治时期达10万人。埃及的犹太人不能成为公民，但可以有自己的法庭、行政院和议会，拥有独立的法律制度并享有自己的风俗习惯，形成国中之国。许多城市不仅有犹太会堂，而且有犹太街道。他们有独立的宗教权，亚历山大里亚可见林立的犹太会堂。犹太人的职业大多是军人、商人、农民、工匠和劳动者，他们的社会地位比埃及人高，因此也引起了埃及人的憎恨。公元前1世纪上半叶的一封信中说"你知道他们憎恨犹太人"，可见犹太人和埃及人之间的关系。①

在托勒密埃及，希腊和埃及文化相互影响、相互渗透。在占领埃及的最初一百年中，希腊移民仍能够保留自身的文化特色。从托勒密四世统治时期开始，调整政策，对埃及人由排斥到联合，文化融合加速，特别是民族通婚的盛行和长期的杂居生活使希腊移民较多地受到埃及文化的影响，尤其是在宗教信仰方面。在该时期，埃及文化占据优势地位，希腊移民表现出"埃及化"的倾向。② 与此同时，犹太人在希腊化进程中的地位开始下降。

据记载，托勒密六世和克利奥帕特拉三世都非常信赖犹太雇佣军，在克利奥帕特拉三世和她的儿子爆发内战时犹太人站在她一边，亚历山大里亚的希腊人和犹太人产生摩擦，因为希腊人支持克利奥帕特拉之子。"但是这种政治摩擦只表现在语言争论上，没有演化成实际冲突，事实上在罗

---

① 刘文鹏：《古代埃及史》，商务印书馆2000年版，第614页。
② 张春梅：《"希腊化"还是"埃及化"——托勒密埃及希腊移民的文化地位研究》，《史学集刊》2007年第1期。

马人到来之前埃及还不存在反犹主义思想。"①

托勒密王朝非常谨慎地处理人口问题，控制日益增加的希腊人、犹太人以及埃及人的人口数量。这种民族分治政策导致后来的政治动荡。公元前221年到公元前204年爆发第一次骚乱；托勒密八世统治时期（公元前144—前116年）的骚乱演变成内战。总体来说，犹太人和其他族裔之间的关系相当脆弱。这种关系依赖于托勒密王朝亚历山大里亚希腊化力量的强弱，以及维持迁居的犹太人和埃及人之间的平衡。

在托勒密王朝时期，因为居于统治地位的是马其顿—希腊人，所以犹太人和其他族裔之间的关系首先取决于同马其顿—希腊人之间的关系。犹太人采取的策略是直接同托勒密诸王建立友好关系，在王权的庇护下寻求发展。这自然引起了希腊人和埃及人的反感。在其他族裔看来，犹太人接近王室，是在寻求特殊利益，进而威胁到其他族裔的利益。因此，影响犹太人和其他族裔之间关系的因素，首先就是托勒密诸王对待犹太人的态度，当国王亲近犹太人时，就会引发其他族裔的敌视，进而引起犹太人与非犹太人之间的摩擦。影响犹太人和其他族裔的第二个因素，是马其顿—希腊人对待犹太人的态度，在托勒密王朝初期，初次接触到犹太文明的马其顿—希腊人，对犹太人这一神秘的东方民族抱有好奇心，对犹太宗教哲学也具有好感，此时双方的关系是缓和的。在双方深入接触之后，马其顿—希腊人对犹太民族的好奇心逐渐消失，犹太人一神教和希腊人多神教之间的差异性使双方在宗教观念上产生隔阂，双方从融合又转向冲突，进而产生互相敌视和摩擦。影响犹太人和其他族裔的第三个因素，是埃及人的地位。埃及人和犹太人同样具有悠久的历史和丰富的宗教文化，同样是被统治的民族，却要负担比犹太人更多的义务，享受更少的权利，这自然使埃及人非常不满。随着托勒密王朝的民族政策调整，埃及人地位上升，犹太人地位下降，双方为了争夺有利的政治地位，势必要产生摩擦和冲突。最后一个因素，是犹太人对待希腊化的态度。犹太人在希腊化进程中，一方面接受希腊文明带来的种种好处，如运动场所、戏剧、希腊哲学、赛会等；另一方面又坚持自己的独特信仰，拒绝希腊多神教，拒绝宗教融合。犹太人在希腊化进程中的这种态度，引起非犹太人的反感，他们认为犹太人独行特立，既要争夺特殊权利，又不履行义务，摩擦在所

---

① William Tarn, *Hellenistic Civilisation*, Methuen & Co Ltd., 1978, p. 218.

难免。

4. 罗马势力的介入对犹太社区产生的影响

公元前80年亚历山大里亚的港口受罗马管理。公元前47年恺撒与克里奥帕特拉七世在亚历山大里亚相会，此后安东尼也在此与克利奥帕特拉七世相遇。屋大维在亚历山大里亚设立一名皇家总督。亚历山大里亚再一次繁荣，由于它控制着罗马帝国最重要的粮仓之一埃及，屋大维将其列入皇帝直接管理的城市。

恺撒给予犹太人免税政策和其他特惠政策，"以至于在恺撒遇刺之后，哀哭的犹太人在他的葬礼上排起了长长的队伍"。① 苏维托尼乌斯在《罗马十二帝王传》里记载"还有很多外省人也用他们自己的方式进行哀悼，尤其是犹太人，他们连续几夜聚集到中心广场进行哀悼，因此，人们悲哀的情绪越来越浓重"。② 犹太高层和罗马贵族也不乏交往。但是罗马人和犹太人之间时有冲突，罗马人曾经洗劫过犹太人在耶路撒冷的圣殿；公元前64年失去利用价值的马加比王国被罗马人所灭。公元前30年奥古斯都进入亚历山大里亚城，埃及成为罗马帝国的一个行省，亚历山大里亚的犹太社区直接受罗马统辖。

随着罗马人势力的介入，亚历山大里亚的犹太社区进入新的发展时期。他们因在恺撒初到亚历山大里亚时为其提供支持而赢得回报。据约瑟夫斯记载：公元前55年，罗马的叙利亚总督加比尼乌来到埃及，恢复托勒密十一世的王位，在佩鲁修姆遇到犹太驻军，在犹太人首领安提帕特的命令下，犹太驻军没有阻挡罗马人进入埃及。公元前48年，恺撒在亚历山大里亚陷入困境时，援军从叙利亚经过佩鲁修姆增援，途中遭遇驻扎在奥尼亚领地的犹太军队，在出示了恺撒的"朋友"大祭司许尔堪的信之后，他们不仅没有阻挡援军通过奥尼亚领地，还为罗马人提供了补给。③ 通过上述两个事件，可以看出犹太人对罗马人的态度。"犹太人把托勒密

---

① 保罗·梅尔：《约瑟夫著作精选》，王志勇译，北京大学出版社2004年版，第244页。

② 苏维托尼乌斯：《罗马十二帝王传》，田丽娟、邹恺莉译，上海三联书店2010年版，第41页。

③ 关于这两个事例，参见 *The Wars of the Jews* 第1册190节；*The Antiquities of the Jews* 第14册131节。

王朝到罗马之间的过渡时期视为犹太史上光荣的一页。"① 恺撒在亚历山大里亚驻扎几个月，他只控制了城市的一部分。他控制了港口和海上交通，只有这样他才能确保补给线畅通，以此来对抗敌人的围困。恺撒的指挥部就在城市的西部，很显然如果没有当地居民的协助不可能取得最终胜利。大部分犹太人也聚居在城市西部，他们也卷入了这场冲突，并且很可能站在恺撒一边。他们这样做也是为自己的利益，当恺撒被敌人围困的时候，犹太人也同样陷入了围困，他们也需要来自港口方向的支援。"毫无疑问，罗马人的到来对犹太人的某些公民权利的变化产生了影响，不久之后克里奥帕特拉七世免除了犹太人的谷物税，这本是亚历山大里亚公民才享有的权利。"② 在托勒密王朝末期，亚历山大里亚的犹太人依旧有组织地生活在自己的社区。

三　罗马帝国初期亚历山大里亚的犹太社区

1. 罗马帝国初期亚历山大里亚犹太社区发展状况

在罗马帝国初期，犹太人的生活方式多种多样。纸草文献曾经提到犹太军人的存在，一份文献提到亚历山大里亚附近的犹太农民，芝诺的纸草文献提到两个犹太酒商，他们从芝诺那里租种葡萄园，另外还有犹太牧羊人。可见，他们有军人、地主、小农、农业工人等。③ 关于犹太工匠，塔木德文献里保留有几份关于亚历山大里亚的记录，其中提到亚历山大里亚的犹太会堂聚集着各种工匠，他们按照不同的行业分别聚集。从塔木德文献中可以看出，亚历山大里亚的犹太工匠在亚历山大里亚社会中占有重要地位，他们按照罗马世界的职业组织模式组成特定的团体。塔木德还提到耶路撒冷邀请亚历山大里亚工匠修缮圣殿器具，亚历山大里亚可以找到各种手艺的犹太专家。④ 犹太商人通常出现在大城市里，尤其是在亚历山

---

① Sandra Gambetti, *The Alexandrian Riots of 38 C. E. and the Persecution of the Jews: A Historical Reconstruction*, Leiden Boston, 2009, p. 52.

② Ibid., p. 55.

③ 关于罗马帝国初期埃及犹太人的生活状况以及所从事的职业，可以参见维克多·切利科夫《希腊化文明与犹太人》，石敏敏译，第二部分第三章，标题是"经济与社会"。作者用一定的篇幅讨论了埃及犹太人的经济状况以及职业划分。

④ 维克多·切利科夫：《希腊化文明与犹太人》，石敏敏译，上海三联书店 2012 年版，第310页。

大里亚。斐洛曾经提到，公元38年骚乱后，亚历山大里亚犹太人的经济处于瘫痪状态。他把城里的犹太商人分为三个阶层——拥有财产的投资者、拥有船只的贸易商人以及普通小商贩，普通商贩的地位和工匠类似，因为当时的工匠也是出卖自己产品的商人。①

犹太社区内部随着希腊化进程推进而分化。犹太人在希腊世界的公民地位存在差异。最先来者享有一定权利，而新来的被视为外人。在社区内部存在着贵族团体，构成社会上层，与他们相对应的是广大民众，主要包括那些后来的移民。犹太贵族团体倾向于接受希腊化，希望寻找出一条折中的道路，而广大犹太民众则排斥希腊化。

文献和碑文保存了关于犹太社区内部结构的一些资料。亚历山大里亚犹太社区的首领统治民众、审判案件、监督合同和命令的履行，像一个独立国家的统治者。②公元前12—前10年，奥古斯都以长老会取代社区首领。斐洛提到有31位长老会的成员，在卡里古拉时期的亚历山大里亚的反犹骚乱中受到了鞭刑。③斐洛称这些成员为"执政者"，这一头衔仅指议会里那些最重要的成员，约瑟夫斯称其为"长老会的首领"，他们掌控社区的所有事务。④此外，还有其他职位，如长老会的首领（gerousiarches）、犹太会堂的首领（archisynagogos）、监察官（phrontistes）、书记官（grammateus）等，关于这些职位的作用我们目前缺乏详细的资料。⑤

犹太会堂是犹太社区必备的公共生活设施，希腊罗马时期埃及的铭文和纸草文献不时提到犹太会堂，有铭文提到托勒密尤厄格特斯赐予犹太会堂避难所的权利，犹太人为了表示感激宣称会堂是为了"国王的康福"建立的。犹太社区里有自己专门的法庭。犹太人之间的争执在社区内部受理，各种法案在社区里执行，有时在会堂实施。纸草文献也表明犹太人不

---

① 斐洛：《反驳福拉库斯》（*Flaccus*）出自 Philo, 12 Vols., Harvard University Press, 1929—1962, 57 节。

② 约瑟夫斯的著作《犹太古史》（*The Antiquities of the Jews*）出自 *The Works of Josephus*, English Translated by William Whiston, Peabody：Hendrickson Publishers, Inc., 1998, 第 14 册 117 节。

③ 斐洛：《反驳福拉库斯》（*Flaccus*）出自 Philo, 12Vols., Harvard University Press, 1929—1962, 74 节。

④ 约瑟夫斯：《犹太战记》（*The Wars of the Jews*）出自 *The Works of Josephus*, English Translated by William Whiston, Peabody：Hendrickson Publishers, Inc., 1998, 第 7 册 412 节。

⑤ 维克多·切利科夫：《希腊化文明与犹太人》，石敏敏译，上海三联书店 2012 年版，第 278 页，注释 24。

时地诉求于政府法庭和职能部门，他们的生活方式也受希腊化法律体系的影响。①

斐洛生活的时代亚历山大里亚在文化知识方面全面超过雅典，政治方面仅次于罗马。作为犹太人中心，其具有重要意义。城市有许多犹太人会堂，每个安息日，人们都要在里面诵读在这座城市完成的《七十子译本》中的《摩西五经》。城市有五个区，分别以头五个希腊字母命名，其中两个被称为犹太区，因为绝大多数的犹太人聚居在此，当然在其他的区，分散的犹太人也不在少数，"城市的每一个区域都有犹太人居住"。② 斐洛叙述了一些犹太人的职业，"零售商、农夫、船工、批发商和工匠"。③ 斐洛便生活在犹太人社区。

2. 罗马帝国初期犹太社区政治环境的变化

在奥古斯都时代，犹太社区的种种特权得以继承和延续。罗马人承认犹太社区守安息日和各种节日的权利，奥古斯都的公文里特别强调了这一点。④ 守安息日特权又引出另一项权利，即已成为罗马公民的犹太人有免服兵役的特权。犹太人最早得到这一特权可能出于恺撒的命令，大祭司许尔堪曾经提到犹太人"不能在军中服务，因为他们在安息日不允许佩带武器，或者行军"。⑤ 犹太人最重要的特权是允许他们募钱送到耶路撒冷的权利。奥古斯都不仅允许这一行为，而且把这钱归为"圣基金"，偷窃这笔钱的人被视为亵渎圣物，要受死刑惩罚。这些特权是犹太社区存在的重要条件。没有这些特权，犹太人就不可能按照祖传方式继续生活下去，就有被希腊人同化的危险。

但奥古斯都也为亚历山大里亚的犹太人带来一些不利的政策，其中最重要的是征收人头税。奥古斯都清楚地划分了埃及的希腊人和其他居民：

---

① 关于犹太社区公共机构的讨论，参见维克多·切利科夫《希腊化文明与犹太人》，石敏敏译，上海三联书店 2012 年版，第 278—279 页，以及注释 25、26、27、28、29。

② Christopher Haas, *Alexandria in Late Antiquity Topography and Social Conflict*, The Johns Hopkins University Press, 1997, p. 95.

③ 斐洛：《反驳福拉库斯》(*Flaccus*) 出自 Philo, 12Vols., Harvard University Press, 1929—1962, 57 节。

④ 约瑟夫斯的著作《犹太古史》(*The Antiquities of the Jews*) 出自 *The Works of Josephus*, English Translated by William Whiston, Peabody：Hendrickson Publishers, Inc., 1998, 第 14 册 241 节。

⑤ 约瑟夫斯的著作《犹太古史》，第 14 册 223 节。

前者享有各种特权，被视为政府机构的合作者；后者则被视为单纯的臣民，要缴纳赋税。人头税在托勒密王朝时期不存在，奥古斯都把这种制度引入埃及。纳税不只是意味着经济上的重压，还表示政治地位的下降；亚历山大里亚的合法公民享有免税权，其他居民则要纳税。这种财政改革对犹太人是一次沉重打击，尤其是对亚历山大里亚的犹太人。城里的上层犹太人深受希腊文化的影响，上缴人头税对他们来说是一种侮辱，不仅是经济的，更是文化的。最终引发犹太人公民权矛盾激化，为犹太社团的衰落埋下了隐患。

提比略（公元14—37年）在位期间，对犹太人采取歧视政策。他取消外来宗教的祭仪，强迫所有信仰外来宗教的公民烧掉与之有关的礼服和祭祀用具。"提比略打着征兵的旗号，把所有符合服军役年龄的犹太人迁移到不利健康的地区，把其他犹太人或信仰犹太教的人驱逐出城，如果他们不服从就可能沦为奴隶。"[1]

公元32年，提比略任命福拉库斯出任亚历山大里亚总督。斐洛认为福拉库斯对待犹太社区的政策是对前任总督政策的颠覆。[2] 福拉库斯亲近城内的希腊罗马公民，对犹太人怀有敌对情绪。公元37年，提比略逝世，卡里古拉成为罗马帝国皇帝。福拉库斯在争夺皇位的斗争中支持提比略之孙格穆卢斯（Tiberius Gemellus），公元38年春卡里古拉处死格穆卢斯，福拉库斯失去保护伞，于是更加倾向于寻求生活在亚历山大里亚的希腊罗马公民的帮助。[3] 对犹太人的态度则相对疏远。

尽管在罗马帝国初期，亚历山大里亚的犹太人面临着诸多难题，但是从总体上看他们依然占据有利的政治地位。斐洛家族在犹太人中属于上流阶层，和罗马帝国的统治者关系密切。斐洛本人的渊博知识和优良品性在犹太人中间闻名遐迩。斐洛的哥哥亚历山大·里塞马库斯是负责收税的财务官。斐洛家族不仅富有，还深得罗马帝国统治者的信任和尊敬。斐洛时代的亚历山大里亚，犹太人得到较好的庇护。

总之，罗马帝国初期，亚历山大里亚的犹太社区面临着政治环境的变

---

①　苏维托尼乌斯：《罗马十二帝王传》，田丽娟、邹恺莉译，上海三联书店2010年版，第128页。

②　Sandra Gambetti, *The Alexandrian Riots of 38 C. E. and the Persecution of the Jews: A Historical Reconstruction*, Leiden Boston, 2009, p. 77.

③　Ibid., p. 138.

化以及随之而来的一系列问题。托勒密王朝时期居于统治地位的马其顿—
希腊人降为臣民，成为和犹太人争夺政治权利的对手。犹太人依然采取惯
用的策略，积极接近罗马帝国皇帝，希望能借助罗马帝国最高统治者的庇
护，维持原有的政治地位和特权。因此，他们的政治地位也受到罗马帝国
皇位变动以及皇位争夺斗争的影响，从屋大维时代受重视，到提比略和卡
里古拉时代受歧视，犹太社区的政治环境向不利方向发展。

3. 犹太社区在罗马帝国初期的希腊化进程

公元 1 世纪，全埃及有近 100 万犹太人。① 根据斐洛的记载推算，居
住在亚历山大里亚的犹太人约 50 万，到处都有犹太教会堂。② "犹太居住
区内有自己的行政和司法机关，在商务上遵循行之有效的希腊法。"③ 犹
太青年们通过纸草书籍，学习柏拉图、亚里士多德、斯多葛派的哲学思
想。犹太人享有人身自由，却没有公民权。因为按照当时的惯例，只有放
弃原有信仰才能获得城邦的公民权，这是犹太人不能接受的，也是后来犹
太人和非犹太人爆发冲突的根本原因。

尽管亚历山大里亚大多数的犹太人仍忠诚于他们的信仰，但已开始逐
渐适应亚历山大里亚城的生活方式，纸草文献中记录着不同经济水平的人
有不同的生活方式。希腊语开始成为他们的母语，而大多数人对圣经的了
解是通过阅读它的希腊语译本，和许多东方人以及埃及本土人不同，犹太
人并没有完全屈从希腊文明，而是将犹太人的思想与古希腊的文字结合在
一起。因此，犹太人用希腊语书写着他们自己所感兴趣的事物，包括犹太
历史著作和以圣经主体为主的戏剧等。"在斐洛时代，亚历山大里亚犹太
哲学学派的成就到达顶峰。"④

斐洛的精神世界是犹太文明与希腊文明的混合体。在他看来，尽管希
腊的智慧具有很高的价值，但是犹太教义却拥有绝对的真理。他认为追求
美德与智慧的希腊人以及其他的蛮族都会最终皈依犹太教。在斐洛看来，
希腊的立法者很大程度上模仿了摩西的法律。斐洛身上体现出犹太哲学家

---

① 斐洛：《反驳福拉库斯》（*Flaccus*）出自 Philo, 12 Vols., Harvard University Press,
1929—1962, 43 节。

② 同上书, 55 节。

③ 阿巴·埃班:《犹太史》，中国社会科学出版社 1985 年版，第 75 页。

④ Miriam Allott, *Alexandria: A history and a Guide and Pharos and Pharillon*, Andre Deutsch,
2004, p. 57.

们试图通过哲学研究来把握环境以及改变自身的强烈愿望。斐洛的思想是博大精深的，基督教在斐洛时代就受其思想的影响。他的思想成为联结希腊文明和犹太文明的纽带，甚至为近代"西方文明"的建立打下了基础。从斐洛的著作中我们可以看到，希腊化时代和罗马帝国时代的亚历山大里亚犹太社区面临着艰难的处境。

犹太人不可能固守在自己的社区内部，他们有必要接近希腊人，分享希腊式的城邦生活所带来的种种好处。这种生活方式，在文化上是国际性的，在法律上是源自古希腊的城邦制度。在希腊化君主统治时期以及罗马帝国时期，虽然历史发展已破坏了希腊城邦原有的自由，但是希腊式的城邦一直都是政治生活的最高机构。在这种环境中，一个民族要参与文化和公共生活，要在世界舞台上发挥作用，必须融入希腊式的城邦之中。犹太人要在这样的环境下生存和发展，就不得不对自身进行调整来适应希腊化世界的要求。

罗马帝国初期的犹太人希腊化程度大大加深，甚至和希腊文化中重要的奥林匹亚赛会扯上关系。公元前37年恺撒遇刺之后，卷入内战战火中的希腊各城邦经济凋敝、财政枯竭，难以维持历史悠久的奥林匹亚赛会，犹太之王希律为公元前12年举行的奥林匹亚赛会紧急拨款，解了燃眉之急。希律王的慷慨资助并非偶然，其实是希腊化时期以来希腊与犹太两种文明长期交流碰撞的结果。希腊人的生活方式，尤其是裸体训练的体育馆，虽然受到保守犹太人的强烈抵制，但也被很多开放的犹太人所了解乃至羡慕。"希律王还在犹太地区举行希腊罗马式的赛会，把赛会奉献给罗马皇帝奥古斯都。"[1] 总体上看，在罗马人控制的犹太地区，希腊化的趋势一直在延续，亚历山大里亚的犹太社区深受影响。

四　公元38年反犹骚乱以及犹太社区的衰落

1. 亚历山大里亚犹太人公民权问题的讨论

公民权问题是关系到犹太人在现实世界中的权利和地位问题。约瑟夫斯在《犹太古史》中保留了"克劳狄书信"，展现了犹太人所记载的罗马皇帝对公民权的理解，肯定了犹太人拥有公民权。信中显示，"当时的亚

---

① 王以欣：《神话与竞技》，天津人民出版社2008年版，第72页。

历山大里亚犹太人确信自己拥有公民权"。①

　　亚历山大里亚犹太人公民权的复杂性，在于它历经数个朝代和君王，却从未得到明确的法律认可。亚历山大里亚的犹太人自以为拥有公民权，其错觉起因于他们拥有独立而自由的生活，他们确实曾享有与亚历山大里亚市民同等的权利，然而并没有获得罗马法律的正式认同。错觉还表现在对屋大维和恺撒承诺的理解上，两位罗马最高统治者的确同意应该保护犹太人的宗教信仰不受侵犯，因为罗马人的一个立法原则就是"古老的传统值得尊重"。在这两位统治者看来，犹太传统生活和信仰属于"古老的传统"，犹太人完全可以按照自己的方式生活。当然犹太人获得这种许可的原因还有很多，如犹太人上层和罗马上流社会一直来往密切，得到罗马上流社会的支持等，这使犹太人传统生活方式之外的希腊式生活权利获得默许，包括拥有亚历山大里亚公民权的居民才享有的希腊式教育以及相关法律保护等。以上种种，都使犹太人的公民权问题遭到忽视。而事实上犹太人又长期享有只有亚历山大里亚公民才拥有的部分权利。

　　维克多·切利科夫认为，犹太人似乎因为对罗马帝国高层的影响力而被默认可以享受公民才能拥有的部分权利，并没有获得正式的法律认可。而城里的犹太人因此产生误解，误认为这种状况就等同于他们拥有公民权。当时驻埃及的雇佣军中的某些犹太人确实获得了与希腊人平等的公民权，奥古斯都承认的犹太人公民权，有可能只是指这些犹太人。犹太人可能是把这种犹太军人才享有的特权扩大到整个犹太社区，因此产生了确实拥有公民权的错觉。②

　　在外界看来，犹太社区是一个法律上的独立单元。希腊语里没有专门的法律术语描述犹太共同体，城里的犹太人通常被简单地称为"犹太人"或者"住在城里的犹太人"。阿里斯泰亚书信称亚历山大里亚犹太社区为Katoikia，意思为出生在国外的侨民团体，尤其指其他国家的军人。③ 这些人享有一定的自治权，但没有公民权，从法律上看归入非公民之列。通过这个术语我们可以得知两点：第一，犹太人被希腊人归入外来者和外国

---

　　① 章雪富：《斐洛思想导论（Ⅱ）》，中国社会科学出版社 2008 年版，第 2 页。

　　② 维克多·切利科夫：《希腊化文明与犹太人》，石敏敏译，上海三联书店 2012 年版，第 295—297 页。

　　③ 《阿里斯泰亚书信》的英译全文，网址 http：//www.ccel.org/c/charles/otpseudepig/aris-teas.htm, p. 310。

侨民一类；第二，希腊人正式承认犹太社区是独立的政治实体。

可见，亚历山大里亚的犹太人具有部分公民权，而不是全部公民权，对公民权的范围没有严格界定，犹太人的世俗生活权利似乎与希腊罗马人相同。"在托勒密王朝时期和罗马帝国统治时期，亚历山大里亚的犹太社区都享有自治权。"[①] 对于犹太人来说这非常重要，他们依靠托勒密王朝和罗马帝国统治阶层的支持，发展他们自己的内部机构，如会堂、学校、法庭和进行慈善性捐款的活动，使他们误以为自己在这些方面完全具有主导权，以至于认为这些就是他们不可侵犯的权利。在托勒密王朝时代，他们还免于服体力劳动的差役，如帝国一些建筑或公共事务，犹太人可以不用出劳力，劳力是埃及人承担的工作。犹太人还获得某种程度的司法权，凡是涉及犹太人宗教生活的事务，都由犹太司法团裁决。然而，帝国政府也规定其他方面的法律判决，仍需以希腊罗马法律为准并交由他们判决。这表明亚历山大里亚的犹太人享有受限制的公民权，他们的司法权与希腊罗马人并不等同。在这种情况下，犹太人和非犹太人（主要是希腊人和埃及人）的关系一直存在矛盾，亚历山大里亚的犹太人一直谋求与希腊人平等的公民权，包括法律正式许可的教育权利和司法权力。在犹太人看来，他们理应拥有这样的权利。犹太人没有得到一直渴望的公民权，并且在许多方面受到歧视，非犹太公民则对犹太人享有的种种特权感到反感，双方蓄愤已久，终于引发公元38年的反犹骚乱，亚历山大里亚的犹太社区从此衰落。

由于亚历山大里亚的犹太人在法律地位上的差异，所以公民权问题不能靠简单的肯定或者否定来解决。我们可以分出三组：（1）正式成为公民的犹太人，也就是顺利获得公民权的犹太人，他们属于在城里被同化的犹太人，公民权问题对他们来说是有关尊严的问题。（2）以某种未经许可的方式"潜入"公民团体的犹太人。这类犹太人的人数在托勒密王朝末期增多，在罗马帝国初期进一步增加，因为此时获得亚历山大里亚的公民身份变得尤其重要。（3）犹太社区普通大众。这些人并不渴求成为希腊城邦的公民，对他们来说，这样的身份是不合时宜的，是对祖先传统的背叛。

亚历山大里亚的犹太人和非犹太人之间的冲突还表现在对公民权的理

---

① John R. Bartlett, *Jews in the Hellenistic and Roman Cities*, Routledge, 2002, p. 164.

解上。如犹太人把所捐得的钱送往耶路撒冷，这是最引来非犹太人反感的一件事情，犹太人却认为这是罗马帝国政府赋予他们的神圣权利。在非犹太人看来，犹太人一方面不缴纳人头税，另一方面又把捐得的钱送往耶路撒冷，"这分明不仅是在谋求特殊的地位，而且包含对帝国的不敬"。①

公民权之争表明犹太人在亚历山大里亚的尴尬处境。在邻人目光中，他们总显得"有所不同"，即使在被认同的地方也总带着某种"保留"。城内不同的族裔对犹太人抱有不同程度的敌视。除传统因素如犹太人和埃及人的历史纠葛之外，希腊人也对犹太人抱有成见，他们认为犹太人和罗马人走得过近并从中牟利；犹太人和罗马人之间也存在不可消解的矛盾，如中下层的犹太人始终坚守着其信仰的独特性，以自己为真神的崇拜者，真智慧和德行的实践者，拒绝把罗马皇帝作为半神崇拜。在地中海文明混居的时代，犹太人坚持自己"不被融合"的底线，无疑会招致妒忌和敌意。

2. 公元 38 年反犹骚乱

公元 38 年亚历山大里亚爆发了反犹骚乱，其起因是卡里古拉下达命令，把自己的雕像竖立在包括亚历山大里亚在内一切宗教集会场所，这是一向厌恶偶像崇拜的犹太人所不能接受的。"卡里古拉对待任何人都显得极端的反复无常，对犹太人更加如此。他极为痛恨犹太人；从亚历山大里亚开始，他霸占一座座城市的会堂，在会堂里摆满他自己的画像和雕像。"② 当时亚历山大里亚的罗马长官福拉库斯由于在罗马政治斗争中失去靠山，急于表现对皇帝的忠心，赢取信任支持，所以煽动城内非犹太居民的反犹情绪。犹太人为了解释他们的信仰与政治上对皇帝的忠诚之间的区别，派出了包括斐洛在内的五人使团，前往罗马面见卡里古拉。

骚乱的直接导火线是犹太人之王阿格里帕到访亚历山大里亚。阿格里帕和罗马皇帝卡里古拉关系密切。卡里古拉登上皇帝宝座之后，任命他为犹太之王。阿格里帕由罗马返回巴勒斯坦途中，造访亚历山大里亚。公元 38 年春天，犹太人为阿格里帕举行了隆重的欢迎仪式，结果则引起了亚

---

① 章雪富：《斐洛思想导论（Ⅱ）》，中国社会科学出版社 2008 年版，第 8 页。
② 斐洛：《向卡里古拉请愿的使团》（*On the Embassy to Gaius*）出自 Philo, 12 Vols., Harvard University Press, 1929—1962, 43 节。

历山大里亚的埃及居民和希腊罗马人的反感。犹太人认为卡里古拉重用阿格里帕说明犹太人在新皇帝心目中占据重要地位。亚历山大里亚的非犹太居民则嘲笑道，阿格里帕由浪子成为行省的长官，肯定有不光彩的交易。

"公元 38 年的骚乱发生在 7 月底到 8 月底之间，那是罗马执政官年的最后一个月。"[1] 当阿格里帕到达亚历山大里亚时，非犹太人居民上演了一幕讽刺剧，一个被亚历山大里亚居民所熟知的疯子卡莱巴斯（Carabas），披着一条紫色的毯子，拿着纸做的权杖，由一群扮成小丑模样的警卫簇拥，边走边用埃兰文称呼阿格里帕为"主"，借以嘲笑犹太人，激发了犹太人的愤怒，双方由和平示威演变成混战。结果犹太人商店甚至家居被洗劫，犹太妇女也没有逃过厄运。生活在非聚居区的犹太人更为悲惨，有的被活焚，有的被肢解，那些坚持犹太人身份的妇女被迫吃猪肉。对于犹太人来说，这时的亚历山大里亚无异于人间地狱。[2] 骚乱对犹太社区的经济生活造成重大创伤。暴乱后的犹太人在亚历山大里亚的经济生活处于瘫痪状态，投资者失去投资，商人失去财物，犹太商店遭遇洗劫，正常的经济活动无法进行。[3]

斐洛把骚乱的责任归结于亚历山大里亚非犹太人居民一方，指出发生骚乱的原因：一是埃及总督弗拉库斯不作为，任由非犹太人肆意妄为；二是非犹太人强迫犹太人和犹太社团在会堂中立卡里古拉的雕像，亵渎犹太人的信仰；三是卡里古拉不同情骚乱中被侵犯的犹太人，因为卡里古拉有神化自己的倾向，希望臣民能把自己供奉为神祇，然而"犹太信仰的特殊性无法使犹太人在一神敬拜和皇帝敬拜之间妥协"。[4]

事实上，骚乱的真正原因还是公民权问题。奥古斯都时代以来，亚历山大里亚的犹太人所面临的政治环境发生了重大变化，犹太人在希腊城里公民权的问题不再是一个单纯的荣誉问题，而成为一个决定性的现实问题。"奥古斯都清楚地区分了埃及的希腊人和其他居民；前者享有各种特权，在当地政府机构中成为合作者，被认为是文明的

---

[1] Sandra Gambetti, *The Alexandrian Riots of 38 C. E. and the Persecution of the Jews: A Historical Reconstruction*, Leiden Boston, 2009, p. 161.

[2] 斐洛：《反驳福拉库斯》（*Flaccus*）出自 Philo, 12 Vols., Harvard University Press, 1929—1962, 96 节。

[3] 维克多·切利科夫：《希腊化文明与犹太人》，石敏敏译，上海三联书店 2012 年版，第 310 页。

[4] 章雪富：《斐洛思想导论（Ⅰ）》，中国社会科学出版社 2006 年版，第 20 页。

人；后者被归入单纯的臣民，整个税赋的压力都落到他们头上。"① 亚历山大里亚的犹太人不甘心自己在希腊社会中降级，不惜代价地为争取公民权而斗争。

犹太社区派出使团去罗马请愿，使团首领是斐洛。能够代表犹太人向罗马请命，说明斐洛在亚历山大里亚犹太社团中的地位。斐洛和他的犹太使团被迫到罗马诉讼的事件表明，希腊化带来的宽松环境将要成为明日黄花。在亚历山大里亚，犹太人的生存境遇更为复杂，他们不仅要面对埃及人日渐增加的仇视，还与罗马帝国皇帝更替休戚相关。

犹太人使团要求皇帝裁定当时的埃及总督和希腊罗马人的暴乱行为，恢复犹太人居住在亚历山大里亚的合法身份。卡里古拉认为，亚历山大里亚人用以发泄敌意而对犹太人发动的袭击，是出于对他个人的敬拜的感情驱使，也是亚历山大里亚人看到犹太人对皇帝不敬所作出的真实反应。斐洛和代表团的成员留居罗马期间，传来一个消息，卡里古拉的雕像必须竖立在圣堂的内殿中，并在宙斯的名义下献给卡里古拉本人。对犹太人来说，这一消息更为悲伤，因为在犹太人看来，罗马人的统治是可以忍受的，但前提是不能和犹太人的宗教信仰、宗教实践发生冲突，尤其是不能用皇帝"神圣"的雕像亵渎他们的礼拜堂和圣殿。卡里古拉在和斐洛使团的面谈中，毫不掩饰地讥讽犹太人的传统和习惯，一切都对犹太人不利。②

公元40—41年，卡里古拉被杀，克劳狄登上皇帝宝座。对于斐洛所率领的犹太使团和亚历山大里亚的犹太人来说，这是一个好消息。犹太人认为克劳狄更加亲近犹太人，能够对这次骚乱作出合理的裁决。因此，"当消息传到亚历山大里亚之后，希腊人和埃及人驱逐犹太人及剥夺他们公民权的希望落空了，积愤已久的犹太人认为机会来临了，他们清洁了祈祷屋，部分人甚至采取报复希腊人的过激行为，这又一次引起了亚历山大里亚的骚乱"③。

---

① 维克多·切利科夫：《希腊化文明与犹太人》，石敏敏译，上海三联书店 2012 年版，第 285 页。

② 罗纳尔德·威廉逊：《希腊化世界中的犹太人：斐洛思想引论》，徐开来、林庆华译，华夏出版社 2003 年版，第 10 页。

③ 章雪富：《斐洛思想导论（Ⅰ）》，中国社会科学出版社 2006 年版，第 22 页。

3. 骚乱对亚历山大里亚犹太社区产生的影响

公元41年，罗马皇帝克劳狄对犹太人和非犹太人的诉求作出裁决。[①] "克劳狄书信"记载，克劳狄承认犹太人一直享有的权利，并指出卡里古拉时代的错误做法，宣布恢复犹太民族权利，要求双方不得再生事端。然而，新发现的"克劳狄敕令"与"克劳狄书信"的内容大相径庭。在克劳狄敕令中，有两点非常重要。一是克劳狄对于亚历山大里亚犹太人市民身份所持的态度，二是亚历山大里亚的犹太人在本身希腊化问题上的态度。克劳狄对于亚历山大里亚非犹太公民和犹太人之间的关系问题提出五点要求。其中对亚历山大里亚非犹太公民只提出一点要求：不要去干涉那些长期定居在亚历山大里亚的犹太人，并且允许他们按照自己的宗教习惯生活。对犹太人提出四点要求：（1）不要试图在已经获得的权利之外争取更多的权利；（2）不要派遣两个互相敌对的使团，就好像你们是住在两个不同的城市里面一样；（3）禁止使用竞技场所；（4）禁止再邀请埃及其他地方以及叙利亚的犹太人移民到亚历山大里亚。[②] 克劳狄虽然要求亚历山大里亚的非犹太人保持克制，尊重犹太人的生活习俗和宗教崇拜，但是他也限制犹太人获得更多的权利，如禁止犹太人进入竞技场所，这其实是否定了犹太人的市民身份，因为在当时，竞技场所只对有公民身份的亚历山大里亚人开放。克劳狄实际上迫使犹太人回归传统的生活方式，从希腊化的进程中退回去。

克劳狄敕令还提到犹太人派了两个使团到罗马，"就好像你们是住在两个城市里面一样"。[③] 这两个使团指的是斐洛率领的使团和亚历山大里亚第二次骚动时犹太人派来的使团，两个使团之间意见不合。学者们推断此时亚历山大里亚的犹太社团内部存在分裂，而且根据敕令的记载，后来的使团更加激进化，意欲取代先来的使团，掌握亚历山大里亚犹太社团的领导权。

对亚历山大里亚骚乱的裁决结果，促使犹太人去反思自己的身份。斐洛和他所代表的上流希腊化犹太人，犹太希腊化的推动者，是

---

① 有关资料有两份："克劳狄书信"和"克劳狄敕令"。

② Sandra Gambetti, *The Alexandrian Riots of 38 C. E. and the Persecution of the Jews: A Historical Reconstruction*, Leiden Boston, 2009, p. 221.

③ Ibid. , p. 221.

最失败的一方。"克劳狄敕令"要求犹太人要么回归传统的生活方式，要么放弃犹太人身份完全希腊罗马化，这种非此即彼的要求，使斐洛这样的犹太人在努力寻找希腊罗马文化和犹太信仰共存的共同空间上失去了历史机遇。在克劳狄敕令的背景下，与斐洛代表的希腊化犹太人相比，更加保守的一派犹太人占了上风，掌握了亚历山大里亚犹太社区的控制权，希腊化犹太教的思想加速退出历史舞台，犹太人也逐渐退出希腊化的历史进程。

五　亚历山大里亚犹太社区兴衰的启示

1. 亚历山大里亚犹太社区的衰落和终结

公元 38 年骚乱是亚历山大里亚犹太社区由盛转衰的转折点，此后犹太社区逐渐走向衰落，失去希腊化进程中的有利地位。"这场冲突之后，犹太人和非犹太之间的关系更加恶劣。"① 公元 66 年，犹太人和罗马人发生冲突，巴勒斯坦的罗马总督弗洛鲁斯有意进行挑拨，以总督府所在地凯撒里亚犹太会堂附近的通路系希腊人地产为由，唆使希腊人阻挠犹太人进入会堂。他在接受犹太人贿赂后，又唆使希腊人在会堂附近侮辱犹太人。于是双方发生冲突。耶路撒冷及巴勒斯坦各地的犹太人奋起抗争。抗争者遭到残酷镇压，仅凯撒里亚的犹太人就有 2 万人被杀害。全巴勒斯坦的犹太人举行武装起义，犹太战争爆发，罗马方面派出韦伯芗率领大军进行镇压。这次战争是犹太历史上的一个重要转折点。虽然此前犹太人曾经多次暴动，反抗罗马帝国的暴政，但这次起义规模最大、持续时间最长、影响最为深远，罗马帝国的镇压也最为残酷。耶路撒冷惨遭屠城，第二圣殿被夷为平地，根据约瑟夫斯的记载，超过 100 万人丧生。作为犹太世界的组成部分，亚历山大里亚的犹太社团也不可避免地卷入了这场冲突。根据约瑟夫斯的说法，当时有一伙已经逃亡到埃及的犹太激进分子，试图煽动亚历山大里亚的犹太人反叛，一些亚历山大里亚的犹太领袖反对这伙激进分子，便遭到他们的谋杀。犹太长老会的领袖把民众召集在一起，强烈要求

---

① W. V. Harris and Giovanni Ruffini, *Ancient Alexanderia between Egypt and Greece*, Leiden Boston, 2004, p. 126.

把这些人交给罗马人，借此来与罗马人和平共处。[①] 亚历山大里亚犹太人的妥协并没有为自己换来回报。当时的亚历山大里亚总督卢普斯（Lupus）向皇帝汇报了这次骚乱，罗马皇帝命令摧毁奥尼亚神殿，以便犹太人不能聚集在那里再次反叛。起义失败后，各地的犹太人均遭遇罗马人的惩罚措施，亚历山大里亚也不例外，这进一步加剧了社区的衰落。

公元98—117年，在亚历山大里亚、塞浦路斯及古利奈同时爆发反罗马起义。"这三地的起义使犹太人付出惨重代价和巨大物质损失。"[②] 直接卷入起义的亚历山大里亚犹太社区遭受重创。"起义被镇压后，亚历山大里亚的犹太社区也走向终结。"[③] 希腊化时代是希腊文化和犹太文化第一次碰撞交融的重要时期。希腊文化和犹太文化在埃及亚历山大里亚的融合、发展，不仅给亚历山大里亚文化带来繁荣，而且对整个西方文明产生了深远影响，特别是犹太文化通过与希腊、罗马文化的交融，加速了世界宗教性——基督教的兴起。

基督教传入埃及以犹太人战争为界，可以分为前后两期。公元115—117年犹太战争前，是基督教传入埃及初期，其活动中心主要在亚历山大里亚。犹太战争的结果是犹太人在亚历山大里亚聚居地的消失，基督教的传播受到很大的打击，直到公元135年才再一次在埃及出现，开始了基督教传入埃及的第二个阶段。[④]

2. 犹太社区兴衰展现出的文化融合与冲突

希腊化时代与罗马帝国时代是一个各民族交往、东西方融合的时期。在亚历山大里亚，希腊人的力量要更具有主导性，因为从公元前4世纪开始，它就是希腊人主导的城市。生活在亚历山大里亚的犹太人既可以获得各种益处，也面临潜在的不安全感。亚历山大里亚犹太人的焦虑，迫使他们抱着与罗马人建立关系的强烈愿望。"犹太人一直在寻求这种关系的建立并且相当成功，恺撒和屋大维之间对于他们宗教信仰独特性的许可就是

① 约瑟夫斯：《犹太战记》（*The Wars of the Jews*）出自 *The Works of Josephus*，English Translated by William Whiston，Peabody：Hendrickson Publishers，Inc.，1998，第7册408节。

② 阿巴·埃班：《犹太史》，中国社会科学出版社1985年版，第96页。

③ W. V. Harris and Giovanni Ruffini，*Ancient Alexanderia between Egypt and Greece*，Leiden Boston，2004，p. 126.

④ 刘文鹏：《古代埃及史》，商务印书馆2000年版，第648页。

政治上成功的很好例子。"① 亚历山大里亚的犹太团体依赖于中央政府，中央政府越强，犹太人处境就越好。对于亚历山大里亚的犹太社区来说，完全依赖于希腊城邦的决定而没有中央政府的支持会使他们陷入困境。当犹太人必须在亚历山大里亚和罗马之间做出选择时，他们必然会选择罗马。然而，斐洛在这场骚乱以及出使罗马的过程中已经注意到了，犹太人对于罗马政府的依赖是不可靠的。卡里古拉和克劳狄的态度清楚地表明在犹太人和罗马人之间并不存在绝对的合作关系。

希腊城市里的外邦人，通常情况下没有政治权利，并且要承担公民义务，因为城市允许他们享受文化生活。犹太人则恰好相反，他们享有大量特权，却免担义务，这是因为他们不依赖于希腊城市的恩惠，而是直接从国王以及后来的皇帝那里获得特权。在希腊化时期，希腊城市也依赖于国王的恩惠，所以希腊城市和犹太社区之间被割裂，成为具有同等重要性的两种并列的力量。希腊人为了传统的城邦权利被迫放弃一些自由的时候，犹太人则在君王的保护下享有内部自治政体的一切权利，不仅毫不逊色于希腊人，还要求希腊城市承认这种特权，希腊人从未在其他外邦人那里听到这种要求。犹太人要求不强迫他们亵渎安息日、免服兵役、免缴赋税，并且可以把收集的钱财送往耶路撒冷。这些特权令希腊人很恼火，因为希腊城市普遍缺钱，他们无法容忍犹太人有钱却不承担城市义务，不承担希腊人的宗教仪式、体育馆的费用、运动赛会的组织以及希腊神殿的建造，却享受希腊人的文化生活，这让希腊人难以忍受。

在希腊城市里，宗教起着非常重要的作用，其实城市本身就是一个宗教概念。不承认城市的官方崇拜，就是不承认城市的神圣性，也就毁灭了城市作为一个政治单位的独立权力。犹太人拒不崇拜诸神，在希腊人看来是仇恨整个希腊人的标记。两个民族之间彼此对立，无法取得理解，反犹骚乱正是这种缺乏理解的外在表现。

犹太人在希腊化的过程中更多地依赖于集权政府的政策和措施，始终无法摆脱自己"外来者"的心理，在希腊化和犹太化之间摇摆不定，始终坚持自己的信仰底线拒绝融合。犹太人与希腊人之间的关系就像闯入者和主人之间永远存在的冲突共存的关系。犹太人认为他们居住在亚历山大里亚，保持犹太人的独特信仰、享受各种权利、不接受希腊人的宗教信仰

---

① 章雪富：《斐洛思想导论（Ⅱ）》，中国社会科学出版社 2008 年版，第 26 页。

都是完全正当的。希腊人却认为，犹太人是在借助罗马的权威挑战他们在亚历山大里亚的地位，并且非犹太人又借助罗马皇帝的自我神话意识在冲突中最终取得有利地位。从该角度来说，公民权之争和骚乱本质上就是文化冲突的产物，犹太人的独特信仰和生活方式使他们在亚历山大里亚的生活最终陷入冲突的旋涡。

对于犹太人来说，希腊文化并未在他们的文化中扎根，其根本原因在于，希腊文化的影响仅限于希腊殖民者居住的城市和一些希腊王朝首都，虽然有部分犹太人受到影响，仅限于少数上等阶层。广大农村甚至许多城市的大多数犹太人，仍然讲自己的语言，崇拜自己的神。因此希腊文化未能扎根犹太下层社会，未能与犹太文化发生更为广泛意义上的融合。

3. 犹太社区兴衰体现出来的犹太文化特质

犹太教是犹太文化最重要的组成部分，犹太宗教在希腊罗马的世界的生存遭遇诸多困难。宗教是希腊城市政治体制有机部分。希腊人并没有什么政教分离的现代观念，允许引入新神，但是不允许不尊重旧神，尤其是不尊重城邦守护神的主神。自然犹太人不能抛弃国家的官方崇拜，在希腊化和罗马时期，这种崇拜包括神化托勒密诸王和罗马帝国皇帝。希腊人、埃及人、罗马人以及其他一些民族都可以毫无异议地接纳诸神，但犹太人不能。犹太人的上帝不承认任何竞争者，一个犹太人不可能既向上帝祷告，又向另外的神献祭。在犹太人看来，多神崇拜意味着否定犹太教本身。因此，当反犹分子指控犹太人不敬拜诸神时，犹太人没有反击的手段，只能给出宗教和道德的辩解。可见，宗教崇拜问题是犹太人在希腊化世界争取公民权的绊脚石。

由于犹太宗教的作用，犹太人在希腊化过程中获得的东西很多停留在形式上，只有很少人掌握其精髓。不管一个犹太人接受或抵制希腊化，他仍是一个犹太人，是一个和希腊人的理念不同的人，即使他们使用相同的语言。两个民族都追求政治自由，但是对希腊人来说，自由是最终目标，表现为拥有自治权的组织，可以制定自己的法律，信仰自己的神明；但是对犹太人来说"自由是一种信念，是为防止神圣律法和对上帝敬拜受到外来干涉，是为敬拜上帝并且不会招致他人的反对"。①

①　William Tarn, *Hellenistic Civilisation*, Methuen & Co Ltd., 1978, p. 226.

　　主张内部成员平等的犹太教,虽然在理论上其他民族可以因信仰上帝而获救,但唯有犹太人是"上帝选民",而上帝将"流淌着奶和蜜"的巴勒斯坦赠送给犹太人作为定居之所。因此,《圣经》将犹太人描绘为"文明之光",他们甚至将自己背井离乡、流散世界的苦难命运也视为上帝的考验和"恩宠"。这种观念倾向阻碍了犹太教发展为世界宗教,而"只有在基督教这种世界性的一神教中,才真正确立了普世主义和平等主义的信条和原则"。① 一个城市中犹太社团的存在是基督教得以传播的基础,而亚历山大里亚作为犹太人的聚居区域,该城的 2/5 地区被犹太人所控制,并在那里传播其宗教和文化。因而最早的埃及基督教徒应该是犹太人中的一些传教士、逃亡者和商人。同时埃及文化与基督教的相似性也使基督教易于在这里传播。"加之亚历山大里亚自希腊化时代以来就成为地中海世界的文化中心,希腊文明在这里得到了很好的保存,并和基督教文化发生碰撞、交融,其结果是产生了亚历山大里亚教理学校和基督教早期神学思想。"②

　　在以希腊文化为主的多元文化冲击面前,犹太文化一方面显示出包容性,能够积极学习和吸收外来文化,并为迎合希腊化进行部分改变;另一方面又显示出排异性,始终坚守自己的宗教信仰和宗教文化底线,拒绝接受希腊罗马多神教的影响。犹太文化在与异质文化的接触过程中,始终保持着既冲突又吸纳、既分裂又融合的关系,这正是犹太文化自身最突出的特质。犹太人这种文化与宗教的充分自觉性是一柄双刃剑,在保持他们宗教民族特色的同时,也给他们与异族文化的融合造成障碍,成为日后犹太民族与宗教命运多舛的重要原因之一。

　　总之,古代亚历山大里亚社区由盛转衰,与以下几个原因密不可分:首先是宗教文化的冲突,居住在亚历山大里亚的希腊人、埃及人、罗马人都为多神崇拜的信奉者,在宗教信仰方面兼容性较好,而犹太人独特的宗教信仰以及犹太宗教的排他性在希腊化的大熔炉里独行特立,不能很好地适应不同宗教之间的冲突和融合。其次,犹太社区在希腊化进程中更多地是在依靠集权政府政策和措施,先是依赖于占据统治地位的托勒密王朝,后是罗马帝国的权威,自己一直处于被动地位,难以应对统治者的变化,罗马帝国时期更是受帝国政治形势变化和帝王个人喜恶的影响,缺乏积极

---

①　黄民兴:《试析上古中东宗教发展的特点》,《唐都学刊》2006 年第 3 期。
②　田明:《论古代埃及基督教的变迁》,《内蒙古民族大学学报》2006 年第 4 期。

应对手段和措施。再次，犹太社区在希腊化和犹太化之间摇摆不定，既坚持犹太独有的文化和宗教特权，又希望享有希腊化带来的诸多好处，一方面要受到整个犹太世界尤其是耶路撒冷政治形势变化的影响，另一方面要依赖于罗马帝国的支持，社团内部也因此产生不同阶层之间的对立和分裂。最后，犹太社区在冲突来临之际缺乏积极应对手段和措施，片面依赖中央政府的裁断，面对非犹太人的嫉妒和敌视缺乏变通，在多元文化冲突与融合之中乏力和被动。

　　亚历山大里亚犹太社区，从托勒密王朝延续到罗马帝国，一度发展成为地中海世界最大的犹太聚居区，最终在多元文化的冲突中衰落，其经验和教训值得我们深入研究和反思。

第 六 章

巴格达犹太社团

两河流域的古老城市一直是犹太人活跃于中东历史的主要舞台。巴格达在阿拉伯历史上享有的重要地位。犹太民族与其存在、发展紧密相连。

一 巴格达犹太社团历史溯源

巴比伦地区的犹太人先后历经亚述帝国、新巴比伦帝国、波斯帝国、塞琉古王国、帕提亚、萨珊王朝、倭马亚王朝、阿巴斯王朝、突厥、蒙古的征服，最后在奥斯曼土耳其帝国的统治下步入近代。无论哪一时期，中东城市都是犹太文化的重要载体，犹太文明借此空间得以传承和发展。巴格达、尼普尔、泰西封、苏拉、库法、巴士拉等城市先后成为犹太民族的散居地。犹太社团与其创造的文化很快融入这些城市肌体。公元 8 世纪阿巴斯王朝迁都巴格达，巴格达犹太社团在规模和影响上将其他社团远远甩在其后。如果说加昂时代（公元 8—11 世纪）的巴比伦是世界犹太人的精神、文化中心，那么此时的巴格达犹太社团无疑成为中心的中心。13世纪蒙古入侵，巴格达城被毁，作为城市有机组成的犹太社团随之衰落。受商路转移、瘟疫、饥荒和洪灾影响，直到 17 世纪巴格达犹太社团的人口数量仍在下降。尽管巴格达犹太社团再也没有恢复加昂时代的荣光，但是 18 世纪中期以后，特别是 19 世纪随着西方列强对巴格达影响的加强以及奥斯曼帝国统治的建立，巴格达犹太社团在复兴的同时经历了一系列变迁。直到 1932 年英国托管结束，巴格达犹太社团一直是近代犹太人活动的重要中心，在同时代中东和地中海世界里，只有希腊的萨洛尼卡（Salonika）犹太社团在规模与制度方面可以与巴格达犹太社团媲美。[1]

1. 巴格达犹太人的起源和社团建立

巴比伦地区作为犹太民族流散地最早可以追溯到公元前 8 世纪。公元前 722 年，亚述国王沙尔玛那萨尔攻陷以色列国首都撒玛利亚。次年，27290 名撒玛利亚居民被流放到叙利亚、亚述和巴比伦地区。[2] 公元前 597 年新巴比伦国王尼布甲尼撒攻破耶路撒冷，国王约雅及 1 万臣民被流放巴比伦。[3] 公元前 586 年尼布甲尼撒二世再次入侵巴比伦，摧毁第一圣殿，并俘虏 4 万囚徒前往现代巴格达以南 90 公里的都城巴比伦，是为"巴比伦囚房"。[4] 这样，犹太人再次踏上祖先亚伯拉罕带领族人前往"应许之地"（The Promised Land）[5] 的路线，但这次出发点是耶路撒冷和撒玛利亚，当年的起点而今成为终点。公元前 538 年，波斯国王居鲁士结束"巴比伦之囚"的流放命运，允许其返回以色列故地，但大部分犹太人选择留在巴比伦永久定居。关于巴格达犹太社团是否为这一时期建立的，目前还无法肯定。但考古学证据显示，早在公元前 7—前 6 世纪，巴格达地区就已有常住人口定居。亚述末代国王萨丹纳浦路斯（Sardanapalus）统治时期，从政府编纂的一份帝国境内城乡名单上，我们可以找到一个与巴格达在发音上非常相似的地名。1848 年考古学者亨利·罗文森（Henry Rawinson）在巴格达市内底格里斯河西岸发现了一些刻有尼布甲尼撒名字的砖块，而这种砖块在新巴比伦帝国的各种建筑中是非常多见的。[6] 因而早在第一圣殿被毁时，巴格达就已出现，加之其与古代巴比伦城距离很近（90 公里），可以推断这一时期的巴格达很可能已存在定居犹太人。

---

① Shlomo Deshen, "Baghdad Jewry in Late Ottoman Times: The Emergence of Social Classes and of Secularization", *AJS Review*, Vol. 19, No. 1 (1994), p. 19.

② Nissim Rejwan, *The Jews of Iraq: 3000 Years of History and Culture*, London: Weidenfeld & Nicolson, 1985, p. 8.

③ ［以色列］埃利·巴尔纳维主编：《世界犹太人历史：从〈创世记〉到二十一世纪》，刘精忠等译，黄民兴校注，中国人民大学出版社 2007 年版，第 25 页。

④ Tamar Morad eds., *Iraq's Last Jews: Stories of Daily Life, Upheaval, and Escape from Modern Babylon*, New York: Palgrave Macmillan, 2008, p. 2.

⑤ "应许之地"最早是一神学用语，意指上帝允诺给予犹太人作为家园的土地。后包含希望之邦的意思。参见徐新《犹太文化史》，北京大学出版社 2008 年版，第 6 页。

⑥ David Solomon Sassoon, *A History of the Jews in Baghdad*, Simon Wallenberg, 2006, p. 2.

当然，由于这一时期有关巴格达犹太人存在的历史证据的缺乏，还无法肯定在公元前7—前6世纪巴格达犹太社团已建立。但是不容否认的是，"巴比伦之囚"或其后裔是巴格达犹太社团的早期人口来源。

塔木德时期①众多巴比伦学者的名字开始出现在历史文献中，许多巴勒斯坦学者也在同期流散到巴比伦，丰富的史实为推断巴格达犹太社团建立的时间提供了可能。公元219年被尊为拉比的阿巴·阿瑞卡哈（Abaa Arikha）在苏拉建成犹太经学院，与同一时期塞缪尔（Samuel）在尼哈德（Nehard'a）领导的犹太学院共同指导整个巴比伦地区的犹太宗教事务。这一时期史料中出现了一位名叫哈那（Hana）的学者，最为引为人关注的是他的姓氏"巴格萨"（Bagdathaa），暗示其出生地为巴格德斯（Bagdath）。这位学者的名字至少在《塔木德》中出现了10次，其中两次是公元245年为贤人塞缪尔写的信件。根据这一史实推断，公元245年哈那·巴格萨在巴格德斯的犹太学者中已处显赫地位，同时，早在公元245年以前，巴格德斯就已出现犹太社团。另据一段时间稍晚的史料显示，哈那·巴格萨曾探访了正处病重中的蓬贝迪塔学院院长犹大·巴·伊齐基尔（Judah bar Ezekiel），按照当时犹太礼仪推断，哈那很可能在塞缪尔死后接替其管理巴比伦犹太社团中的宗教事务。评论家拉什（Rashi）和他的孙子梅尔（Meir）认为，哈那的出生地巴格德斯就是今天的巴格达。② 最后，截至公元7世纪，巴格达已经发展为一座相当繁荣的商业城镇。公元634年，阿拉伯名将哈立德曾派军队劫掠巴格达市场。据记载，穆斯林劫掠者对这座小镇的繁荣惊叹不已，返回时他们手中填满了黄金和白银，甚至连靴子里都放满了财物。③ 如果考虑到早在新巴比伦帝国时期犹太人就已在商业领域崭露头角的话，那么此时巴格达城市中存在犹太社团也就不足为奇。

综上推断，在公元762年阿巴斯王朝哈里发迁都巴格达前，犹太社团就已在巴格达存在并发展。

---

① 即公元1—5世纪，亦即拉比犹太教时期，公元70年第二圣殿被毁后至公元630年阿拉伯兴起这段时间。参见［以色列］埃利·巴尔纳维主编《世界犹太人历史：从〈创世记〉到二十一世纪》，刘精忠等译，黄民兴校注，中国人民大学出版社2007年版，第67页。

② David Solomon Sassoon, *A History of the Jews in Baghdad*, Simon Wallenberg, 2006, p. 5.

③ Ibid., p. 6.

2. 加昂时代[①]的巴格达犹太社团

公元8世纪巴格达犹太社团所处的内外环境经历了剧烈变迁。一方面，加昂（Geonim）在犹太社团中的职能和地位发生巨变；另一方面，阿巴斯王朝第二任哈里发曼苏尔于公元762年将帝国首都迁往巴格达。公元8—11世纪，巴格达犹太社团在世界犹太社团中的地位和影响达到巅峰。

第一，内部环境的优势。公元8—11世纪，巴比伦地区的苏拉和蓬贝迪塔两大犹太经学院已不再是单纯的学术机构，而逐渐演变为整个犹太世界的最高裁判机构和精神向导。两大经学院的院长——"加昂"也不再是早期那位仅仅掌管犹太律法学校的贤者。随着时间的推移，两位加昂不仅拥有最高宗教权威，还拥有任命法官、文士和其他官员等的世俗权力。加昂地位的提升受两大因素影响：

首先加昂在与流散领袖（Exilarchs）的权力角逐中渐趋强势。起初，大卫的后裔——流散领袖是各流散地犹太人公认的世俗领导人，由他来代表阿拉伯帝国境内的各犹太社团与穆斯林政府进行交涉且享有任命加昂的权力；在社团内外享有崇高的地位。但是公元825年，大卫·本·犹大和其兄丹尼尔为争夺"流散领袖"头衔发生激烈争吵，为了谋求加昂的宗教支持，许多世俗权力开始转移给加昂。这次争吵以及加昂权力的加强导致"流散领袖"威望开始下降。[②] 此后，随着流散领袖乌克巴（Ukba）宣称其有权扣留呼罗珊等外部社团对加昂的捐赠款后，"流散领袖"在社团内部形象进一步下降，流散领袖的权力不断受到限制。如流散领袖在社团法庭中做出的裁决如果没有两位加昂的联名确认均被认为非法；革除教籍和驱逐出社团的权力也由流散领袖转移到加昂手中。[③]

其次在加昂作用下，巴比伦犹太中心战胜巴勒斯坦犹太中心，拥有世界各地流散社团的领导权。"传统上，以色列的经学院对巴勒斯坦、叙利亚、黎巴嫩和埃及社团拥有权力，巴比伦尼亚中心则对伊拉克、伊朗和也

---

① 鉴于加昂（犹太经学院院长）在这一时期犹太历史中的重要作用，公元8—11世纪亦被称为"加昂时代"，这段时期也是阿拉伯帝国对两河流域的统治时期。

② David Solomon Sassoon, *A History of the Jews in Baghdad*, Simon Wallenberg, 2006, pp. 17 – 18.

③ Ibid. , pp. 21 – 22.

门社团拥有管辖权。北非社团处于自治状态，两个相互敌视的社团竞相拉拢它们。"[1] 后来，由于《巴比伦塔木德》与《耶路撒冷塔木德》相比在内容上更完整、更具连续性和权威性、涵盖面更广，因而散居各地的犹太社团更倾向于在遇到律法问题时以《巴比伦塔木德》作为衡量标准。[2] 加之自阿拉伯帝国征服西班牙和北非后，众多犹太人出于商业原因迁往这些地区建立社团。从个人情感出发，这些社团成员更愿意将自己在异土遇到的宗教问题和捐赠送回故土，这无疑为巴比伦加昂在世界范围内树立权威提供了重要优势。需要指出的是，巴比伦加昂影响力的提升对本书研究对象巴格达犹太社团将具有非凡意义，而且这一意义将通过外部环境变迁体现出来。

第二，外部环境的优势。公元 651 年萨珊王朝灭亡，阿拉伯帝国完成了对两河流域的征服。阿巴斯王朝建立后，帝国中心开始由偏居一隅的叙利亚东移至西亚的地理和经济文化中心两河流域。公元 762 年阿巴斯王朝哈里发曼苏尔将帝国首都由泰西封迁至巴格达。巴格达成为整个伊斯兰帝国的中心。这一事件对于巴格达犹太社团影响巨大。[3] 此后，巴比伦地区犹太人的两大机构流散地领袖和犹太学院（Yeshivot）[4] 先后将驻地迁往帝国中心巴格达。自公元 2—3 世纪巴比伦犹太人的政治领袖——流散领袖出现后，数世纪以来其驻地一直位于某个宗教学术机构或主要宗教学者居所附近，从而方便流散领袖与宗教学者的联系。但是随着帝国中心转移至巴格达，流散领袖居所首先迁往新首都。尽管从目前史料看，流散领袖究竟何时迁往巴格达仍无法确定。但是早在约公元 825 年，流散地领袖已经居住在巴格达了。[5] 公元 890—898 年，哈伊·巴尔·拉夫·大卫加昂将他的犹太经学院从蓬贝迪塔迁往巴格达。最终，两大经学院加昂以及巴比伦地区众多学者都将驻地迁往巴格达。正是这一时期，阿巴斯王朝改变了倭马亚王朝的民族政策，提升了非穆斯林的社会地位。"哈里发命令帝

---

① ［以色列］埃利·巴尔纳维主编：《世界犹太人历史：从〈创世记〉到二十一世纪》，中国人民大学出版社 2007 年版，第 86 页。

② 徐新：《论塔木德》，《学海》2006 年第 1 期。

③ 彭树智主编，黄民兴著：《中东国家通史·伊拉克卷》，商务印书馆 2002 年版，第 77—89 页。

④ 含有"宗教权威的中央机构"的含义。参见徐新《犹太文化史》，北京大学出版社 2008 年版，第 42 页。

⑤ David Solomon Sassoon, *A History of the Jews in Baghdad*, Simon Wallenberg, 2006, p. 16.

国官员无权干涉非穆斯林社团的内部事务，并授权社团世俗领导人和宗教领导人从社团成员中选出 10 人组成一个代表机构对社团实施自治。"① 因而，随着阿拉伯帝国民族宽容政策的实施，加强社团与帝国中央的联系成为巴比伦犹太人将世俗和宗教机构迁往巴格达的重要政治因素。

巴格达作为整个伊斯兰帝国经济、交通中心地位的确立是促使巴比伦犹太中心向巴格达转移的经济因素。犹太人具有悠久的经商传统，而此时巴格达无疑是阿拉伯世界的经济中心，由于阿巴斯王朝重视交通运输，巴格达世界贸易中心的地位进一步得到提升。早在 8 世纪，中东商人就建立了自己的第一个区域贸易圈——巴格达区域贸易网：巴格达—加兹温—撒马尔罕—中国，巴格达—大马士革—北非—西班牙，巴格达—高加索—俄罗斯—东欧，巴格达—摩苏尔—君士坦丁堡，巴格达—汉志—也门。该贸易网将伊斯兰文明拓展到周边世界。早在哈里发赖世德到穆尔台迪德的一百多年中（786—902），巴格达是东西水陆交通枢纽和东西方商品的中转站，帝国对外贸易的重点在远东、里海、黑海地区。② 世界性商贸在巴格达的会聚为年轻的首都增添了无限魅力，吸引了不少犹太人前往。

总之，8 世纪后在政治和经济双重因素的影响下，流散领袖和加昂驻地向帝国首都的迁移使巴格达犹太社团很快成为整个巴比伦地区犹太人的中心。由于在巴比伦犹太中心加昂地位上升及其在世界各犹太流散地权威的确立，当巴比伦两大经学院加昂迁移至巴格达时，巴格达犹太社团迅速转变为该时期犹太民族的文化和精神圣地。这一时期来自世界各犹太社团的有关律法方面的问题都被寄往巴格达，而加昂们也将自己的回答由巴格达发往世界各地，巴格达成为当时世界犹太人的"教廷"所在地。10 世纪巴格达犹太社团在世界犹太人中的宗教权威地位达到顶峰。公元 922 年萨阿迪亚加昂定居巴格达，刚一抵达就卷入一场中世纪犹太人最著名的辩论——对逾越节准确日期的历法之争。公元 922 年后，巴格达犹太社团利用萨阿迪亚加昂的论据成功地让所有流散地犹太人废除以色列地的历法，而遵循巴格达犹太学者所确定的逾越节日期，巴格达犹太社团无可争辩地成为当时世界犹太人的宗教权威。然而，依靠有利的内外环境所造就繁荣的巴格达犹太社团，将随着 11 世纪中期巴格达内外环境的变化而衰落。

---

① David Solomon Sassoon, *A History of the Jews in Baghdad*, Simon Wallenberg, 2006, p. 19.
② 车效梅：《全球化与中东城市发展研究》，人民出版社 2013 年版，第 74—75 页。

3. 11 世纪后巴格达犹太社团的衰落

1168 年，著名旅行家本杰明到达巴格达。据他记载，当时的巴格达犹太社团人数多达 4 万，犹太会堂 28 座，位于巴格达城东部的犹太社团呈现出一派欣欣向荣之象。[①] 然而在繁华背后，社团生存的内外环境再次变化，结果造成巴格达犹太社团在世界犹太的中心地位滑落。

第一，内部环境的恶化。一方面，宗教权威渐失。其实早在巴格达犹太社团繁荣之时，社团在宗教权威方面的衰落就初露端倪。加昂时代巴格达犹太社团的历史其实是一部以加昂为代表的宗教势力与以流散领袖为代表的世俗势力之间的权力争夺史。自公元 825 年经学院介入大卫·本·犹大和其兄丹尼尔关于"流散领袖"头衔之争以来，加昂与流散领袖间争端不断，而隐藏在各种争端背后的却是双方对宗教权力和世俗权力的争夺。著名的争端有卡汉·萨蒂卡（Kohen Sedek）加昂与流散领袖乌克巴对其他社团捐赠归属的争端；萨阿迪亚加昂与流散领袖大卫·本·扎凯对"加昂"和"流散领袖"任命权的争夺等。这些争端常常导致社团内部的分裂，削弱加昂与流散领袖在犹太人心目中的神圣性。同时，巴格达犹太社团宗教地位的下降还与西班牙、北非等地区犹太中心的成熟与发展密切相关。尽管公元 987 年巴格达的谢里拉加昂通过一封写给突尼斯凯鲁万犹太社团的著名书信而增强了巴格达犹太社团与北非犹太社团的联系[②]，但是由于巴格达犹太社团与北非、西班牙犹太社团相距遥远，联系不便，最终迫使西班牙、北非等地区的犹太社团自己寻求解决问题的办法，这些社团的独立性日趋增强。如自公元 10 世纪起，突尼斯凯鲁万犹太社团的统治者是其自己任命的纳吉德。由于马格里布犹太社团经济繁荣，这些社团成员在长期慷慨对巴格达犹太经学院的捐赠过程中，甚至发展出一种相对于其东方教友的优越感。[③] 随着此后伊斯兰帝国瓦解，倭马亚人和法蒂玛人分别建立埃米尔国后，东西方犹太社团的联系大大减弱。在此背景下，巴格达犹太社团在世界犹太人中的权威下降已成必然。

① David Solomon Sassoon, *A History of the Jews in Baghdad*, Simon Wallenberg, 2006, p. 89.

② Nissim Rejwan, *The Jews of Iraq: 3000 Years of History and Culture*, London: Weidenfeld & Nicolson, 1985, p. 130.

③ ［以色列］埃利·巴尔纳维主编：《世界犹太人历史：从〈创世记〉到二十一世纪》，刘精忠等译，黄民兴校注，中国人民大学出版社 2007 年版，第 92 页。

另外，犹太经学院经济环境的恶化。巴格达加昂所领导的宗教经学院的运行，是通过对宗教学者回答马格里布等地区犹太社团向其提出的《哈卡拉》问题并获得捐赠财物而实现的。然而，巴格达犹太社团宗教权威的下降，直接导致犹太经学院经济来源减少并陷入困境。"从 10 世纪末期巴格达犹太社团加昂们的书信中，经常可以看到他们对自己孩子因饥饿而哭泣的抱怨。"① 宗教权威下降所造成的社团经济困境又制约了社团成员对宗教学习的热情。"社团中的穷人此时更愿意将自己的孩子送去学习某种手艺而不是送去经学院学习宗教经典。"②

第二，外部环境的恶化。正当巴格达犹太社团因内部环境恶化而陷入困境时，一场突如其来的灾难加速了巴格达犹太社团的衰落。1258 年蒙古大汗蒙哥之弟旭烈兀攻陷巴格达城。蒙古大军破城并进行长达 7 日的屠城，80 万—200 万民众被杀。③ 在现存唯一的一首哀悼巴格达陷落的长诗中，第一句便表达了巴格达城中居民的感受："巴格达的命运是泪水如瀑倾流；当爱人已经离去（死去），汝又为何逗留？"④ 由于史料的缺乏，对蒙古入侵时巴格达犹太社团的遭遇记载并不清晰，但是考虑到蒙古大军并未对城中基督徒进行屠戮，部分清真寺和宗教学校也得以赦免和重建，⑤因而犹太社团的会堂建筑也很有可能得到保留。不过，作为巴格达城的有机组成部分，当城市母体遭到毁灭之时，其内部的犹太社团也难以幸免，但巴格达犹太人并没有在此次浩劫中消失，据记载，旭烈兀和其继承者都曾雇用大量犹太人担任医生和大臣。在蒙古统治下，甚至有一位犹太人被任命为美索不达米亚总督。然而，或许是这种额外的殊荣遭到其他异族的嫉恨，在这位犹太总督遭遇杀身之祸的同时，整个巴格达犹太社团也遭遇了血腥的屠杀。⑥ 此后，巴格达城屡遭劫掠。帖木儿两次侵入巴格达，特别是 1401 年，帖木儿对巴格达进行大肆杀戮，大量犹太人财产遭到劫掠并惨遭杀害，这期间许多犹太人被迫改宗伊斯兰教。在这动荡的 100 多年

① David Solomon Sassoon, *A History of the Jews in Baghdad*, Simon Wallenberg, 2006, p. 42.

② Ibid. .

③ Nissim Rejwan, *The Jews of Iraq: 3000 Years of History and Culture*, London: Weidenfeld & Nicolson, 1985, p. 155.

④ Joseph de Somogyi, "A Qasida on the Destruction of Baghdad by the Mongols", *Bulletin of the School of Oriental Studies*, University of London, Vol. 7, No. 1, (1933), pp. 41 – 48.

⑤ Ibid. .

⑥ Nissim Rejwan, *The Jews of Iraq: 3000 Years of History and Culture*, London: Weidenfeld & Nicolson, 1985, p. 157.

里，巴格达城内的巴格达犹太社团人数锐减，社团几近消失。"14—16 世纪巴格达犹太社团的相关史料消失了。"① 17 世纪，当葡萄牙旅行家佩德隆（Pedron Teixeira）到访巴格达时，全城仅有 250 户犹太居民。这位旅行家拜访了其中的 12 户犹太人，他们告诉佩德隆自第一圣殿被毁后，他们就世代生活在巴格达。② 可见，尽管 13—17 世纪整个巴格达犹太社团遭到了巨大破坏，但是犹太人并没消失。

18 世纪巴格达犹太社团规模有所恢复，但 1742 年巴格达遭遇了有史以来罕见的大瘟疫，在这次瘟疫中巴格达犹太社团遭受沉重打击，大量社团成员迁出巴格达。犹太社团领导和学者几乎全部丧命，因此当时的社团领袖摩西纳西不得不前往阿勒颇犹太社团为巴格达犹太社团中的一些重要职务寻找合适的候选人。③ 另据记载，17 世纪和 18 世纪在巴格达犹太社团中享有较高声誉的贤人多来自一个库尔德犹太家族，而该犹太家族成员所著之书中却从未提及此事。④ 上述史实暗示 18 世纪巴格达犹太社团仍然处于衰落之中。直到 19 世纪坦齐马特改革开始，奥斯曼帝国恢复对伊拉克直接统治后，在稳定的政治环境下，巴格达犹太社团才慢慢复兴。

二　巴格达犹太社团的组织结构

公元 135 年巴尔·科赫巴起义失败后，犹太人失去了自己的家园——以色列，他们由此拉开了长达 1800 多年的流散历史。然而犹太民族却"散而不亡"，在文化与宗教方面"一以贯之"延续至今。这其中犹太社团组织发挥的作用不容忽视。巴格达犹太社团同样拥有完备的组织结构，并呈现出强烈的地方特征。尽管囿于材料，目前无法对巴格达社团的组织结构和运行方式进行细致介绍，但仍可以大致勾勒出 19—20 世纪社团的基本框架与机构。

---

① David Solomon Sassoon, *A History of the Jews in Baghdad*, Simon Wallenberg, 2006, p. 101.

② Nissim Rejwan, *The Jews of Iraq: 3000 Years of History and Culture*, London: Weidenfeld & Nicolson, 1985, pp. 165–166.

③ David Solomon Sassoon, *A History of the Jews in Baghdad*, Simon Wallenberg, 2006, p. 113.

④ Shlomo Deshen, "Baghdad Jewry in Late Ottoman Times: The Emergence of Social Classes and of Secularization", *AJS Review*, Vol. 19, No. 1 (1994), pp. 19–44.

犹太人流散到巴比伦地区后，很快在两河流域城市中建立了具有强烈犹太文化的居住和商业聚居区。该地区犹太社团具有一项特殊传统，即他们长期由古犹太国尊贵的大卫家族后裔直接管理。这构成巴格达犹太社团历史上由世袭贵族长期管理的独特现象。此后宗教权威加昂地位上升，大卫家族后裔所垄断的流散领袖开始失去往日的荣光。8—11世纪流散领袖与加昂复杂、激烈的权力之争表明，流散领袖对社团的影响一直存在。17世纪大卫家族对巴格达犹太社团的管理彻底退出历史舞台，但显贵家族把持社团领导权的传统依然延续。

纳西（Nasi，首领）：19世纪上半期，巴格达犹太社团的世俗领导人称为纳西。该职位通常由富有的显贵之家担任。由于巴格达总督任命纳西，因而"社团内部成员很少关心谁会被任命为纳西。他们明白纳西的职位是穆斯林统治者与金融资本家间的私人交易"。①

纳西的职能主要为：首先，充当政府对犹太人征税的代理人。"统治者向犹太人征收的税款一般不是直接强加到个人身上，而是集体地施加到一个特定地区的所有犹太社团或一个社团。"② 与西欧地区一样，巴格达犹太人并不是以个体的形式出现在城市社会中，而是归属于一个宗教民族团体。奥斯曼帝国的"米列特"制度无疑强化了该现象并使其合法化。纳西凭借统治者赋予的最高权威享有对整个犹太社团征税的权力。纳西是巴格达犹太社团与国家统治者联系的媒介。从理论上讲，纳西必须协调统治者和社团成员的关系，尽量减少社团所需缴纳的税款。但事实上，大量史料显示，"独裁的纳西们往往会从其他犹太人那里强征钱财"。③

其次，充当政府的财政大臣。纳西常常是巴格达总督的财政大臣。因而纳西在充当社团领袖的同时，也是政府官员。某种程度上既加强了犹太社团与统治者政府的联系，也有利伊斯兰政府对犹太社团的控制。因而纳西的双重身份在方便其作为社团代表与统治者表达意愿的同时，还履行为统治者提供贷款或者进行抵押担保的职责。当政府面临财政危机时，为缓

---

① Shlomo Deshen, "Baghdad Jewry in Late Ottoman Times: The Emergence of Social Classes and of Secularization", *AJS Review*, Vol. 19, No. 1 (1994), pp. 19 – 44.

② 张淑清：《中世纪西欧犹太社团及其历史作用探析》，《世界历史》2006年第6期。

③ Shlomo Deshen, "Baghdad Jewry in Late Ottoman Times: The Emergence of Social Classes and of Secularization", *AJS Review*, Vol. 19, No. 1 (1994), pp. 19 – 44.

解政府压力，纳西有时会用自己的财富充当税款提前支付给国家。① 这在某种程度上显示，纳西又颇有奴隶制时期包税人的痕迹。

最后，掌管社团内的司法审判权和公职任命权。巴格达犹太社团与其他犹太社会一样，社团内的司法审判权高于其他任何职权。这项权利完全由纳西垄断。"他执掌对他人肉体的处罚，如在违背伦理的性行为发生时，纳西拥有裁决的最终权力。"② 与北欧和摩洛哥的犹太社团相比，18—19 世纪初期巴格达犹太社团还没有形成独立的贤人集团（学者集团），而在其他社会中，这些贤人构成了实力阶层。法官与宗教职位的任免权部分在这些贤人手里，部分在社团首领手里。正如在前殖民时期的摩洛哥，贤人阶层对社团的公职任命具有决策权。但 18 世纪巴格达社团内的公职则完全由纳西控制。此外，与巴格达犹太社团中纳西干涉司法相比，其他社团中这种法庭程序完全是由犹太教法自行决定的。③

哈卡姆巴希（Hakham bashi）：19 世纪中期，随着巴格达犹太社团的复兴以及拉比的出现，纳西的作用下降。特别是坦齐马特改革后，奥斯曼政府在帝国内主要城市犹太社团中设置哈卡姆巴希（首席拉比）一职，此后哈卡姆巴希在社团中的地位日渐提高。通过哈卡姆巴希，奥斯曼政府在加紧对帝国内犹太人控制的同时，也动摇了社团内旧贵族阶层即纳西在社团中的作用。

尽管 19 世纪后半期以来，哈卡姆巴希取代纳西成为巴格达犹太社团的首领，但是哈卡姆巴希与纳西间存在着诸多不同：第一，哈卡姆巴希与纳西都是奥斯曼帝国政府的官职，但选拔方式不同。与伊斯兰政府与社团富有家族私下内定的纳西不同，社团成员对哈卡姆巴希的选拔具有一定发言权。通常该职位人选由巴格达犹太贵族委员会从富有的银行家和地产商家族中选出，由素丹任命。第二，与纳西的独裁管理不同，以哈卡姆巴希为首的社团领导层分工明确。该职位下设立由 7 位拉比组成的宗教委员会，这些拉比皆通过选举产生。但现实中这种选举并未制度化，委员会成员在必要时可以随时任命和替换，完全处于哈卡姆巴希的控制之下。这几

---

① Shlomo Deshen, "Baghdad Jewry in Late Ottoman Times: The Emergence of Social Classes and of Secularization", *AJS Review*, Vol. 19, No. 1 (1994), pp. 19 – 44.

② Ibid. .

③ Ibid. .

位拉比的职权主要集中于出生、死亡、婚姻、继承等伦理道德方面。哈卡姆巴希属下成立世俗委员会，该委员会起初由 8 位来自富有阶层的成员组成。委员会成员每两年选举一次，负责社团的教育、慈善、宗教捐赠、财政金融事务。第三，合法性来源不同。虽然纳西的选举过程很少有社团成员参与，但由于当选的纳西大多数为巴格达犹太社团中的豪门大户，其在当地贵族中具有非凡影响力，因而尽管纳西的执政权威来自政府，但其执政基础仍在社团内部。哈卡姆巴希通常并非来自社团中的富豪之家，很大程度上是政府对某个特定学者的官僚化任命。就社团内部而言，该职位的合法性常常遭受质疑，具体表现为社团内部成员对这些任命的抗议。加之持有这一职位的学者很少在社团中再有其他身份，因而地位显贵或富有家族的贤人往往不愿担任该职位，他们试图通过回避该职位，以便在社团内获取更高级的身份。

哈卡姆巴希在社团内部合法性的缺失，使该职位在社团管理中的权威常常受到社团成员的质疑和挑战。1879 年沙逊·本·萨莫哈（Sason B. Elijah Smooha）被任命为哈卡姆巴希，不久便遭到乔思冯·海米等拉比联名向巴格达帕夏上书将其撤换的请求。这些拉比指控沙逊滥用职权、贪污受贿、对社团成员擅自征税。面对巴格达犹太社团的申诉，当地帕夏不得不将其撤换。此后，由于哈卡姆巴希得到奥斯曼中央政府的支持，才勉强得以官复原职。[①] 或许这位哈卡姆巴希的个人品行确实存在缺失，但职位本身在社团内部缺乏执政基础才是招致社团内各阶层一致不满的真正原因。

首席拉比：随着奥斯曼帝国崩溃，作为帝国官员的哈卡姆巴希一职结束了其使命。1921 年新成立的伊拉克王国延续奥斯曼帝国对犹太人的政策，伊拉克宪法承认犹太社团的自治权利。此时社团领导被称为首席拉比。首席拉比既是宗教权威又是世俗领导人，负责协调社团内部各公共机构的日常运行。首席拉比之下设置世俗委员会和宗教委员会。世俗委员会由 9 位委员组成，每两年选举一次，负责对社团成员征税、管理社团的一切世俗生活，包括社团中的各慈善机构、教育机构以及各种社会团体。宗教委员会负责管理社团内的犹太会堂，举办各种宗教仪式并对宗教学校和非宗教学校的教学内容进行律法监督。宗教委员会下辖宗教法庭，规范社

---

① David Solomon Sassoon, *A History of the Jews in Baghdad*, Simon Wallenberg, 2006, p. 157.

团成员的宗教生活。① 后来，随着社团成员受教育程度的提高以及民主意识的增强，首席拉比的权威明显下降，逐渐演变为政府与社团成员间的"传声筒"。原本隶属首席拉比的宗教委员会地位上升，委员会由 3 位拉比共同处理宗教事务，不受首席拉比制约。20 世纪初一位巴格达作家在列举社团知名人物时，首席拉比的名字排在其他拉比之后，证实了此时的首席拉比已不再具有实权，仅仅是社团对外的象征。②

社团慈善机构：慈善机构是犹太社团为保障社团成员适应伊斯兰世界动荡不安的外部环境而成立的社会保障性组织。19—20 世纪巴格达犹太社团拥有众多慈善机构，其中以 19 世纪新出现的《塔木德》研究院影响最大，该机构为巴格达城市发展做出了众多慈善性投资，特别是投资兴建了多所犹太医院。当然正如其名称所示，该机构还是一所宗教学术机构。③ 此外，还有盲人福利会（Zekhuth ha - Rabbim）专门为社团中的盲人提供物质救助；贫民福利会（Ozere Dallim）向犹太贫民提供免费餐饮；学生福利会（Hebrath Tomkhe Tora）为社团中因家庭困难而无法上学的适龄儿童提供资助完成学业；母亲和儿童福利会帮助处于怀孕和哺乳期的妇女，保证其得到应有的餐饮营养；丧葬协会负责管理社团成员的墓地，协助犹太家庭办理丧葬事宜。④

慈善机构的运行资金主要来自犹太社团的拨款，这些拨款大部分是社团的税收所得。巴格达犹太社团收入中税收占了极大比例。据 20 世纪初一项针对巴格达犹太社团收益的统计显示，税收占全部社团收入的 71%，而这些收入大部分用于社团的慈善功能支出。⑤ 犹太社会精英的捐赠也是慈善机构的重要来源。巴格达犹太社团成员重视福利事业的发展，一方面是犹太人历史传统的影响，另一方面是社会现实的需要。自第二圣殿被毁之后，巴比伦地区的犹太人就将慈善活动看作对自身罪恶的救赎。犹太人

① Reeva Spector Simon eds. , *The Jews of the Middle East and North Africa in Modern Times*, Columbia University Press, 2003, p. 356.

② Nissim Rejwan, *The Jews of Iraq: 3000 Years of History and Culture*, London: Weidenfeld & Nicolson, 1985, p. 196.

③ Shlomo Deshen, "Baghdad Jewry in Late Ottoman Times: The Emergence of Social Classes and of Secularization", *AJS Review*, Vol. 19, No. 1 (1994), pp. 19 - 44.

④ Nissim Rejwan, *The Jews of Iraq: 3000 Years of History and Culture*, London: Weidenfeld & Nicolson, 1985, p. 252.

⑤ Elie Kedourie and H. D. S. , "The Jews of Baghdad in 1910", *Middle Eastern Studies*, Vol. 7, No. 3 (Oct. , 1971), pp. 355 - 361.

的慈善活动受宗教影响的多少带有个人功利色彩，如一位拉比曾写道："一个富有的犹太人或许不需要慈善机构的帮助，但这个富人的孩子或许将来会需要慈善机构的帮助，因此请现在的富人们多做些慈善之事。"[①]巴格达犹太人如沙逊、嘉道理家族，即使远居海外也不忘将大量捐赠送至巴格达。慈善行为客观上却有利于保护社团中的边缘群体免遭外部环境带来的消极影响。

犹太会堂：犹太会堂是巴比伦囚虏的产物。第一圣殿被毁后，流散巴比伦的犹太人失去了祈祷的圣殿和向上帝献祭的圣坛。巴比伦犹太人的信仰能否得以保存遭遇第一次危机。先知耶利米提出只要祈祷即可接近上帝，于是巴比伦犹太人开始聚集一处表达信仰。这一聚集场所就是犹太会堂的最初形式。[②] 由于犹太会堂在巴比伦地区的重要意义和悠久历史，所以在巴格达犹太社团中拥有重要地位。

到 20 世纪上半期，巴格达犹太社团共拥有会堂 26 座。社团中有一座被称为"大会堂"（the Great Synagogue）的犹太会堂。该会堂无论规模还是起源，都堪称巴格达犹太社团的瑰宝。据说，该会堂兴建的地点就是当年流散巴比伦的犹大国王约雅斤用第一圣殿的残砖断瓦建立小圣堂的地方。这座会堂曾在 17 世纪和 18 世纪重修，1854—1855 年最后一次重修。这一史实再次暗示了该时期巴格达犹太社团的复兴和繁荣。该会堂拥有托拉经卷 70 多套，是巴格达犹太社团举行重大宗教仪式的主要场所。社团中还有一座被称为"小会堂"的犹太会堂，该会堂在巴格达犹太成员中意义非凡，因为这里是社团成员出生后举行割礼的场所。割礼是上帝与亚伯拉罕后裔立约的重要证据。这座会堂无疑在每个巴格达男性犹太成员心目中具有独特意义。巴格达犹太作家瓦克宁曾描述了巴格达犹太会堂中举行受戒礼的情景："在犹太会堂里，孩子被要求读上一段律法——通常读的是律法中的最后一部分，这是让孩子们借此机会领会先知的训言。不过20 世纪随着巴格达犹太社会阶层的分化，只有中产阶层和富人家的孩子才有机会去犹太会堂接受'受戒礼'。"[③]

---

① Nissim Rejwan, *The Jews of Iraq*: *3000 Years of History and Culture*, London: Weidenfeld & Nicolson, 1985, p. 249.

② 徐新：《论巴比伦囚虏事件的历史意义》，《同济大学学报》1999 年第 3 期。

③ Nissim Rejwan, *The Last Jews in Baghdad*: *Remembering A Lost Homeland*, Texas: University of Texas Press, 2004, p. 39.

三　巴格达犹太社团的人口数量、职业结构和阶层分化

"城市首先而且必须是安全的。"① 无论城市处于何时、何地，都对保持城市安全、稳定具有极其重要的意义。没有稳定的城市秩序，城市居民的生命财产就缺乏必要的保障，作为城市有机组成的犹太社团发展更是如此。19 世纪中期奥斯曼帝国恢复了对伊拉克的统治，并加强中央集权，使巴格达的安全与繁荣得到保障。巴格达与帝国其他省份以及波斯的贸易得到发展，特别是英国殖民势力渗入后，巴格达犹太人开始在英印贸易中发挥巨大作用，② 在此背景下，巴格达犹太社团再次繁荣，社团人口数量、职业结构开始变化，阶层分化日趋明显。

1. 社团人口构成和数量

如前所述巴格达犹太人起源于巴比伦时期的大流散，但自 17—19 世纪以来由于巴格达多次遭遇洪灾和瘟疫袭击，城市人口急剧下降，犹太社团人口随着减少。此后，由于城市安全和繁荣的回归，大量波斯犹太人迁往巴格达，少量叙利亚犹太移民由于商业和宗教援助因素来到巴格达。如 1742 年巴格达大瘟疫后，阿勒颇犹太社团曾派出大量宗教学者援建巴格达社团。③ 因而近代巴格达犹太人是阿拉伯化的犹太人。他们的语言是阿拉伯语，他们有相似的风俗习惯、烹饪手法和衣着。目前尚无确凿证据表明塞法迪犹太人和阿什肯纳犹太人曾大量移居巴格达。尽管 19 世纪巴格达作为一座开放的对外贸易城市，城市中住有少量塞法迪犹太人。19 世纪中后期到访巴格达的旅行家约瑟夫·以色列·本杰明以及一些来自以色列联盟学校的教师都证实社团中存在阿什肯纳兹犹太人，但其在社团中的构成和影响微乎其微。最后，社团中存在少量库尔德犹太人，他们在巴格达和库尔德游牧民之间从事转运贸易，但由于极强的流动性对社团的影响有限。

---

① ［美］乔尔·科特金：《全球城市史》，王旭译，社会科学文献出版社 2006 年版，第 6 页。

② Shlomo Deshen, "Baghdad Jewry in Late Ottoman Times: The Emergence of Social Classes and of Secularization", *AJS Review*, Vol. 19, No. 1 (1994), p. 21.

③ David Solomon Sassoon, *A History of the Jews in Baghdad*, Simon Wallenberg, 2006, p. 113.

19 世纪巴格达犹太社团的人口数量迅速膨胀。1794 年犹太人的数量为 2500 人，占城市人口的 3.3%（城市人口总数为 75000）。19 世纪 20 年代，犹太人已占巴格达人口的 10%—15%。[①] 1893 年巴格达犹太人的数量增加了 20 倍，而整个城市人口仅增加了 2 倍。[②] 巴格达社团人口的急剧增多，对社团公共服务能力提出了新要求。[③]

一方面，公共设施需求增多。19 世纪巴格达犹太社团为满足由于人口增长而对公共设施特别是宗教设施需求的增加，将会堂数量从 3 座增加为 30 座。犹太会堂数量增多反映政府实行宗教宽容政策的同时，也证明犹太人口的增长和雄厚的经济实力。另一方面，宗教约束力下降。犹太教认为食物和进食需要社会准则的规范，因此严格的饮食法规定了怎么准备饮食和准饮食者的身份。在犹太饮食法的指导下，过去巴格达的贤人们对那些由异教徒面包师制作的面包非常抵触。到 19 世纪后半期由于犹太人口增多，社团内的犹太面包师根本无法满足面包需求，面包短缺促使面包价格上涨。为了维持社团内部物价稳定，贤人们被迫放宽了只能食用犹太面包师制作面包的规定。[④] 犹太饮食法是千百年来犹太社团成员区别社团外部城市群体的最基本和最重要的律法，是区分犹太人与非犹太人的基本标志，而今社团人口增多严重超越了社团有限的承载能力，为了避免社团危机发生，宗教学者只能放宽律法的限制。这一举措在短期内维护了巴格达犹太社团内部的稳定，但长远而言，削弱了宗教律法在社团成员心目中的权威性。

20 世纪初犹太社团作为巴格达最大的少数族群地位最终确立。1904 年 1 月法国驻巴格达副领事在评估报告中指出，巴格达犹太人的数量应为 4 万，[⑤] 1910 年英国领事馆一份报告中显示的巴格达犹太人数量为 4.5 万到 5 万人。[⑥] 据一份由英国军方管理者早在 1919 年提供的数据显示，每

① 彭树智主编，黄民兴著：《中东国家通史·伊拉克卷》，商务印书馆 2002 年版，第 144 页。

② Shlomo Deshen, "Baghdad Jewry in Late Ottoman Times: The Emergence of Social Classes and of Secularization", *AJS Review*, Vol. 19, No. 1 (1994), pp. 19 – 44.

③ Ibid. .

④ Ibid. .

⑤ Sylvia G. Haim, "Aspects of Jewish Life in Baghdad under the Monarchy", *Middle East Studies*, Vol. 12, No. 2 (May, 1976), pp. 188 – 208.

⑥ Elie Kedourie and H. D. S, "The Jews of Baghdad in 1910", *Middle Eastern Studies*, Vol. 7, No. 3 (Oct. , 1971), pp. 355 – 361.

天在巴格达东部有 220 头羊是犹太屠夫屠宰的，160 头是由穆斯林屠户和其他屠户宰杀的。① 巴格达犹太人口在城市中的规模可见一斑。1921 年 10 月一份英国出版物援引巴格达行省最后一份官方年鉴，给出了更为详尽的巴格达城市人口结构（见表 6 - 1）。

表 6 - 1　　　　　　　　　　　1917 年巴格达城市人口结构

民族构成	人数
阿拉伯人、土耳其人以及除波斯人和库尔德人外的其他穆斯林	101400
犹太人	80000
基督徒	12000
库尔德人	8000
波斯人	800
城市人口总数	202200

资料来源：Sylvia G. Haim，"Aspects of Jewish Life in Baghdad under the Monarchy"，*Middle East Studies*，Vol. 12，No. 2（May，1976），pp. 188 - 208.

由于缺乏权威性的官方人口统计，无法知道上述统计数字的可信度，但不难看出犹太社团在 20 世初已经成为巴格达最大的少数族群，其人口不少于总人口的 1/3。此后巴格达城市中的犹太人口持续增长，至 20 世纪 50 年代巴格达犹太社团崩溃前夕，1950 年伊拉克犹太人的数量大概为 15 万，其中 12 万人生活在巴格达，只有少量人口散居在巴士拉和摩苏尔等城镇。②

2. 社团的职业结构和阶层分化

19—20 世纪巴格达犹太人的职业结构更加广泛。统治者所实施的民族宽容政策以及犹太人对现代教育的广泛接受，促使巴格达各种职业向犹太社团成员开放。

巴格达犹太社团中存在贵族性质的领导阶层，包括专门从事宗教事务的贤人阶层或学者阶层，以及专注世俗管理事务的显贵人士。这些显贵人

---

① Nissim Rejwan，*The Last Jews in Baghdad：Remembering A Lost Homeland*，Texas：University of Texas Press，2004，p. 1.

② Nissim Rejwan，*The Jews of Iraq：3000 Years of History and Culture*，London：Weidenfeld & Nicolson，1985，p. 250.

士往往并非专职的社团管理者，他们大多兼营高利贷、国际商贸等行业。社团领导层下属各机构包括一些专门从事礼拜仪式的会堂工作人员，为社团拉比起草文件等的文书，为社团成员准备符合犹太饮食法食品的礼定屠宰师和屠宰巡视员等。巴格达犹太社团的大部分成员多从事社团公职以外的职业。19—20 世纪他们既有从事传统职业的制表匠、鞋匠、木匠、裁缝、铁匠等小手工业者，也有从事知识含量要求较高的专栏作家、医生以及世俗学校教师，还有从事国际贸易、银行金融的大商人和从事贩卖、出售各种生活小商品的中小商人等。需要指出的是，这一时期巴格达犹太社团就业结构最为显著的变化是，政府公职向普通社团成员开放。尽管巴格达犹太社团史上在政府中任职的现象并不鲜见，但这些任职者仅限于数量有限的社团少数精英分子，从某种程度上讲有很大偶然性。19 世纪以来随着巴格达犹太社团在伊拉克经济地位的提升，社团成员在政府中任职大量出现，参政人数逐渐增多。"巴格达犹太人开始被任命到各级法庭和地方议会中工作。"[1] 截至 20 世纪 50 年代，巴格达犹太人已经遍布城市各个职业领域中。据统计，32% 的犹太人为手工业者，27.5% 为商人，15.8% 为政府职员，6% 为医生、教师和律师，4.3% 从事私人服务业，3.4% 从事运输业，3.3% 在城市周边从事农业，1.5% 从事建筑业，7.3% 为无技能的工人。[2]

　　由于社团成员从事职业的不同，经济收入和社会地位相应发生变化。19—20 世纪巴格达犹太社团成员依据从事职业和经济地位的不同，大致划分为以下几个阶层。首先，处于社团最上层的大商人和银行家。19 世纪以来这些犹太人不仅在社团内部经济实力雄厚，而且几乎垄断了整个伊拉克的国际贸易，他们通过早先移居印度的社团成员介入英印贸易之中。[3] 其次，包括中小商人、零售商以及政府雇员在内的中产阶层，社团中的贤人、学者以及公职人员也多属于该阶层。他们虽然经济实力无法与富有阶层相提并论，但与社团外部群体接触较多，社会影响相对较大。这部分人常常充当社团稳定的稳压器。再次，由小手工业者、小商贩、家用

　　① Nissim Rejwan, *The Jews of Iraq: 3000 Years of History and Culture*, London: Weidenfeld & Nicolson, p. 181.

　　② Gideon S. Golany, *Babylonian Jewish Neighborhood and Home Deisign*, The Edwin Mellen Press, 1999, p. 37.

　　③ 彭树智主编，黄民兴著：《中东国家通史·伊拉克卷》，商务印书馆 2002 年版，第 183 页。

仆人等构成了社团中的穷困阶层。该群体经济基础薄弱，应对外界多变环境的能力差，他们的生活有时需要依靠社团发挥慈善功能，才能度过。最后，乞讨者群体。这一群体完全失去生活资源，流落街头，多为巴格达社团以外流入者或由于身体残缺无法生存的犹太人。据瓦克宁（Nissim）回忆，这些乞讨者偶尔会从事搬运工、家内帮工、坑厕清洁工、洗衣女工、垃圾收集工等稳定性极差的职业。他们大多来自伊拉克北部或更远的地方，如波斯、阿富汗、格鲁吉亚、哈萨克斯坦等。①

20 世纪初，法国派驻巴格达的副领事曾对巴格达犹太社团中上述各阶层人口比例分布做出统计。统计显示，第一等级富有阶层占社团人数的5%；第二等级中产阶层占30%；第三等级穷人阶层占60%；第四等级乞讨者占5%。② 由此可见，在 20 世纪初巴格达犹太人的社团结构中底层穷人占据主体地位。社团底层群体与富有阶层间的差异不仅体现在经济收入上，而且也反映在行为方式和价值观上。因而，19—20 世纪社会分层所产生的最大影响是社团成员由于物质占有差异而导致在宗教生活领域不平等。如按照当时巴格达犹太人的传统，当安息日结束的时候，为了表示对富有之家的敬意，他们在离开会堂时可以拿些香料回家，而这制度化的习俗仅仅是那些富人的特权。又如当巴格达社团中的有钱人去世时，他们的赞颂仪式可以在宽敞的犹太教会堂举行，而穷人去世却只能在空间狭小的家里接受亲朋的赞颂。③ 总之，巴格达犹太社团内部经济地位的不平等直接在宗教领域得到体现，而这一现象在同时代的摩洛哥犹太社团和也门犹太社团中并未发现。

四　巴格达犹太人的政治活动

当"反犹主义"在中世纪基督教城市肆虐时，中古伊斯兰城市呈现出的却是《欧麦尔条约》规范下的宗教宽容。两河流域没有"暴力式"的反犹主义传统。19 世纪后半期随着巴格达犹太社团复兴，社

---

① Nissim Rejwan, *The Last Jews in Baghdad*: *Remembering A Lost Homeland*, Texas: University of Texas Press, 2004, p. 32.

② Elie Kedourie and H. D. S, "The Jews of Baghdad in 1910", *Middle Eastern Studies*, Vol. 7, No. 3（Oct. , 1971）, pp. 355 – 361.

③ Shlomo Deshen, "Baghdad Jewry in Late Ottoman Times: The Emergence of Social Classes and of Secularization", *AJS Review*, Vol. 19, No. 1（1994）, pp. 21 – 25.

团经济势力不断膨胀，并开始与西方建立密切联系。在坦齐马特改革的推动下，犹太人自《欧麦尔条约》缔结以来所形成的身份地位发生变化。犹太人经济势力的增强和社会地位的改善，为 20 世纪 20 年代巴格达犹太人介入伊拉克政坛奠定了基础。巴格达犹太人像世界其他地区的犹太人一样积极开展犹太复国主义运动，成立多个犹太复国主义组织，推动以色列建国。20 世纪 40 年代，巴格达的犹太人还积极参加了伊拉克共产主义运动。

1. 巴格达犹太人与伊拉克政治

中世纪以来，巴格达一直是伊拉克重要的政治舞台。19 世纪 30 年代奥斯曼帝国恢复了对两河流域的直接统治，稳定、宽松的政治环境以及坦齐马特改革后犹太人"迪米"身份的变化，为巴格达犹太人在伊拉克开展政治活动提供了有利条件。犹太人开始介入伊拉克政治。英国委任统治时期和伊拉克王国初期，犹太人政治领域的活动进入高潮。

第一，政治环境变迁。按照伊斯兰教法规定，臣民被分为穆斯林、"迪米"以及不信教者。犹太人属于迪米，也称为"圣书之民"。根据《欧麦尔条约》规定，迪米的宗教自由受到保护，但伊斯兰国家为凸显自身尊贵，大多存在歧视性法令。奥斯曼帝国实施"米列特"制度，使巴格达犹太人被排斥在帝国权力中心之外。虽然奥斯曼帝国为中央集权国家，但由于苏莱曼大帝之后帝国衰落，加之伊拉克地处边陲，长期陷于土耳其和波斯两大帝国混战之中，16—18 世纪巴格达城屡遭劫掠。低下的社会地位和动荡的外部环境使巴格达犹太人无法获得更多的政治权力，甚至远离政治以求自保。

1831 年奥斯曼将军阿里·里德哈攻陷巴格达，素丹加强了对伊拉克的统治。巴格达从此远离自 16 世纪以来的"暴动、叛乱、清剿、变节、宫廷阴谋和外敌入侵构成的政治全景图"，[①] 政治环境的稳定为巴格达犹太社团的复兴与繁荣提供了前提。19 世纪中期在西方文明冲击下，奥斯曼帝国进入坦齐马特时代（1839—1876）。坦齐马特的目标是扩展素丹权

---

① 彭树智主编，黄民兴著：《中东国家通史·伊拉克卷》，商务印书馆 2002 年版，第 134 页。

威、增强财政收入、富国强兵和实现法律面前人人平等。① 改革对帝国境内犹太人产生了重要影响。数百年来，犹太人一直是帝国境内的二等臣民。他们必须缴纳人丁税，居住在特定的社区，不得担任高级官吏和警察。② 但是 1839 年大维齐尔穆斯塔法·雷西德以素丹名义发布的《御园敕令》和 1856 年的《哈蒂·胡马云诏书》赋予了犹太人在内的非穆斯林以平等公民权，取消带有歧视色彩的人丁税。1842 年坦齐马特各项法律开始在伊拉克实施，尽管速度缓慢，但巴格达犹太人开始摆脱自伊斯兰征服以来的"迪米"地位。不过，在现实生活中，巴格达犹太人并没有被平等对待，蔑视、偏见和孤立仍然可见，所谓平等也仅限于法律层面。真正意义的平等在奥斯曼帝国崩溃后和英国委任统治时期得以实现，帝国法律所赋予的地位平等，无疑为巴格达犹太人活跃于伊拉克政治舞台埋下了伏笔。

19 世纪随着西方势力的渗透，巴格达等大城市首先接受了西方商业文明洗礼。巴格达由于英国人将其视为通往印度的捷径，而成为英印贸易的重要节点。巴格达犹太人与英国人联系密切。在巴格达犹太人看来，让基督徒和犹太人获得平等权利的 1839 年和 1856 年两项奥斯曼帝国改革成果本身就是在欧洲敦促下实现的。他们相信奥斯曼帝国不能平等对待基督教徒是引发西方国家干涉的原因之一。西方国家对奥斯曼帝国的干涉可以使犹太人从中获益。对西方国家而言，犹太人由于具有重视外国语学习的传统，一直充当主体民族与欧洲商人的顾问和中介。巴格达犹太社团与西方国家内部犹太公民的认同和联系已构成发达的国际商业网。因而当西方殖民势力渗入，巴格达犹太人自然成为西方国家理想的代理人。19 世纪早期，一份英国驻巴格达领事馆和商业公司的雇员清单显示，雇员中基督徒 28 人，犹太人 14 人，穆斯林仅 4 人。③ 可见，在第一次世界大战前，巴格达犹太人就已与英国等西方国家相互认同。1914 年第一次世界大战爆发，奥斯曼帝国向协约国宣战。1917 年英军占领巴格达，巴格达犹太人或成为英国买办，或因后者保护宗教自由，或对奥斯曼帝国在第一次世界大战期间对犹太人强行征兵政策和经济掠夺不满等，对英军占领伊拉克

---

① 王铁铮、黄民兴等：《中东史》，人民出版社 2010 年版，第 198 页。

② David Solomon Sassoon, *A History of the Jews in Baghdad*, Simon Wallenberg, 2006, p. 100.

③ Stillman Norman, *The Jews of Arab Lands in Modern times*, The Jewish Publication Society, 1991, p. 6.

持欢迎态度。当时一位犹太贵族在写给社团首席拉比的信中甚至建议将英军进入巴格达的时间定为宗教节日，以示庆祝。[①] 在此背景下，巴格达犹太人与英国人由于商业关系和相互认同实现了其政治参与的夙愿。

第二，伊拉克政治中的犹太人。1917 年当英军攻陷巴格达时，犹太社团在城市中仍具有重要影响。这种影响一方面表现为犹太人是当时城市中最大的少数族群（见表6—1），另一方面则为犹太人是当时城市中最富有、受教育程度最高的群体。19 世纪部分巴格达犹太人定居海外特别是远东地区，20 世纪初经商于伊拉克内外的巴格达犹太商人已形成现代性的商业网络，并在巴格达城市经济中占有举足轻重的地位。为确保自身经济利益不受损害，20 世纪初巴格达犹太人开始介入伊拉克政治。

英国占领伊拉克后，在获得犹太人等少数族群支持的同时，也引发了大量什叶派穆斯林、前帝国官员、阿拉伯商人的不满，不久民族意识在伊拉克觉醒。1920 年伊拉克全民性的民族大起义爆发，迫使英国政府改变殖民方式，将政权交给亲英的阿拉伯代理人，并赋予伊拉克形式上的独立。巴格达犹太人由于担心英国政府的举措会给自身权益带来损害，因而极力反对伊拉克建国并主张维持现状。为此，巴格达犹太人积极开展政治请愿活动，首先向当地民政委员会提交请愿书，请求加入英国国籍。他们提出三条不愿意成为即将成立的伊拉克王国臣民的理由：第一，阿拉伯人在政治领域是不负责的；第二，阿拉伯人没有执政管理的经验；第三，阿拉伯人本性是狂热的，对待民众缺乏耐心。[②] 此后，巴格达犹太社团向民政委员会提出第二次请愿，指出"不久前发生的那场大战中，协约国以解放被压迫民族，使各民族获得民族自由，并促进各民族在经济和社会领域取得发展为目标。数世纪以来，伊拉克境内各民族由于政府的羸弱从未得到全面发展，因而借助欧洲力量谋求自治是各民族获得发展的唯一可能"。[③] 巴格达犹太人的请愿活动并没有取得成功，1920 年费萨尔在巴格达举行加冕仪式，伊拉克王国诞生。但巴格达犹太人没有放弃自己的政治主张，1921 年社团代表再次向高等委员会请愿，请求加入英国国籍。当

---

① Bruce Master, *Christians and Jews in the Ottoman Arab World*, Cambridge：Cambridge University Press, 2001, p. 193.

② Nissim Rejwan, *The Jews of Iraq：3000 Years of History and Culture*, London：Weidenfeld & Nicolson, 1985, p. 211.

③ Ibid. .

然这次请愿活动同样无果而终。犹太社团向伊斯兰政府递交请愿书的案例历史上并不鲜见，但请愿书内容大多为社团内部事务，如社团领导人的任免等。20 世纪 20 年代巴格达犹太人在伊拉克王国建国问题上的三次请愿活动说明犹太人已在国家政治领域取得发言权，关键的是，自坦齐马特改革后获得平等身份的犹太人已开始政治觉醒，认识到自己也是国家主人，拥有平等参政议政的权利。

伊拉克王国成立后，巴格达犹太社团接受了王国成立的事实。"费萨尔国王登基之日，巴格达犹太社团举行重大的庆祝活动。国王也来到举行庆典的犹太大会堂，并亲吻托拉经卷。"① 此后，深受英国影响的费萨尔国王继续实施对犹太人的友好政策。1920 年 10 月伊拉克高等委员会成立临时政府，该机构全面负责国家的财政、立法、安全、教育、健康和宗教等事务。在组成临时政府的 8 位大臣中，犹太人沙逊担任财政大臣，犹太人在伊拉克的参政活动达到顶峰。随着犹太人参政意识的增强以及政治地位的提升，费萨尔国王进一步意识到犹太人在伊拉克政治中的重要性。1922 年伊拉克在各项法律中都强调各种族间的自由平等。1925 年伊拉克王国颁布带有宪法性质的伊拉克组织法，对不同种族所享有的平等权利加以确认。有一些犹太人出任政府高级职务，在 1925 年召开的国会中，国王任命的 33 位参议员中，有 5 位是犹太人，其中两位代表巴格达犹太社团。按照宪法规定，众议院中也有一定比例的犹太人。因而在英国委任统治时期（1922—1932），巴格达犹太人不但在伊拉克的经济、教育和社会领域占有重要地位，而且在伊拉克政治中也发挥着重要影响。1933 年费萨尔国王去世后，伊拉克国内逐渐出现排犹势力。1934 年 9 月新上任的经济与交通大臣解雇了所属部门的全部非穆斯林，大量犹太人遭到辞退。第二次世界大战后，随着犹太复国主义运动在伊拉克的蓬勃发展，伊政府的排犹倾向更为明显。第一次中东战争爆发后，政府以国家安全为由将大量犹太公务员辞退。② 伊拉克政坛中的巴格达犹太人从此暗淡出局。

20 世纪 20 年代伊拉克政坛曾涌现出众多犹太政治明星。麦尼汉姆·丹尼（Menahem Daniel）自 1925 年第一届伊拉克国会召开便担任议员，1932 年隐退后其子继续担任议员。戴乌德·萨马拉（Dawood Samra）

---

① Nissim Rejwan, *The Jews of Iraq: 3000 Years of History and Culture*, London: Weidenfeld & Nicolson, 1985, p. 213.

② Ibid. .

1923 年被任命为高等法院法官直至 1946 年退休。最显赫的犹太政治家当属巴格达犹太人沙逊·汉斯克（Sassoon Heskel），他担任伊拉克王国财政大臣和国会议员长达 13 年（1920—1932）。早在英国占领前的 1908 年，沙逊便代表巴格达行省，担任奥斯曼政府议会议员长达 10 年之久。1909年沙逊代表奥斯曼政府出使英国。当时他是奥斯曼议会中最为活跃的议员之一，并长期管理议会属下的预算委员会。1913 年被任命为商业和农业部的咨询顾问。1921 年 3 月沙逊受邀参加英国高级官员和驻伊拉克高级官员在开罗举行的会议，会议决定由费萨尔出任伊拉克国王，同年 5 月沙逊担任王国财政大臣。作为伊拉克王国的首位财政大臣，沙逊着手组建了财政部下属的各个机构，规范了各部门的行政职能。最为重要的是，沙逊还为伊拉克现代财政预算体系的建立奠定了基础。他在国内专设监督机构规范各政府部门的开支用度，从而保证了国家经济平稳发展。据传，沙逊为人刚直不阿，为限制费萨尔国王的电报、信件花销，曾以辞职相威胁。[①] 沙逊的远见与才能还体现在 1925 年其与英国石油公司谈判时，坚持使用黄金为石油计价。所以 1929 年世界爆发经济危机，英国取消金本位后，伊拉克在石油方面获得诸多额外收益。

综合上述，19 世纪以来，西方殖民主义影响下的伊拉克政治环境发生持续变迁，传统社会中基于宗教和血缘的旧政治势力衰落，新兴中下层和与英国保持友好关系的新阶层开始在政治舞台中崭露头角，而巴格达犹太人正是其代表。

2. 巴格达的犹太复国主义运动

19 世纪末当犹太复国主义运动在欧洲勃然而兴时，伊拉克最大的民族社团——巴格达犹太社团民族主义情绪也被唤醒。但巴格达犹太复国主义的发展之路却并不顺畅。纵观其近半个世纪的发展，可分为以下三个阶段：

早期萌发阶段（1899—1917 年）。1891 年，德国犹太人布丹哈米尔发起"全世界犹太复国主义者联合起来！"的号召。1897 年，在犹太思想家赫兹尔的倡导下，世界各地犹太人代表在瑞士巴塞尔召开第一届世界犹太复国主义者代表大会。犹太复国主义运动发展成为世界性的政治运动，

① Nissim Rejwan, *The Jews of Iraq: 3000 Years of History and Culture*, London: Weidenfeld & Nicolson, p. 216.

巴格达犹太社团知识分子深受影响。在巴黎以色列联盟学校档案中，有一份题名为《1899 年伊拉克犹太复国主义活动》的文件。阿龙·沙逊回忆道："我一直对希伯来报纸非常感兴趣，其中有一份名为 *Matzpeh* 的报纸经常报道犹太复国主义的发展情况，赫兹尔在科隆发表的一篇演讲曾令我非常振奋，在演讲中他讲到犹太人是永远不会被同化的，自那以后我就非常关注犹太复国主义领导人的相关报道，也就是那时起我开始了自己的犹太复国主义活动。"[1]

　　起初，巴格达的犹太复国主义运动并无太多建树，当时的犹太复国主义活动也非常简单，仅是将成员组成小组阅读来自海外的希伯来报纸、期刊以及一些早期犹太复国主义著作。巴格达犹太复国主义协会主席本杰明·沙逊也证实，早期的巴格达犹太复国主义运动领导人塞曼施（Semah）常常将一些年轻犹太人聚集一处，指导他们学习希伯来文，告诉他们赫兹尔是如何对其产生巨大影响的。[2] 但此时的巴格达犹太复国主义者已开始与世界犹太复国主义运动取得联系。1914 年奥斯曼帝国犹太复国主义协会在伊斯坦布尔成立，不久部分年轻的巴格达犹太复国主义者向该机构写信，表达其在巴格达建立犹太复国主义协会的愿望。他们也向设在柏林的世界犹太复国主义总部发出请求，希望为他们提供一些犹太国民基金活动的信息以及宣传犹太复国主义的著作、期刊和邮票，以供在巴格达销售并扩大犹太复国主义运动在伊拉克的影响。

　　第一次世界大战期间，由于与世界犹太复国主义组织联系中断，初生的巴格达犹太复国主义运动处于低潮。1917 年英国政府发表《贝尔福宣言》支持犹太人在巴勒斯坦地区建立民族家园。对这一重大外交胜利，巴格达犹太人却反应冷漠。阿诺德·威尔逊在写给世界犹太复国主义机构的信件中解释了其中的缘由："《贝尔福宣言》既没有在美索不达米亚引发任何反响，也没有在巴格达产生任何政治效应，那里的犹太人与当地穆斯林已经和睦相处数百年。当我和巴格达犹太社团的一些成员讨论这个宣言的时候，他们告诉我：'巴勒斯坦是一个非常穷困的地区，耶路撒冷也不是最佳的居住地。与巴勒斯坦相比，美索不达米亚是天堂，这里是亚当和夏娃的花园，我们会将它变得更加美丽。对于我们而言，这里才是家

---

　　[1]　Nissim Rejwan, *The Jews of Iraq: 3000 Years of History and Culture*, London: Weidenfeld & Nicolson, 1985, p. 201.

　　[2]　Ibid., p. 202.

园。我们欢迎孟买、波斯、土耳其等地的犹太人回到这里。这里充满了自由与机遇，在巴勒斯坦或许有自由，但是却没有发展的机遇。'"①

可见对于大部分巴格达犹太人而言，《贝尔福宣言》只不过是一个非常不切实际的梦想。这也从另一个侧面反映了当时巴格达犹太复国主义对整个社团的影响微乎其微。因而在第一次世界大战期间，巴格达犹太复国主义活动仅限于扩大社团成员学习希伯来文，促使巴格达犹太人产生迁居巴勒斯坦的兴趣并收集一定资金尽早建立犹太复国主义协会。

从该期犹太复国主义运动在巴格达的发展状况，可以得出如下结论：尽管巴格达犹太复国主义运动已成为世界犹太复国主义的组成部分，但是此时的犹太复国主义活动无论是规模、内容还是影响方面都非常有限。其原因在于：一方面，巴格达犹太复国主义运动缺乏富有才能且兼具人格魅力的领导人；另一方面，阿拉伯民族主义尚未在伊拉克兴起，当地的犹太复国主义运动缺乏这一刺激性因素。当第一次世界大战后阿拉伯民族主义在伊拉克兴起并对犹太人产生敌对情绪时，巴格达犹太复国主义随之获得发展。

初步发展与挫折阶段（1917—1941 年）。这一时期，巴格达第一个犹太复国组织成立。它积极开展活动，宣扬复国主义的政治主张，但效果并不明显，随着 1929 年巴勒斯坦形势的恶化，1935 年后该组织转入地下。

1919 年秋阿龙·沙逊为犹太国民基金筹措了第一笔资金并将其发往海牙总部。1920 年沙逊被正式任命为巴格达犹太复国主义运动的领导人，负责由伦敦出版的犹太复国主义期刊 *Ha-'Olam* 在伊拉克的发行与销售。在当地犹太复国主义者的宣传下，该期刊在巴格达当年的发行量从 20 册增加至 50 册，其中有 32 人长期订阅。同年沙逊还获得了 2000 个迁往巴勒斯坦居住的许可证发行权。②

1920 年 7 月 15 日，巴格达成立了第一个犹太复国主义组织——"犹太文学社"。该组织以文学协会做掩护领导巴格达的犹太复国主义运动。"犹太文学社"的纲领为积极学习希伯来语言和犹太文学，帮助具有相似目标的犹太复国主义小组和协会。"犹太文学社"成立后不久，首先组织

①　Abbas Shiblak, *The Lure of Zion: The Case of Iraqi Jews*, London: Al Saqi Books, 1989, p. 42.

②　Stillman Norman, "The Jews of Arab Lands in Modern Times", *The jewish Publication Society*, 1991, p. 86.

成员开办了一家希伯来俱乐部，以此作为组织成员的日常活动场所。不久后它还创办了一份以犹太复国主义为主要内容的文学周刊。该刊面向巴格达犹太社团所有成员，以犹太阿拉伯语和希伯来语两种语言同时发行，并将推动犹太事业、为犹太民族谋取平等位置、重建古以色列国之荣耀为办刊方针，具有明显犹太复国主义色彩。"犹太文学社"还建立了一所希伯来文图书馆，并获得首席拉比亚林汉姆·雅舍（Yeruham el – Yashar）的大量图书捐赠。截至 1920 年 11 月，"犹太文学社"举办讲座 12 场。通过上述活动，犹太复国主义思想在巴格达进一步传播。据"犹太文学社"统计，刚刚成立数月该组织成员便突破 700 人。①

1921 年巴格达犹太复国主义运动取得了显著进展。1921 年 2 月，犹太复国主义者在巴格达成立了"美索不达米亚犹太复国主义联盟协会"。这是继"犹太文学社"成立后，巴格达的第二个犹太复国主义组织，但该组织成立的意义在于，它获得了英国占领当局颁发的协会许可证，这也是伊拉克国内第一个合法的犹太复国主义组织，它的成立标志着巴格达的犹太复国主义运动获得了公开、合法开展的机会。不久该协会成立常务执行委员会，阿龙·沙逊当选执行主席，全面负责巴格达犹太复国主义运动的开展。遗憾的是，其合法性持续时间不长，1922 年伊拉克颁布社团法，要求国内所有的协会组织在内政部进行登记备案。然而在履行常规登记过程中，内政部拒绝为"巴格达犹太复国主义协会"颁布新的合法证书。其原因在于，自 1919 年英国占领伊拉克后，伊国内民族主义迅速崛起。1920 年英国获得委任统治权后，伊拉克什叶派领导的民族主义势力旋即开展大规模武装起义。尽管起义失败，但英国殖民政府却遭受重创，此后英国政府开始逐步转变殖民统治方式，注意平衡伊拉克国内各派势力。当英国当局意识到伊拉克国内阿拉伯民族对日益壮大的犹太复国主义运动持反感态度时，为维护伊拉克社会秩序稳定，改变了先前对巴格达犹太复国主义运动的支持态度。时任内政部长的阿卜杜拉·阿·萨杜（Abdul Musin al – Sa'dun）对阿龙·沙逊解释说，他非常同情犹太复国主义的政治目标，但是大多数阿拉伯人并不这样认为并产生了敌对的态度，因而在这种敌对的氛围下，犹太复国主义协会是不适宜公开存在的。此后，伊政府允许没有获得许可证的巴格达犹太复国主义协会继续运行。这样，直到

---

① Nissim Rejwan, *The Jews of Iraq: 3000 Years of History and Culture*, London: Weidenfeld & Nicolson, 1985, pp. 204—205.

1929 年，巴格达犹太复国主义活动一直处于半公开状态。

　　20 世纪 20 年代，尽管伊拉克政府对巴格达犹太复国主义运动的态度经历了由承认、支持，到默认、不反对的转变，但这一阶段的犹太复国主义活动在巴格达仍有序开展。一方面，犹太复国主义组织成员持续增长。阿龙·沙逊曾透露这一时期"美索不达米亚犹太复国主义联盟"各分支机构成员总计达到 1000 人。[①] 这些新增成员大部分来自犹太社团底层的贫困群体，希望参加这一组织对保守、僵化的社团结构发起挑战和抗议。"他们经常利用犹太复国主义者集会的场合对阿拉伯政府和社团富有上层表达不满。"[②] 另一方面，犹太复国主义活动由文化教育领域向政治领域渗透。一些犹太复国主义领导人开始积极参与巴格达犹太社团政治事务，谋求更有利于犹太复国主义开展活动的内部环境。1920 年 11 月，"犹太文学社"的领导人之一所罗门·海耶（Shlomo Hayya）成功当选巴格达犹太社团世俗委员会委员。另有 3 名犹太复国主义者当选巴格达城市议会议员，其中 1 人同时兼任国会议员。[③] 然而，犹太复国主义运动在巴格达的发展形势却因 1929 年巴勒斯坦局势的恶化而急转直下。"哭墙"事件发生后不久，伊拉克国内阿犹民族对立情绪高涨，为稳定国内局势，在英国授意下，伊拉克政府开始镇压国内犹太复国主义运动。1929 年，巴格达犹太复国主义运动领导人阿龙·沙逊在军警的胁迫下发表声明不再从事犹太复国主义活动，并于 1935 年被驱逐出境。此后，巴格达犹太复国主义运动由半公开彻底转入地下活动，犹太复国主义运动再次陷入低潮。

　　复苏阶段（1941—1951 年）：巴格达犹太复国主义运动发展史的最后阶段。随着巴勒斯坦局势的急剧变化以及 1941 年后伊拉克国内日益强烈的排犹运动，大量犹太人开始离开伊拉克，巴格达犹太复国主义运动的活动重心也开始转向以色列，并最终结束了在巴格达的历史使命。

　　这一阶段巴格达犹太复国主义运动的显著特点是：第一，巴勒斯坦犹太复国主义组织派遣人员前往巴格达；第二，犹太复国主义活动以鼓励并帮助当地犹太人迁往巴勒斯坦地区居住为主要目标和内容。随着德国纳粹

---

　　① Nissim Rejwan, *The Jews of Iraq: 3000 Years of History and Culture*, London: Weidenfeld & Nicolson, 1985, p. 226.

　　② Stillman Norman, *The Jews of Arab Lands in Modern Times*, The Jewish Publication Society, 1991, p. 86.

　　③ Nissim Rejwan, *The Jews of Iraq: 3000 Years of History and Culture*, London: Weidenfeld & Nicolson, 1985, p. 205.

在欧洲对犹太人大屠杀和伊拉克反犹事件发生，巴勒斯坦的伊休夫领导人认识到将阿拉伯国家的犹太人移民巴勒斯坦是非常必要的。1942 年起，巴勒斯坦的伊休夫组织秘密派遣使者前往巴格达。这些使者的到来加强了巴勒斯坦犹太复国主义组织与伊拉克犹太复国主义组织的联系，为低潮的巴格达犹太复国主义运动带来活力。1942 年 8 月，嘉道理（Kadoori）、盖特曼（Guttmann）和赛若尼（Sereni）三位巴勒斯坦使者到达巴格达，并分别成立三个犹太复国主义组织秘密开展地下工作。赛若尼创办"犹太拓荒者运动"组织（Haluza），主要负责对当地犹太人进行犹太复国主义教育和希伯来文教学；嘉道理创办"自卫"组织（Ha–Shurah），负责对巴格达犹太人进行军事训练和设法获取武器；盖特曼创办"阿利亚"组织，负责协助巴格达犹太人通过非法途径移居巴勒斯坦。

1943 年，"犹太拓荒者运动"在巴格达组织秘密举行了两次代表大会，与会者包括来自巴士拉和摩苏尔的犹太复国主义组织成员，会议通过了老伊拉克犹太复国主义运动的指导方针。此后，"犹太拓荒者运动"组织不断壮大。1944 年该组织在巴格达人数达到 400 人，1948 年组织中教师人数超过 120 人，分支机构达 16 个，其中一半分布在巴格达。[①] "犹太拓荒者运动"组织工作非常细致，每位组织成员都给自己取了希伯来名字，希伯来文教师在犹太学校中秘密授课，在成员聚会中经常传唱希伯来歌曲和跳希伯来舞等，这些工作是为将来移居巴勒斯坦做准备。

嘉道理自 1942 年初到巴格达领导"自卫"组织，招募 20 名青年犹太男女开展各种形式的"自卫"训练，如教授如何使用短刀和手雷等轻型武器以及徒手擒拿等技能。该组织将巴格达分为若干个区域，加强各犹太聚集区的防卫。该组织在为犹太社团获取武器方面取得了显著的成绩，如"自卫"组织成立第一年，便通过当地各种渠道或从巴勒斯坦走私枪支 700—1000 余支，并分散隐藏在组织成员家中。但在随后针对犹太社区的暴力事件中并未发挥太大作用。

此外，"阿利亚"组织的秘密移民活动此时也没有取得太大成果。据统计，平均每月仅帮助移民 5 人。[②] 1942—1948 年"阿利亚"组织主要通

---

① Nissim Rejwan, *The Jews of Iraq: 3000 Years of History and Culture*, London: Weidenfeld & Nicolson, 1985, pp. 228–229.

② Esther Meir–Glitzenstein, *Zionism in An Arab Country: Jews in Iraq in the 1940s*, London: Routledge, p. 159.

过西部边境—安曼—大马士革—贝鲁特 4 条通道秘密转移巴格达犹太人；通过贿赂等非法手段获得官方签证；借助英军交通设备回到巴勒斯坦；通过美军飞机对 100 名正被通缉中的犹太复国主义者进行转移。事实上，巴格达犹太复国主义组织进行的最有效的移民是在 1950 年伊拉克政府颁布法律允许放弃国籍的犹太人离开伊拉克时，据统计一年内大约有 105000 犹太人离开。[1] 1951 年后随着大量巴格达犹太人相继离开伊拉克，巴格达犹太复国主义运动逐渐偃旗息鼓。长达半个世纪的巴格达犹太复国主义运动结束。

犹太复国主义作为 19 世纪末期以来巴格达犹太人政治生活中的一股思想潮流，其影响和所发挥的作用是有限的。除外部敌对势力的干预外，巴格达社团内部也对犹太复国主义存在种种疑虑。一方面，巴格达犹太社团上层人士担心犹太复国主义可能引发犹太社团与穆斯林政府的对抗；另一方面，社团成员难以割舍这片先祖们生活了数千年并已完全融入的当地社会，犹太复国主义的政治理想与巴格达犹太人的实际需求相背离。

3. 共产主义运动中的犹太人

1924 年巴格达出现了第一个马克思理论学习小组，1934 年伊拉克共产党成立，巴格达犹太人在伊拉克共产党成立之初未扮演任何角色。1941 年反犹事件发生，年轻的犹太人才开始加入伊拉克共产党。随着巴勒斯坦犹太复国主义发展，伊拉克民族主义对犹太人的极力排斥以及巴格达犹太人出现不断加剧的不安全感，于是，部分犹太人开始积极反对犹太复国主义运动，认为犹太复国主义是帝国主义和西方资本主义的奴仆，违背了犹太人和阿拉伯人的利益。

伊拉克共产党极力反对犹太复国主义，他们认为这是一场殖民主义者和种族歧视者的运动。因而，伊拉克共产党反对"巴勒斯坦分治计划"，认为该计划意味着在犹太人和阿拉伯人间永远不能达成谅解，因为分治计划将造成占人口多数的阿拉伯人依附于占人口少数的犹太人[2]。伊拉克共

---

[1]　Moshe Gat, "The Connection Betweet the Bombing in Baghdad and the Emigration of the Jews from Iraq: 1950—1951", *Middle Eastern Studies*, Vol. 24, No. 3 (Jul. , 1988), pp. 312 – 329.

[2]　Hanna Batatu, *The Old Social Classes and the Revorlutionary Movement in Iraq: A Study of Iraq'Old Landed Commercial Classes and of It's Communists*, Ba'athists and Free Officers, Pinceton: Pinceton University Press, pp. 597 – 598.

产党的态度无疑与巴格达犹太人中的反犹太复国主义者形成政治认同。这是促成这一时期犹太人加入共产党的重要原因。

一位巴格达犹太人讲述了其成长为一名共产党员的历程："德国正在节节胜利，他们的目标是征服整个中东，我们开始担心巴勒斯坦的犹太人，因此，那些把犹太复国主义当做解决问题办法的犹太人是非常愚蠢的。英国政府也不可能保护伊拉克抵抗德国人，相反为了寻求保护，他们会纵容德国侵入巴勒斯坦。第二次世界大战初期，我们看到唯一一个成功阻止德国人侵领土的国家就是苏联。一个非西方国家，一个看似非常虚弱的国家是如何做到这一切的呢？我们非常佩服苏联。当时我们并不理解什么是共产主义，因为共产党在伊拉克是一个非常小的党派，只有十几个党员而且都在地下活动。因此，带着对苏联的崇拜，我们开始阅读所能找到的有关共产主义的书籍。这些马克思主义书籍大都是英文的，于是我们开始将其翻译成阿拉伯语并传阅给其他人。后来我们发现了一个非常有趣的现象，在伊拉克公开出版的著作中只有共产主义是反犹太复国主义的，因此我们更加确定这才是我们的党派。"①

1944 年伊拉克共产党成立的第一届中央委员会中有 2 名犹太人。伴随政治改革的失败，极右政府在伊拉克兴起，伊拉克共产党于同年 6 月举行游行示威。直到 1949 年伊拉克政府一直将共产党视为反政府组织。然而当伊拉克的犹太共产党人极力攻击犹太复国主义并强调自己的伊拉克人身份时，伊拉克政府及阿拉伯民众却并不认同。1947 年伊拉克共产党第一书记由名为 Yahuda Siddiq 的犹太人担任。但伊拉克民众对伊拉克共产党的了解仅仅是犹太人领导的党。1945 年具有共产主义思想的犹太人成立了反犹太复国主义联盟。机关刊物 *al - Usbah* 发行量一度达到 6000 份。但是不久该组织遭到取缔，领导者被绞死，反犹太复国主义联盟颇具讽刺意味地被判定为犹太复国主义组织。不久伊拉克共产党的活动也陷入低迷。

五 巴格达犹太人的经济活动

无论是摩肩接踵的坊街集市、驼铃绵延的国际商贸还是独辟蹊径

---

① Esther Meir - Glitzenstein, *Zionism in an Arab Country: Jews in Iraq in the 1940s*, London: Routledge, pp. 66 - 68.

的帝国银行，巴格达犹太人在中世纪阿拉伯帝国各商业领域无不留下难以磨灭的痕迹。然而自 1258 年蒙古屠戮巴格达后，城市中的犹太社团一蹶不振。此后希腊人、亚美尼亚人等基督教社团在经济领域崛起，巴格达犹太人的经济活力一度降至谷底。这种状况一直延续到奥斯曼帝国时期，正如埃利·巴尔纳维所言，17—18 世纪，奥斯曼帝国及其犹太社团仍处在衰落时期。尽管获得奥斯曼政府的支持，但是犹太商人和中介贸易还是逐渐被基督教竞争者所取代。[1] 19 世纪情况发生转变，有利的社会环境再次成就了巴格达犹太人在美索不达米亚经济中的垄断地位。

1. 城市经济活动

犹太人是伊斯兰世界城市化程度最高的民族。19 世纪到 20 世纪 40 年代巴格达犹太人在美索不达米亚地区经济地位的恢复，首先表现为以城市商贸、金融活动为主体的国内贸易繁荣。

城市商贸业：城市商贸活动成为巴格达犹太人的重要收入来源。社团中 62.9% 的成员从事与城市贸易相关的行业。[2] "事实上，犹太人垄断了巴格达的城市商贸业，无论是穆斯林还是基督徒都无法与其竞争。即便是个别在商业领域获得成功的穆斯林也大多雇佣犹太人作为高级主管和一般职员。准确地讲是犹太人为其掌管着商业。"[3]

销售进口商品是巴格达犹太人经营的主要内容。1919 年英国产品占伊拉克进口商品的 2/3，这些进口商品几乎全部由犹太商人垄断，其中曼彻斯特成为巴格达商人经销进口货物的主要产地。[4] 19 世纪末 20 世纪初，英国纺织品在伊拉克进口商品中也占较大比例，而同期巴格达犹太商人财富的积累很大程度上源于对该商品销售的垄断。[5] 巴格达犹太商人垄断经

---

① ［以色列］埃利·巴尔纳维主编：《世界犹太人历史：从〈创世记〉到二十一世纪》，刘精忠等译，黄民兴校注，中国人民大学出版社 2007 年版，第 156 页。

② Gideon S. Golany, *Babylonian Jewish Neighborhood and Home Deisign*, The Edwin Mellen Press, 1999, p. 37.

③ Nissim Rejwan., *The Jews of Iraq: 3000 Years of History and Culture*, London: Weidenfeld & Nicolson, 1985, p. 197.

④ Reeva Spector Simon eds., *The Jews of the Middle East and North Africa in Modern Times*, Columbia University Press, 2003, p. 363.

⑤ Shlomo Deshen., "Baghdad Jewry in Late Ottoman Times: The Emergence of Social Classes and of Secularization", *AJS Review*, Vol. 19, No. 1 (1994), pp. 19 - 44.

销进口产品的地位一直持续到 20 世纪 50 年代社团撤离。1948 年巴格达犹太人在进口商、零售商和批发商中占据的份额仍为 50%。[①] 社团成员经营各种日用杂货、医药用品、钢材、茶叶、咖啡、罐头、块糖、软砂糖以及铜；市场中的珠宝首饰也多为犹太人经营。随着城市化进程加快，巴格达城市开始向郊区蔓延，上层社会对英美小汽车的需求上升，最早代理汽车销售的商家也多为犹太人。他们还从事粮食、家用器具等领域的销售活动，新兴的电影娱乐产业也有巴格达犹太人的身影。1926 年巴格达商贸委员会成立，该委员会 13 名常务委员中，有 5 名犹太人，4 名穆斯林，3 名英国人，1 名代表波斯商人。[②] 截至 20 世纪 30 年代中期，巴格达商贸委员会中一半以上的委员为犹太人，他们构成了城市中最重要的商业群体。一些巴格达犹太家族垄断了城市经济的部分领域，如瑞瓦克（Rejwan）、阿德斯（Adases）、沙逊、纳撒尼尔（Nathaniels）、拉维（Lawis）、沙曼斯（Shammashes）和阿布迪斯（Aboodies）等几大犹太家族垄断了巴格达全部的茶叶销售行业。[③]

　　城市金融业：金融银行业是 19—20 世纪上半期巴格达犹太人从事的另一重要职业。中世纪巴格达犹太人曾在阿拉伯帝国银行业的起源、发展中发挥重要作用。[④] 19 世纪早期，随着巴格达犹太社团的复兴，社团成员再次涉足金融信贷和理财顾问两个古老行业，并为巴格达城市经济的复苏与繁荣发挥了不可或缺的作用。

　　沙逊家族的创始人塞利·沙逊（Sheikh Sassoon ben Salih）、银行家伊萨克（Isaac）、货币兑换业的玛尼汉姆（Menahem'Ini）等都是 19 世纪初巴格达涌现出的知名犹太银行家。伴随着西方文明的冲击和现代银行体系的引入，昔日的理财顾问转变为现代银行家。"步入 20 世纪，一些古老

---

①　Reeva Spector Simon eds. , *The Jews of the Middle East and North Africa in Modern Times*, Columbia University Press, 2003, p. 356.

②　Nissim Rejwan, *The Last Jews in Baghdad*: *Remembering A Lost Homeland*, Texas: University of Texas Press, 2004, p. 1.

③　Reeva Spector Simon eds. , *The Jews of the Middle East and North Africa in Modern Times*, Columbia University Press, 2003, p. 363.

④　Walter Fischel, "The Origin of Banking in Mediaeval Islam: A Contribution to the Economic History of the Jews of Baghdad in the Tenth Century", *Journal of the Royal Asiatic Society of Great Britain and Ireland*, No. 3 (Jul. , 1933), pp. 569 – 603.

犹太家族的后裔仍然热衷于从事银行业。"① 兹克哈（Zilkha）、坎迪亚
（Kradiyah）、埃德瓦德·阿布迪（Edward Aboodi）、卡哈瑞施（Kharith）
是20世纪初期巴格达著名的犹太金融家族。他们凭借对巴格达金融业的
长期垄断，利用家族资本投资商业、操控国家贸易、提供信贷和小额贷款
积聚了庞大资产，构成了犹太社团中的上层群体。这些家族银行往往雇用
接受过世界犹太联盟学校教育的犹太人担任雇员，从而在巴格达犹太社团
中形成以金融业为职业的中产阶级群体。随着资金更为雄厚的西方银行进
入巴格达，当地犹太银行业受到冲击，但以金融业为职业的中产阶级犹太
群体不但没有减少反而更为庞大。由于犹太人具有语言优势、受教育程度
较高，西方银行更愿意雇用巴格达犹太人为雇员。"20世纪30、40年代
巴格达所有的银行和金融机构一样，巴格达最大的银行——英国东方银行
中犹太雇员占绝大多数。整个银行中除了两三名英国高管外，几乎所有职
员都是犹太人。"② 随着巴格达犹太社团中上层银行家资本的迅速积聚，
他们又将资金投向海外，在印度、英国开办私人公司从事进口、转口贸易
并在巴格达开设专业性商业银行促进伊拉克国际贸易的发展。

　　城市商业区：商业区是巴格达城市空间最具活力的部分，而犹太人的
商业活动不可或缺。巴格达犹太人的经营场所按照所属空间位置不同，可
以分为两类，一类位于巴格达市东北部犹太社团内，另一类位于犹太社团
以外城市各商业区。

　　巴格达犹太社团内部的商业区通常沿街区主干道形成。与城市其他地
方的商业街区不同，这里的巴扎多具专门性，如经销鱼、肉和蔬菜三类商
品的萨马克（Suq al – Samak）巴扎；专营鱼、肉、水果和蔬菜四类食品
的汉努尼（Hannui）巴扎；专营肉、水果和蔬菜的卡布拉（Qahwet al –
Kabira）巴扎和萨兰（Qahwet al – Sae'ra）巴扎。巴扎两边的店铺多具专
门性，如陶器、服装、家具和金属制品等都集中分布在一些专门性店铺
中，综合性的商业区和店铺较为少见。③ 这一特点的形成与满足宗教律法
需要有密切关系。犹太教认为在基本生活方面，遵守犹太饮食律法

　　① Shlomo Deshen, "Baghdad Jewry in Late Ottoman Times: The Emergence of Social Classes and of Secularization", *AJS Review*, Vol. 19, No. 1 (1994), pp. 19 – 44.

　　② Nissim Rejwan, *The Last Jews in Baghdad: Remembering A Lost Homeland*, Texas: University of Texas Press, 2004, p. 133.

　　③ Gideon S. Golany, *Babylonian Jewish Neighborhood and Home Deisign*, The Edwin Mellen Press, 1999, p. 62.

（Kashrut）是犹太人与非犹太人区别的标志。犹太饮食法和《圣经》以后的教义对如何准备和食用肉类、水产品、蔬菜、水果和谷物食品方面都有严格规定。① 社团内部商业区的专门化一方面可以使社团成员更为方便地购买到符合犹太饮食法的肉类和食品，另一方面也便于社团对市场和店铺的管理与监督。另外，与中东地区常见的巴扎不同，社团内的商业区通常没有顶棚遮盖，店铺沿街分列两旁。这是巴格达犹太商业区与其他商业区外观上的显著区别。

汉努尼（Suq Hinnuni）巴扎是巴格达犹太社团内最为繁荣的商业区。"能听到各种声音是汉努尼市场的标志。当你路过汉努尼时，你既会听到商铺老板的叫卖声，还能听到众多走街串巷小贩们对自己商品的赞扬。他们通常将这些商品顶在头上，品种繁多的商品则由同行的毛驴驮着。"②

在汉努尼巴扎，犹太商人的数量和经济规模方面占据主导地位，除少数较大的杂货店外，犹太商人很少经销农产品。"商业区内经销农贸产品的商贩大多来自巴格达附近的村镇，他们将自己农场种植的水果和蔬菜——苹果、橘子、柠檬、甜柠檬、鲜杏、梨子、葡萄、洋葱、大蒜、黄瓜、土豆还有白菜带到汉努尼进行销售。"③ 穆斯林商贩通常带着最好的农产品在周五或各种犹太节日前几天来到汉努尼商业区进行买卖，这些日子自然成为汉努尼巴扎交易最为繁忙的时候。市场中的犹太商人大多销售各类水果。他们从距汉努尼商业区不远的阿里瓦（'alwa）批发巴扎以较低价格贩回大宗水果，利用差价在自己店铺进行销售谋取利润。汉努尼巴扎中经销肉类的屠户全部是由犹太人垄断。由于犹太人需要遵守饮食习惯法，因而教法规定犹太人不能购买不洁净的肉类。屠户通常会从穆斯林农民那里购买大量活羊，将其带回屠宰场进行宰杀，对羊的内脏进行仔细检查是否发生破损，最后进行剥皮处理并将洁净的羊肉送到指定商店进行销售。如果一些羊经屠宰后发现不符合犹太饮食法规定，犹太商人会将这些羊以低价卖给其他市场的穆斯林屠户。④ 因而，包括汉努尼巴扎在内的所

---

① 徐新：《犹太文化史》，北京大学出版社 2008 年版，第 101 页。
② Nissim Rejwan, *The Last Jews in Baghdad*：*Remembering A Lost Homeland*，Texas：University of Texas Press，2004，p. 32.
③ Ibid. .
④ Ibid. , p. 33.

有犹太社团商业区，经营肉类的店铺和屠户必须经过社团批准方可开张。所以"犹太商业区的羊肉价格会比穆斯林屠户的肉价高出 1.5 倍，有时会高出 2 倍。在犹太屠户的商店里也不会出现牛肉。因为犹太人认为牛肉中的肥肉不多，其营养要比羊肉差很多，只有穷苦的穆斯林才吃这种肉。因而在犹太市场中牛肉要比羊肉便宜，羊肉的价格比禽类价格高。由于没有冷藏设施，中午临近时，犹太屠户大多会降低肉价。只有那些经营禽类的商贩不会因保鲜问题降低价格，因为大多巴格达犹太人习惯购买活禽。然后自己交给犹太屠宰师进行宰杀。"① 因此，汉努尼巴扎中的犹太屠宰者总是位于禽类销售区附近。另外，汉努尼商业区里常常聚集着一些为商户搬运货物的搬运工，这些人大多是北方库尔德人。"这些库尔德人像驴子一样勤劳、强壮、富有耐心，似乎他们具有搬动任何重量货物的能力。他们的耐力是惊人的。据说，绕着巴格达城走，驴子的力气耗竭了，库尔德人的力气也没有用尽。"②

犹太社团之外的城市商业区也是巴格达犹太人活动的重要场所。例如，著名商业区撒瑞（Suq el - Saray）几乎汇集了巴格达所有的集市。位于商业区中心的巴扎（Suq el - Bazzazin）是巴格达最大的布料专营地。犹太人在服装、男性饰品等行业占据主导地位，部分服装从德国和奥地利进口后，这些犹太店铺成为巴格达上层社会常常光顾的地方。③ 阿塔德巴扎（Suq el - ' Atatir）是商业区中的综合性集市，沿街布满杂货店。犹太人主要经营糖果店，并形成垄断地位。犹太人经营的糖果店位于集市中名为曼萨玛（man el - sama）的专区中经营。据说"曼萨玛"一词本身就是犹太方言，其中 man 是希伯来单词。④ 另外，在巴格达郊区附近的巴扎也是犹太人活动的主要场所。卡兹玛伊是巴格达郊区的什叶派小镇。巴格达犹太人对于当地商贸经济的影响十分显著。纳卡什（Yitzhak Nakash）在其著作《伊拉克的什叶派》记载：黎巴嫩什叶派学者阿明（Muhsin al - Amin）在 1934—1935 年访问卡兹玛伊镇时曾说，尽管周五是穆斯林官方法定的休息日，但什叶派商人前往卡兹玛伊伊玛目清真寺朝圣的时间

① Nissim Rejwan, *The Last Jews in Baghdad: Remembering A Lost Homeland*, Texas: University of Texas Press, p. 33.

② Ibid., p. 34.

③ Ibid., p. 36.

④ Ibid., p. 36.

是每周六而不是周五。他对这一现象的解释是：由于犹太人控制着整个伊拉克的商贸业，穆斯林商人的商业活动对巴格达犹太商人提供的各项商业服务具有很强依赖性。考虑到犹太人在周六要守安息日（Shabbat）并停止一切商业活动，导致穆斯林商业活动无法正常进行，因此穆斯林商人只能将自己的礼拜日进行调整。①

2. 国际贸易活动

19 世纪到 20 世纪巴格达犹太人在美索不达米亚地区经济重要性增强，不仅体现在城市经济领域，而且体现在对伊拉克国际贸易的垄断。但由于西方势力不断渗透以及美索不达米亚地区长期缺乏政治独立，伊拉克地区包括巴格达犹太人在内的商业集团开始衰落。"东印度公司支配着巴士拉的海上贸易，波斯人控制着伊拉克、波斯贸易，亚美尼亚人控制着对叙利亚的贸易。"② 达乌德担任帕夏期间（1817—1831 年）巴格达的反犹太活动日趋强烈，为躲避政治、宗教迫害以及日益恶化的经济环境，大量犹太人逃离巴格达。由于远东地区生活环境相对宽松以及新商机的出现，"东方"成为巴格达犹太人迁移的主要方向。然而当时的这一无奈之举，却为日后巴格达犹太人建立国际性商贸网络、垄断地区国际贸易埋下了伏笔。被誉为"东方罗斯柴尔德"的沙逊家族就是这一时期前往海外的巴格达犹太家族的代表。

19 世纪初，沙逊家族是巴格达犹太社团的显赫之家，当时的族长塞利·沙逊担任社团纳西长达 40 余年，并长期占据巴格达帕夏首席财政官一职。1828 年塞利之子大卫·沙逊与帕夏达乌德发生冲突，为躲避迫害，沙逊家族逃离巴格达，经巴士拉、布什尔前往印度孟买。此后，以经营英国纺织品、东方丝织品以及波斯特产为主的沙逊家族成为印度在波斯湾地区最大的贸易机构。1845 年沙逊之子伊莱亚斯·沙逊将商业扩展至上海。不久沙逊家族就控制了英印对华贸易以及后来的英国与整个东亚地区贸易，巴格达犹太人在东方的商业帝国由此建立。③

---

① Nissim Rejwan, *The Last Jews in Baghdad: Remembering A Lost Homeland*, Texas: University of Texas Press, p. 3.

② 彭树智主编，黄民兴著：《中东国家通史·伊拉克卷》，商务印书馆 2002 年版，第 144 页。

③ 潘光、王健：《一个半世纪以来的上海犹太人——犹太民族史上的东方一页》，社会科学文献出版社 2002 年版，第 12 页。

从巴格达迁移出来的犹太人在居住地建立了自己的社团，如孟买犹太社团，加尔各答犹太社团，上海、香港犹太社团，部分犹太人加入欧洲国籍，如大卫·沙逊 1832 年加入英国国籍。尽管如此，19—20 世纪初，这些犹太人与巴格达犹太社团一直保持密切经济联系。如移居印度的巴格达犹太人最初的贸易伙伴大多是与其具有亲戚关系的巴格达犹太社团成员。就伊拉克而言，这种贸易关系构成了近代巴格达本土犹太人从事国际贸易的最初形式。贸易内容主要包括棉花、羊毛、皮革、树胶、地毯、玫瑰香水、铁、块糖、绵白糖、宝石、靛青之类。[①]

随着沙逊家族在英印贸易中作用的扩大，借助印度犹太人的媒介，巴格达本土犹太人开始在英印贸易中发挥巨大作用。在国际贸易巨额利润的诱惑下，巴格达犹太社团上层的一些金融家们开始将大量资本投入国际商贸领域。巴格达犹太人在国际商贸领域实力进一步增强，他们开始绕过沙逊家族直接与英国开展贸易，并在英国和印度等地开办公司，[②]“在曼彻斯特、孟买和巴黎拥有了自己的代理人”。[③]据 1910 年统计，巴格达犹太人在英国曼彻斯特和伦敦设立的公司达20 多家，在波斯的哈马丹和克曼沙（Kirmanshah）也有相当数量的公司。当时巴格达犹太商人从曼彻斯特进口布匹并出口至波斯。巴格达犹太人与德国、奥地利等国从事的男子服饰贸易也逐渐增加。[④] 20 世纪初期开始从事国际贸易的巴格达犹太人大多成为英国各个公司的代理人，他们垄断着英属印度与伊拉克的纺织品贸易。[⑤] 1919 年英国商品约占伊拉克总进口商品的 2/3，而这些贸易几乎全部掌握在巴格达犹太商人手中。[⑥] 巴格达犹太人还控制着伊拉克、印度以及波斯之间的国际贸易。巴格达犹太人对伊拉克国际贸易的垄断一直持续到 20

---

① 潘光主编：《犹太人在亚洲：比较研究》，上海三联书店 2007 年版，第 5 页。

② Reeva Spector Simon eds. , *The Jews of the Middle East and North Africa in Modern Times*, Columbia University Press, 2003, p. 363.

③ 彭树智主编，黄民兴著：《中东国家通史·伊拉克卷》，商务印书馆 2002 年版，第 160 页。

④ Nissim Rejwan, *The Jews of Iraq: 3000 Years of History and Culture*, London: Weidenfeld & Nicolson, 1985, p. 197.

⑤ "Shlomo Deshen, Baghdad Jewry in Late Ottoman Times: The Emergence of Social Classes and of Secularization", *AJS Review*, Vol. 19, No. 1 (1994), pp. 19 – 44.

⑥ Reeva Spector Simon eds. , *The Jews of the Middle East and North Africa in Modern Times*, Columbia University Press, 2003, p. 363.

世纪 40 年代中期。"1932—1945 年伊拉克的外贸商品有枣椰、棉花、羊毛、谷物、石油和黄金等。贸易伙伴有英国、印度、美国、德国、日本和苏联等，其中英国居垄断地位。"① 尽管 1932 年以后，犹太商人已退出政坛，但巴格达犹太人在一段时间内仍然在国际贸易中占有主要地位。1941 年后，伊拉克政府的排犹倾向日益明显。1945 年伊拉克政府停止为从事进出口贸易的犹太人颁发营业许可证，巴格达犹太人被迫与穆斯林合伙从事国际贸易活动，其在该领域的影响力遂开始下降。20 世纪 50 年代，随着巴格达犹太人离开伊拉克，其所从事的国际贸易随之终结。

3. 经济繁荣成因分析

18 世纪以来，英国等西方国家加强了对伊拉克地区的殖民渗透。1783 年东印度公司在巴格达建立常驻商业代表，1798 年设置帝国专员，巴格达成从而为英国在伊拉克的殖民总部。19 世纪西方国家对伊拉克的影响进一步增强并使其成为英、法、德等西方列强争夺的场所。伊拉克逐渐被卷入世界资本主义贸易体系，对西方世界的经济依赖性也日趋强烈。面对西方殖民主义在伊拉克的经济扩张和掠夺，当传统的阿拉伯商人备受排挤之时，巴格达犹太人占主体的伊拉克犹太商人却在城市商贸、金融以及国际贸易领域独占鳌头，并很快成为伊拉克实力最为雄厚的经济集团，其原因值得探寻。

第一，巴格达犹太人秉承了犹太民族从事商业的传统。蒙古人洗劫巴格达后，动荡的社会环境造成了巴格达犹太社团数个世纪的衰落。在西方文明冲击下，复苏伊始的巴格达犹太社团经历了剧烈社会变迁。然而，犹太民族的商业特征却为巴格达犹太人所保留。这是促成 19 世纪到 20 世纪中期巴格达犹太人能够在急剧变迁的社会环境中抓住各种经济机遇，不断调整自身应对复杂环境。巴格达犹太人对民族商业特征的继承是内外因素共同作用的结果。

一方面，巴格达犹太社团复苏时期（18 世纪中期至 19 世纪初），宗教权威在社团内部的强化有利于商业文化特征的传承和发展。公元 3—4 世纪巴比伦经学院创立了对《圣经》的评注方法，在此基础上形成的《巴比伦塔木德》一直是巴比伦地区各犹太社团存在和发展的精神基础。

---

① 彭树智主编，黄民兴著：《中东国家通史·伊拉克卷》，商务印书馆 2002 年版，第 193 页。

《巴比伦塔木德》积极提倡犹太人从事商业活动，为明确对犹太人的商业行为进行规范和指导。如《巴比伦塔木德》明确金钱价值，内容涉及诸多有关金钱的警句，"《圣经》放射光明，金钱散发温暖"，"钱不是罪恶，也不是诅咒，它祝福人们"。①《巴比伦塔木德》还规范犹太商人的职业道德，如不能以次充好、不能缺斤短两、不能同行间恶性竞争等，并提倡公平交易、童叟无欺。17 世纪下半期欧洲反犹浪潮又起，巴格达等东方犹太社团长期衰落，犹太人对末日救赎的渴望日趋强烈。1665 年士麦那（伊兹密尔）犹太人萨巴泰·泽维掀起假弥赛亚运动，为奥斯曼帝国内的各犹太社团带来沉重打击。人们认为正是由于对拉比教义的背叛，为伪弥赛亚的不断出现滋生了土壤。此后，拉比的权威在各社团中得到强化。18 世纪中期得以复兴的巴格达犹太社团同样受到影响，宗教权威及其运行依据《巴比伦塔木德》对社团成员的约束力进一步增强。于是，《塔木德》中的商业观念自然对社团成员形成潜移默化的影响。宗教文化中的经商传统在刚刚复苏的巴格达犹太社团中得到确认。

另一方面，巴格达的城市经济以及社会排斥决定了其社团成员的职业选择。1831 年后，奥斯曼帝国恢复对美索不达米亚的统治，巴格达进入相对稳定时期。然而巴格达的城市发展终归需要坚实的经济基础作保障。如刘易斯·芒福德所言："一旦粮食供应比较充足了，一旦城市聚居区比较安定了，商业便将进一步发挥它刺激城市发展的作用。"② 因而，早在阿拉伯帝国时期就已积累丰富城市商业经验的巴格达犹太人，再一次进入商业、金融业、进出口贸易等城市经济领域。19 世纪以后西方文明对巴格达的传统经济带来冲击的同时，也为巴格达城市现代化的启动提供了契机。随着巴格达现代化程度的提升，伊拉克犹太人的城市化速度开始加快，最终巴格达犹太社团成为美索不达米亚地区甚至整个中东地区最大的犹太社团。巴格达城市经济的发展无疑为犹太人继承民族商业传统提供了现实可能。由于伊拉克的各阿拉伯部落一直将土地视为财产的主要来源，并对土地所有权严格控制加之缺乏政府保障，使巴格达犹太人很少涉足农业生产。尽管米德哈特帕夏执政期间实施的"塔普制"有利于巴格达犹太金融家们从事土地生产和买卖，但是由于改革制度的局限和部落酋长的

---

① 张倩红：《论犹太民族的商业特征》，《西北大学学报》1998 年第 2 期。

② ［美］刘易斯·芒福德：《城市发展史——起源、演变和前景》，宋俊岭、倪文彦译，中国建筑工业出版社 2005 年版，第 274 页。

抵制，该制度只能在巴格达附近实施。这就使巴格达犹太人无法依赖土地成为农民或地主等。截至 20 世纪初，巴格达犹太土地所有者只有丹尼及其家族，据说地产总价值达 40 万第纳尔。① 这样大部分巴格达犹太人就被排斥出农业生产领域，城市商业成为他们的唯一职业选择。

第二，国际商贸网络的重建。阿拉伯帝国时期，巴格达犹太人已在国际贸易领域崭露头角，并凭借其文化中的"世界性特质"建立了庞大的"世界性"商业网。② 然而，自 1258 年城陷后，历次王朝更替，巴格达城都难逃被屠戮的命运。巴格达犹太人所建立的庞大商贸网络也由于巴格达贸易中心地位的失去和城市中犹太社团的衰落而中断。

18 世纪中期至 19 世纪初巴格达犹太社团开始复苏，中断已久的远途国际贸易随之再起。19 世纪初为躲避政治、宗教迫害以及日益恶化的经济环境，大量犹太人逃离巴格达前往东方。以沙逊家族为代表的巴格达犹太人首先在印度孟买、加尔各答等地建立商业据点，并在这些地区积累了巨大声望和财富。迁居海外的巴格达犹太人积极开拓远东贸易，并在中国香港、上海和新加坡建立洋行。由于巴格达犹太人与这些海外社团成员长期保持密切经济联系，巴格达犹太人的国际贸易很快便融入其海外成员所建立的商业帝国中，巴格达成为国际商业网络中的重要节点。随着巴格达犹太人在英印贸易中地位的提升和经济实力的增强，开始直接在印度、英国等地设立代理机构。由于积极拓展海外贸易且长期受西方文化的熏陶，他们与长期处于传统文化下的穆斯林商人相比，在金融、管理方面处于优势。掌握法语和英语使其很快成为欧洲公司和海外地方当局的合作伙伴和独立代理人。最终，巴格达犹太人完全主动融入了世界范围内形成的两个国际商贸网：沙逊家族建立的巴格达—阿勒颇—开罗—亚的斯亚贝巴—亚丁—萨那—阿布扎比—马斯喀特—孟买—加尔各答—新加坡—中国香港国际商贸网；大卫·以斯拉建立的巴格达—中国香港—加尔各答—阿布扎比—阿勒颇—科隆—曼彻斯特国际商贸网。③ 与他们对比，穆斯林商人则受家族传统和帝国规章制度压制，经济实力逐渐下降。

---

① Nissim Rejwan, *The Jews of Iraq*: *3000 Years of History and Culture*, London：Weidenfeld & Nicolson, 1985, p. 197.

② 张倩红：《犹太文化的几个特征》，《西亚非洲》2003 年第 2 期。

③ ［以色列］埃利·巴尔纳维主编：《世界犹太人历史：从〈创世记〉到二十一世纪》，刘精忠等译，黄民兴校注，中国人民大学出版社 2007 年版，第 179 页。

第三，西方殖民者对巴格达犹太人的认同是促成该时期巴格达犹太人经济繁荣的重要因素。1839 年奥斯曼帝国进入坦齐马特改革时代，带有西方色彩的法律面前人人平等的原则引入巴格达行省。改革对巴格达犹太社团产生了重大影响，它改变了犹太人自伊斯兰征服以来的"迪米"身份，巴格达犹太人的社会政治地位获得改善。与此同时，西方国家的反犹运动陷入低潮，犹太人在西方经济中作用加大。与奥斯曼帝国犹太人不同，西方犹太人凭借强大的家族网络和对市场控制，已融入欧洲社会并成为殖民主义的代理人。这一切使巴格达犹太人对西方列强抱有好感，对西方势力产生了认同。同时，随着西方对伊拉克地区影响的增强，伊拉克也由于重要的地理位置和便捷的交通体系而成为英国战略体系的重要环节。"19 世纪英国和英属印度在巴格达外贸中竟占到 60% —90%，巴格达的过境贸易中也有 90% 为英国或印度所垄断。"[1] 英国等西方国家积极在伊拉克国内寻求代理人，世界犹太联盟学校在巴格达建立后，巴格达犹太人成为当时伊拉克最具现代化的群体，成为英国等西方国家的最佳代理人选。不久大量巴格达犹太人开始在欧洲银行、贸易公司、铁路以及港口部门担任要职。19 世纪 40 年代时英国已经能够保护犹太人免于巴格达政府强加在他们身上的高税收。[2] 1919 年英国商品约占伊拉克进口商品的 2/3，这些贸易大部分掌握在犹太人手中。[3] 英国委任统治期间，犹太商人凭借其与英国政府的特殊关系获得较多商业机会。他们为驻伊英军提供各种装备和食品，扩大了与英联邦成员国间的贸易联系。伊拉克这一时期经济的发展有赖于繁荣的进出口和金融业，其中犹太人作用不容忽视。犹太律师萨拉曼（Slaman）曾描绘当时犹太人的经济状况："经济繁荣给犹太人带来巨大财富，黄金降在他们头上就犹如雨水打在草上。"[4]

---

[1]　彭树智主编，黄民兴著：《中东国家通史·伊拉克卷》，商务印书馆 2002 年版，第 163 页。

[2]　Reeva Spector Simon eds., *The Jews of the Middle East and North Africa in Modern Times*, Columbia University Press, 2003, p. 362.

[3]　Ibid., p. 363.

[4]　Esther Meir—Glitzenstein, *Zionism in an Arab Country*: *Jews in Iraq in the 1940s*, London: Routledge, p. 6.

六　巴格达犹太社团的文化活动

现代化是中东城市文明演进过程中无法回避的历史潮流。巴格达以其重要的战略位置很快成为西方文明冲击的重镇。面对城市母体所经历的社会剧变，巴格达犹太社团表现出极强的适应性。这在得益犹太民族开放性文化的同时，更有赖于现代教育在社团中的引入。繁荣的印刷出版业和深厚的文化底蕴保证了巴格达犹太社团在接受西方文明洗礼的同时，也避免了自身"犹太特质"的流失。

1. 教育活动

犹太民族一直具有重视教育的传统，宗教教育曾在巴格达犹太社团历史中占据主导地位，但 19 世纪中期现代教育的引入无疑使巴格达犹太人率先获得了进入现代世界的入场券。

现代学校教育：1860 年，致力于北非和近东犹太社团现代化的组织——"世界犹太人联盟"在巴黎成立。1864 年 1 月，巴格达犹太社团向该组织提出在当地设立联盟学校的申请，同年 10 月第一所现代初等学校在巴格达正式建立。

正如一切由传统向现代转变的社会都将经历或长或短的阵痛，巴格达犹太社团在完成由传统教育向现代转型的过程中困难重重。由于联盟学校的引入削弱了传统教育集团在社团中的地位和收入，反对之声首先起于社团中的宗教阶层和伊斯塔德哈（istadhs）教师。宗教学者开始将联盟教师称为背叛拉比精神的异端，一些教师甚至被革除教籍，并禁止社团成员与其接触。其次，联盟教师所教授的科学知识也遭到社团大众的普遍抵制，无论是圆形的地球，还是自转与公转，一切都与传统常识相背离；由于一些学生已经结婚，家庭的重负使其难以全心学习，学校的旷课率居高不下；巴格达的气候也令法国派遣的联盟教师难以忍受。[①] 在这些不利因素作用下，联盟学校一度关闭。但不久，世界犹太联盟总部就应社团成员请求向巴格达派遣了新校长。1872 年，在大卫·沙逊捐助下联盟学校得到重建。尽管宗教阶层构成反对现代教育的最大阻碍，但是巴格达犹太社团

---

① Nissim Rejwan, *The Jews of Iraq: 3000 Years of History and Culture*, London: Weidenfeld & Nicolson, 1985, p. 185.

领袖对联盟学校的态度是宽容和灵活的。首席拉比艾德拉·萨米卡（Ab-dallah Somekh）在联盟学校重建中发挥了关键作用，并将自己的儿子送到联盟学校去读书，他忽视耶路撒冷拉比阿克巴·乔瑟夫·萨拉斯哥（Aki-ba Joseph Shlesinger）对联盟学校的抵制。正是在他力排众议的支持下，联盟学校获得发展。截至19世纪80年代，已有200多名巴格达犹太学生接受现代教育，150余人完成了学校设置的4门课程。[①]

　　现代教育的引入对巴格达犹太社团现代化意义非凡。一方面，社团识字率上升；另一方面，接受现代初等教育的社团儿童人数上升，接受学前教育的女童人数增加，学生在校接受教育的年限也延长。纳辛姆认为，接受学前教育的女生人数要远超男生，最有可能的原因在于，父母更愿意将学龄前男童送到伊斯塔德哈学校接受希伯来文的初等教育以及托拉教育。[②] 这一时期，多数幼儿园为初等学校的附属机构，因此接受幼儿园教育的儿童可以直接进入其所属母校进行初等教育。幼儿园课程安排中，游戏与唱歌等活动非常少，语言课程成为学前儿童的重要学习内容。据记载，当时巴格达犹太社团中有5所幼儿园，学前儿童平均一周有15小时学习希伯来文、13小时学习阿拉伯文、5个小时学习绘画和手工。[③]

　　19世纪末的30年，巴格达世界犹太联盟初等学校的学生必须在4年内完成5种语言即希伯来文、阿拉伯文、法语、土耳其语及英语的学习。其他课程包括算术、地理、历史等。如此庞杂的课程，只有很少学生能按时完成，以致很少孩童敢报考该校。当巴格达犹太社团中分管教育的委员会向巴黎联盟总部反映这一情况后，得到的答复是："在东方生活需要掌门多门语言，学生们无论如何都必须尽快学会这些语言。"[④]

　　社会环境的变化对联盟学校课程的设置具有重大影响。1909年一份来自巴格达犹太联盟学校总部的报告显示了有关土耳其语课程设置的情况：土耳其语的学习曾被社团中各类学校长期忽视。因为巴格达犹太人在经商过程中并不使用该语言，因而他们长期被排除在帝国政治领域之外，

---

① Reeva Spector Simon eds. , *The Jews of the Middle East and North Africa in Modern Times*, Columbia University Press, 2003, pp. 359 - 360.

② Nissim Rejwan, *The Jews of Iraq: 3000 Years of History and Culture*, London: Weidenfeld & Nicolson, 1985, p. 186.

③ Ibid. .

④ Ibid. , p. 187.

没有成为土耳其政府职员的指望。但坦齐马特之后，随着巴格达犹太人社会地位的改善，职业选择的增加，社团成员开始热切学习这门长久以来被忽视的语言。由于奥斯曼帝国的灭亡，巴格达犹太人对土耳其语的实际需要迅速减弱，此后的联盟学校仅仅教授几个小时的土耳其语。1917 年英国占领后，对阿拉伯语的重视程度也开始下降，巴格达联盟学校中语言科目减少为 4 门，尽管巴黎联盟学校总部要求将希伯来语作为第一语言进行教学，但巴格达联盟学校还是将希伯来语的学习排到第二或第三的位置。结果当联盟学校学生毕业时均能娴熟掌握英语和法语，却只会一些简单的希伯来语和阿拉伯语，其中希伯来语的学习仅限于入学前所掌握的有限知识。[①]

尽管如此，世界犹太联盟学校对巴格达犹太学生的严格管理，应对社会需求对课程设置的及时调整，对社团的发展进步产生了深远影响。联盟学校的毕业生往往成为金融银行、商务公司的助理、会计以及通讯员等高级雇员。1917 年英国占领巴格达后，联盟毕业生以其对欧洲语言、风俗的熟知和国际贸易中积累的商业经验，很快得到殖民者的认同，部分巴格达犹太人在殖民政府中担任要职或成为西方公司的代理人。正是在该时期，巴格达犹太人政治、经济以及社会地位达到其历史顶峰。

巴格达犹太社团还兴办自己的现代学校。当然这些学校的教学内容和教学方法仍主要依赖联盟学校的指导。如巴格达最大的现代学校——阿尔伯特·沙逊学院于 1908 年获得奥斯曼政府的认可，学生人数从 1865 年的 43 人增加到 1913 年的 731 人。1893 年中国香港和上海犹太社团的嘉道理家族捐资修建了巴格达第一所女子学校，该学校以其夫人"劳拉·嘉道理"命名，课程内容与为男孩开办的联盟学校完全一样。根据史料记载，在其开办的头几年中就有 1177 名女孩接受教育。1913 年劳拉·嘉道理女子学校就读人数为 788 人，比同期阿尔伯特大卫沙逊学校的男生多 60 人。这并不能表明当时巴格达犹太女性入学人数多于男性，而仅仅在于当时男生有更多的学校可以选择。[②]

第一次世界大战前，巴格达犹太社团又陆续开办了几所自己的现代学

---

① Nissim Rejwan, *The Jews of Iraq: 3000 Years of History and Culture*, London: Weidenfeld & Nicolson, pp. 186 – 187.

② Elie Kedourie and H. D. S, "The Jews of Baghdad in 1910", *Middle Eastern Studies*, Vol. 7, No. 3（Oct. , 1971）, pp. 355 – 361.

校，如专门为男子就读开设的努瑞尔（Nuriel）学校和塔阿乌（Ta'awun）学校，诺阿塔巴（No'am Tobah）和甘·曼汉姆·丹尼（Gan Menahem Daniel）女子学校。除上述犹太学校外，鉴于学校与居住地的远近，以及学校费用的多少，少量犹太男孩也会就读政府开办的学校。

传统宗教教育：阿巴斯王朝定都巴格达后，苏拉学院和蓬贝迪塔学院等宗教机构随领袖加昂一起迁往巴格达。随着加昂地位的上升，宗教教育开始在巴格达犹太教育中占据主导。加昂时代结束后，巴格达犹太社团内部的学术机构和经学院也在 13 世纪末 14 世纪初失去记载。此后巴格达犹太男童的宗教教育都是由伊斯塔德哈（Istadhs）学校来完成的。事实上，直到 19 世纪 30 年代，伊斯塔德哈都是巴格达唯一一所以教育犹太儿童为主要目的的宗教学校。直到第一次世界大战结束，伊斯塔德哈仍然发挥着其社团宗教教育的职能，不过那时的伊斯塔德哈仅以教授希伯来文的学前启蒙教育为内容，宗教目的已大为减弱。总之，19—20 世纪伊斯塔德哈是巴格达犹太社团重要的传统启蒙教育机构。

从本质上说，伊斯塔德哈具有私塾性质，学校主要面向日益增长的犹太儿童。这类学校的教职人员通常只有教书先生一人。教师通常会在自己的住处腾出一间屋子容纳 50 多名 8—12 岁的学生，夏天老师家的庭院就成了天然的课堂。伊斯塔德哈的教授方法也非常原始："空荡无物的屋内，学生们坐在地毯上，有时也有一些没有靠背的板凳。除了老师家里的家具，教室里别无教学设施，甚至连黑板都没有，惩罚工具是老师的一条戒尺，用来鞭打手心和手背。如果老师认为学生犯了不可饶恕的错误，还会抽打他们的身体。老师通常将学生安置在一旁，然后挨个叫学生进入自己的屋子，依据学生不同的知识程度教授他们希伯来字母、单词和句子。当学生达到书写水平时，老师会在学生的摹写本上写出一个单词或一句话，要求学生按照要求进行摹写，然后检查。由于教学效率低下，学生人数众多，因此每个早晨老师只能给每个学生一次指导。当老师指导一名学生时，剩余的学生各干其事，闹声震天。多数情况下，会有一个助手帮助老师维持纪律，但是对于这种集体性的调皮他无能为力。"① 尽管教学方式原始、条件简陋，但伊斯塔德哈的毕业生还是能成功地掌握希伯来文。他们从字母学起，然后是单词、句子，到毕业时他们已能使用不同的语调

① Nissim Rejwan, *The Jews of Iraq: 3000 Years of History and Culture*, London: Weidenfeld & Nicolson, 1985, pp. 186 – 189.

阅读希伯来经文。凭借伊斯塔德哈教师的授课经验和热情，学生们甚至能够将《圣经》中的某些段落翻译成巴格达犹太人所使用的犹太阿拉伯语（Judeo-Arabic）。另外，老师也会教授一些算数内容。年纪稍大的孩子将会学习如何书写商务信件，将其翻译成犹太阿拉伯语①。20世纪后伊斯塔德哈开始不再将希伯来语作为会话语言教授，也不再教授塔木德和律法等宗教内容。同时，为了帮助父母挣钱，许多孩子很早就离开伊斯塔德哈，教育成果大打折扣。另有一些孩子转而学习手工业技术或由于婚后养家糊口而离开学校。

1832年成立的米德拉什教育学校是巴格达犹太社团中的另一宗教启蒙教育机构。②与现代世俗教育相比，宗教教育发展放缓。直到1902年巴格达才成立了第二所米德拉什宗教教育机构。严格地说，该宗教教育机构仅仅是伊斯塔德哈宗教学校的翻版，只是规模更大、组织更好。按照学生知识水平的差异，宗教学校将学生分成不同的年级，由每位老师负责一个年级。尽管与伊斯塔德哈不同，这些学校全部隶属社团，由公共委员会代表社团进行管理，但运营方式与伊斯塔德哈相似。学校学制4年，录取4岁以上的犹太儿童入校学习，事实上，很少有孩童能够学满而归。1880年巴格达教育学院拥有学生1000人。20世纪初两所学校人数达到2300人。③此后宗教启蒙学校就读人数持续下降。主要原因是宗教阶层拒绝现代化的办学理念，拒绝引入世俗课程，无法满足犹太人获取现代社会职业所需的知识结构。因此，尽管拉比们曾为世俗学校吸引学生而大声抗议，并取消学费吸引学生，但是许多父母仍不愿将孩子送往米德拉什教育学校。

1840年巴格达犹太社团成立了第一所贝斯·米德拉什（Beth Midrash）经学院，又称兹克哈（Zilkha）经学院。经学院主要接受那些在米德拉什宗教学校完成学业的学生深造。1848年经学院拥有学生60人，

---

① 犹太阿拉伯语（Judeo-Arabic），伊拉克犹太人在家里讲的一种方言，这种方言不同于穆斯林的阿拉伯语和基督徒的方言。与受到贝都因部落阿拉伯语影响的穆斯林阿拉伯语不同，这种方言含有较多希伯来语、亚拉姆语和波斯语单词，同时还含有当地的古阿拉伯语成分。Reeva Spector Simon eds. , *The Jews of the Middle East and North Africa in Modern Times*, Columbia University Press, 2003, pp. 355 – 356.

② Reeva Spector Simon eds. , *The Jews of the Middle East and North Africa in Modern Times*, Columbia University Press, 2003, p. 359.

③ Nissim Rejwan, *The Jews of Iraq: 3000 Years of History and Culture*, London: Weidenfeld & Nicolson, 1985, pp. 186 – 189.

1863 年有 30 人，1879 年仅有 20 人。[①] 学生人数的逐年下降，反映了犹太人对世俗职业兴趣的增加。1908 年第二所名为米尔·伊利亚胡（Meir Eliahu）的经学院在巴格达开办。从这两所经学院中走出了大量的拉比、礼定屠宰师、宗教法庭法官以及社团所需要的塔木德学者，除在巴格达犹太社团中担任宗教职务外，很多毕业生前往伊拉克其他社团，甚至东南亚、远东的犹太社团中担任上述职务。

2. 印刷出版活动

早期巴格达印刷的希伯来著作上既没有出版时间，也没有出版地和出版者。1855—1856 年在巴格达出现了有明确出版日期的著作，如拉哈明·本·莫德凯（Rahamim B. Mordecai）出版的摩西五经注疏《光辉之书》（Zohar），《喀巴拉神秘主义者主持的五旬节仪式》（Kabbalistic masters for Pentecost），《侯萨那拉比（Hosha'ana rabba）的夜晚》，《欧麦尔的第 33 天》；希伯来书籍凯西顿之书（Sefer Hezyonoth）；布鲁克·本·摩西·米兹拉希（Barukh B. Moses Mizrahi）对弗拉拉（Ferrara）编撰的《图德拉的本杰明旅行记》再版。拉哈明（Rahamim）出版的著作包括：hokel - yisracl，该书由大卫沙逊及其兄弟捐助出版，专用于大卫沙逊在孟买所建慈善学校的教学用书。Sefer ha - Ma'asiyyoth，该书收录 112 个圣经故事。《约书亚记》（Sefer ha - Yashar），书中包含了大量广为流传的圣经故事。出版商所罗门·贝胡尔·侯赛因出版发行了 Ma'asim Mefoarim 故事集。侯赛因的印刷出版活动可以追溯到 19 世纪八九十年代，此后他的儿子约书亚继承了他的印刷出版事业。著名的出版者还有丹吉尔和杰森（Shohet）等。截至 20 世纪 40 年代，希伯来出版机构有两家，一家为杰森（Shohet）出版社，另一家为 Mateb'at el - Wataniyyah el - Asrailiyyah。印刷内容主要为大众读物和宗教祈祷用书。据沙逊回忆："巴格达印刷出版的书籍和小册子共计 235 种之多。这些书籍既有希伯来文又有阿拉伯文。但大部分曾在巴格达生活过的拉比或学者的学术著作多在海外印刷发行。唯一例外是哈卡姆阿卜杜拉·萨米卡（Abdallah Somekh）的著作。他的作品出现在 1904 年巴格达出版的题为 Zibhe Sedek 的两卷书中。巴格达印刷品的销售市场并不局限于巴格达犹太社团内部，在所有的海外社团

---

① Nissim Rejwan, *The Jews of Iraq: 3000 Years of History and Culture*, London: Weidenfeld & Nicolson, 1985, pp. 186 - 190.

如印度、中国等都有销售发行。"① 19 中期后巴格达犹太社团在公共生活、宗教领域以及文化领域的繁荣很大程度上就取决于希伯来文印刷业的发展。

3. 民俗文化

第二圣殿被毁以及巴尔·科赫巴起义的失败，掀开了犹太民族长达1800 余年的流散历史。此后，共同的文化传统成为散居世界各地犹太民族相互认同的重要依据。在美索不达米亚经历了千年剧变的巴格达犹太社团，受当地政治、经济与社会文化因素的影响，在秉承犹太民族传统文化的同时，逐渐形成了巴格达犹太人独有的民俗文化。

生育习俗：长期散居异地，为异族所包围的犹太人对本民族人口的繁衍和培育极其重视。两河流域的特殊环境促成了巴格达犹太人生育习俗的形成。生育是妇女生命历程中的重要环节，科学知识和助产技术的局限，使巴格达犹太人对妇女的生育过程赋予特殊意义。巴格达的犹太人认为生育过程中的妇女正处于生命中最虚弱的时刻，妇女与其腹中的婴儿命悬一线。恶魔最喜欢在这个时候加害生命脆弱的母子。因而，为保护整个生育过程中母子平安，在生产前家人会自发举行各种与巫术有关的仪式，以达到驱赶恶魔远离母子的效果。家里的老人会在即将生产的母亲和新出生婴儿的床边悬挂有避邪功效的物件，或将这些物件系到母子头上。这种做法在巴格达以外犹太家庭中也普遍存在，证明了巴格达犹太人坚守着本民族的古老习俗。

巴格达犹太人有一个独特风俗叫做"跨门槛"（Dusan el'Atbah）。他们认为刚刚出生 40 天左右的婴儿最有可能遭到恶魔的侵害。因此不允许同时探访两户都有新生儿出生的家庭。如果必须探访，在去另一户的途中前往其他地方歇脚。"跨门槛"即意味着在半途中跨过另一所住房的门槛，甩掉跟在身后的魔鬼，防止将魔鬼带到新生婴儿的住处。②

巴格达的犹太人认为，婴儿出生的第 6 天晚上和第 7 天傍晚对孩子今后能否健康成长具有重大意义。因此，家人会为新生儿举行一种叫做

---

① David Solomon Sassoon, *A History of the Jews in Baghdad*, Simon Wallenberg, 2006, pp. 200 – 202.

② Ibid. , p. 181.

"萨沙哈"（Shashshah）的仪式。这两天的晚上婴儿必须被抱起来而不能放在摇篮里，且夜晚家里的老人会用泡有藏红花的水洒向婴儿。当藏红花水从婴儿身上流下来的时候，早已站在一旁手拿西瓜皮和陶瓷碎片的邻家男孩会一边重复地喊着"萨沙哈"，一边将手里的果皮和陶器仍向屋外，以此表示将婴儿身上的疾病和灾祸扔了出去。[1]

割礼是新生儿获得犹太人身份的一种认定。巴格达犹太人严守犹太教的这一重要礼仪，但是在细节方面发生了许多改变。如按照犹太教传统，孩子出生第 8 天要举行割礼，而巴格达犹太人举行这一仪式的时间是婴儿出生第 7 天深夜。其他地区的割礼仪式通常在犹太会堂举行，而巴格达犹太人举行割礼的仪式却是在新生儿的降生地。第 7 天夜晚，人们会从会堂将"以利亚"的座椅搬到新生儿房中，随后在座椅上铺上锦缎，将一本摩西五经放在上面，并将香桃木和新鲜花瓣散落其间，然后将会堂里托拉经卷的铃铛固定在座椅上。巴格达犹太人认为"以利亚"座椅上的这些装饰全部具有"驱邪降福"之内涵。最后，由会堂专职的行割礼者为婴儿进行割礼。这天晚上孩子的父亲通常还要为婴儿举办一个宴会，并邀请一名被称为"Mezammerim"的歌手分别用希伯来语和阿拉伯语唱诵赞歌。这位被称为"Mezammerim"的歌手出自 M'atoo 家族，该家族在社团中专门负责在各种仪式上唱诵赞歌。第二天一早，孩子的父母亲带着孩子前往会堂举行相关仪式。据沙逊回忆，有关巴格达犹太人割礼仪式中的大量细节在巴格达 1892 年出版的一本名为 *Sorkhe Huppah wu – Milah* 的小册子中有详尽记载。[2]

婴儿取名也能反映巴格达犹太人的独特风俗。像大多数东方犹太社团一样，巴格达犹太人也存在重视男孩的心理，在名字的选取上有明显反映。女孩通常由接生婆在举行"萨沙哈"仪式的夜晚给其随意选取名字。[3] 男孩名字的选取则有较多规矩要遵守，传统上巴格达犹太人的第一个名字一般要出自圣经或塔木德，如以斯拉、伊齐基尔、约书亚、丹尼尔，都是巴格达犹太男性常见的名字。这是因为伊齐基尔、丹尼尔和约书亚等高级犹太宗教学者的墓地就在巴格达附近。近代以来，随着叙利亚、波斯及库尔德等地区的犹太人迁移到巴格达，当地犹太人的名字开始多样

---

①　David Solomon Sassoon, *A History of the Jews in Baghdad*, Simon Wallenberg, 2006, p. 182.

②　Ibid. , pp. 181 – 183.

③　Ibid. , p. 183.

化，如叙利亚犹太人的名字便十分阿拉伯化。英国委任统治时期，巴格达犹太人中出现了维多利亚等英国名字。正如中东大部分地区，直到 18 世纪，伊拉克犹太人的名字中仍不会出现家族名。家族名通常是以家族历史上非常显赫成员的名字命名，有时候这些家族名后会带有一些头衔，如帕夏、纳西或者族长。名字中也会暗示职业，如 dallal（中间人）、darzi（裁缝）。阿拉伯术语 abu（……的父亲）以及 al（特指）等都会成为前缀。持有社团公共职务的人如哈卡姆（拉比）、gabbai（仪仗官）、sha-mash（司事）以及礼定屠宰师都可以将这些职位作为家族名。另外一些绰号可以显示其出生地，如 al – Arbili（来自库尔德的 Arbili），al – Ajimi（来自波斯），al – Halabi（来自阿勒颇），或者 Hillawy（来自伊拉克南部的 Hilla 镇）。① 据纳西姆回忆，20 世纪开始巴格达犹太人在给孩子取名时还有一个特别的习俗，即孩子的名字要用其死去的父母、祖父母以及其他去世的近亲的名字命名，以表达对故去亲人的怀念。名字的选取还要遵循一套严格的排序制度，优先选取父系家族过世的祖父母的名字，然后是母系家族的祖父母。如果前者都还健在的话，就选择已去世的一位近亲名字给新生儿取名。如纳西姆的名字就是以其过世外祖父名字命名的。② 伴随巴格达犹太人在社会各领域融合度的提高，当地犹太人开始盛行给孩子取两个名字——一个希伯来名，一个阿拉伯名字。如纳西姆哥哥的第一个孩子在以其死去父亲 Baruch/Farouq 的名字命后，另起一个阿拉伯名字。这一习俗一直持续到犹太人迁移回以色列。③

婚嫁习俗：巴格达犹太人的婚嫁既体现出犹太民族的婚姻文化意识，又反映着巴格达犹太人的社会生活风貌。与多数地方的婚嫁程序一样，青年订婚对象通常由家里的父母为其挑选，而经济能力和社会地位是决定婚约能否实现的重要因素。因而在巴格达犹太社团中由于家族商业经营不善，或者突遇变故而导致经济实力和社会地位下降，有可能成为阻碍婚约实现的因素。如果女子相貌平平或者身体上存在某种缺陷和残疾，也会使数额巨大的嫁妆变得黯然失色。到 20 世纪 40 年代，随着现代化对社团的

---

① Reeva Spector Simon eds. , *The Jews of the Middle East and North Africa in Modern Times*, Co-lumbia University Press, 2003, pp. 355 – 356.

② Ibid. , p. 20.

③ Nissim Rejwan, *The Last Jews in Baghdad*: *Remembering A Lost Homeland*, Texas: University of Texas Press, 2004, p. 20.

渗透，平等观念的深人人心，"爱情与私奔"在社团里出现。对于订婚年龄，按照当地社团的古老传统，婚姻年龄一般为女孩9岁左右和男孩15岁上下，早婚现象非常普遍。19世纪以后，社团拉比开始废除这一陋习，并规定新娘在13岁前不准举办婚礼。根据巴格达犹太人的习俗，订婚即开始具有婚姻性质，受社团律法的保护，一旦违约，必须举行离婚仪式。

巴格达犹太人的婚礼仪式十分烦琐且花销巨大，而婚礼全部花费均由男方承担。他们通常举行两场婚礼。第一场婚礼的前夜，男方家会举行名为"Leilt el – Hinni"或"Leilt el – Khadbah"的仪式。仪式上新郎会带一些指甲花、糖果、手套、蜡烛和新鞋到新娘的房门前，待新娘接受后，两位新人要将指甲染红，以示意保护他们远离恶魔的侵扰。新婚房间里会放置一个重达50—100磅的圆形糖果盘子以表吉祥。第一场婚礼的庆祝活动主要在新娘家举行，婚礼前新郎会将婚礼的请柬送给犹太会堂的仪仗官。整个婚礼过程中都萦绕着希伯来歌曲和阿拉伯歌曲，巴格达犹太人认为这个重要时刻如果没有音乐是不好的征兆。第二场婚礼根据夫妻经济状况在一年之内举行。这场庆典同样也在新娘家举行。巴格达犹太人的婚礼中，没有一般婚礼的华盖，而是由两个男子拿着一块布站在新娘前面。当新娘在伴娘和亲戚的陪伴下即将离开娘家时，其父母要送给其一块面包、一只公鸡和一只母鸡，以表达对她今后生活的祝福。然后新郎在亲戚朋友们的簇拥下，伴着鼓笛声在灯和火把的引领下，迈着尊贵的步伐将新娘带回自己家。新房里新郎和他最好的朋友要将新娘父母赠送的那块面包用头撞破。新郎将举办宴会结束这一庆典，但宴会上新娘的朋友不会出席。巴格达犹太人仍然保留塔木德所规定的举行七天的庆祝活动。这些庆典中会请职业歌手"Dakkakat"歌唱希伯来和阿拉伯歌曲。新婚夫妇在婚礼一周内不允许独处。除非去参加犹太会堂活动，否则不允许其离开新家。举办婚礼那周的星期五下午，在新郎前往会堂前，庆典中雇用的厨子要往院里吐三口水，并在新郎离家时将地面尘土扫出院子，象征避驱邪恶灵魂的侵扰。婚礼后的首个安息日被称为"Sabt el – Niswan"，即妇女们的安息日，一群被邀请的妇女来探望新娘，她们将送来写有社团首领命令的宽幅印刷品，警示新婚者要服从社团的各种规定和管理。①

---

① David Solomon Sassoon, *A History of the Jews in Baghdad*, Simon Wallenberg, 2006, pp. 183 – 186.

丧葬习俗①：巴格达犹太人的丧葬习俗反映着社团文化的文明程度。当地的犹太家庭中一旦有亲人离世，家中的女人们要解开自己的头发以表悼念。当亲属在家里为亡者进行最后的清洗时会举行名为"Taharah"的仪式，痛哭的妇女用希伯来语说"Mekonenoth"或用阿拉伯语说"Ma'addedat"，并用阿拉伯语吟诵哀歌。亡者的死讯不久将在犹太会堂中宣布，人们会将棺材放在房前。在送葬前，送葬者会撕破自己的衣服以示悲痛。当棺材离开房子时，亲友会背诵圣歌第78节并进行简短祈祷。送葬的队伍中，Hakham Sason Mordecai's家族的人会按照传统走在最前列，吟唱对死者的颂歌。巴格达犹太人保持绕屋七圈的送葬习俗，每圈后都会进行祈祷，这一仪式通常在下葬前进行，而不像其他地区犹太人在送葬结束后进行。葬礼结束后，人们会将一件衣服盖在坟墓上，在场的亲友会向衣服投掷硬币。仪式中有一个独特的习俗，即在亡者儿子的脖子上系一块手帕来哀悼他失去的亲人没有在葬礼后专门进行祈祷的仪式。只有社团中有身份的人故去，会堂中的犹太祭司才会举行相关的追思会。

服丧期通常为12个月，其间亡者亲友都要穿着黑色的衣服，即使在各种犹太宗教节日中也不例外。服丧期间的亲友要戒吃瓜子，因而当地犹太人认为用牙齿咬这些小种子是娱乐活动的体现，是对死者的不敬，因而禁止食用。葬礼后第八天立墓碑。即使巴格达没有石头也必须用砖块和砂浆做成墓碑，把简短墓志铭写在纸上，并盖上玻璃加以保护。墓地有人看守，以防阿拉伯人毁坏墓穴偷取砖块。服丧期中的每个星期五亲友要前往墓地举行悼念活动。为纪念逝去的亲人，巴格达犹太人会将精美的托拉经卷捐赠给教会堂。捐赠仪式通常非常隆重。星期六早上，捐赠者唱着颂歌，护送着经卷前往犹太会堂。当地犹太人希望借此举动弥补亡者生前未尽的宗教责任。

七　巴格达犹太社团的流散

19世纪以来巴格达犹太社团凭借其与海外社团的密切联系和西方国家的认同介入对英印贸易，在伊拉克经济领域的地位不断提升。第一次世界大战后，随着英国对伊拉克占领以及委任统治开始，巴格达

---

① David Solomon Sassoon, *A History of the Jews in Baghdad*, Simon Wallenberg, 2006, pp. 186 – 189.

犹太人对伊拉克经济、政治的影响日趋明显。然而，1932 年伊拉克独立后，国内政治矛盾日益尖锐与民族主义运动高涨，国际形势变化与伊拉克政府对犹太人政策转变，特别是从 1941 年起反犹事件频频发生，导致 1948—1951 年大量巴格达犹太人逃亡海外，巴格达犹太社团衰落。

1. 巴格达的反犹活动和社团流散

1933 年费萨尔国王去世，巴格达犹太人的"黄金时代"也随之远去。"暴力迫害"逐渐成为伊拉克反犹主义的主要形式，巴格达成为屠杀犹太人中心，伊拉克的反犹主义空前高涨。

早在奥斯曼帝国末期，阿拉伯社会对巴格达犹太人的"暴力迫害"就初见端倪。坦齐马特改革后，从法律层面看，犹太人同穆斯林一样成为帝国中享有"平等"地位的臣民，犹太人的"迪米"身份被解除。穆斯林反犹的程度也随之加强，由迫使犹太人处于"从属地位"开始向"暴力迫害"过渡。1908 年青年土耳其革命后，提出"自由、平等、博爱"的执政理念。巴格达犹太人以游行的方式公开支持青年土耳其党人，他们的做法遭到部分伊拉克民族主义者的敌视。"1908 年 10 月 15 日，激进的伊拉克民族主义者开始对巴格达犹太人展开袭击。整个暴力事件持续数个小时，最后在一些穆斯林贵族的干预下，暴力袭击才得以遏制。"[1]

1934 年 9 月，新上任的伊拉克经济与交通部长（Economics and Transport）解雇了其所属部门的数十名犹太人。尽管迫于舆论压力，部分遭到解雇的犹太人最终恢复了职位，但巴格达的反犹活动由此掀开了帷幕。不久教育部长颁布秘密法令，限定中等和高等院校录取犹太人的数量，并对犹太学校的教学内容施予限制。如禁止犹太学校教授希伯来文，仅允许阅读摩西五经，禁止对其从事任何诠释和翻译活动。[2] 巴格达犹太人再次被排斥在主流教育外。1936 年犹太新年前夕，两名犹太人在巴格达街头遭到枪杀。此后几个月，巴格达犹太社团所在街区频频发生自制炸弹爆炸事

①　Nissim Rejwan, *The Jews of Iraq*: *3000 Years of History and Culture*, London：Weidenfeld & Nicolson, 1985, p. 193.

②　Hayyim J. Cohen, "The Anti - Jewish 'Farhud' in Baghdad, 1941", *Middle Eastern Studies*, Vol. 3, No. 1 (Oct., 1966), pp. 2 - 17.

件。① 巴格达犹太人的生命安全受到威胁。

1941 年 4 月 1 日 "金方阵"② 发动起义，拉希德·阿里组建亲德政府。同年 4 月 18 日英国出兵镇压，5 月 29 日英军进抵巴格达郊区。5 月 31 日适逢犹太节日五旬节，按照传统，巴格达犹太人在祈祷和早餐后要身着节日盛装游街散步。然而阿拉伯民族主义者将这一举动视为犹太人对英国侵略者的欢迎。6 月 1—2 日，数千名阿拉伯极端民族主义者对巴格达犹太人展开屠杀和劫掠。塔玛（Tamar Morad）回忆了当时的悲惨前景："1941 年大屠杀发生的那一天，我去拜访了老朋友阿卜杜拉·以斯拉（Abdulla Elias）。在回到家门口的时候，我碰到 3 名携带武器的士兵，他们对我穷追不舍，其中一人拿出尖刀刺向我的脊背。我试图与其进行搏斗，但被打倒在地。这时一个士兵向我头部开枪，另一个拿着刀向我的脸颊乱砍。当看到我已无力反抗并鲜血直流的时候，暴徒夺路而逃。可悲的是，我的母亲只能无助地通过家里窗户看发生的一切。我被一位熟识的出租车司机送至医院。医院里，负责抬运我的两名穆斯林将我抛到半空，然后用担架接住，以此取乐。等待治疗的过程中，两个士兵走近我，并用刺刀抵着我的喉咙说道：'肮脏的犹太佬。'"③

据伊拉克官方数据显示，这两天的骚乱造成巴格达 110 名犹太人死亡，其中包括 28 名妇女，另有 204 人受伤（受伤者既有穆斯林又有犹太人）。另据犹太社团统计，受损犹太商铺多达 586 家，造成经济损失共计 271401 第纳尔。受到冲击的犹太普通家庭为 911 户，约 12311 名犹太人受到劫掠，财产损失共计达到 383878 第纳尔。社团估计骚乱还造成 3 例或 4 例强奸案。④ 在屠杀事件影响下，众多犹太年轻人积极加入犹太复国主义组织，巴格达城市内阿犹民族关系迅速恶化。

1941 年后由于巴勒斯坦问题日益严峻，巴格达的阿、犹民族在各种

---

① Nissim Rejwan, *The Jews of Iraq: 3000 Years of History and Culture*, London: Weidenfeld & Nicolson, 1985, p. 218.

② "金方阵"是四位毕业于奥斯曼时期军事学院的校级军官，即萨拉赫·丁·萨巴赫、马茂德·萨勒曼、法赫米·赛义德和卡米勒·谢比卜。四人曾参加费萨尔一世在叙利亚的军事活动，属谢里夫派。此后，以萨巴赫为中心形成了倾向于泛阿拉伯主义的军官小圈子，并成为 1941 年政变的骨干力量。

③ Tamar Morad eds. , *Iraq's Last Jews: Stories of Daily Life, Upheaval, and Escape from Modern Babylon.* New York: Palgrave Macmillan, 2008, p. 39.

④ Nissim Rejwan, *The Last Jews in Baghdad: Remembering A Lost Homeland*, Texas: University of Texas Press, 2004, p. 127.

政治势力的影响下关系紧张。1948 年以色列建国和第一次中东战争爆发，巴格达的反犹之声再掀高潮，一系列针对犹太人的恶性爆炸事件接连发生。1950 年 4 月 8 日，巴格达阿布·努瓦斯（Abu Nuwas）街一家犹太人经常光顾的咖啡馆发生爆炸事件；1951 年 1 月 14 日，临时充当犹太移民登记中心的马苏德·沙特波（Masuda Shemtob）犹太会堂发生爆炸；1951 年 3 月 19 日，与犹太人关系密切的驻巴格达美国情报服务大楼遭炸弹袭击；1951 年 5 月 10 日，一枚炸弹在犹太汽车销售公司——曼施拉维公司（Messrs Lawee）大楼外爆炸；1951 年 6 月 5 日晚，隶属于斯坦尼沙胡阿（Stanley Shaashua）犹太公司的建筑物发生爆炸。[①] 伊拉克反犹浪潮的高涨，促使大量巴格达犹太人逃往以色列、伊朗等地。20 世纪 40 年代末以色列移民局报告显示，每月从伊拉克逃离的犹太人多达 1000 名（主要是巴格达犹太人），而且尚无迹象表明这一迁移活动何时结束。[②] 到 1951 年 3 月 8 日伊拉克政府允许犹太人迁往以色列的法定日期止，已有近 105000 犹太人进行移民以色列登记，另有 15000 多人已通过非法渠道离开伊拉克。结果 12 万犹太人（主要是巴格达犹太人）在这一时期离开伊拉克。[③] 巴格达犹太社团随着社团成员的大量迁出而衰落。

在这场大流散后，包括巴格达在内的伊拉克犹太人总数不足 6000 人，他们要么非常富有，要么在伊拉克享有较高的社会地位。此后，伊拉克的反犹主义仍盛行，这些犹太人的命运不容乐观。1958 年卡塞姆政变后不久，巴格达部分犹太人被诬告在市郊纵火焚烧汽油罐。反犹主义分子报复性地摧毁了劳拉·嘉道理犹太女子学校，并将其改做巴勒斯坦难民营。[④] 1961 年，卡塞姆拆毁巴格达犹太人墓地。1963 年卡塞姆政权被推翻，新成立的阿里夫政权没收了巴格达剩余的犹太人墓地，驱逐了各高校的犹太人，吊销犹太人护照，并取消在国外留居三个月以上犹太人的国籍。

20 世纪 60 年代伊拉克犹太人仅存 3350 人并大多居住在巴格达。"六日战争"失败后，伊拉克政府迁怒于国内犹太人，对巴格达犹太社团实施恐怖政策，大量无辜的犹太人遭到逮捕并被处死。1969 年 1 月 27 日，

---

① Moshe Gat, "The Connection between the Bombings in Baghdad and the Emigration of the Jews from Iraq: 1950—1951", *Middle Eastern Studies*, Vol. 24, No. 3 (Jul., 1988), pp. 312 – 329.

② Ibid..

③ Ibid..

④ Anwar Shaul, *The Story of my life in Mesopotamia*, Jerusalem: Association of Jewish Academics from Iraq, 1980, pp. 291 – 293.

9 名巴格达犹太人以间谍罪被吊死在巴格达中央广场。政府限制犹太人在伊拉克境内自由流动，银行账户全部被冻结，商业执照皆被吊销，电话线被切断，巴格达犹太人已完全被排斥在社会各公、私部门之外。1970—1973 年，剩余犹太人开始在库尔德走私者的帮助下逃离伊拉克。① 巴格达犹太社团崩溃。据报道，截至 1985 年，伊拉克全国仅有巴格达一所犹太会堂在开放，1996 年巴格达最后一位拉比去世，剩余的巴格达犹太人已经不再进行礼拜仪式，只有一对老夫妇知晓希伯来文。在 1980 年举办了最后一次犹太婚礼。②

2003 年伊拉克战争期间，以色列将数十名巴格达犹太人空运出伊拉克。按照犹太教法规定，组成犹太会堂和进行祈祷的唯一标准是至少有 10 名年满 13 岁的犹太男子。2008 年拥有近千年历史的巴格达犹太人已不足 10 人，据以色列一家犹太机构估计，目前巴格达犹太人至多为 7 人，大多是缺乏基本生活必需品的年迈老人。巴格达唯一的一所犹太会堂梅尔塔维戈（Meir Taweig）会堂于 2003 年关闭，受美军轰炸影响，该会堂已经无法使用。③ 这样，拥有近千年历史、曾经辉煌一时的巴格达犹太社团便退出了历史舞台。

2. 巴格达犹太社团流散原因

20 世纪 40 年代起，反犹浪潮高涨所促成的城市安全性缺失成为造成巴格达犹太社团流散的决定性因素。巴格达犹太社团的流散与反犹浪潮的出现其实是一个问题的三个方面。

第一，伊拉克民族主义的负面影响。20 世纪初民族主义作为构建现代民族国家的理论基础在伊拉克开始萌发。1920 年后英国对阿拉伯地区实施委任统治，尽管民族主义者建立统一阿拉伯国家的愿望并没有实现，但是作为现代国家的伊拉克得以建立，这为伊拉克民族国家的构建和民族主义的发展提供了新的土壤。此后，民族主义在伊拉克日渐成熟，其作为东方民族主义的特征也日益明显。法国学者弗朗兹·法农曾指出，西方的

---

① Tamar Morad eds. , *Iraq's Last Jews: Stories of Daily Life, Upheaval, and Escape from Modern Babylon*, New York: Palgrave Macmillan, 2008, pp. 7 - 8.

② Mitchell Bard, The Jews of Iraq, http: //www. jewishvirtuallibrary. org/jsource/anti—semitism/iraqijews. htmlJHJ_ edn8.

③ Ibid. .

民族性是在封建社会中孕育的，东方的民族性则是在反殖民主义的暴力中形成的。① 1921 年伊拉克王国成立后，无论是温和派、中间派还是激进的民族主义者，都将争取民族独立、支持阿拉伯国家民族斗争作为主要内容，反殖民主义目标日渐明确。如温和派代表人物费萨尔国王尽管主张与英国建立同盟关系，但其在位期间积极打击亲英派旧贵族。1928 年后，费萨尔不断向英国发起挑战，一方面通过努里·赛义德向英国专员提出完全接管军队事务，另一方面迫使萨顿首相辞职、拒绝任命新首相。② 伊拉克民族主义力量中的中间派和激进派内的泛阿拉伯主义派则以反对英国的殖民统治，争取完全的民族独立为旗帜。尽管掌权的温和派完全依附英殖民者，背离民族主义轨道，但伊拉克民族主义的反殖目标并没有动摇。1939 年支持激进民族主义者的加齐国王死于非命，国内反英情绪日渐高涨。"有人宣称国王之死是英国人的阴谋，英国驻摩苏尔领事因而被愤怒的群众打死。"③ 1941 年以"金方阵"和希拉德·阿里为首的激进民族主义者发动政变，伊拉克民族主义者再次掀起反对英国殖民统治的高潮。1941 年 5 月当激进的民族主义者起义失败，英国对伊拉克第二次占领时，国内民众的反英情绪达到顶峰。以致英军于 1941 年 5 月 29 日进抵巴格达后迟迟不敢入城。④ 总之，反对英、法殖民统治是 20 世纪上半期伊拉克民族主义运动的主要内容之一。

　　伊拉克民族主义发展的另一个重要特征是深受德国民族主义思想和政治的影响。20 世纪 20 年代开始，萨提·胡斯里担任伊拉克教育总监，并开始积极推动带有德国民族主义色彩的民族主义运动。受纳粹思想影响的军事组织"福图瓦"（al‐Futuwwa）在中等学校建立，使广大青年深受德国政治思想（包括纳粹思想）的影响。1941 年伊拉克强烈反对英、法殖民统治，对外主张联系德、意的激进泛阿拉伯民族主义者发动政变，那些受纳粹思想影响的穆斯林青年知识分子成为其重要支持者。尽管政变最终失败，但纳粹思想在伊拉克激进民族主义者中的影响广泛存在。

　　20 世纪以来，伊拉克民族主义的上述特征对巴格达犹太社团有不

---

① 彭树智：《东方民族主义思潮》，西北大学出版社 1992 年版，第 13 页。

② 黄民兴：《1900 至 1949 年伊拉克民族主义的发展》，《西北大学学报》1996 年第 4 期。

③ 彭树智主编，黄民兴著：《中东国家通史·伊拉克卷》，商务印书馆 2002 年版，第 202—203 页。

④ Hayyim J. Cohen, "The Anti‐Jewish 'Farhud' in Baghdad, 1941", *Middle Eastern Studies*, Vol. 3, No. 1（Oct., 1966）, pp. 2–17.

利的影响。一方面，现代联盟教育的引入、国际贸易的积极参与以及与
西方国家的密切联系，在增进巴格达犹太人与西方国家相互认同的同
时，也使他们成为西方殖民者的"合格商业代理"。19 世纪中期后，英
国对巴格达犹太人的税收保护政策更加强化了伊拉克穆斯林对犹太人的
敌视。20 世纪初英国占领后，巴格达犹太社团在政治、经济、社会各
领域的地位迅速提高，与自穆斯林征服以来的"二等公民"身份形成
强大反差，昔日的迪米而今成为社会的上层，这对占人口多数且饱受殖
民压迫的穆斯林产生着强烈的心理冲击。阿拉伯人确信是英国殖民者给
犹太人带来了好处，而这些好处又是建立在对阿拉伯人剥削和压迫基础
上的，同时犹太人也认为是英国带来了"黄金时代"。这样，巴格达犹
太人作为英国殖民统治代理人的印象便在阿拉伯人心中牢不可破。伊拉
克民族主义兴起后，随着民族主义的成熟，反殖民主义目标的确立，以
激进派为代表的民族主义者自然对英国在伊拉克的商业代理——犹太人
显露出强烈敌视，各种反犹主义组织纷纷出现，反犹活动频频发生也就
不难理解了。另外，20 世纪德国反犹主义日趋强烈。1933 年希特勒上
台后，反犹主义成为纳粹思想的基本内容。第二次世界大战爆发后，德
国纳粹的种族灭绝政策达到无以复加的程度。与德国思想和政治有着密
切联系的伊拉克民族主义在这一阶段同样受到纳粹思想的毒害。在萨
提·胡斯里通过民族教育开展带有德国民族主义色彩的民族主义运动
中，1935 年 4 月巴格达成立的穆桑纳俱乐部（al – Muthanna'）便是一
个带有明显反犹主色彩的组织。该俱乐部在巴格达各中高等院校中有很
大影响，其成员很多后来成为伊拉克政府官员。激进的泛阿拉伯主义者
拉希德·阿里出任内政部长后，一系列反犹太主义书籍被宣传。[1]尽管
1941 年政变上台的亲德政府存在时间非常短，但反犹的纳粹思想已扎
根在阿拉伯年轻知识分子的思想中。这样，巴格达的阿犹关系随着各种
反犹活动，特别是 1941 年大屠杀和各种爆炸事件急剧恶化。

　　第二，犹太复国主义的负面作用。19 世纪末犹太复国主义运动兴起，
与哈斯卡拉运动相比，这一运动不再以提倡理性、摆脱蒙昧、努力融入现
代社会、争取平等居民权力为目标，而是要在以色列故地重建主权国家。
1897 年巴塞尔第一届世界犹太复国主义者代表大会召开后，犹太复国主

---

　　① Hayyim J. Cohen, "The Anti – Jewish 'Farhud' in Baghdad, 1941", *Middle Eastern Studies*, Vol. 3, No. 1（Oct., 1966）, pp. 2 – 17.

义传入巴格达。虽然犹太复国主义在伊拉克很长一段时间并无太多建树，甚至遭到巴格达犹太社团领导人的公开反对，但它在社团外的主流社会中却掀起了轩然大波。20 世纪上半期正是伊拉克民族主义萌发并走向成熟的过程。"1922 年后，伊拉克在很大程度上已经成为阿拉伯民族运动的中心。"[①] 犹太复国主义的政治主张显然与主张阿拉伯世界统一的民族主义者存在分歧，特别是激进的泛阿拉伯派。在胡斯里及数百名叙利亚和巴勒斯坦教师通过民族教育展开的阿拉伯民族主义运动影响下，1928 年巴格达的穆斯林学生对英国犹太复国主义者劳德·米切特（Lord Melchett）的来访举行大规模街头抗议。1929 年 8 月巴勒斯坦"哭墙"附近发生大规模阿犹流血冲突。同年 9 月 13 日，伊拉克泛阿拉伯主义领导人发动大量穆斯林聚集巴格达海德·卡纳（Haider Khana）清真寺聆听反犹太复国主义和反英政策演讲。[②] 其实对于多数穆斯林而言，他们根本无法分清犹太复国主义者与巴格达犹太人的区别，因而反犹太复国主义就等同于反生活在身边的犹太人。某种程度上，犹太复国主义恶化了巴格达犹太人的生存环境，加剧了城市中阿犹民族的矛盾。

1941 年巴格达发生反犹大屠杀后，阿犹民族间的裂痕已经无法弥补。巴格达的犹太复国主义活动开始复苏。"犹太拓荒者运动"组织、"自卫"组织、"阿利亚"组织等犹太复国主义组织活动频繁。20 世纪 40 年代末，在巴格达犹太社团大流散中，犹太复国主义者的煽动和组织扮演了重要角色。这一时期，由于社团领导长期敌视犹太复国主义，极力主张社团成员融入伊拉克社会、反对社团成员迁往海外，而面对社团成员生命财产利益受到威胁，心理遭受极大恐慌却表现得无能为力，从而社团领导人的威望被削弱。1949 年 10 月，巴格达犹太社团首席拉比嘉道理辞职。三周后，伊拉克政府颁布允许犹太人撤离的法令。不久，巴格达犹太复国主义运动领导人成为社团实际的领导力量。犹太复国主义者开始积极引导巴格达犹太人进行移民登记，迁往以色列。逾越节前夕，犹太复国主义领导人在伊拉克各犹太会堂发出倡议书：

居住在巴比伦的锡安之子们：目前我们正面对一个新的机会，整个流散社团正处在历史转折点。在我们的号召与宣传下，这一刻正有大量犹太

① 彭树智：《东方民族主义思潮》，西北大学出版社 1992 年版，第 375 页。

② Hayyim J. Cohen, "The Anti – Jewish 'Farhud' in Baghdad, 1941", *Middle Eastern Studies*, Vol. 3, No. 1（Oct., 1966）, pp. 2 – 17.

人前往移民登记处进行移民登记。现在，我们终于有机会逃离流散的地狱了。我们应该马上行动起来去登记。犹太复国主义运动组织号召各个阶层的犹太人把握历史性机遇。同志们，大家要意识到你自己就是这次行动的先锋，无论遇到什么，你都要鼓励你周围的犹太人前往以色列。犹太人！以色列正在向你发出召唤："离开巴比伦。"①

倡议发出后第二天，数以千计的犹太人前往移民登记处进行登记。与恶化的政治、经济形势造成的影响相比，犹太复国主义组织的煽动并非促成巴格达犹太人迁往海外的决定性因素，但这些煽动无疑使巴格达犹太人开始思考自己的未来。在犹太复国主义积极鼓动和安全形势不断恶化的共同作用下，1950 年 3 月、4 月登记移民的犹太人数达到未曾预料的高度。②

第三，伊拉克政府移民政策推动。如果说高涨的民族主义运动和犹太复国主义运动共同催生了巴格达犹太人逃离的念头，那么 1950 年 3 月伊拉克议会颁布的犹太移民法无疑让其最终变成事实。1948 年第一次中东战争爆发后，伊拉克政府声明，出于对国家机密保护的需要，国内一切与战争有关部门的岗位不得任用犹太人；禁止犹太人从事进出口贸易；实施严格的书报审查制度。1949 年 10 月，伊拉克军警逮捕 40 名犹太复国主义者，并以各种理由同时抓捕 500—600 名犹太人。③ 伊政府的反犹政策使大量伊拉克犹太人开始借助各种非法渠道逃离伊拉克，前往伊朗和以色列。这些犹太人在逃离前往往将固定资产变卖并兑换成黄金或美元携带出国，造成国内大量资本外流，经济形势严峻。1949 年 12 月政府颁布法律加强边界管理，增强军警在边界的巡查以阻止犹太人出逃。但众多犹太人通过贿赂等不法手段成功出逃。伊拉克对伊朗政府施压，但伊朗政府 1950 年 2 月发表声明："伊朗拥有古老的宗教宽容传统，对于所有难民实施'门户开放'政策。"④ 该声明进一步刺激了更多的伊拉克犹太人逃往伊朗。

1950 年 3 月 9 日伊拉克参众两院通过法令："议会授予任何愿意放弃

---

① Esther Meir‐Glitzenstein, *Zionism in an Arab Country: Jews in Iraq in the 1940s*, London: Routledge, p. 249.

② Ibid. , p. 250.

③ Moshe Gat, "The Connection between the Bombings in Baghdad and the Emigration of the Jews from Iraq: 1950—1951", *Middle Eastern Studies*, Vol. 24, No. 3 (Jul. , 1988), pp. 312 – 329.

④ Ibid. .

国籍的犹太人，在签署一份由内政部制定的表格后可以离开伊拉克，法律有效期1年，但是国王可以在任何必要的时候取消该法令。"① 伊拉克政府认为，"目前，正有一些犹太人通过各种非法途径逃离伊拉克。如果采取强硬手段迫使这部分犹太人留在国内，可能对国家安全造成危害，并引发各种社会、经济问题。因而不妨允许这部分犹太人离开"。② 不难看出，伊拉克政府这一移民政策的初衷是要通过合法手段清除那些犹太社团中的反政府分子，并将那些已非法出逃的犹太移民合法化。该法案的实施一方面有助于结束国内非法移民；另一方面有助于国家加强移民管理，并遏制国内资本外流，保障市场稳定和经济复苏；同时在一定程度上削弱国内犹太复国主义的影响。尽管该法律的实施对国内社会发展具有积极意义，但结果却超出政府的预期。如政府估计该法律实施后，移民人数不超过10000人。③ 然而，截至1951年3月8日该法律失效时，已有105000犹太人进行了移民登记。显然，伊拉克移民态度的转变和1950年3月犹太移民法的实施是造成巴格达犹太社团流散的直接原因。

纵观巴格达犹太社团的兴衰过程，可以发现"城市首先而且必须是安全的"。④ 无论在古代、近代还是现代，犹太社团作为巴格达城市母体的有机组成部分都对城市的安全、稳定有着很强的依赖性。没有稳定的城市秩序、和谐的生活氛围，犹太人生命财产就缺乏必要保障，社团发展也就无从谈起。

① Nissim Rejwan, *The Jews of Iraq: 3000 Years of History and Culture*. London: Weidenfeld & Nicolson, 1985, p. 244.

② Esther Meir - Glitzenstein, *Zionism in an Arab Country: Jews in Iraq in the 1940s*, London: Routledge, p. 240.

③ Ibid., p. 241.

④ ［美］乔尔·科特金：《全球城市史》，王旭译，社会科学文献出版社2006年版，第6页。

第七章

伊斯坦布尔犹太人社区

伊斯坦布尔的犹太社区是中东城市存在时间最长、发展从未间断的犹太社区。其中 15—17 世纪则是该犹太社区发展的黄金时期。在该时期，犹太社区组织结构日益完善，在帝国的地位日渐提高并达到顶峰，甚至一度左右帝国的经济命脉。在犹太社区内部，塞法迪犹太人逐渐同化其他的犹太人，成为犹太社区主导派系。

一 伊斯坦布尔犹太人的来源和犹太社区的地理分布

1453 年 5 月 29 日，素丹马赫默德二世征服君士坦丁堡后，城市人口从 30 万锐减至 8 万。为重建城市，马赫默德二世在将其更名为伊斯坦布尔的同时，采取措施增加城市人口，最有效的方法就是将帝国不同地区的穆斯林、基督教、犹太教家庭强行迁移。[1] 这些被迫迁移的人被视为"撒根"（surgun），即"被放逐的人"（土耳其语）。[2] 伴随新犹太移民的到来，伊斯坦布尔犹太社区人口很快达到 3 万[3]。他们由罗马犹太人、塞法迪犹太人、阿什肯纳兹犹太人组成。

罗马犹太人（Romaniots）：拜占庭帝国统治疆域内操希腊语的犹太人，包括早期从近东、意大利及其他地区迁至拜占庭帝国的犹太人后代。

---

[1] 车效梅：《中东中世纪城市的产生、发展与嬗变》，中国社会科学出版社 2004 年版，第 55 页。

[2] Minna Rozen, *A History of the Jewish in Istanbul: the Formative Years, 1453—1566*, Leiden Boston: Brill, 2002, p. 45.

[3] 塞西尔·罗斯：《简明犹太民族史》，黄福武等译，山东大学出版社 1997 年版，第 325 页。

他们有共同的文化底蕴，有同为拜占庭人的自我认知，尽管拜占庭帝国的所有层面是希腊式的，而非罗马式的。[1] 马赫默德二世的人口迁移政策促使大量犹太人口移民伊斯坦布尔，从而改变了奥斯曼帝国境内犹太社区的分布格局，如小亚细亚、希腊、马其顿、保加利亚的一些犹太社区消失。圣经派犹太人（Karaites）也被归入罗马犹太人。圣经派犹太人为拜占庭帝国辖区内的犹太人，但在宗教仪式、文化传统等方面和罗马犹太人不同，他们不接受犹太法学博士的教义，只赞同对《圣经》作字面理解。[2]

赛法迪犹太人（Sephardi Jews）：15 世纪末以前居住在西班牙、葡萄牙的犹太人及后裔。该词源于希伯来语，意为"富庶之岛"，是希伯来圣经中对位于物产丰富的伊比利亚半岛上的西班牙的指称。[3] 15 世纪 90 年代，基督徒推翻伊比利亚半岛的伊斯兰政权，随之掀起排犹运动，塞法迪犹太人被逐出西班牙（1492 年）和葡萄牙（1497 年）。西班牙部分犹太人前往奥斯曼帝国，部分前往葡萄牙。1497 年，由于葡萄牙强迫犹太人改变信仰，五年前从西班牙迁移而至的部分犹太人再次向奥斯曼帝国迁移。[4] 留下的犹太人改信基督教，组成新基督教徒社区。1506 年，由于里斯本发生反对新基督徒的暴动，多数滞留的犹太人纷纷离开里斯本前往伊斯坦布尔。[5] 1536 年葡萄牙的宗教裁判所对新基督徒进行迫害，最后一批犹太人离开葡萄牙移民伊斯坦布尔。

阿什肯纳兹犹太人：阿什肯纳兹犹太人多为 15 世纪中叶从德国而至，使用意第绪语。在赛法迪犹太人来到伊斯坦布尔前，阿什肯纳兹犹太人已定居伊斯坦布尔[6]，后更多的阿什肯纳兹犹太人迁至伊斯坦布尔。所有从基督教领土迁移来的犹太人都被称为肯迪哥仑（kendi gelen），包括阿什肯纳兹犹太人、塞法迪犹太人、意大利裔犹太人等。[7]

---

[1]　B. Lewis, *Istanbul and the Civilization of the Ottoman Empire*, University of Oklahoma Press, 1963, pp. 143 – 144.

[2]　对 Karaites（圣经派犹太人）学界多有争议，有些学者主张将其单独列为犹太人的一个分支。

[3]　潘光、余建华:《犹太文明》，中国社会科学出版社 1999 年版，第 81 页。

[4]　Minna Rozen, *A History of the Jewish in Istanbul: the Formative Years, 1453—1566*, Leiden Boston: Brill, 2002, p. 48.

[5]　Ibid. .

[6]　Epstein, *Ottoman Jewish Communities and Their Role in the Fifteen and Sixteen Centuries*, Freiburg: Klaus Schwartz Veriag, 1980, p. 20.

[7]　Hacker, *The Ottoman System of Surgun and Its Influence on the Jewish Society in Ottoman Empire*, Zion 55, 1990, pp. 69 – 72.

君士坦丁堡沦陷前，犹太人主要居住在两个地区，一是加拉塔（Galata）、卡瑟姆帕夏（kasim pasa）金角湾①北部地区；二是威郎加（vlanga）地区。根据犹太人旅行家本杰明的描述（他曾在 1176 年到君士坦丁堡），拜占庭帝国将居住在君士坦丁堡的约 2500 名教士和 500 名圣经派犹太驱逐到佩拉区（金角湾北岸）。后犹太人被允许返回君士坦丁堡城内。②1204 年第四次十字军东征，攻陷君士坦丁堡，从十字军东征的材料中可看到佩拉区犹太社区的繁荣状况。③1261 年拜占庭帝国皇帝米海尔八世从拉丁帝国夺回君士坦丁堡，重新分配君士坦丁堡的人口，一部分犹太人迁居到威郎加地区。由于该区距君士坦丁堡市区很远，居住在这里的犹太人主要是制革工。到奥斯曼帝国占领时，威郎加地区发展不大。④14 世纪，达达喀尔（Tahtakal）地区也有犹太人居住。⑤

奥斯曼帝国强制移民实行后，罗马犹太人大多居住在梯形地区（trapezoid - Shaped 地区）的埃米诺努（Eminonu）、西鲁克兹（Sirkeci）、达达喀尔（Tahtakal），马赫默德帕夏地区（现在的加拉塔桥和凯末尔桥之间），马赫默德帕夏北部的泽伊雷克（Zeyrek）也有犹太人居住。1495 年马赫默德二世的瓦克夫登记材料显示城市很多区有犹太人居住。1569 年，犹太社区发生毁灭性的火灾，大火毁灭两大商业区、犹太人聚居区和巴扎市场以及许多犹太人会堂。尽管大火给犹太人居住区带来了惨重灾难，但犹太社区的基本面貌留存了下来，60% 的犹太人仍然居住在梯形地区，部分犹太人迁往哈斯阔伊（haskoy）地区。

小部分罗马犹太人在巴拉特（Balat）定居。17 世纪前，四个社区的记录中出现会堂：Okhrida、Yanbol、Kkastoria 和 Karaferye。1595—1597 年的记录中，Okhrida 社区被称为 "der Balat"，意为 "居住在巴拉特"。1598 年在埃米诺努建成 the yeni cami 会堂后，很多人从巴拉特移到该地，1660 年巴拉特发生第二次大火后，又有一批巴拉特的居民转移。16 世纪

---

① 博斯普鲁斯海峡南口西岸的细长海湾，曾是土耳其伊斯坦布尔港口的主要部分。

② Minna Rozen, *A History of the Jewish in Istanbul: the Formative Years, 1453—1566*, Leiden Boston: Brill, 2002, p. 5.

③ Dilek Akyalcin, *The Jewish Community in The Making of Istanbul Intra Muros, 1453—1520*, Istanbul: Sabanci University Press, 2003, p. 4.

④ Jacoby, *The Jews of Constantinople and their demographic hinterland*, Cambridge Variorum, p. 228.

⑤ Dilek Akyalcin, *The Jewish Community in The Making of Istanbul Intra Muros, 1453—1520*, Istanbul: Sabanci University Press, 2003, p. 6.

末有 20% 的伊斯坦布尔犹太人居住在巴拉特。① 奥斯曼占领伊斯坦布尔后，罗马犹太人还有一定居点——马尔马拉海海岸耶迪库勒堡（Yedikule）② 附近的萨马蒂亚（samatia）地区，这是奥斯曼征服拜占庭帝国后一个重要的希腊中心。

16 世纪哈斯廓伊地区一度成为圣经派犹太人集聚的中心。15—17 世纪的塞法迪犹太人居住在梯形地区、巴拉特、哈斯廓伊等地。随着大量犹太人移民涌入，埃米诺努、西鲁克兹、马赫默德帕夏区和达达喀尔地区人口饱和，导致新犹太社区建立。如 16 世纪中期前，犹太人并没有在加拉塔建立社区，60 年后塞法迪犹太人开始到加拉塔定居，建立社区，并与欧洲人进行贸易。

16 世纪 50 年代和 60 年代，富裕的犹太人围绕博斯普鲁斯海峡建立新社区，他们移往库鲁切什梅（kurucesme）、贝西克塔斯（besiktas）、奥塔科伊（ortakoy）和库兹昆苏克（kuzguncu）地区。

肯迪哥仑（kendi gelen）在伊斯坦布尔建立新社区。新区的建立改变了伊斯坦布尔犹太人的地理分布。1660 年，埃米诺努地区发生大火，奥斯曼政府将他们迁移到哈斯阔伊、巴拉特、奥塔科伊（Ortaky）地区。③

二　伊斯坦布尔犹太人人口状况与社区组织

16 世纪，犹太人占伊斯坦布尔总人口的 11%，根据学者塞尔玛·奥兹库卡克（Selma Ozkocak）的调查，伊斯坦布尔犹太人在 32280 名到 40350 名之间。④ 著名学者哈里尔·伊纳志克（Halil Inalcik）记载：1535 年伊斯坦布尔有 8070 户犹太人，其中约 2000 户是罗马犹太人，6070 户是塞法迪犹太人。⑤ 统计中没有阿什肯纳兹犹太

①　Minna Rozen, *A History of the Jewish in Istanbul: the Formative Years, 1453—1566*, Leiden Boston: Brill, 2002, p. 58.

②　耶迪库勒堡，伊斯坦布尔最重要的建筑艺术之一，坐落于城市南边水滨.

③　Dilek Akyalcin, *The Jewish Community in the Making of Istanbul Intra Muros, 1453—1520*, Istanbul: Sabanci University Press, 2003, p. 22.

④　Ibid. , p. 19.

⑤　Minna Rozen, *A History of the Jewish in Istanbul: The Formative Years, 1453—1566*, Leiden, Boston: Brill, 2002, p. 52.

人，因为阿什肯纳兹犹太人很少。根据 1545—1595 年的犹太人纳税统计，塞法迪犹太人占犹太人总数的 40%，罗马犹太人则占 53%。在 1603 年、1608 年、1609 年对所有犹太人的三次调查中显示，塞法迪犹太人占犹太人总数的 35%，罗马犹太人占 60%，阿什肯纳兹犹太人占 5%[①]。在 17 世纪中后期，罗马犹太人和塞法迪犹太人人数逆转，1688 年调查显示，罗马犹太人占 27%，塞法迪犹太人占 60%，阿什肯纳兹犹太人占 13%。[②] 变化的成因有二：一是 17 世纪 30 年代是塞法迪犹太人涌入伊斯坦布尔的高峰期，伊斯坦布尔一半以上的犹太人来自伊比利亚半岛；二是火灾以及耶尼清真寺（yeni cami）的建设，导致很多犹太人家族迁移到帝国其他地区，或加入其他社区（并非他们相同起源地的社区），这些迁移的犹太人逐渐失去原来的身份认知而被同化。17 世纪犹太人口呈下降趋势。[③]

罗马犹太社区：1540 年，伊斯坦布尔罗马犹太人有 47 座以他们来源地为基础建立的社区，罗马犹太人认为他们的社区与奥斯曼帝国的穆斯林社区（mahalleler）是平等的。犹太社区以犹太会堂为中心居住，有自己的宗教领袖拉比。当犹太人称他们的社区为"mahalleler"的时候，即意味着从相同地区迁移而至的犹太人，他们在同一会堂礼拜，跟随同一领袖，居住同一地区。

每个罗马犹太社区世俗领袖称为麦姆尼姆（Memunim），意为"被任命的人"，代表社区利益与其他社区、非政府机构、帝国政府交涉。每个社区有很多领导人（Leading figure，称为 tovei ha-ir 或者 ha-nikhbadim）协助支持麦姆尼姆的工作。在罗马犹太社区，有两名高于其他官员的职位：首席拉比（Leading Rabbi）和卡亚（kahya），他们负责行政和财政工作。犹太社区官员是奥斯曼中央行政系统的一部分，候选人需要得到奥斯曼政府正式任命才能生效。[④]

伊斯坦布尔犹太社区的第一位首席拉比是默舍·卡布萨里（Rabbi

①　Minna Rozen, *A History of the Jewish in Istanbul: The Formative Years, 1453—1566*, Leiden, Boston: Brill, p. 54.

②　Ibid. , p. 53.

③　Dilek Akyalcin, *The Jewish Community in the Making of Istanbul Intra Muros, 1453—1520*, Istanbul: Sabanci University Press, 2003, p. 22.

④　Minna Rozen, *A History of the Jewish in Istanbul: The Formative Years, 1453—1566*, Leiden, Boston: Brill, 2002, p. 66.

Mosheh capsali)①。默舍·卡布萨里在奥斯曼帝国占领前就是犹太社区法官。马赫默德二世占领后，任命他为首席拉比，赋予首席拉比高于犹太社区拉比的权威。素丹赐给他皇家服装，给予他能够骑马的特权，并由奥斯曼的高官送到他家，后又赋予他没收财产和逮捕别人的权利。②

犹太史学家拉比约瑟夫·萨姆巴里（Rabbi yosef Sambari）指出：素丹在他的会议室中为三个人留着位置：一个是伊斯坦布尔的穆夫提，一个是希腊大主教，一个是犹太首席拉比。马赫默德二世宣布默舍·卡布萨里是犹太人的领袖，将卡布萨里的座位放在穆夫提的旁边，素丹像爱自己的灵魂一样爱卡布萨里，将他的地位提高到穆夫提和希腊大主教之上。默舍·卡布萨里负责向犹太人征税，并将税收上缴给国库。③ 卡布萨里要求犹太社区服从奥斯曼帝国的统治，遵守奥斯曼帝国的传统，并认可首席拉比的权威地位。他用严厉的方式统治罗马犹太社区。尽管如此，作为犹太社会有影响的人物，卡布萨里的地位还是受到罗马犹太社区一些犹太教士和世俗领导的挑战。卡布萨里的权威一方面来源于其个人魅力，另一方面得到奥斯曼政府的任命。④ 随着奥斯曼政府对犹太社区的进一步了解，二级大批犹太移民从基督教国家纷至沓来，首席拉比制度变迁，新的卡亚制度出现。

卡布萨里（1498—1500）死后，伊利亚胡·麦兹拉西（Rabbi Eliyahu Mizrahi）继任首席拉比，掌管罗马犹太社区。在他任期，出现了第一个卡亚——沙·阿利帖（Sha altiel）。阿利帖管理犹太人的世俗事务，代表所有犹太社区处理与奥斯曼帝国政府相关事务。卡亚的出现和塞法迪犹太移民的到来密不可分，当塞法迪犹太人到伊斯坦布尔后，奥斯曼政府意识到犹太人是分裂的，让他们服从唯一的权威很困难。于是政府放弃了在伊斯坦布尔任命一个总的宗教—司法领袖的做法，而将权利分别授予一些人，而不仅仅是首席拉比，首席拉比只负责罗马犹太社区，而不是整个犹

---

① 关于萨洛尼卡的拉比的地位与作用，学界存在争议，大卫·康福尔第（Rabbi David Conforti）作了与赛德·以利亚·祖塔类似的描述，并且指出伊斯坦布尔的拉比中没有人地位高于卡布萨里。历史学家 Hacker 认为卡布萨里的地位与声望并没有一些历史学家宣扬的那么高，同时，Hacker 指出卡布萨里的权力并没有达到奥斯曼帝国的整个犹太社区，首席拉比只是伊斯坦布尔犹太社区的领袖。

② Minna Rozen, *A History of the Jewish in Istanbul: The Formative Years, 1453—1566*, Leiden, Boston: Brill, 2002, p. 66.

③ Ibid. , p. 67.

④ Ibid. , p. 76.

太社区。

希伯来语著作将沙·阿利帖描述为奥斯曼政府委任的官员，对犹太社区的利益至关重要；而奥斯曼政府的档案则将沙·阿利帖描述为税收总承包人，负责向犹太人征税。从档案材料中看，卡亚是代表整个犹太社区的官员。虽然沙·阿利帖行使多项职责，活动范围广泛，但首席拉比仍在必要时行使与奥斯曼政府交涉的职能，如向伊斯坦布尔犹太社区征收非常规税收等。同时也要看到，首席拉比权力在萎缩，不能完全控制新建立的塞法迪犹太社区。西班牙裔犹太社区尊敬首席拉比，但并不将首席拉比的决定当作法律。首席拉比卡布萨里曾试图将自己的权力强加到塞法迪犹太社区，但塞法迪犹太社区只服从他们所在社区的拉比。

相对于首席拉比和卡亚，麦姆尼姆只行使自己的职责，处理自己的事务，拟定一些规章，并不违背首席拉比和卡亚这两大社区权威的意愿。虽然首席拉比和麦姆尼姆都没有让法官服从自己意愿的绝对权力，但是社区法官更多的是遵从首席拉比的意愿而不是麦姆尼姆的意愿。综上所述，随着犹太社区发展，世俗官员逐渐取代宗教官员，成为犹太社区的领袖。

塞法迪犹太社区：第一批从伊比利亚半岛移民的犹太人建立的社区称为格入士塞法迪社区（Gerush Sepharad）。后来其他的社区考杜瓦（Cordova）、阿热甘（Aragon）、穆斯纳（Mwssina）、斯西里（Sicilia）、葡萄牙（Portugal）也相继出现。到1555年，在伊斯坦布尔有10个塞法迪犹太社区。每个塞法迪社区都有自己的法官、权威教士（hakham ha–qahal），他们在社区具有很高的地位。世俗事务则是由一些被称作ma'amad的官员来处理。ma'amad的成员主要包括麦姆尼姆、behirim、nivrarim、tovei ha–qahal，还有nikhbadim（属于贵族）。从1555年的玛亚社区（Mayor），我们可以对ma'amad有比较详细的了解。在玛亚社区，ma'amad包括一名委任的领导——Mosheeh de Segura，他是一个重要的商人和大臣，此外，ma'amad还包括一个nikhbadim群体。

与罗马社区不同，塞法迪犹太社区没有独掌大权的、权力在所有拉比之上的权威教士。在首席拉比伊利亚胡·麦兹拉西时期，很多塞法迪犹太社区邀请他去调停解决他们之间的纷争，但他们并不把伊利亚胡·麦兹拉西视为绝对权威。遇到问题时，伊比利亚犹太人通常通过协商来解决。西班牙裔犹太社区落户奥斯曼帝国后不久，在自己的社区或者所在的罗马社区讨论共同关心的问题。1555年，拉比耶胡叔·总尹（Rabbi Yehoshu'a-

zonzin）宣布自从西班牙犹太社区落户伊斯坦布尔以来就召集拉比举行了
一系列会议："因为从古代起，西班牙裔的犹太人就在齐斯坦丁组成 10
个社区，他们遇到重大问题时团结一起，经过协商，得出大多数人同意的
方案予以实施。"伊比利亚移民在新世界定居和生活是艰难的，因为他们
不会说官方语言土耳其语，也不会说本地语言希腊语。他们的居住地位于
土耳其文化和希腊文化的交会处，任何一种文化对他们来说都是陌生的。
伊比利亚移民特别重视他们的西班牙文化，虽然他们被驱逐出伊比利亚半
岛，但他们仍然世代传承着他们来源地的文化。

　　分歧与同化：在奥斯曼政府看来，犹太社区由两个部分组成：撒根和
肯迪哥仑，前者被奥斯曼政府视为罗马犹太人，后者则是从基督教世界欧
洲迁移来的犹太人。在犹太人自己看来，犹太人至少包括四个社区：罗马
犹太社区、塞法迪社区、阿什肯纳兹社区和圣经派犹太人社区。虽然罗马
犹太人和 Karaites 都是撒根，都说希腊语，但是犹太社区在是否把圣经派
犹太人划入罗马犹太人这一问题上存在争议。尽管如此，两个社区彼此之
间联系紧密。

　　在仪式和传统方面，所有的罗马犹太人都说希腊语，并且都有相同的
礼拜仪式（除圣经派犹太人外），而阿什肯纳兹犹太人和塞法迪犹太人则
各有属于自己的语言和礼拜仪式。16 世纪以前，罗马犹太人在犹太社区
中占据主导地位。

　　16 世纪，伊斯坦布尔犹太群体主要是罗马犹太人和塞法迪犹太人。
罗马犹太人与新迁移来的塞法迪犹太人的主要分歧在宗教仪式和语言的差
异。16 世纪初，塞法迪犹太人影响逐渐扩大，他们仍保持作为西班牙人
的强烈认知。塞法迪犹太人与罗马犹太人在一些基本问题上发生争执，如
供应给犹太社区的肉类比例问题等。在奥斯曼帝国其他比较小的城市，各
个犹太社区在 16 世纪下半期都接受了塞法迪犹太人的宗教仪式。[1] 但伊
斯坦布尔的犹太人在相当长时间内仍坚持罗马犹太人的宗教仪式，保持传
统宗教仪式的原因在于他们是撒根。首先，禁止自由迁移的规定避免了因
迁往别地而被同化。[2] 其次，语言的差异。瑞·门川（R. Mantran）估计，

---

　　[1]　Hacker, Pride And Depression: *Polarity of the Spiritual and Social Experience of the Iberian Exiles in the Ottoman Empire*, Jerusalem: Zalman Shazar Centre, 1989, pp. 571 – 579.

　　[2]　Minna Rozen, *A History of the Jewish in Istanbul: the Formative Years, 1453—1566*, Leiden Boston: Brill, 2002, p. 87.

在 1691 年非穆斯林占伊斯坦布尔人口的 42%，大约 40% 的伊斯坦布尔人口说希腊语。这种文化和语言环境增强了伊斯坦布尔罗马犹太人的身份认知，使他们能够保持自己的文化和传统。1510 年，首席拉比本雅明·哈利维出版一本书，该书根据罗马犹太人的宗教礼仪编订，它的出版有利于罗马犹太人保护他们的传统。1557 年，伊利以谢·本·杰舍姆（Eliezer ben Gershom Somcino）用西班牙语和希腊语翻译了摩西五经，并用来教授学生，正是这本书使西班牙语和希腊语成为居住在奥斯曼帝国的犹太人最常用的两种语言。

人口跨社区的迁移，为塞法迪犹太人的同化创造了条件。由于火灾和跨社区婚姻的发生，人们不得不迁移到那些与自己的语言和宗教仪式不同的社区。1539 年大火曾毁灭了金角湾南部地区，1569 年耶尼清真寺大火迫使犹太人向哈斯廓伊以及其他地方迁移，哈斯廓伊犹太人中有很多姓氏带有 Istamati，表明大量罗马犹太人从萨马蒂亚迁往哈斯廓伊。在伊斯坦布尔，尽管塞法迪犹太人对其他犹太人的同化过程是缓慢的，但最终还是将伊斯坦布尔其他犹太人同化——包括罗马犹太人和阿什肯纳兹犹太人。只有一个群体始终保持其独特性——圣经派犹太人。

三　伊斯坦布尔犹太人的法律地位和实际地位

在奥斯曼帝国，非穆斯林在接受奥斯曼帝国统治的前提下可以保持自己的宗教信仰，这些非穆斯林只要缴税，并且接受自己较低的社会地位，就可受到帝国的保护，他们被称为迪米。所有的犹太人包括撒根和肯迪哥仑，都是吉米。撒根没有自由迁移的权利，只能居住在伊斯坦布尔。在伊斯坦布尔，奥斯曼帝国对待犹太人的态度是温和的，原因是：只有宗教信仰自由，素丹的臣民才能幸福，才能保持政府的财政收入。虽然犹太人可以保有自己的信仰，拥有财产所有权，但是奥斯曼帝国禁止犹太人在清真寺附近修建会堂，并经常以建造清真寺的名义强迫犹太人出售他们的地产。

理论上，吉米建的房屋不可以高于穆斯林建的房屋，但在 16 世纪的伊斯坦布尔，并没有强制执行。如犹太贵族默舍·哈蒙（Mosheh Hamon）获得建四层石屋的权利，约瑟夫·纳西（Yosef Nasi）以及其他犹太贵族也建了相同的房屋。其实，有钱的犹太人可以用钱获得相应的地位。[①]

在奥斯曼帝国，所有的土地都属于素丹，素丹把一部分土地分给官员作为财政收入的来源，一部分土地捐赠给宗教，一部分土地是素丹财政收入的直接来源。尽管如此，犹太人不但世代租用土地，甚至在租用的土地上建造房屋。在城市，犹太人也能得到私人地产，这些房屋一般建在城墙外。根据法律，这些地产的所有权是固定的，虽然它们名义上属于国家，但是实际上属于所有者。对这些土地的自由利用，导致 hazaqqah 的出现——hazaqqah 是针对犹太社区的商业行为制定的内部管理规章。虽然 hazaqqah 直到 1573 年才成文，但是很早就开始实行了。[②]

穆斯林与吉米之间地位的差别也体现在衣着上。最初的契约并没有规定非穆斯林应该怎样着装。但苏莱曼大帝制定关于臣民服装的法典后，吉米只能穿与自己地位相符的衣服。尽管如此，吉米还是能自由穿着贵重的毛织品，穆斯林则喜欢穿骑兵服装，以及柔软的丝绸、棉衣、贵重的鞋子。在 16 世纪，人们喜欢穿华丽的服装，但法令不允许犹太人和基督徒这样穿。1568 年第一项诏令，对服装的限制作了如下解释：第一，吉米穿着华丽的服装使宗教限制变得模糊，也使吉米和高社会阶层的界限变得模糊；第二，吉米对华丽服装的需求使这些衣服的价格上涨。1577 年的诏令则只强调了第一个理由。但实际上，这些诏令并没有得到严格贯彻，依照法律，犹太人地位低于穆斯林，随着犹太人经济地位的提升，他们希望得到和穆斯林一样的待遇，所以他们继续购买贵重的衣服。奥斯曼帝国也没有强制犹太人执行这些规定。[③]

理论上，犹太人是不容许骑马的，但事实上犹太人也骑马。约瑟夫·纳西（yosef nasi）[④] 就骑马，而且他并不是唯一骑马的犹太人。马尔马拉海的一次覆船事件后，有个从伊斯坦布尔去盖利博卢半岛的人描述，他不得不下马看看被海水冲上岸的尸体是谁。后来，他发现这个骑马的人只是一个普通的犹太人，这表明在伊斯坦布尔有不少犹太人骑马。[⑤]

---

①　Minna Rozen, *A History of the Jewish in Istanbul: the Formative Years, 1453—1566*, Leiden, Boston: Brill, 2002, p. 19.

②　Ibid. , p. 23.

③　Ibid. .

④　纳西是犹太贵族，曾在奥斯曼宫廷中担任要职。

⑤　Minna Rozen, *A History of the Jewish in Istanbul: the Formative Years, 1453—1566*, Leiden, Boston: Brill, 2002, p. 23.

　　处于中上阶层的犹太家庭有一到两名仆人。奥斯曼政府对犹太人拥有奴隶很不高兴，他们认为犹太人拥有穆斯林奴隶是不可思议的。1559 年奥斯曼政府发布诏令禁止犹太人买卖奴隶，强制让其把奴隶卖给穆斯林家庭，这说明吉米的地位并没有超过穆斯林。更深层的原因是奥斯曼政府对吉米地位上升不满，把吉米从奴隶贸易市场赶走，能减少奴隶的需求量，降低奴隶的价格。奥斯曼帝国家庭成为奴隶的主要买家，诏令反映了政府的经济利益。但是犹太人和基督徒并没有停止购买奴隶，他们通过付给一定费用的方式购买奴隶。

　　一般情况下，犹太人不能参军和做政府公务员。《古兰经》规定，"你们只可信任你们的教友"，"信道的人，不可舍同教而以外教为盟友；谁犯此禁令，谁不得安拉的保佑"；至于"有经典的人"，他们"无论在哪里出现，都要陷于卑微之中，除非借安拉的和约与众人的和约不能安居"。[1] 奥斯曼帝国援引《古兰经》的相关启示，禁止犹太人出任官职，将犹太人排斥于政界和军界之外。但奥斯曼帝国并没有严格遵循《古兰经》的相关启示，宗教规定与社会现实也不完全吻合，甚至存在很大的差异。如约瑟夫·纳西出身塞法迪犹太人，由于他了解欧洲事务，并同基督教王室有接触，因此奥斯曼帝国素丹在对外事务上听取他的建议。纳西曾在奥斯曼宫廷中担任要职，一度成为奥斯曼帝国中最有影响力的人物之一，素丹曾授予他公爵职位。他在伊斯坦布尔郊外建造了一座楼宇式的宫殿，其豪华程度堪比皇宫。[2]

　　犹太人由于承担包税而获得很大权力。奥斯曼帝国的税务系统是将某些地区和机构的收税权包租给出价最高的竞标者。虽然包税是单纯的经济问题，但给予很多犹太商人高于穆斯林的权威和势力。1582 年，一项法令指出伊斯坦布尔大多数阿斯克瑞（askeri）的税收都交由犹太包税商征收，他们所有的雇员也是犹太人。奥斯曼权贵和船长对不得不遵从这些人深表怨恨，为安抚他们，奥斯曼政府规定只有那些名字出现在征税名单上的犹太人才能在码头工作，他们所有的雇员都必须是穆斯林，这样最终与乘客和船长打交道的是穆斯林。但这并没有消除基本问题：吉米行使的权力高于穆斯林，因为穆斯林成为犹太人的雇员。

---

① 《古兰经》3：73，3：28，3：112。

② 塞西尔·罗斯：《简明犹太民族史》，黄福武等译，山东大学出版社 1997 年版，第 326 页。

地位的差异也体现在司法上。每种宗教都有自己的法庭，但当犹太人和穆斯林发生法律纠纷时，判决要在穆斯林法庭进行，因为对奥斯曼人来说，如果涉及穆斯林的法律纠纷在其他地方判决，是不能容忍的。[①] 在穆斯林法庭，吉米提供的证词没有穆斯林的证词有分量，但实际上穆斯林法庭也并不是完全偏向穆斯林，我们从奥斯曼帝国的法律档案可以看出，穆斯林在与犹太人的法律诉讼中并不是绝对胜利者。

最能证明犹太人地位低下的是人头税。任何能够谋生的吉米（从成人到60岁或65岁的年龄区间的吉米）都需要缴纳人头税。纳税者按照他们的资产多少被分为贫穷、平均、富裕三类。在银币区每年向纳税者分别征收12、24、48个迪尔汗（银币），在金币区每年向纳税者分别征收1、2、4个第纳儿（金币）。[②] 奥斯曼帝国确定犹太社区的税收总额，然后把税收的任务分配给每个社区的代理人。起初由犹太人首席拉比负责，后来由卡亚负责，再后来由麦姆尼姆负责。各个社区经过讨论后确定各自社区成员需要交缴的税收额。

此外犹太人还要交缴三种常规税 Ispence、Avariz、Rav Akcesi[③]，以及很多非常规税。Ispence 是奥斯曼帝国占领伊斯坦布尔前就存在的一种税收，新统治者继续征收这种税。Avariz 是以热亚（reaya）为对象征收的不动产税。Rav Akces 则是在犹太社区征收的一种常规税。负担最重的是非常规税收，尤其是强制劳役。16 世纪中期，犹太社区开始和奥斯曼当局进行谈判，最终达成协议，用缴纳金钱的方式代替劳役。

总之，虽然犹太人在奥斯曼帝国被视为二等公民，不能获得等同穆斯林的权利，但是奥斯曼帝国对待他们的态度是实用主义的，在很多情况下，犹太人可以通过金钱获得被禁止的权利。

四　伊斯坦布尔犹太人的经济活动

伊斯坦布尔几乎所有的经济活动领域都向犹太人开放。许多犹太商人从事包税业，并在整个帝国辖区内征税。在伊斯坦布尔，税款承包投资巨

---

①　B. Lewis, *Jews of Islam*, Princeton：Princeton University Press, 1984, pp. 135 – 142.

②　哈全安：《中东国家的现代化历程》，人民出版社 2006 年版，第 22 页.

③　Gerber, *Economic And Social Life of the Jews in the Ottoman Empire in The 16th and 17th Centuries*, Jerusalem：Zalman Shazar Center, 1982, pp. 89 – 90.

大、竞争激烈。1477 年，犹太人 Altina 和另外两位合伙人为包伊斯坦布尔的港口关税花了 32040 万 acke。1481 年，犹太人 Bruto Isaya 的儿子和 Arsan Suleyman 的儿子为包伊斯坦布尔的税收花了 1800 万 acke。同年，Atsalom Eliya 的儿子、Haskye Samariuga 的儿子、David Yako 的儿子、Shaaban Ishaq 的儿子、Musa Yaqub 的儿子，同为合伙人，为 Novabri 的税收花了 234 万。1481 年，所有鲁米利亚①的重要税收都是由犹太人征收的。1483 年，犹太商人 Sabbetary Avraham 的儿子为包色雷斯盐场的地税出价 12 万 acke，高于所有竞争者。

罗马犹太人在经济领域占主导地位。1595—1597 的数据显示，在伊斯坦布尔犹太人中，罗马犹太人最富有。1623 年的人头税登记显示，在罗马犹太人中，50％非常富裕，40％收入居中，5％很贫困。在塞法迪犹太人中，8％很富裕，41％收入居中，51％很贫困。在 17 世纪初期，罗马犹太人仍然掌控着犹太人的大部分资金。

1492 年伊比利亚半岛犹太人的到来改变了伊斯坦布尔的经济格局。在塞法迪犹太人迁移到伊斯坦布尔之前，罗马犹太人从事园艺业。罗马犹太人的主要中心——从埃米诺努到巴拉特有大量移民以从事大规模的园艺活动为生。塞法迪犹太人到后进军园艺业。17 世纪的哈斯廓伊、欧塔廓伊（Ortakoy）和库兹昆苏克（kuzguncuk）的很多果园和花园均属于塞法迪犹太人。塞法迪犹太人还从欧洲引进了商业植物进行栽培。

犹太人多从事食品制造业。因为奶制品、酒和肉受犹太人饮食法的管制，所以伊斯坦布尔犹太人只在犹太人内部生产和销售这些食品。穆斯林禁止喝酒，所以犹太人和基督徒只在自己的区域生产和出售酒。在伊斯坦布尔出售的酒大多产于外地。在国际贸易中，酒类是有利可图的产品。著名犹太商人 Don Yosef Nasi 是酒类贸易的巨头，从克里特岛到摩尔多瓦都有他出口的酒，后又获得从地中海出口到黑海的酒类包税权。奥斯曼帝国政府将肉类视为基本食物，在各个主要城市都有肉类供应。在伊斯坦布尔，屠宰业被犹太人控制，造成垄断和非官方价格，一些犹太屠夫大获其利。

贵金属和宝石生意对犹太人有吸引力。阿尔莫斯尼诺（Almosnino）

---

① 原奥斯曼帝国在欧洲的领土，包括马其顿、色雷斯和阿尔巴尼亚。

指出，珠宝是伊斯坦布尔唯一自产不用进口的成品。他的评论虽有失偏颇，但说明珠宝生意在犹太社会和伊斯坦布尔经济中的作用。① 伊斯坦布尔的犹太人拥有自己的黄金提炼厂，16世纪前铸币业一直控制在犹太人手中。铸币业衍生货币兑换业，16世纪初几乎所有的货币兑换商都是犹太人。货币兑换商经常因为修剪他们经手的硬币边缘或在货币重量上作假而被控告。当犹太人禁止发展该行业以保护他们不被控告时，整个伊斯坦布尔的铸币业陷入了瘫痪。

在任何一个犹太人生活的区域，纺织业都是典型的产业。在伊斯坦布尔，犹太人主要生产奢侈纺织品，他们生产的绒线在欧洲以柔软、珍奇著称。他们也涉足裁缝、木匠、药剂师、玻璃匠、铁匠、锡匠、造镜、串珠人、印刷、装订、火药制造、画家、演员、舞蹈、音乐、杂技等行业。在伊斯坦布尔，犹太人几乎渗透所有经济领域。

犹太商业区：在伊斯坦布尔，拜德斯坦（bedestan）是最著名的商业区，只有拥有巨额资金的商人才能支付起拜德斯坦的租金。塞法迪犹太人到伊斯坦布尔后，犹太人在拜德斯坦的商业地位逐渐提升。1489年，在拜德斯坦有金柜的126家店面中，只有5家（占3.9%）是犹太人的。在1516年大火后，拜德斯坦重建，140家带金柜的店面中，18家（占10.7%）属于犹太人。在拜德斯坦西部有40家金匠和货币兑换商店面，3家是犹太人的；东部有28家丝带制造商的店面，4家属于犹太人；南面的39家店铺，一半属于犹太人。拜德斯坦附近的衣服市场，出售各种丝织布料和纺织品，60家商店中有1/4是犹太人的。拜德斯坦外面的204家店铺中，43家（占21%）是犹太人的。在伊斯坦布尔另一重要的商业区达达喀尔，1520年的一次调查显示有33家犹太人店铺。②在这些商业区，24%的犹太人从事制造商和服装商，18%是代理商，15%是小商贩。③

国际贸易活动：奥斯曼政府的支持为犹太人从事国际贸易活动创造有利条件。一些犹太商人利用诸如 Nasis 和 De Sequras 等大企业和来自地中海

---

① Almosnino, *History of the Ottoman Kings*, National and University Library, Jerusalem, Israel, pp. 178 – 179.

② Dilek Akyalcin, *The Jewish Community in the Making of Istanbul Intra Muros*, 1453—1520, Istanbul: Sabanci University Press, 2003, p. 19.

③ Ibid., p. 18.

甚至非洲、亚洲西南部和欧洲西部的进口商和出口商提供的便利服务来开展贸易；一些商人则派代表去巴尔干半岛或者布鲁萨①的商品展览会，或派遣代表去布鲁萨迎接来自波斯的商船。伊斯坦布尔犹太商人并不是专门致力于投资一种商品，他们买进、卖出任何能给他们带来利益的商品。

携带商品的流动商队是 16 世纪前较为普遍的国际贸易形式。从港口到大陆中心，都有犹太人的足迹。他们为特定的需要结成伙伴关系，从南亚和东亚运来珠宝、宝石、药材和香料，从非洲运来黑奴，从东欧运来白奴、蜂蜜、蜂蜡、盐，从欧洲运来纺织品、玻璃和各种奢侈品。他们将木材、兽皮销售到欧洲，将酒和奢侈品销售到东欧。伊斯坦布尔本身就是一个巨大的消费市场，大量商品被出售、消费。

随着奥斯曼帝国势力从印度洋延伸到乌克兰和多瑙河，从北非延伸到波斯，帝国国际贸易数量剧增，流动商队逐渐为代理商和商业合伙人取代。特别是塞法迪犹太人到后，凭借他们在贸易中心的关系网，增加国际贸易数量。塞法迪犹太人与意大利基督教公司展开激烈竞争，不仅使后者从城市中退出，而且进军意大利本土市场，以确保意大利商品的无限供应。

16 世纪中期，法国旅行家 Nicalaus De Nicolai 记录了伊斯坦布尔犹太商人的数量和商业活动。Nicolai 称该期为伊斯坦布尔犹太人国际贸易最繁荣的时期，大部分贸易都被犹太人控制，意大利人丧失了大部分贸易活动，英国人和法国人几乎很难在这个城市从事商业活动。② 17 世纪开始，犹太人开始丧失在政治、经济领域内的优势地位，基督教徒取而代之。③

犹太人在商业贸易领域的优势地位，取决于以下因素：第一，土耳其人是一个喜欢征战和务农的民族，他们大多为士兵、行政官员、农民，一般不从事商贸活动，奥斯曼帝国把这个行业交给犹太人、希腊人、阿拉伯人。④ 在奥斯曼帝国，所有经济领域都向犹太人开放，为犹太人创造了有利条件。第二，犹太人强烈的市场意识使其在商业领域占有显著优势。"犹太人的市场意识具有浓厚的宗教因素，圣经就记载有犹太民族早期的

---

①　土耳其西北部城市。

②　Minna Rozen, *A History of the Jewish in Istanbul: the Formative Years, 1453—1566*, Leiden, Boston: Brill, 2002, p. 238.

③　Dilek Akyalcin, *The Jewish Community in the Making of Istanbul Intra Muros, 1453—1520*, Istanbul: Sabanci University Press, 2003, p. 22.

④　黄民兴：《奥斯曼帝国》，三秦出版社 2000 年版，第 196 页。

物物交换和银物交换的商业故事。只要有机会，犹太人就要赚钱。金钱对犹太人具有双重性：不仅能满足物质需求，而且能表示宗教信仰的程度，犹太人把赚的钱当做献给上帝的礼物。犹太人的市场意识带有浓厚的宗教因素，这种赚钱的动机比单纯的发财追求更为深沉，更为持久。"① 第三，犹太人遍布各地的商业网为对外贸易创造了有利条件。"大流散的生活把犹太人赶入了真正意义上的世界市场，四处流散的生活使他们不再同任何地方的固定市场有过于密切的关系，决定了他们成为国际贸易的承担者。他们在地中海和洲际贸易中起着极为活跃的作用，在各大港口都设有自己的'代表'，组成了一个排除异己、自成体系的庞大商业网，保证了长途贸易的顺利进行。"②

五　伊斯坦布尔犹太社区的婚姻与家庭

在犹太社会，男性占据主宰地位。保持男系血脉的代代相传是一个家族的传统目标，这就决定了犹太社会婚姻、继承和分配财产、孩子教育和监护等方面男女的差异。伊斯坦布尔的犹太法律在很多方面都倾向于维护男性及其家族的利益。

1. 犹太人婚姻

根据圣经所述，结婚的目的是找一个伴侣和生儿育女。塔木德认为，婚姻是追求个人幸福的重要途径："没有结婚的犹太人将没有快乐，不会获得祝福，也是没有道德的人。"婚姻是身心成熟的必然要求，是继续为人类社会做贡献的必要条件；"任何一个没有结婚的犹太男人都不是真正的男人"。婚姻也被认为是避免犯罪的重要途径："当一个男人结婚，他的犯罪将会减少。"他们认为放纵性爱是恶魔的行为，这将给犯罪者的儿子带来灾难，并最终导致其死亡。这些恶魔的后代将会把犯罪者折磨致死，并延缓救赎。婚姻是确保犹太世界得以延续的一种社会机制，结婚的目的是生育后代，生命的延续就是上帝事业的延续。③

---

① 潘光、余建华：《犹太文明》，中国社会科学出版社1999年版，第121页。

② 张倩红：《犹太文化的几个特征》，《西亚非洲》2003年第2期。

③ Minna Rozen, *A History of the Jewish in Istanbul: The Formative Years, 1453—1566*, Leiden Boston: Brill, 2002, p. 109.

　　根据犹太法，新郎必须满 13 岁才能结婚，女孩满 12 岁半可以结婚。但实际上，在 16 世纪的伊斯坦布尔，女孩 12 岁之前结婚的现象普遍存在。中产阶层的犹太人家庭通常安排 13 岁的男孩与 10—12 岁的女孩结婚，父母往往在孩子们年龄尚小时就决定了他们的未来。

　　选亲是婚姻的第一步。安排一桩婚姻涉及多方面：延续家族体系、保留或提升家族社会地位、确保结婚双方幸福等。非名门望族谱系的富裕之家有时会同意孩子与出身"优良家族"的孩子成婚，尽管后者缺乏用于子女婚姻的经济实力。一般来说，男孩选择妻子由父母做主。[①] 如果男孩的父母在婚姻完成前病故，男孩将由他叔叔收养，除非他祖父健在。订婚女孩的双亲过世后将由丈夫家族供养。

　　在伊斯坦布尔的犹太双亲趋向在家族内筹划婚事，堂兄妹、表兄妹之间通婚十分普遍。[②] 一个犹太商人在遗嘱中将遗产与幼子托付给弟弟，要求保证女儿嫁给弟弟的儿子。该商人去世 4 年后，他弟弟来到伊斯坦布尔，接收了遗产并说明要带男孩去耶路撒冷。尽管男孩的母亲反对，但最终决定权在法院，法庭确保了男孩叔父的监护权，因为男孩将与他叔父的女儿成婚，法庭确信那是男孩的最佳选择，同意他去耶路撒冷。值得一提的是，法庭判决的原因之一是基于这样一种假设，即如果男孩留在伊斯坦布尔，他母亲将根据伊斯兰法去索取未列入犹太法的丈夫的部分遗产。另一方面，在伊斯兰法下，母亲的兄弟们将在男孩夭折的情况下继承遗产，甚至在金钱的诱惑下杀掉他。尽管男孩的叔父在犹太法下是遗产继承人，但他不会成为孩子的危险，因为他把女儿许配给了男孩。[③] 如果一个女孩在幼年期被许配给他的堂兄弟或叔叔，而她的母亲在她成婚前去世，那么女孩将由其姑妈或者祖母抚养，后者将最终成为她法律上的母亲，金钱将不是伤害女孩的理由，因为她携带的财产将加入同一家庭财产之列，并最终将这些财产合并以备将来之用，通过这种方式来维系家族久安。

　　在伊斯坦布尔犹太社区，父亲掌握婚姻决策权，但母亲对婚姻有一定影响。由于异性不能自由见面，所以通过女性间的相处来了解女孩的外貌及素质，尤其在家族圈外选择婚配对象时，这一点尤为重要。在选择配偶

---

　　① 朱维之主编：《希伯来文化》，浙江人民出版社 1997 年版，第 98 页。
　　② 同上书，第 100 页。
　　③ Minna Rozen, *A History of the Jewish in Istanbul*: *The Formative Years*, *1453—1566*, Leiden Boston: Brill, 2002, p. 122.

时，爱情与婚配并无直接关系，婚姻都由父母一手操办。我们可以通过一些诗看出一些人对这种没有感情的婚姻的失望。如"The Book of songs, lyrics and praise"：让我怎么能不伤心，我应该撕裂自己封闭的心，哀叹自己是穿粗布衣服的人。这些诗歌反映了这样的情感：在试图获取一个女孩或女人的感情却没有成功或者被家人反对时的失望心情。①

选定婚姻对象后，下一步是订婚（kiddushin）。婚约的签订必须有两个合法的男性证婚人在场，新郎宣读婚约（qidushin），送给新娘一些有价值的东西，新娘则必须接受。接受婚约的女性被认为是该男子的未婚妻（arusah），二人合法夫妻的关系确定。此后，她不得见外人，包括丈夫本人。如果要解除婚约，嫁给其他人，必须与未婚夫离婚。

婚姻涉及双方家庭的财产和其他相关安排，这些条件往往被写入专门的文件 Shetar shidukhin 之中，包括嫁衣、婚床、日用织品及衣物、其他物品等，这些都是夫妻必需品，这些嫁妆由女方准备。富裕的父亲，尤其是无子嗣的，将给他们女儿很多有价资产。嫁妆的一部分被称作"nikhse zol barzel"，是为女婿准备的，如果离婚或丈夫死亡，归还妻子。一部分嫁妆被称作"nikhse melog"是妻子的财产，丈夫无出售或转让权，倘若婚姻结束，妻子将获得。嫁妆的另一部分是 medodim，即现金，便于年轻新郎经营事业或为夫妇二人未来生活投资，这些资产归新郎所有（即便离婚）。

婚约一般是一个承诺，即如果离婚或男方死亡，新郎需支付给妻子一笔钱，确保妻子安全。此外，新郎要许诺另外一笔钱，即 ptosefet，在婚姻结束时支付。这两笔钱都写入正式的婚约之中。犹太家庭的婚约协议一旦达成，婚姻必然生效。

婚约一经签订，未来的新娘将从未来丈夫那儿得到诸如名贵衣物或珠宝等重要礼物（希腊语称作 sivlonot），未来丈夫也会得到新娘家的类似礼物。接受 sivlonot 后，从法律上讲，该女子不能嫁给其他人，除非未婚夫将其休掉。这种严格的条例存在于罗马犹太人之中，因为他们在社区中占多数（到 16 世纪中叶发生改变）。在罗马犹太人中，订婚仪式是在 sivlonot 递交之后进行的，但接受 sivlonot 本身就意味着事实上婚约形成。可见，对罗马犹太人来说，礼物交换与婚姻一样具有约束性。罗马犹太人一

① Minna Rozen, *A History of the Jewish in Istanbul*: *The Formative Years*, *1453—1566*, Leiden Boston：Brill, 2002, p. 129.

塞法迪犹太人的通婚迫使赛法迪犹太人接受 sivlonot 的约束。

虽然婚约开始生效，但是直到结婚仪式（nisuin）举行才能算合法婚姻的最终完成：夫妻站在华盖下面，有 10 名成年男性在场，人们唱着赞歌，然后新郎把婚约（ketubah）递给新娘。接下来是宴会，一般要持续七天七夜，这场公开进行的典礼使婚姻成为公开合法的契约而不是私人契约。

一夫多妻制：圣经和塔木德允许一夫多妻制，但在塔木德时代后，这一制度已不普遍实行。① 12 世纪前，有成文规定新郎与新娘结婚后不能再迎娶他人。如果妻子在确定时间内不能生育孩子，丈夫可以迎娶另外一位妻子。如果妻子宁愿离婚也不愿与另一妇女共享一夫，丈夫就不得不离婚并且按照婚约的规定支付金钱。

中世纪，Rabbenu Gershom Me' or ha—Golah 提出了一个修正案，修正案禁止已婚的犹太人再娶，不允许在未得到妻子同意的情况下与妻子离婚。② 这一法则被阿什肯纳兹犹太人所接受，但并不被西班牙或葡萄牙籍的犹太人接受，尽管如此，一夫多妻制在塞法迪犹太社区和东方犹太社区很难实行。一夫多妻制对阿什肯纳兹系犹太人是一个公共问题，但是在伊比利亚半岛和中东只是私人事情，因为大多数社区没有共同的规定禁止一夫多妻制。尽管传统风俗限制新郎在迎娶新娘后再迎娶他人，但中世纪在伊比利亚半岛和阿拉伯地区一夫多妻制也并不少见。③

各地的犹太人迁移到伊斯坦布尔后，传统的一夫一妻制保留下来，这意味着一夫多妻制婚姻在伊斯坦布尔并不多见。拉比塔姆·伊本·雅赫伊（Rabbi Tam Ibn Yahya）宣称"在 17 世纪，当所有人都只有一个妻子时，一个男人娶另外一女子为妻是一种耻辱，而且没有比这更耻辱的事情"④。

通常情况下，男人想娶第二任妻子的原因多为第一任妻子没有子嗣，另一原因是他的兄弟死后没留下子嗣，他便把兄弟的妻子过继过来。第二次婚姻将会使没有子嗣的男人履行生殖的戒律，或使他死去的兄弟名字得以继承。但丈夫想再娶必须征得妻子同意。

---

① 诺曼·所罗门：《当代学术入门犹太教》，赵晓燕译，辽宁教育出版社 1998 年版，第 99 页。

② Friedman, *Jewish Polygamy in the Middle Ages*, Tel Aviv University, 1986, p. 19.

③ Ibid. , p. 26.

④ Ibn Yahya, Responsa. Venice, 1622, p. 84.

无论如何，犹太人的一夫一妻制还是受到了一些挑战，例如①：波尼法乔（Bonifacio）是 corfu 犹太社区的成员，他的妻子十年没有生育，因此他娶了第二任妻子，这激起了他所在的阿什肯纳兹犹太社区的不悦和愤怒。波尼法乔在法律方面求助伊利亚胡·麦兹拉西，麦兹拉西断言 Rabbenu Gershom 的准则和共同的约定是无效的，因为他们一旦实施就破坏了犹太律法的生殖戒律，因此波尼法乔是被允许的。但麦兹拉西补充说如果前妻的婚约中禁止这一行为，那么前妻就有资格离婚并享有与金钱相关的权利。麦兹拉西的判决遭到一些学者的反对，当时著名的学者拉比犹大·米娜兹认为 Rabbenu Gershom 的修正案比生殖的戒条有优先权。1526年，几位阿什肯纳兹拉比谴责麦兹拉西允许阿什肯纳兹犹太人再婚。麦兹拉西回应他允许波尼法乔再婚，是因为他已实施了圣经的法条。17 世纪中叶，拉比塔姆·伊本·雅赫伊提出相同的问题，他认为没有哪一条法律可以允许丈夫再婚，甚至当他第一任妻子 10 年没有生育。

总之，16 世纪伊斯坦布尔的犹太家庭原则上是实施一夫一妻制。对于罗马犹太人、阿什肯纳兹犹太人以及塞法迪犹太人来说，限制一夫多妻制的并不是公共问题，而是私人问题。在罗马犹太人和塞法迪犹太人中，第一任妻子没有子嗣或者需要进行叔嫂式婚姻的情况下，婚约中的条款将会失效，妻子唯一的选择就是要求离婚，带上婚约中的财产离开丈夫的家。罗马犹太男子表面上被 Rabbenu Gershom 的修正案所限制，但是实际上，他们想方设法地娶更多妻子。

离婚：犹太法律不支持离婚，他们出台了许多行之有效的法律、法规防止婚姻遭受破坏。因为婚姻是社会的重要组成部分。法律不可违背当事人的意愿而强迫婚姻继续。婚姻是否走到尽头，取决于夫妻之间解决问题的时间、地点以及相关法律权威。

圣经中提到，男性在离婚的问题上比女性拥有更高的优越地位："人若娶妻以后，见她有什么不合理的事，不喜悦她，就可以写休书交在她手中，打发她离开夫家。"②犹太法律规定，离婚应该以丈夫的行为要求为前提，但是也必须遵守一定的程序：丈夫必须给妻子一封由婚姻法专家拟写的注明个人权利的离婚清单（休书），由专业法官和法律教师处理，在具有资格的法庭进行。

---

① Minz. Yehudah, Responsa. Venice, 1546, p. 35.
② 张淑清：《试论古代犹太妇女的婚姻地位》，《齐鲁学刊》2009 年第 5 期。

为了防止男性优越主义的错用，伊斯坦布尔的犹太人制定了一项共用协议，任何男人都不能违反妻子的意愿和经过没有授权的法庭许可同他的妻子离婚。① 尽管如此，丈夫仍旧保持自己的想法。在男性拥有绝对优势的年代里，拉比麦兹拉西作出裁定：妻子可以放弃自己的权利而得到离婚后的赡养费。即使没有离婚，男人在某些情况下也可以娶另外的女人，甚至在反对一夫多妻制的犹太社区也不例外。尽管大部分案例里女人的财产权利受法庭保护，但是法官们并不隐藏他们的观点，认为女人拥有太多的自由会打破社会规范——一个男性统治的社会规范。法庭总能找到一些理由让男人持续这段婚姻。法庭判决并不基于同等地位，最多像一个妻子的利益监护人，把她作为弱势群体来保护。

2. 犹太家庭中的孩子及其教育

在伊斯坦布尔犹太家庭中，女孩的教育无足轻重，男孩却备受重视，这不仅体现在法律上，而且体现在民俗上。人们通常说："生个男孩有珠宝带，生个女孩什么都没有"，"如果你生个女儿，你就只能保持沉默"。男孩是家族姓氏和地位的继承人，而女孩则是家族不断担心其品行、婚姻和嫁妆的累赘，女孩需要学习怎样成为合格妻子和母亲，怎样服侍丈夫、崇拜他，怎样照顾他的饮食、起居。与男孩相比，女孩的童年是短暂的，她们仅仅是为家族社会地位尽一份力的棋子。

男孩 6 岁至成年为教育时期。犹太传统规定父亲对儿子有三项应尽的义务，其中一项就是教儿子学习犹太教经典。② 许多犹太儿童 5 岁开始向父亲学习识字，去犹太会堂学校学习《托拉》和《塔木德》。每个犹太会堂担任教育工作的一般是祭司，祭司主要在犹太会堂和附近设中小学进行律法研究和教学。③ 会堂保障每个男孩都有受教育的权利，无法支付学费的贫困儿童依赖于社会基金、富人的遗产等。13 岁后要承诺履行犹太法律的各项原则，要选定和他生日最近的安息日举办成人仪式，在犹太会堂宣读托拉，显示他已成年。13—16 岁的男孩可以订婚或结婚，投入学术研究的个别人除外。

---

①　Minna Rozen, *A History of the Jewish in Istanbul: The Formative Years, 1453—1566*, Leiden, Boston: Brill, 2002. p. 155.

②　王灵桂：《一脉相传犹太人》，中国友谊出版公司 2006 年版，第 211 页。

③　潘光、余建华等：《犹太之旅》，上海文艺出版社 2002 年版，第 201 页。

3. 犹太家庭中的奴隶和仆人

在 16 世纪中产阶级的犹太家庭中，奴隶和仆人要在女主人的监督下承担所有的体力劳动。奴隶大多来自切尔克斯①、南斯拉夫、匈牙利，部分来自希腊、意大利或西班牙。女性奴隶非常便宜而男性奴隶比较贵。男奴从事劳作，而女奴用于家庭日常琐事，做乳母或保姆，有时会受到男主人的蹂躏。奴隶要获得自由必须与主人签订一份契约，内容为：为了获得自由，奴隶要付主人一笔钱，或长期服侍主人以抵销债务。一些女奴在生下主人的孩子后获得自由。也有一些幸运的女奴嫁给他们主人，有的被买来陪主人睡觉，在主人玩腻后再次被卖。犹太人为获得拥有奴隶的权利支付一项特殊的税款。奴隶特别是女奴是犹太上层社会或中上层社会家庭必不可少的部分。

六　伊斯坦布尔犹太社区文化

从 16 世纪伊斯坦布尔犹太人文化，包括精英文化和流行文化。

1. 精英文化

精英文化活动主要在以下三个领域：首先，是学习、理解、传播传统的犹太经文：《托拉》、《塔木德》和《密西拿》②，这一领域的学习对任何男性犹太人都适用。在犹太人中，学习受到广泛赞扬。其次，对宇宙中的神秘物质尤其是犹太人在其中扮演角色的隐形意义进行思考和解释，他们根据神秘主义的方法解释传统的犹太文字。神秘主义在 13 世纪和 14 世纪前期的伊比利亚半岛流行，后来塞法迪犹太学者把神秘主义带到了伊斯坦布尔。西班牙的犹太神秘主义是由迈蒙尼德的亚里士多德哲学发展而来的，③ 亚里士多德哲学成为犹太社会中产阶级和社会底层人民之间社会和文化分裂的重要因子。阿威罗伊对亚里士多德的评论被犹太—西班牙贵族津津乐道，这是一个关于永恒宇宙、永恒时间、

---

① 切尔克斯，西亚民族，又称契尔卡斯人，主要分布在土耳其、叙利亚、约旦和伊拉克。
② 解读犹太律法的权威性文集，是《塔木德经》的第一部分。
③ Sirat, *Jewish Philosophical Thought in the Middle Ages*, Jerusalem: Keter publishing house, 1975, p. 231.

永恒人类存在的命题，它没有开始，也没有结束，没有天堂，也没有地狱，暗示各种各样的宗教之间没有真正的不同。实际上，宗教被看做是困惑的人类在令人费解的宇宙面前的最初表现。在大驱逐之前，西班牙神秘主义的创造性经久不衰，但是从西班牙大驱逐和葡萄牙强制改变信仰之后，关于伊比利亚离散犹太人的研究获得复苏。Cershom Scholem对降临在犹太人身上的灾难和不幸进行解释，并试图从国家和个人层面寻找安慰，这种需要通过信仰救世主的狂热体现出来。① 因此，犹太神秘主义哲学认为对答案的寻求不是合理的而是神秘的，冥冥之中存在一个救世主，他将化解宇宙中存在的所有矛盾。最后，希腊智慧。包括希腊哲学、众多的相关文学翻译（大量都由犹太学者在中世纪所完成）、对这些翻译的评论。许多从事传统犹太学习和神秘主义研究的学者们热衷希腊哲学。和传统的犹太文学（认为宇宙是由上帝创造，人类根据宗教信仰的要求来规范自己的行为）和神秘主义的途径（通过超自然语言和很少学者掌握的语法来解释宇宙）不同，希腊哲学试图用合理的术语使世界富有意义。希腊哲学和神秘主义不同，它更注重对人自身的思考。希腊哲学受到很多正统学者的批判，拉比犹大·哈利维（Rabbi Yehudah Halevi）12世纪写道：“你们的语言淹没在末药之花②里”，阐明了中世纪一代代犹太学者对希腊哲学的态度。他提醒读者：“不要被只开花不结果的希腊智慧所牵连。”③

精英文化著作：16世纪伊斯坦布尔犹太人丰富的文化生活可体现在希伯来语著作的庞大出版数量中。1504年印刷技术由大卫（David）兄弟和施迈尔·纳罕姆斯（Shemuel Nahmias）引进，④ 1504—1566年至少126本希伯来语书在伊斯坦布尔出版，⑤ 书籍种类的多样性反映了伊斯坦布尔犹太人文化生活的丰富多彩。印刷商和出版商主要出版合法的、符合犹太神秘主义的文学著作，权威教法专家对托拉的评论，指导传统犹太文化研究和传承犹太人生活方式的希伯来语书籍。

---

① G. Scholem, *Major Trend In Jewish Mysticism*, Jerusalem: schoken publishing house, 1977, pp. 248 – 250.

② 一种只开花不结果的植物。

③ Minna Rozen, *A History of the Jewish in Istanbul: The Formative Years, 1453—1566*, Leiden, Boston: Brill, 2002, p. 247.

④ Ibid. , p. 250.

⑤ A Ya ari, *Hebrew Printing at Constantinople*, The Magnes Press, 1967. pp. 17 – 32.

如拉比大卫·伊本·雅赫伊（Rabbi David Ibn Yahya）的 *Leshon Limu-dim* 是一本希伯来语—拉地诺语①双语字典，36 年间再版 3 次。1544—1545 年，含有希伯来语法规则的《托拉》出版，希伯来历法和推算确切希伯来日期的说明书在伊斯坦布尔相继出版。② 不同的犹太群体出版一系列反映不同风俗习惯的书籍。对于塞法迪犹太人来说，伊雷亚·哈利维（Eliyah Halevi）出版了 *Seder Tefilot ha - Shana*（1511），反映阿什肯纳兹犹太人风俗的书籍 *Seder Tefilot ke - Mmhag Ashkenaz*（1533），等等。

2. 流行文化

图书市场：1517 年，一本以犹太人历史为中心、记载很多犹太故事的书出版。③ 该书以传说的形式来叙述，讲述了先知摩西的故事、摩西之兄亚伦④之死的故事、犹太拿弗他利⑤部落里正直的人和魔鬼斗争的故事、以诺⑥的故事。该书还包括由伊罗德·哈达尼（Eload HaDani）所写的关于以色列消失的 10 个部落的故事⑦。根据哈达尼的描述，这 10 个部落在 Sambatyon 河的另一边过着独立勇敢的生活，他们从敌人那里赎回他们被压迫的兄弟们。1519 年，*Liqutim ve - Hiburim*⑧ 出版，其中的 "Alpha—Beta de—Ben Sira" 是一系列尖酸的、带有讽刺意味的故事。它以嘲讽的语气向我们呈现了《圣经》中的重要英雄人物。这些故事涵盖了社会主要的精神创伤和为巩固它的思想体系、社会条件等做出诸多努力。1520 年左右，《10 个殉道者的故事》出版，该书曾在中世纪早期出版，讲述 10 个犹太教祭司学者被罗马人残忍折磨而死的故

---

① 拉地诺语是塞法迪犹太人的语言，是以中世纪西班牙语为基础，掺入希伯来语、希腊语和土耳其语词汇而形成的语言。

② Minna Rozen, *A History of the Jewish in Istanbul: The Formative Years, 1453—1566*, Leiden, Boston: Brill, 2002, p. 252.

③ J. Dan, *The Hebrew Story in the Middle Ages*, Jerusalem: Kater Publishing House, 1974, pp. 137 – 141.

④ 《圣经》故事人物，摩西之兄，犹太教的第一个大祭司。

⑤ 雅各的第六个儿子。

⑥ 《圣经》中该隐的长子。

⑦ J. Dan, *The Hebrew Story in The Middle Ages*, Jerusalem: Kater Publishing House, 1974, pp. 47 – 61.

⑧ Minna Rozen, *A History of The Jewish in Istanbul: The Formative Years, 1453—1566*, Leiden, Boston: Brill, 2002, p. 266.

事。这些学者们注定会受到惩罚而死亡，因为它们在重建会堂时失去信仰，并且出卖了约瑟。[①] 学者所受的惩罚代表了罗马的毁灭，也代表了中世纪犹太人和16世纪伊斯坦布尔犹太人的心声，罗马则代表了基督教世界。读者们喜欢《10个殉道者的故事》，因为这种对痛苦而毛骨悚然的描述迎合了人类本性的阴暗面，正如现在电影中的暴力场景一样。[②]

由内科医生雅克·默舍·阿加瓦（Ya'aqov Mosheh de Algavah）用希伯来语编写而成的西班牙书籍 *Amadis de Gaula*[③]，是一本关于骑士精神的欧洲小说，其中包括凯尔特人圆桌骑士的浪漫主义故事[④]，本书备受人们喜爱，直到1950年，土耳其人仍在传诵这些故事。

这些著作所反映的精神创伤、悲痛和失落感与犹太人的世界被毁灭紧密相连，被驱逐者需要这类文化。尽管在阅读这些书的过程中可以找到一种道德公正的影子，但是大多数阅读的人寻找快乐、刺激等。虽然这类书有很高的市场占有率，但是这类书籍的出版量和广泛阅读被供应商或消费者看做是不值得尊敬的。[⑤]

艺术生活：在伊斯坦布尔的音乐家、演员、舞蹈家和艺术家中，犹太人是最具代表性的。[⑥] 在伊斯坦布尔，演绎艺术并不是普通犹太人教育的必修课，只有当家庭成员中有专门从事这些活动的人时，他们的孩子才会学习。[⑦] 在犹太人中，从事这类工作的大多人有伊比利亚或意大利血统，他们不仅把音乐和戏剧视为高贵的人类活动，而且把它看成是有教养、学识渊博的人的必修课。而在土耳其民族的精神特质里，表演艺术被看做是最低贱的工作，对一个值得敬重的人来说是不合适的，是没有自尊而言的。穆斯林不允许他的女儿成为一个舞蹈家，舞女经常是女奴。女性表演

---

① 《圣经》中希伯来人一部落的先祖，雅各最宠爱的儿子，被忌妒的哥哥们卖到埃及并曾被囚禁，后来他在埃及成为高官。

② Minna Rozen, *A History of the Jewish in Istanbul: The Formative Years, 1453—1566*, Leiden, Boston: Brill, 2002, p. 266.

③ Ya ari, *Hebrew Printing at Constantinople*, Jerusalem: The Magnes Press, 1967, p. 96.

④ 圆桌骑士是中世纪传说中不列颠国王亚瑟王的朝廷中最高等的那些骑士，因他们聚会的桌子是个圆桌而得名。

⑤ Minna Rozen, *A History of the Jewish in Istanbul: The Formative Years, 1453—1566*, Leiden, Boston: Brill, 2002, p. 266.

⑥ A. Levy, *The Jews of the Ottoman Empire*, Princeton: The Darwin Press, 1994, p. 549.

⑦ B. C. Roth, *The Jews in the Renaissance*, Jerusalem: Bialik institute, 1962, p. 223.

者大多是希腊人、亚美尼亚人和犹太人。[①]

享受艺术需要大量的业余时间[②]，关于犹太人业余时间的说法，我们可以参照拉比默舍·阿尔莫斯尼诺（Rabbi Mosheh Almosnin）*Extremosy Grandezas de Constantinopla* 一书，他描述了不同类型的犹太人的共同特性是缺乏时间，大多数人为了生计要长时间地工作，严守教规的犹太人一天之内在犹太会堂提供三次服务——早晨、下午和晚上的祷告——在安息日和犹太假日同样如此。有些人一星期斋戒两次，分别在星期一和星期四，吟咏祈愿的祷文。在新月前夕，他们会整天祷告斋戒。换句话说，一个严守教规的犹太人很少有空闲时间从事艺术活动。一个普通的犹太人的唯一空闲时间是在安息日的下午，可能读书或在家族公司唱歌或休息。更高地位的人会通过其他娱乐方式来消磨时光。阿尔莫斯尼诺也描述了另一类人，他们有大量任意支配的空闲时间：他们也不学习，因其商业活动具有很多不确定因素。因此，他们正常的例行公事被看做是消遣娱乐。[③]

可见，伊斯坦布尔犹太人已经逐渐认可了休闲活动。男性吃、喝以及与朋友在公司愉快交谈是闲暇文化的一个重要组成元素，在阿尔莫斯尼诺的描述中，好酒好菜是司空见惯的，伊斯坦布尔的居民到郊区旅游、野餐是再自然不过的事了。另一种受欢迎的消遣活动是纸牌游戏，通常带有赌钱的性质。他们也把时间花费在发展社会关系方面，如订婚、婚礼和庆祝头生子出生等，当然音乐和跳舞是其中不可缺少的。有些仪式对女性成员和她们的女朋友有特殊意义。"almus ama"是专供女人们交流的聚会，通常在婚礼前一个星期日举行，由客人们自己演唱歌曲。每次公开洗礼时，所有的家庭主妇聚集在一起。家中的女佣会尽力给客人提供最好的食物，女主人会铺上最好看的桌布，穿上最漂亮的衣服，戴上她最美的首饰。[④]

总之，伊斯坦布尔犹太人在其文化品位、需求和喜好上具有多样性。犹太文化在某种程度上也是土耳其文化的一个缩影。

---

① Minna Rozen, *A History of the Jewish in Istanbul: The Formative Years, 1453—1566*, Leiden, Boston: Brill, 2002, p. 271.

② 业余时间，是指不是为了获得收入或考虑基本需求的任何时间。

③ Almosnino, *History of the Ottoman Kings*, National and University Library, Jerusalem, Israel, N12037, pp. 177 - 178.

④ Yuhasz. ed. , *Sephardi Jews in The Ottoman Empire*, Jerusalem: the Israel museum, 1989, p. 256.

七　伊斯坦布尔犹太人与土耳其人的关系

在奥斯曼帝国，不同宗教团体生活在城市不同社区已成为一种定型。那么这些相互隔绝的团体又是怎么相对和睦地生活呢？土耳其人的宽容是其中一个因素①，另一因素则是每个团体都认同他们在社会中的地位，并不试图同其他团体混合，也不争取获得适合自己的社会政治地位。尽管如此，交往还是不可避免的。在犹太人与土耳其人交往中，犹太人的行为、穿着和生活会按照穆斯林方式，他们受到土耳其文化的影响，同时，土耳其人也受到犹太文化的影响。如拉比约瑟夫·本·梅伊·甘松（Rabbi Yosef ben Meir Ganso）在宫廷医生约瑟夫·哈蒙（Rabbi Yosef Hamon）葬礼的布道仪式上说，哈蒙为巴耶济德二世和塞利姆一世服务了 25 年，详细地叙述了哈蒙和他们既保持密切关系，同时他们关系也伴随着危机，以及他们之间对彼此文化的相互理解。② 从甘松的话我们可以看出：尽管他们同素丹和维齐尔的关系非常密切，但他们的地位并不确定，危险与亲密关系共存。因此，在 16 世纪中，犹太社会所理解的犹太人和奥斯曼帝国高层精英们的关系，并不是出于友谊，而是作为工作。③

犹太人与非犹太人的合伙人、客户、借款人和卖主等在经济上交往频繁，文化方面交往密切。如素丹马赫默德常常去犹太人聚居区漫游，听犹太艺术家的歌曲，犹太音乐家也经常到素丹王宫中表演。拉比利亚胡·麦兹拉西说，不管是谁想学习哲学——包括圣经派教徒、基督教徒以及穆斯林，犹太学者都会教授给他们。

犹太妇女与非犹太人女性之间的交往也时有发生。16 世纪上半期，犹太妇女依然能够不蒙面地自由外出，一些较低阶层的犹太妇女购买那些受到限制不便外出的穆斯林妇女的手工纺织品，然后在市场上销售，借此谋生。在较高的阶层，穆斯林妇女将与非穆斯林妇女的关系当作同外部世界保持联系的一个渠道，后宫的妇女们通过一个叫凯拉（Kira）的犹太妇女

---

① Inalcik, *The Ottoman Empire*, London: Weidenfeld and Nicolson, 1973, pp. 150 – 151.

② Benayahu, *Sermons*, Paris: Hachette, 1981, pp. 192 – 193.

③ Almosnino, *History of the Ottoman Kings*, National and University Library, Jerusalem, Israel, N12037, p. 178.

为他们提供买进和卖出的服务。[①]

　　伊斯坦布尔给犹太世俗诗歌充分的发展提供空间，土耳其曲调在世俗歌曲和礼拜仪式中得以广泛采用。[②] 我们所知道的第一批世俗歌曲是由伊斯坦布尔的所罗门·本·玛左·托夫（Shelomoh ben Mazal—Tov）所写。尽管他是罗马犹太人，但他的大部分创作都被用来填写土耳其音乐，而不是希腊音乐。玛左·托夫写作的歌曲被界定为新郎所写的歌，由男生用土耳其曲调演唱，而在家庭圈子里则经常用西班牙语演唱拉丁语曲调的歌曲。

　　① Almosnino, *History of the Ottoman Kings*, National and University Library, Jerusalem, Israel, N12037, pp. 192 – 193.

　　② Minna Rozen, *A History of the Jewish in Istanbul: the Formative Years, 1453—1566*, Leiden, Boston: Brill, 2002, p. 284.

第八章

耶路撒冷的基督教社团

在世界各地的基督教社团组织中，耶路撒冷基督教社团的发展让世人尤为关注，这不仅是因为耶路撒冷是基督教的圣城，更与耶路撒冷多难的发展历程有关。

一 耶路撒冷基督教社团的起源

1. 基督教的起源

通常认为基督教产生于公元 1 世纪古迦南地耶路撒冷地区的犹太人社会中。早期的基督教作为犹太教的一个宗派出现，与犹太教关系密切，最初的教徒大多是犹太人。因此要研究耶路撒冷早期的基督教社团，有必要了解基督教产生时期耶路撒冷犹太教的情况。

约公元前 14 世纪上半叶，希伯来人趁埃及衰落之际，自北方侵入巴勒斯坦地区。大约在公元前 1225 年，埃及法老麦尔涅普塔赫（前 1236—前 1223）再次征服巴勒斯坦，并立碑纪念，碑文记载："以色列已化为废墟，但它的种族并未灭绝。"这是现存历史文献中首次提及"以色列"的名称。[1] 大约公元前 1030 年前后，希伯来人建立了强大的王朝，历经扫罗、大卫、所罗门三代至于极盛，史称"黄金时代"。所罗门死后，王国分裂为北方以撒玛利亚为都的以色列国和南方以耶路撒冷为都的犹太国。在国家分裂后大约 1000 年间，巴勒斯坦地区先后经历了亚述、新巴比伦、波斯、希腊和罗马人等周边强族的入侵与征服。尽管该期是犹太民族的苦

---

① 王美秀等：《基督教史》，江苏人民出版社 2006 年版，第 1 页。

难史，但同时也是犹太教产生的关键时期。

犹太教的产生及早期发展可分为两个阶段：一是摩西率领希伯来人离开埃及至统一国家建立时期（约前13—前11世纪），另一个是"巴比伦之囚"和波斯人统治时期（约前6—前4世纪）。前一时期犹太教从酝酿到诞生，为后来的发展奠定了基础；后一时期是犹太教发展完善的时期。前期的核心人物是摩西，主要特点是明确教义，宣布犹太教为一神教；初步确定教规及宗教节日，形成了以祭司为首的宗教组织。后期受"巴比伦之囚"等事件的影响，教义进一步发展，出现宗教经典；经典对教义、教规、宗教礼仪、制度都有明确记载。教徒们开始组织成社团，并建立犹太会堂定期举行祈祷诵经等宗教活动，至此犹太教体系基本形成。

公元前1世纪前后，罗马人统治下的犹太民族出现了空前的阶级矛盾与民族矛盾，犹太平民深受罗马统治者与犹太祭司双重压迫，多次爆发反抗罗马统治的"犹太战争"，起义激怒了罗马统治者，在血腥镇压起义后罗马人采取分化瓦解的政策。最终犹太人内部的政治分裂导致了犹太教的分裂。宗教信仰的分裂使犹太人的思想越发混乱，教派斗争异常激烈。大约1世纪前后，巴勒斯坦加利利的拿撒勒地区，出现了一个犹太教小宗派——"拿撒勒派"，积极宣传救世主"基督"即将降临人间的思想，号召人们迎接基督的降临。学界普遍认为"拿撒勒派"与原始基督教存在着密切的关系。虽然基督教的产生与犹太教缺乏明确而清晰的逻辑关系，但正如罗素所言，基督教中的确存在若干"犹太要素"："一部圣史，显明公义之神；蒙拣选的人；关于公义的概念；宗教律法戒规的确立；弥赛亚的概念；天国与来世。"[①]

虽然从起源上看基督教脱胎于犹太教，但基督教在发展过程中出现了有别于犹太教的更加旺盛的生命力要素。如早期基督教社团成员多为犹太教的改宗者，但另一部分是寻求新宗教的外族人。理论上讲对异族人来说

---

① 罗素：《西方哲学史》上卷，商务印书馆1982年版，第383页。罗素的观点具体讲是基督教基本继承了《希伯来圣经》，称其为旧约，并向人们显明上帝的作为都是公义的，人世间有一部分人是上帝特别宠爱的，在犹太教中称为上帝的选民，而在基督教中则是"蒙拣选的人"，对"公义"的定义也是从犹太教中继承而来的，另外基督徒们保全了一部分希伯来律法，如十诫。然而对一些共有因素的解释也有所不同，如犹太人相信弥赛亚会给他们带来现世的繁荣并帮助他们战胜地上的敌人，而基督徒则认为弥赛亚帮助信徒在天国战胜敌人，而不是在地上。对于"天国"的概念二者基本相同，他们都相信在来世的天国里善人将会获得永恒的快乐，而恶人将会遭受永久的痛苦。

犹太教更加成熟，应该更具吸引力。然而犹太人的割礼以及饮食方面的清规戒律却成为他们入教的阻力。新生的基督教在保留犹太教成熟的神学思想和体系的同时，剔除了外族人难以接受的规矩，具备了较强的开放性与普世性，而其他族群的加入也丰富了基督教的教义和文化，成为其迅速发展壮大的一个重要原因。

2. 早期的基督教社团

随着基督教的迅速传播，巴勒斯坦地区出现了大量社团组织，耶路撒冷的基督教社团是其中最为重要的一支。史料中关于耶路撒冷早期的基督教社团活动情况的记录非常有限，所以基督徒们早期活动的信息大多只能通过解读含有大量虚构成分的宗教传说和宗教文献获得。1947 年在耶路撒冷附近的死海库姆兰山区中出土的《死海古卷》，使学者们对公元前后巴勒斯坦地区的历史研究有了长足的进展，尽管大多学者认为《死海古卷》属于犹太教派的藏书，但文献中所描述的实施浸礼与财产公有的作风，与《使徒行传》中对早期基督教会的描写十分类似。在库姆兰的第 7 洞窟中发现了犹太教徒不承认的新约圣经（马可福音书）残片，据此也能推断古卷与早期基督教存在的关联。①

如果说《死海古卷》中所描述的神秘社团存在着是否为基督教派的争议，那么《新约全书》中的记载便毋庸置疑。根据《新约全书》中《路加福音》的记载，耶稣早在孩童时期就到过耶路撒冷，在父母带领下进入圣殿接受摩西律法的教导②并参加了逾越节的庆祝活动。③ 据《约翰福音》④ 记载，耶稣成年后主要在耶路撒冷附近的犹大地区传教，后来接受施洗者约翰洗礼，开始在加里勒亚一带传教，并在信徒当中亲选 12 人成为门徒。大约在 33 年时，他由耶利哥城前往耶路撒冷，《马太福音》中写道："在耶稣骑着毛驴进入耶路撒冷城时，众人多半把衣服铺在路上，还有人砍下树枝铺在路上，前行后随地呼喊着。"⑤ 这段描述显示出耶稣的个人影响力，以及基督教传播的深入人心。在耶稣传教之后的使徒

---

① 王美秀等：《基督教史》，江苏人民出版社 2006 年版，第 21 页。
② 路加福音，第 2 章第 22 节。
③ 路加福音，第 2 章第 41 节。
④ 约翰福音，第 1 章第 31 节。
⑤ 马太福音，第 21 章第 7 节、第 8 节。

时代，基督徒们开始自发地组织起教会，宗教社团初步形成。这时的教会组织包括使徒、先知、长老或监督、执事。其中长老和执事是指派的：长老也可称监督、牧师、师傅、传道人等。而执事是指仆人或侍奉者，负责管理教会财产、饮食、照顾贫苦人等行政及一般事务，以使长老或监督专心从事传教牧灵的工作。在崇拜方式上也与当今有很大不同，当时的聚会通常两三人为一个单位，信徒们在此一起论道，众人共勉。① 这种方式与基督教社团早期的平等思想和苦修精神相适应。而聚会的场所在形式上与犹太人的会堂类似，② 每一个会所由一名监督主持工作，下设执事专门管理会务。各地聚会各自为政，没有联合成一个共同组织，但彼此间来往密切。时间约定为星期日早上，主要内容是研读犹太先知书及使徒著作或书信、教导并领取圣餐。

正如恩格斯所言："基督教是犹太教的私生子。"③ 它在继承完善的犹太神学体系的同时，吸收了同时代其他的人类智慧结晶，如古希腊哲学。因而包含了犹太教所不具备的优势，这种优势对基督教在后世的发展具有非常重要的意义。

二　耶路撒冷基督教社团的发展

1. 罗马帝国时期的基督教会与社团（70—395 年）

公元 70 年罗马帝国镇压犹太人起义以后，耶路撒冷几乎被摧毁，仅剩下希律王宫殿北面的三座高塔和西墙。尽管帝国没有明令禁止犹太人在耶路撒冷居住，但实际上战争已使犹太人面临灭顶之灾。根据尤西比乌的记述，在这场灾难之前，耶路撒冷的基督徒几乎全部是改宗的犹太人。④ 当地的基督教社团自然受到牵连，形势迫使基督徒们暂时离开耶路撒冷。灾难过后，他们回到耶路撒冷，和从前一样聚集在约翰·马可（马可福

---

① 《哥林多前书》，第 14 章，第 29—31 节。

② 起初，基督徒甚至与犹太教徒一起在犹太会堂里举行崇拜仪式，而基督徒在共同崇拜仪式后还有自己特殊的仪式——圣餐，参见王美秀等《基督教史》，江苏人民出版社 2006 年版，第 32 页。

③ 《马克思恩格斯全集》第 38 卷，人民出版社 1972 年版，第 27 页。

④ http：//www. newadvent. org/fathers/250104. htm Eusebius Church History（Book IV. 5）.

音书的作者）和他的母亲玛丽家中，① 进行灵修日程（the Upper Room），形式同最后的晚餐和圣灵降临节的聚会一样。后来哈德良放松了对犹太人的限制政策，允许他们在橄榄山上远眺耶路撒冷城。基督徒也逐渐恢复了正常生活。

公元 1 世纪，耶路撒冷成为基督教的中心地区，圣徒雅各在祷文中赞美道："神圣而光荣的耶路撒冷，你是所有基督徒的母亲！"当时基督徒最崇敬的地方是耶路撒冷的"马可楼"（Coenaculum），基督教认为马可楼是耶稣进行"最后的晚餐"的地方，他在此做出了最伟大的牺牲，因而是神圣的纪念场所，教会将其冠以"锡安"（Sion）的称谓。② 尊贵的地位暗示着马可楼很可能是第一座基督教教堂的所在地。

耶路撒冷的首任主教名叫圣雅各（小雅各，亦称义者雅各），他来自马可楼，是一名改宗的犹太人③。传说他是"耶和华的兄弟"，根据《伽拉太书》记载④，他负责掌管耶路撒冷地区的教会并居住于此。尤西比乌记述道："雅各还任命了彼得、雅各（大雅各）和约翰为主教，与他共同管理耶路撒冷。"在他死后，使徒们和其他的门徒选举革罗（Cleophas）之子西蒙（Simeon，一说他也是耶稣基督的兄弟⑤）来接替他。70 年耶路撒冷的灾难正值西蒙主教任期，为了教会的生存，他带领劫后余生的信徒逃往东方的佩拉（Pella），约 106—107 年，图拉真皇帝在位时被钉死在十字架上。在犹大·奎里阿卡（Judas Quiriacus，约 134—148 年）任耶路撒冷主教期间，耶路撒冷经历了它生命中的第二次浩劫。132 年巴尔·库克巴（Bar – Kochba）领导犹太人发起反罗马帝国起义，135 年哈德良皇帝彻底平息起义，战争使耶路撒冷及其周围地区几乎变成废墟。罗马人在

---

① 使徒行传，第 12 章第 12 节。

② 在《圣经》中"锡安"也是耶路撒冷的代称，圣经《旧约》里明确陈述了耶路撒冷与锡安的区别：锡安是上帝的居所，而耶路撒冷则是国王的住地。（以赛亚书 8：18；10：12）《希伯来书》说："你们乃是来到锡安山，永生神的城邑，就是天上的耶路撒冷……"（12：22）。通过《圣经》的描述可以推测"锡安"本应是指耶路撒冷西南方的锡安山，是圣殿与大卫宫殿的所在地。但对基督教而言耶稣在马可楼的经历使"锡安"神圣化，演变为指代"天上的耶路撒冷"的专有名词，而它在人间的投影便是真实的耶路撒冷城。正如《耶利米书》所言：耶路撒冷是"锡安的女儿"。（6：2）

③ ［古罗马］尤西比乌著，［美］梅尔英译、评注，瞿旭彤译，《教会史》，生活·读书·新知三联书店 2009 年版，附录 2。

④ 伽拉太书，第 1 章第 19 节。

⑤ 马太福音，第 13 章第 55 节。

废墟上建立起一座殖民要塞——阿里亚·卡皮托利纳（Aelia Capitolina），① 并在摩利亚山上建造起供奉朱庇特的神庙，同时禁止犹太人继续在耶路撒冷生活。这道政令直接影响到信仰基督教的犹太人，耶路撒冷基督教社团的人口结构开始改变，犹太人的基督教社团逐渐瓦解，非犹太人基督教教会开始形成。战争彻底摧毁了耶路撒冷，尽管其宗教象征意义不容忽视，但由于犹太人遭到驱逐，城市的政治地位急剧下降，在巴勒斯坦行省官员的眼中，阿里亚（耶路撒冷）变成了帝国境内的一座普通小城。而以阿里亚之名建立的新教会也难以恢复昔日的荣光。直到 325 年，耶路撒冷仍被称为阿里亚，根据帝国的行政区划等级，凯萨利亚的教会负责人升任为大主教辖区主教，而阿里亚的主教则屈居副手的位置。

在马卡里乌斯任主教期间，君士坦丁皇帝于 313 年颁发《米兰敕令》，正式给予基督教合法地位。337 年基督教已发展成为帝国的官方宗教，各地基督教会和社团组织蓬勃发展。罗马帝国对基督教的扶植政策再次燃起信徒对圣地的热情，在君士坦丁皇帝及母亲海伦娜的大力支持下，为纪念耶稣受难与复活而建立的圣墓教堂使耶路撒冷变得越发神圣。4 世纪起耶路撒冷再度成为朝圣者的最佳朝圣地。圣哲罗姆②描述他生活的时代：世界各地的朝圣者集中涌向圣地，其中不乏远在不列颠的信徒。埃及和利比亚的大批修道士远道而来，定居于犹太沙漠之中。耶路撒冷的主教备受崇敬，朝觐者络绎不绝，他们渴望观摩在橄榄山、马可楼和圣墓上举行的宗教典礼。信徒们认为耶路撒冷教会的宗教仪式最为纯正，以至于地方教会开始竞相模仿，如圣枝主节的队列、十字架的摆放位置等。③ 耶路撒冷基督教会的宗教仪式在该时期被许多教会奉为圭臬，耶路撒冷在沉寂多年之后重新崛起。具有讽刺意味的是，圣地地位的提升并未阻止基督教因教义分歧逐渐走向分裂。451 年卡尔西顿公会议在为确认基督属性争吵的同时，做出了另一项重要决定——延续尼西亚会议的主张给予耶路撒冷主教以特殊的尊敬，正式成立耶路撒冷牧首区（大主教辖区），辖区从安提阿牧首区划出，包括巴勒斯坦、阿拉伯半岛等地区。④ 牧首区成立前后

---

① Jerusalem, City of Mirrors, Amos Elon, Little, Brown and Company, 1989, p. 31.

② 哲罗姆（Jerome，约 340—420），古代西方教会的著名学者，主要贡献：译编《圣经》"拉丁通行本"，续编尤西比乌《教会史》。

③ http://www.newadvent.org/cathen/08355a.htm.

④ 王美秀等：《基督教史》，江苏人民出版社 2006 年版，第 69 页。

另一件值得关注的事件是 425 年一些阿拉伯人部落皈依基督教，他们在耶路撒冷附近定居，时值尤维纳利斯（Juvenal，420—458）的主教任期，他特意为这部分阿拉伯人建立了一个主教区，并任命彼得①为阿拉伯教区的主教，阿拉伯基督徒开始在耶路撒冷的宗教生活中崭露头角。

2. 拜占庭时期耶路撒冷的基督教社团（395—638 年）

公元 395 年罗马帝国的政治分裂加速了文化和宗教信仰的分裂。基督教会争议的根源是对基督本性的解读，几乎所有成员都陷入了这场无休止的神学争论当中。

亚历山大里亚主教阿里乌斯（Arius）首先发难，声称基督是上帝创造的，在承认基督神、人二性的同时，只强调"人性"。325 年尼西亚会议将他的理论斥为异端，5 世纪阿利乌斯派渐渐淡出人们的视线，没能对教会的分裂产生更大影响。而君士坦丁堡牧首聂斯脱利（428—431 年）的理论对教会分裂产生了巨大影响，431 年以弗所会议严厉批评并公开宣布其为异端。聂斯托利被流放，部分追随者逃往波斯避难，13 世纪在蒙古人的入侵中渐趋衰落。② 反对聂斯脱利派的基督徒妥协后得出新理论，认为基督只有一个本性，即神性，他的人性已融合在神性之中。该派称为一性论派（Monophysism），在神学上有相当的知名度，尤其是得到了叙利亚和埃及拜占庭反对派的支持。451 年卡尔西顿会议谴责一性论派的决议但收效甚微，一些坚持"基督一性论"的教会继续各行其是，决议加速了东方教会分裂。东方各民族借此机会与高傲自大的教会统治阶层展开斗争，建立自己的民族教会，自主命名，使用母语诵经，在礼仪方面加入民族文化特色。这些教会随后发展成为亚美尼亚人、科普特人、埃塞俄比亚人和叙利亚人的教会。教会分裂的负面影响显而易见，很多情况下基督教内部的矛盾远胜于不同宗教间的矛盾，进而由神学问题的分歧发展为政治上的对立。拜占庭时代政府积极干预教会事务，排挤其他民族教会，君士坦丁堡大主教一职长期由希腊裔牧师垄断，政教合一趋势加强，耶路撒冷

---

① http：//www. newadvent. org/cathen/08355a. htm. 这位名叫彼得的人很可能原是本部落的谢赫，于 425 年在以弗所被任命为主教；另一说法是彼得可能是由于尤维纳利斯不懂阿拉伯语而任命的一位副手；当然这个头衔也可能是他自封的，当时的尤维纳利斯也许还不具备在主教区内建立新教区并任命主教的权力。

② Oded Peri, *Christianity under Islam in Jerusalem：The Question of the Holy Sites in Early Otto-man times*, 2001, Brill, p. 39.

及其辖区内的宗教圣迹演变成拜占庭政府和教会的专有财产，如查士丁尼一世（527—565 年）统治时期曾发布政令严禁一性论派信徒接近圣地。[1]

尽管拜占庭时期耶路撒冷受政治因素干扰，但与同时期的西欧相比，拜占庭帝国经济持续发展和政治相对稳定，客观上为宗教社团发展提供了良好的环境。拜占庭时代以耶路撒冷为中心的地区大约生活着 3000 名基督徒，分布在约 60 座修道院中，[2] 其间隐修制度盛行，大批朝圣者慕名而来。人口的大量流入不但为教会提供了丰厚的财力支持，而且充实了修道士的人数，在强大的人力物力支持下，教会冲破了耶路撒冷城的地域限制，将犹太沙漠、约旦河和死海都纳入了耶路撒冷基督教社团的隐修生活范围中，社团规模和实力空前壮大。

3. 伊斯兰政权统治下的耶路撒冷基督教社团（638—1878 年）

（1）伊斯兰政权对基督徒的统治政策

7 世纪，阿拉伯民族在伊斯兰教的旗帜下完成统一，基督教遭遇新兴宗教的挑战。638 年，哈里发欧麦尔攻打耶路撒冷，耶路撒冷主教索夫罗尼斯（Sophronius）要求与欧麦尔进行谈判，以和平解决耶路撒冷问题，双方随后订立著名的"欧麦尔契约"，内容为：征服者承诺在生活、财产和宗教信仰方面保护非穆斯林不受侵扰；征服者不可以拆毁教堂并且不能侵犯教堂附近区域；征服者在宗教信仰领域不可强迫非穆斯林。[3]

虽然"欧麦尔契约"本身的真实性尚存争议，[4] 但穆斯林统治者为基督徒制定政策的依据可从伊斯兰教经典《古兰经》中找到。在《古兰经》

---

① OdedPeri，*Christianity under Islam in Jerusalem：The Question of the Holy Sites in Early Ottoman times*，Brill，2001，p. 42.

② Y. hirschfeld，*The Judean Desert Monasteries in the Byzantine Period*，New Haven，1992，pp. 78 - 90.

③ Maher Y. Abu - Munshar，*Islamicjerusalem and Its Christians：A History of Tolerance and Tensions*，Tauris Academic Studies，2007，p. 55.

④ 关于"欧麦尔契约"西方史学界仍存在争议，例如菲利普·希提（Philip K. Hitti）认为"契约"是伍麦叶王朝时期的欧麦尔二世（717—720）制定的，并非由四大哈里发之一的欧麦尔（634—644）创立，而且契约中存在大量限制歧视基督徒的政策（参见菲利普·希提《阿拉伯通史》，马坚译，新世界出版社 2008 年版，第 214—215 页），奥德·皮尔里（OdedPeri）也认为"契约"的虚构成分多于事实，其实质是伊斯兰教法对那些在伊斯兰教统治下的受保护人法律地位的权威声明，尽管存在排斥与歧视性条款，但实际上这一类条款多数未得到执行，基督徒和犹太人等"受保护人"仍然从中获益（参见 OdedPeri，*Christianity under islam in Jerusalem：The Question of the Holy Sites in Early Ottoman times*，Brill，2001，p. 52）。

中，犹太人和基督徒被称为"有经典的人"，伊斯兰教认为犹太教徒与基督教徒同是受上天启示之人，只是天启最终在伊斯兰教中得以完善和净化。这种宗教上的相对承认是穆斯林对生活在其统治下的犹太人和基督徒实行宽容政策的基本前提，即在服从穆斯林统治并且遵守伊斯兰教监护的条件下，保留自己的信仰并享有一定程度的社团自治权。

（2）早期伊斯兰政权与十字军统治下的耶路撒冷（638—1187 年）

根据《古兰经》记述，先知穆罕默德在 52 岁时的一个夜晚，踩在圣殿山的一块岩石上，跟随天使吉伯利骑乘神马登上七重天，接受了天启。"夜行登霄"的传说使耶路撒冷成为继麦加、麦地那之后伊斯兰教的第三大圣城。穆斯林统治时期，基督徒依旧在耶路撒冷进行朝圣活动，生活状况与前代大致相同。巴勒斯坦地区的行政区划长期以来也未有大的调整，716 年以前吕大（Lydda）一直作为巴勒斯坦地区的行政中心，后来迁至拉姆勒（Ramleh），而耶路撒冷依旧是宗教中心。尽管统治者有意改变耶路撒冷的城市景观，修建圆顶清真寺等伊斯兰宗教建筑，将拜占庭式建筑改建为清真寺，但大多数穆斯林对耶路撒冷仍存在陌生感，认为它更适合做犹太人和基督徒的城市，麦加和麦地那才是穆斯林的圣地。[①]

在倭马亚王朝（661—750 年）的统治下，基督徒生活相对安逸，社会地位较高，许多基督徒在政府中任职，哈里发阿卜杜勒·马利克的财政总监大马士革的圣约翰（St. John Damascene）[②] 便是一名纯正的基督徒。阿拔斯王朝（750—1258 年）的哈里发哈伦·拉希德（786—809），在执政期间，同意查理曼大帝为前往圣墓教堂进行朝圣活动的欧洲人建立旅馆的请求。1036 年法蒂玛王朝的哈里发穆斯坦绥尔（al—Mustansir）同意拜占庭皇帝君士坦丁九世（Constantine IX Monomachus）重建被哈基姆（al - Hakim）摧毁的圣墓教堂。[③] 可见阿拉伯穆斯林统治耶路撒冷时期，伊斯兰世界与西方基督教世界相处较为融洽，和平交往是主旋律。

1099 年十字军攻陷耶路撒冷，进行惨无人道的屠杀，穆斯林和犹太居民成为最大的受害者，在一周内至少有 7 万名穆斯林遇难，[④] 而犹太人

---

① http：//www. newadvent. org/cathen/08355a. htm.

② http：//www. newadvent. org/cathen/08459b. htm；St. John Damascene.

③ OdedPeri, *Christianity Under Islam in Jerusalem*：*The Question of the Holy Sites in Early Ottoman Times*, Brill, 2001, p. 42.

④ Maher Y. Abu - Munshar, Islamic Jerusalem and Its Christian：*A History of Tolerance and Tensionss*, London, New York, Tauris Academic Studies, 2007, p. 55.

在大量犹太会堂避难时被活生生烧死。大规模屠杀使耶路撒冷几乎沦为空城。暴行之后，大部分十字军离开耶路撒冷，仅留下少量士兵①和东方教会的一些信徒以及拉丁人牧师，耶路撒冷仍"盗贼横行"。②

12 世纪中期随着东西方移民定居耶路撒冷，耶路撒冷开始恢复昔日的活力。城市的东北部形成东方基督徒聚居区，他们大部分来自外约旦（Transjordan）。在贸易和朝圣经济的带动下，耶路撒冷人口持续增长，巅峰时达到约 3 万人。③ 与此同时，两大主要港口城市阿克里（Acre）和推罗（Tyre）的人口数相当，人口规模能与佛罗伦萨、伦敦媲美。④

耶路撒冷的人口按照信仰与民族可以划分为不同的社团，在维尔兹堡的约翰记录的朝圣者名单中出现了法兰克人（拉丁人）、希腊人、叙利亚人、亚美尼亚人、格鲁吉亚人、雅各比派和聂斯托利派等。其中"法兰克人"（Franks，或称"拉丁人"Latins ）并非特指来自法国或是以法语为母语的人们，而是一个通用术语，是十字军时代东方居民对所有来自西方的人的统称，阿拉伯语中表示为 al - firanj⑤，而拉丁人的称呼沿用至今，包括日耳曼人、西班牙人、高卢人、意大利人和其他欧洲民族。这个群体是构成耶路撒冷罗马天主教社团的主力，其中日耳曼人是中世纪朝圣者中最为突出的团体。据记载，1065 年耶路撒冷接待了一个由 1.2 万名德国和荷兰基督徒组成的朝圣团体。⑥ 意大利人也是拉丁人社团的主力，但他们更多居住于沿海城镇。除这两大团体外，还有匈牙利人、西班牙人和其他来自西方的民族社团。希腊人是东正教会的代表，也是十字军到来前耶路撒冷规模最大的基督教社团。然而十字军时代耶路撒冷的政权掌握在代表罗马天主教利益的拉丁人统治集团手中，罗马天主教会势力空前膨胀，排挤其他教会在耶路撒冷的生存空间。1099 年后，所有的东正教会被驱逐出圣墓教堂，直到 1149 年亚美尼亚人和雅各比派才获得拥有庭院西南边古代拜占庭人小礼拜堂的授权。而圣墓教堂的传统势力希腊东正教

---

① 根据夏特尔的富尔切尔记载，十字军当时只留下了 300 名骑士和 300 名步兵，用于守卫耶路撒冷、雅法、拉马拉和海法。参见 Adrian J. Boas, *Jerusalem in the Time of the Crusades*, Routledge, 2001, p. 214。

② Adrian J. Boas, *Jerusalem in the Time of the Crusades*, London and New York, Routledge, 2001, p. 35.

③ Ibid., p. 35.

④ Ibid., p. 214.

⑤ Ibid., p. 37.

⑥ Ibid., p. 37.

会则完全被排挤在外，但政府允许东正教会继续保留除圣墓教堂以外的教会财产。

1187 年萨拉丁占领耶路撒冷，拉丁王国灭亡，穆斯林再次成为耶路撒冷的主人。罗马天主教社团在圣地一家独大的局面消失，宗教遗产又回到了多教派共同支配之下。

（3）奥斯曼帝国时期耶路撒冷的基督教社团（1517—1878 年）

第一，人口。

1517 年奥斯曼土耳其人占领耶路撒冷，巴勒斯坦地区并入奥斯曼帝国领土，土耳其人建立起穆斯林世界的最后一个大帝国，并自诩为伊斯兰事业的继承者。奥斯曼人与阿拉伯穆斯林相比，对耶路撒冷的统治并无太大变化，仍延续伊斯兰国家的宗教宽容政策。

16 世纪奥斯曼帝国国力强盛，政治环境宽松，耶路撒冷对基督教朝圣者的吸引力与日俱增，许多朝圣者甚至定居于此。帝国在 16 世纪对巴勒斯坦地区的基督教人口进行过多次统计调查，称作“塔利尔”（tahrir）。虽然调查方法落后且受宗教和政治因素影响，但“塔利尔”的统计数据仍然具有重要的参考价值。而帝国于 17 世纪出现的人头税记录，则进一步丰富了关于奥斯曼帝国早期耶路撒冷基督教社团社会生活状况的资料。但是在奥斯曼帝国臣民中，由于纳税群体是自由的，且能维持生计的成年男性的非穆斯林人口，因此其中缺少对妇女、儿童、年迈者、贫穷者、残疾人、奴隶和外国公民等群体的统计，所以其局限性明显。

1562—563 年的“塔利尔”人口统计显示：耶路撒冷基督教徒人数为 315 人，伯利恒为 149 人，比特杰拉（BeytJala）为 218 人，总计 682 人；1690—1691 年的人头税登记簿显示耶路撒冷、伯利恒、比特杰拉三地的纳税基督徒人数为：耶路撒冷 622 人，伯利恒 144 人，比特雅拉 143 人，总计 909 人。[①] 对比两组数据发现，耶路撒冷人口出现增长且涨幅较大。但是根据欧德·佩里（OdedPeri）的研究，[②] 对这两组数据进行比较分析是不可取的。因为 16 世纪中期是以家庭为征税单位的，而 17 世纪末则以个人为单位，显然征税标准的变化会导致纳税人数量的变化。经过人口统

[①] OdedPeri, *Christianity Under Islam in Jerusalem: The Question of the Holy Sites in Early Ottoman Times*, Brill, 2001, p. 14.

[②] Ibid., p. 15.

计学的一系列计算后，佩里得出了以下较为科学合理的新数据：1562—1563 年，耶路撒冷的基督教人口为 1720 人，伯利恒为 870 人，比特杰拉 1075 人，总计 3665 人；1690—1691 年耶路撒冷为 2800 人，伯利恒 650 人，比特杰拉 645 人，总计 4095 人。[1] 再次对比两组数据可以看出，在 16 世纪中期和 17 世纪末之间，伯利恒和比特杰拉（BeytJala）的基督教人口有所减少，而耶路撒冷的人口数量却显著增长。16 世纪中期的"塔利尔"调查记录中特别提及了从附近郊区和农村来耶路撒冷定居的新移民，[2] 显然耶路撒冷附近地区的人口正在经历从耶路撒冷边缘地区向"中心城市"移民的城市化过程。1562—1563 年的基督徒纳税人记录显示：在耶路撒冷，每 315 人中有 27 人来自伯利恒，22 人来自比特杰拉，而耶路撒冷接受的移民团体中规模较大，都来自伯利恒和比特杰拉，这就解释了 16 世纪中期到 17 世纪晚期，耶路撒冷基督教人口比例上升 50%—70%，而伯利恒和比特杰拉人口比例下降 20%—30% 的原因（两座城市分别下降了约 16%）。但从总体来看，生活在耶路撒冷、伯利恒和比特杰拉的基督教人口上升了 12%。由于缺乏耶路撒冷附近农村地区基督教人口的数据与之比较，所以无法确定 16 世纪和 17 世纪耶路撒冷近郊和农村地区的基督教人口是否也在经历城市化进程。

尽管在穆斯林眼中所有的异教徒构成的是一个单一民族，但是作为统治者的奥斯曼人非常明智，当局将其治下的非穆斯林人口按照宗教与宗派的差异进行区分，以便分而治之。这种划分在人头税登记簿里一目了然，登记簿里对每个有产者的宗教信仰和宗派都进行了认真记录，奥斯曼人的勤勉为研究 17 世纪下半叶耶路撒冷及其附近地区基督教社团的教派分布提供了宝贵资料。

通过对 16 世纪中期和 17 世纪晚期的耶路撒冷基督教宗派状况比较，我们会发现：1562—1563 年希腊东正教纳税人口为 802 人，亚美尼亚教会为 189 人，科普特派为 326 人，雅各布叙利亚派为 119 人，其他宗派共 284 人，总计 1720 人；1690—1691 年，希腊东正教为 1638 人，亚美尼亚教会为 640 人，科普特派为 113 人，雅各布叙利亚派为 180 人，另外此时出现了马龙派、罗马天主教徒和聂斯托利派，人数分别为 166 人、54 人

① OdedPeri, *Christianity Under Islam in Jerusalem: The Question of the Holy Sites in Early Ottoman Times*, Brill, 2001, p. 16.

② Ibid., p. 16.

和 9 人，总计 2800 人。① 根据以上数据得出如下结论：中东地区根深蒂固的希腊东正教会在奥斯曼时代的耶路撒冷依旧保持数量上的绝对优势，数量增长为原来的两倍。这种增长很可能受到上文提及的人头税征收方式改变的影响，但其他社团同样也是受益者，如亚美尼亚教会，到 17 世纪晚期他们的人数翻了两番，超越了第二大基督教派科普特教会；而科普特派却失去了 2/3 的人口，16 世纪中期他们占有耶路撒冷基督教人口的比例超过 20%，17 世纪晚期则减少到 4%，下降为耶路撒冷的第五大基督教教派。而耶路撒冷亚美尼亚社团人口大幅度增长可能得益于上文提及的"城市化"进程，因为教会文件中提到伯利恒曾经存在过一个强大的亚美尼亚社团，② 但在 17 世纪上半叶却完全消失了，迁至耶路撒冷的可能性非常大，目的是在耶路撒冷建立宗主教区。与亚美尼亚社团的蓬勃发展形成反差的是衰落的科普特社团，历史学家将其归因于埃及母教堂所遭遇的困境，即 17 世纪下半叶埃及面临的自然灾害、饥荒和随后的政治骚乱。科普特派的衰落使雅各布叙利亚派（Jacobite Syrians）一跃成为耶路撒冷的第三大基督教社团，其社团人数在这一时期上升了大约 50%。总体来看，希腊东正教与其他基督教派别之间的基本比例没有发生大的变化，但新出现的马龙派和罗马天主教社团成为希腊东正教强有力的竞争对手。

值得关注的是，此时耶路撒冷出现了土生土长的罗马天主教社团，因为从拉丁王国灭亡至奥斯曼帝国初期，在耶路撒冷只有少数的罗马天主教方济各会修道士，他们是外国人，不是奥斯曼帝国的臣民，不缴纳人头税，因此不会出现在人头税登记簿里的。换言之，出现在人头税登记簿里的天主教社团是从本土产生的。其社团成员的来源很可能是：一方面本土东方礼教会（Eastern – rite）基督徒改宗天主教；另一方面可能是选择永久居住在耶路撒冷的外国天主教朝圣者，随着时间的推移承担起了缴纳人头税的义务。从人头税登记簿中可以发现，纳税的天主教徒中含有大量阿拉伯语名字，如哈里尔·维拉德·苏莱曼、易卜拉辛·维拉德·曼苏尔、曼苏尔·维拉德·汉纳等。③ 这说明他们源自耶路撒冷东方礼教会的可能性非常大，他们皈依天主教要归功于方济各会和耶稣会修道士 17 世

---

① Odedperi, *Christianity Under Islam in Jerusalem: The Question of the Holy Sites in Early Ottoman Times*, Brill, 2001, p. 20.

② Ibid. , p. 20.

③ Ibid. , p. 22.

纪辛勤的传教活动。

马龙派与罗马天主教自古有着良好的合作关系，早在 12 世纪初马龙派教徒就曾集体皈依天主教，而在奥斯曼时期马龙派大量出现在耶路撒冷确实令人疑惑。由于马龙派是耶路撒冷基督教社团中的新派别，社团成员的活动一直未引起其他基督教派的注意，而在圣地宗教财产的争夺中也处于劣势，因此他们必须与天主教保持密切的联系，后来两派的联合使罗马天主教社团迅速上升为耶路撒冷第三大基督教社团。

与马龙派相比，埃塞俄比亚社团在圣地有悠久的历史，并掌握着部分宗教遗产，因此能够引起耶路撒冷朝圣者的关注。但是 17 世纪的人头税记录中却没有该社团的数据，只是在耶路撒冷 1562—1563 年的塔利尔（tahrir）登记簿里记录着 20 名埃塞俄比亚人的信息，然而这些人都是免税的教士，也就是说埃塞俄比亚人从未形成过世俗的纳税社团。[①] 此外 16 世纪开始埃塞俄比亚修道院的规模已经开始萎缩，一场瘟疫之后，该派别从耶路撒冷销声匿迹了，所以 17 世纪晚期的人头税登记簿里没有保留这一社团的任何情况。格鲁吉亚人和塞尔维亚人也遭遇了类似的情况，同埃塞俄比亚人一样，他们在耶路撒冷存在的也仅仅是免税的修道士，而且在 17 世纪前半叶便开始衰落，最后完全消失。由于无论是 16 世纪的"塔利尔"登记簿，还是 17 世纪晚期的纳税人登记簿，都没有格鲁吉亚人和塞尔维亚人的记录，因此这两个社团的人口数量已无法考证，造成这种现象的原因与奥斯曼政府对非穆斯林统治政策的局限性有关，当局更注重通过宗教信仰和宗派区分非穆斯林臣民，而忽视种族和文化的差异，如在登记格鲁吉亚人和塞尔维亚人时简单地记作"Rum"，意为希腊东正教徒。[②]

第二，经济活动。

在 1690—1691 年的人头税登记簿中，除可以查阅到基督教徒的人数外，还能够获得他们的职业信息。根据记录内容可知耶路撒冷及其附近郊区的基督徒大约从事超过 60 种不同的职业。主要包括：手工业（耶路撒冷 472，伯利恒 94，比特杰拉 84），贸易（耶路撒冷 39），服务业（耶路撒冷 33，伯利恒 1），农业（耶路撒冷 2，伯利恒 38，比特杰拉 56），零

---

① Oded Peri, *Christianity Under Islam in Jerusalem: The Question of the Holy Sites in Early Ottoman Times*, Brill, 2001, p. 23.

② Ibid., p. 24.

工（耶路撒冷 65，伯利恒 8），其他（耶路撒冷 11，伯利恒 3，比特杰拉 3）①。从以上信息可以看出，工匠是基督教的主要职业，占总比例的 72%，再加上零工 8% 和农民 11%，可见基督徒的工作遍布社会各个阶层，而同期耶路撒冷的犹太人中体力劳动占 40%，多数犹太人从事与宗教有关的职业。

耶路撒冷的基督教社团成员除教士阶层外，还有许多从事"非生产性"如贸易和服务类职业的群体。其中，从事贸易活动的有 39 名基督徒，内有 5 名是从事国际和国内地区贸易的大商人，奥斯曼人称其为"bezirgdn"，其他大多数人（25 人）是当地从事间接贸易的小贩，称为"eskici"，剩下的 9 人分别是（贸易）市场经纪人、公共拍卖商和推销员。② 显然，大规模的贸易不是 17 世纪耶路撒冷基督徒经济生活的主要特征。

从事服务业的基督徒有 10 人，主要为朝圣者提供服务：寄存行李、运输货物等。寥寥无几的从业人员与耶路撒冷作为基督教朝圣重地的形象明显不符。主要原因是基督教社团中教士阶层对该行业的垄断，接待照顾朝圣者是僧侣们在传教工作以外的另一项重要职责，为朝圣者提供服务也是教会收入的主要来源，由于在奥斯曼帝国从事这项利润丰厚工作的僧侣们是免税的，所以纳税人记录中没有任何关于他们职业活动信息。

零工（Day - labor：irgat）是第二大职业群体，位居手工业者之后。因该工作灵活度大、从业门槛低，所以对耶路撒冷郊区或附近农村的基督徒农民具有较强的吸引力③。

在农业方面，17 世纪末耶路撒冷仅有 2 人从事牧羊人的工作，伯利恒大约有 27 个农民和 11 个牧羊人，比特杰拉有 41 个农民和 15 个牧羊人。④ 显然，伯利恒和比特杰拉的基督教徒农业人口高于耶路撒冷，耶路撒冷的从业结构更具城市化特点。比特杰拉务农的基督徒数量几乎是伯利恒的两倍，伯利恒的基督教人口城市化比比特杰拉更为迅速，而且比特杰拉的基督徒人口的职业构成较伯利恒而言更为简单。

---

① OdedPeri, *Christianity Under Islam in Jerusalem：The Question of the Holy Sites in Early Ottoman Times*, Brill, 2001, p. 25.

② Ibid. .

③ Ibid. .

④ Ibid. , p. 26.

根据 1690—1691 年的人头税记录，基督教社团成员按教派的职业划分——希腊东正教：手工业 461 人，贸易 24 人，服务业 17 人，农业 95 人，零工 43 人，其他 11 人，总计 651 人；亚美尼亚人：手工业 113 人，贸易 8 人，服务业 9 人，零工 8 人，其他 4 人，总计 142 人；叙利亚人：手工业 24 人，贸易 2 人，服务业 3 人，零工 11 人，总计 40 人；马龙派：手工业 23 人，贸易 5 人，农业 1 人，零工 8 人，总计 37 人；科普特派：手工业：17 人，服务业 4 人，零工 3 人，其他 1 人，总计 25 人；罗马天主教：手工业 11 人，服务业 1 人，总计 12 人；聂斯脱利派：手工业 1 人，其他 1 人。各教派从事手工业的总人数 650 人，贸易总人数 39 人，服务业总人数 34 人，农业总人数 96 人，零工总人数 73 人，其他 17 人，总计 909 人。[①]

整理数据可知，手工作业是希腊东正教社团成员的主要职业。手工业者、零工和农民占其劳动力总体的比例超过 90%。手工业在大部分社团中占主导地位，连同零工所占劳动力比例达到 80%—90%。这意味着所调查社团中只有较少人从事贸易和服务业等高利润行业。从比例上看这种现象在希腊东正教中尤为明显，而亚美尼亚人和叙利亚人在比例上优于希腊东正教。此外科普特派比较独特，他们的劳动力中从事服务业的比例达到 16.7%，与其他社团相比比例较高（希腊东正教为 2.6%，亚美尼亚人为 6.4%，叙利亚人为 7.5%，罗马天主教为 8.3%），因为科普特人发达的簿记学（book - keeping）知识能够帮助需要的人解决实际问题。[②] 马龙派擅长商业贸易领域，从业人口所占比例达 13.5%，而且人头税登记簿里的 5 名基督徒大商人（bezirgdn）都属于马龙派社团。和叙利亚人一样，马龙派的零工比例较高。

第三，圣地斗争。

16 世纪起随着奥斯曼帝国的扩张，叙利亚、埃及和巴勒斯坦等地区被并入帝国版图。在分隔 9 个世纪之后，东部基督教四大牧首区（亚历山大里亚、耶路撒冷、安提阿和君士坦丁堡）再一次被置于共同政治实体之下。基督教各派教会和社团开始了新一轮对耶路撒冷宗教遗产的争夺。17 世纪时，参与宗教遗产争夺的基督教派包括主要包括希腊东正教、

---

① OdedPeri, *Christianity Under Islam in Jerusalem*: *The Question of the Holy Sites in Early Ottoman Times*, Brill, 2001, p. 28.

② Aziz Suryal Atiya, *A History of Eastern Christianity*, Methuen, 1968, pp. 92 - 93.

罗马天主教和亚美尼亚教会以及其他一些或依附或游离于三大教派间的小教会。

希腊东正教宣称其是拜占庭教会的直接继承人，要求耶路撒冷牧首区的领导权和圣地宗教遗产的管理权，试图凭借历史传统和社团人数优势重现希腊东正教在圣地的辉煌。而代表罗马天主教利益的方济各会修道士在继承十字军东征遗产的同时获得了奥斯曼政府的支持，实力大增。亚美尼亚教会则企图从双方的争夺中渔翁得利，逐渐取得圣地争夺战的优势。至此希腊东正教会、罗马天主教会和亚美尼亚教会三方对圣地的争夺已蓄势待发，冲突不可避免。

16世纪中期，因共同对抗哈布斯堡王朝的需要，法国和奥斯曼帝国结成军事经济同盟，至16世纪晚期法国接替国力衰退的威尼斯，承担起保护奥斯曼帝国境内罗马天主教的职责。法国非常关注天主教在圣地的权利地位问题，1604年素丹艾哈迈德一世与法国签订有关耶路撒冷圣地和天主教传教活动的条约，1673年又追加新约，大致内容如下：

第一，法国公民可以自由前往耶路撒冷朝圣，修道士可以在圣墓教堂定居，此举既不会受到妨碍也不会招致厌烦。

第二，暂未与奥斯曼帝国建立正式外交关系的国家，其臣民（公民）可以以朝圣或贸易的身份入境，其人身安全将受法国国王保护。

第三，作为基督教牧师的法国公民，以及其他天主教徒，无论原籍，在不触犯法律习俗的前提下有权在奥斯曼帝国任何基督教宗教场所进行信仰活动，任何人无权干涉。

第四，历史上已定居于耶路撒冷城外和圣墓教堂内的方济各会修道士有权继续居住在上述地区，同时有权保留已使用的朝圣场所。

第五，法国公民和受法国国王保护的人员，无论国籍，在耶路撒冷朝圣时都不会受到任何妨碍。[①]

从内容可以看出，奥斯曼帝国给予天主教方济各会修道士和欧洲（尤其是法国）朝圣者许多特殊保障。确认了罗马天主教会对已有宗教遗产的所有权，巩固了耶路撒冷天主教会的势力，增加了罗马天主教会在圣地争夺战中的筹码。

面对罗马天主教实力的膨胀，希腊东正教会于1630年点燃了战火，

---

① OdedPeri, *Christianity Under Islam in Jerusalem: The Question of the Holy Sites in Early Ottoman Times*, Brill, 2001, p. 61.

主教奥尼法斯（Theophanes，1608—1644），向奥斯曼素丹穆拉德四世递交了一份文件，申明此文件证明希腊东正教会在圣地的权力和地位是由帝国早期最高统治者所赋予的，并希望获得现任素丹的再次确认。教会间的冲突一触即发，各方的焦点集中在耶路撒冷的圣墓教堂和伯利恒的圣诞教堂以及其他的宗教遗迹上。希腊东正教会的第一个目标是伯利恒之星洞①遗址。

1632年初，希腊东正教会的行动初见成效，素丹穆拉德发布敕令，命令方济各会修道士把岩洞遗址大门的钥匙交给希腊东正教，并声称圣迹应由基督教会共同掌控才有意义，它是所有基督教会的共同财产。方济各会坚决抵制，依靠手中的地契向伊斯兰法庭上诉，最终胜诉。素丹随后发布敕令，重申天主教会对伯利恒之星洞的管理权。随后的几年里，希腊东正教会和方济各会继续围绕圣地遗产进行争夺，与此同时希腊东正教会也在逐步提高要求，从共同管理到独自管控，伯利恒之星洞的管理权和岩洞钥匙在短短几年里易手四次。尽管方济各会屡次迅速夺回丧失的权利，但权力多次转移削弱了自身实力，1637年素丹敕令最终确认了希腊东正教会对伯利恒之星洞遗址的完全控制权。

取得圣诞教堂伯利恒之星洞的控制权只是希腊东正教会保护其圣地财产计划中的一部分，而争夺的重点在耶路撒冷的圣墓教堂。圣诞教堂斗争胜利后，希腊东正教会对圣诞教堂做出了同样的权利申请，并使用同样的策略。1637年的敕令，使希腊东正教会在取得伯利恒之星洞管理权的同时，又得到了各各他地区事务的控制权。希腊东正教会七八年的时间里颠覆了过去的秩序，建立了一个以自己为中心的新秩序。但是圣墓遗址和教堂圆形大厅仍然掌握在方济各会手中，希腊东正教会继续进行着长期而不间断的斗争，其中充斥着无止境的法律辩论，甚至是流血事件。1675年末，希腊东正教会的努力有了结果，素丹穆罕默德四世（1648—1687年在位）的一道敕令要求方济各会修士从圣墓以及圆形大厅遗址中迁出，至此希腊东正教会获得了完全的胜利。方济各会的修道士们尽力挽救颓势，并试图重新夺回希腊东正教会得到的权利。直到17世纪末，罗马天主教会与希腊东正教会的命运出现逆转。随着奥斯曼帝国的衰落，西方基督教国家开始渗透到圣地事务中来，《卡尔洛维茨协定》的签署对帝国和

---

① 伯利恒圣诞教堂是最具宗教意义的遗迹，相传耶稣当时出生在这个长13米、宽3米的地下岩洞中的马槽里。

争夺圣地财产的基督教各教派之间来说产生了巨大影响。1683 年奥斯曼帝国围攻维也纳失败后，耶路撒冷的方济各会修道士企图改变 1675 年以来所形成的圣地秩序。1686 年奥斯曼政府任命了一个调查委员会，就圣地争论的起因进行调查，最后伊斯坦布尔拟出一份调查报告，报告中要求：东正教会必须放弃其在圣地新近得到的财产。奥斯曼素丹于 1690 年 4 月中旬颁布敕令，要求恢复圣地到 1637 年之前的状态。方济各会取得了巨大的胜利，夺回了本属于自己的圣地财产。这一事件标志着奥斯曼帝国对圣地问题相互矛盾的模棱两可政策的终结。

17 世纪后期，希腊东正教会力图东山再起，但它所遭遇的是天主教会和亚美尼亚教会对其的双重挑战。耶路撒冷的亚美尼亚教会发动持续暴乱，以暴力方式接近圣墓教堂。在获得素丹易卜拉欣（1640—1648 年在位）的敕令后，亚美尼亚教会在圣墓教堂中的权力得到官方确认。之外，教会还获得在宗教仪式中安放仪式蜡烛、焚香以及在马槽遗址上举办公共集会的权力。希腊东正教会经过努力，也从素丹敕令中得到对伯利恒之星洞的完全控制权，这意味着亚美尼亚人占有该圣迹的计划破产。

十年后，亚美尼亚人重启计划，其会获得了来自伊斯坦布尔的敕令，敕令确认了由亚美尼亚人接管伯利恒之星洞遗址的一个入口。但亚美尼亚人对此并不满足，为了争取更多的宗教遗产，通过贿赂加沙和拉姆勒的地方官员，希望通过利用行政权力向耶路撒冷官员施压，以此迫使希腊东正教将伯利恒之星洞遗址的 1/3 以及马槽遗址转让给亚美尼亚教会。但事与愿违，亚美尼亚教会的计划最终失败了，原因在于希腊东正教会对该遗迹的管理在时间和社团人数上具有决定性优势，在圣地已达成广泛共识，这种社会性的认可比任何奥斯曼地方行政机构官员的政治支持更加持久与可靠。自这次事件以后直到 17 世纪结束，亚美尼亚教会再没有尝试从事类似的活动。虽然亚美尼亚教会在圣诞教堂的斗争中失利，但是在圣墓教堂却取得一些成果。奥斯曼帝国档案显示，到 17 世纪 30 年代时，耶路撒冷地方法院和伊斯坦布尔政府一致确认亚美尼亚人在圣火仪式上的领导地位。多年僵持之后，希腊东正教会选择寻求妥协。1657 年 4 月 5 日，在耶路撒冷法官的主持下，双方代表达成协议，协议规定："圣火仪式将会在基于双方一致的公平的基础上举办。"此外最重要的是亚美尼亚教会主教将陪同希腊东正教会主教一起进入圣墓遗址，并且共同完成圣火仪式。

表面上看，希腊东正教会和亚美尼亚教会实现了和解，似乎给解决圣地问题建立起一种和谐的模式，但实际上希腊东正教会从来没有宣布放弃他们对圣墓遗址宗教活动的领导权，并且仍旧努力废除与亚美尼亚人之间的协议。这个决议并没有缓和两大教会之间的敌意。就在协议签订的同一年，耶路撒冷希腊东正教会在与亚美尼亚教会争夺中间派东方礼教会时取得了巨大成功，并且态度强硬。

从 16 世纪到 17 世纪，奥斯曼人执行的政策是向所有基督教朝圣者开放圣地，不分地区和教派；同时原则上不干涉基督教各派对圣地宗教遗产的争夺。尽管其间前后矛盾的政策使当局看似置身事外，但实质上奥斯曼政府周旋于各派教会之间游刃有余，利用教会积极寻求素丹政治庇护和法庭司法支持的心理，并结合外交形势，分化瓦解基督教社团，稳定耶路撒冷的统治秩序。17 世纪末奥斯曼帝国国势日衰，国家外交开始受到西方基督教国家的影响与控制，其对圣地的政策被迫变得积极起来。最终，本属于奥斯曼帝国内政的"圣地问题"步入近代后，逐渐转变为列强在土耳其谋取利益的"东方问题"。

三　英国委任托管时期耶路撒冷的基督教社团（1922—1948 年）

1914 年第一次世界大战爆发，1914 年 10 月 29 日，奥斯曼帝国加入同盟国作战。1917 年 4 月底英国艾伦比将军进攻巴勒斯坦地区，12 月耶路撒冷被英军攻陷。英国占领耶路撒冷是世人关注的重大历史事件，对基督教来说，自从拜占庭帝国后，圣地一直为异教统治的时代结束；对于穆斯林来说，正当他们饱受西方殖民压迫时，丢失圣地无疑是雪上加霜；对犹太人而言，以忐忑的心情密切关注耶路撒冷。这样耶路撒冷人充满了各自的期待：基督徒希望在基督教国家的庇护之下获得更多的自由，穆斯林则充满不满与反抗，犹太人希望得到更多的权利，犹太复国主义者则期望借此建立政权。

英国在占领耶路撒冷之前发布了《贝尔福宣言》，极大地鼓舞了犹太复国主义者在巴勒斯坦建国的心愿。尽管基督徒们充满了期待，但是天主教的牧师们却对英国持怀疑态度。如方济各会担心耶路撒冷被英国国教会统治，他们希望由天主教会来接管这座城市。但总体而言基督教会和基督教国家对英国占领耶路撒冷是持欢迎态度的。在 1917 年 12 月，位于伦敦的希腊东正教会写信给坎特伯雷的大主教说："耶路撒冷的占领是一个伟大胜利，便为国家解放和正义而战的英勇的不列颠军人们获得了无上的荣耀。"① 欧洲许多国家的教会敲响了圣钟，庆祝基督教重新控制了圣城耶路撒冷。意大利与法国政府采取行动保护并控制位于耶路撒冷和巴勒斯坦的天主教机构。其实早在奥斯曼帝国时期，法国就在耶路撒冷获得广泛的特权，向意大利扩张了自己的势力。1917 年 12 月，驻巴黎的意大利大使写信给意大利外交部说："英国对耶路撒冷的占领为法国人保护中东的天主教徒提供了坚强的后盾，我们也应该在适当的时机维护我们的权利。"②这份报告转交到议会，为在巴勒斯坦和耶路撒冷得到共同的利益，意大利首相奥兰多批准了这一请求，并同意与法国合作。然而法国和意大利的利益重点并不相同。除了掌控基督教机构以外，法国更加关心的是中东本身，因为根据 1916 年的皮科协定（Sykes - Picot agreement），法国有权瓜分前奥斯曼帝国的领土，而意大利却没有获得建立殖民地的特权。可见第一次世界大战后，西欧强国对圣地和基督教社团关注的实质，是在宗教外衣幌子下对中东进行殖民扩张活动。

1. 管理方案与人口普查

英国委任机构在接管巴勒斯坦后，不但没有废除原有管理制度，反而继承了奥斯曼帝国的大量管理体制和法规，特别是"米列特"制度，英国人将其发展后重新应用于当地民族宗教社团事务中。之所以如此，与以下因素相关：首先，国际社会的压力。授权英国进行委任的国际联盟在委任章程中明确要求：保持圣地基督教社团的独立性以及圣地现状，这实质上反映的是大国间利益的妥协。其次，西欧各教会的请愿。自英国进驻耶路撒冷后，罗马天主教会和东正教会包括新教各派担心英国国教势力壮大，威胁到自己的既得利益，纷纷要求英国当局承诺保护其社团在圣地的权利，如希腊政府代表教会发表声明，希望英国当局能够保证希腊东正教会在奥斯曼帝国时期取得耶路撒冷牧首区的特权。③ 最后，城市管理的需要。奥斯曼帝国在耶路撒冷区实行的"米列特"制度，在当时社会条件

---

①　Roberto Mazza, *Jerusalem, From the Ottomans to the British*, 2009, I. B. TAURIS, p. 140.

②　Ibid. , p. 141.

③　Anthony O' Mahony Edited, *The Christian Communities of Jerusalem and the Holy Land*, University of Wales Press, 2003, p. 13.

下不仅适用于基督教社团，同样适用于穆斯林社团，发展成熟的社团自治制度既能减少管理阻力，也能维持社会稳定。

英国委任统治期间，当局在对奥斯曼帝国后期人口统计资料的整理和民政管理局的调查基础上，以奥斯曼帝国时期官方文件中的基督教社团为蓝本，于1923年编制出一份得到官方认可的圣地基督教社团清单，其中包括希腊东正教社团、罗马天主教社团、亚美尼亚人社团、东正教社团、亚美尼亚公教会社团、迦勒底公教会社团（chaldean catholic）、叙利亚公教会社团、希腊礼天主教会社团，1924年添加马龙派社团，1939年修订的巴勒斯坦枢密令（Order - in - Council）加入叙利亚东正教会社团，[①] 但是基督教新教各派的社团没有得到官方承认（官方解释是在奥斯曼时代没有备案，在圣地并无宗教财产）。

1922年英国当局第一次对巴勒斯坦地区进行人口普查，普查的目的是为立法议会选举做准备，因此普查中包含宗教信仰团体的信息。在委任初期基督徒人口占总人口的比例为9.6%，到1931年尽管基督徒总人口数在增长，但其占总人数的比例下降到了8.8%。据估计，基督教社团在第一次世界大战期间损失了13%的人口，主要是迁出人口和死亡人口，其中死亡率为4%。基督教人口比例减少的主要原因在于基督教社团人口的低出生率和部分移民出境。如1922年阿拉伯基督徒的出生率为37.2%，穆斯林为54.7%，犹太人大约为33.2%。而19世纪起巴勒斯坦地区的基督徒为了寻求经济机遇和政治宗教的自由环境，从奥斯曼帝国大量移民美洲。[②]

从地域分布看，耶路撒冷地区的基督教社团主要聚集在两个区域，一是由耶路撒冷、伯利恒和拉马拉三座城市以及附近村庄构成的核心区域，由于存在数量众多的基督教圣地，在这里几乎可以看到所有基督教教派的代表；另一聚居区位于耶路撒冷地区的北部，包括海法、阿卡、拿撒勒、提比利亚和萨法德五座城市以及周围的村庄，生活着希腊礼天主教会社团、希腊东正教会社团和马龙派社团。

从族群角度看，耶路撒冷地区基督教社团的主要成分是阿拉伯人。

---

① Anthony O' Mahony Edited, *The Christian Communities of Jerusalem and the Holy Land*, University of Wales Press, 2003, p. 14.

② 移民以伯利恒为主，其中部分基督徒抵达巴西（参见 Anthony O' Mahony Edited, *The Christian Communities of Jerusalem and the Holy Land*, University of Wales Press, 2003, p. 16）。

1922 年的人口普查显示有 30412 名基督徒聚居在耶路撒冷、雅法和海法三座城市，约占基督徒总人口的 41.5%，到 1931 年人数上升到 42291 人，占基督徒总人口的 46.2%。除以上三座城市外，基督教社团也在小城镇聚集，如 1922 年伯利恒、比特杰拉、拉马拉、拿撒勒、莎法穆（ShafaAmr）五座小城有基督教徒 18018 人，占社团总数的 24.7%；1931 年为 18560 人，比例占到 20.2%。巴勒斯坦地区的农村中也生活着大量的基督教徒，其中以阿卡、拿撒勒、拉马拉附近的村庄为主要聚居区。将前文提及的奥斯曼帝国早期的人头税登记簿数据与 20 世纪人口普查数据进行对比可知，耶路撒冷地区的基督教社团自 16 世纪起开始经历一个由分散向集中、由乡村向城市的移民过程。19 世纪中期巴勒斯坦的基督教社团开始走向分崩离析，如希腊东正教社团中的希腊裔阶层与阿拉伯人东正教社团之间在政治和宗教方面的冲突持续不断，后果是大批阿拉伯希腊东正教徒皈依罗马天主教会或东仪天主教会，甚至一些地区的信徒转投新教教会。受此影响，耶路撒冷地区规模最大的基督教社团希腊东正教社团在基督徒总人口中的比例出现下降，1922 年占总人口比例为 45.7%（33369 人），到 1931 年时下降到 43.5%（39727 人），而罗马天主教社团则从 1922 年的 19.5%（14245 人）增长到 1931 年的 20%（18895 人）。在耶路撒冷、伯利恒和雅法，基督教社团的影响力都有所提升。包括马龙派、亚美尼亚教会、叙利亚教会和迦勒底教会在内的东派教会社团也从 1922 年的 19.5%（14167 人）下降到 1931 年的 18.2%（16683 人），甚至巴勒斯坦的英国国教会社团也出现颓势，由 1922 年的 6.2%（4553 人）下降到 1931 年的 5.3%（4799 人）。显然，许多基督教社团在该期出现总人数上升，但占总人口比例下降的现象，其直接原因在于其他民族宗教社团的大批入境，最引人注目的是委任统治中后期犹太人社团的人口大规模增长。

2. 阿拉伯基督徒与巴勒斯坦民族运动

穆斯林占领巴勒斯坦以前，该地区的人口主要是基督徒和小规模的犹太人社团。7 世纪后，当地人口逐渐阿拉伯化，许多人由于社会、经济和政治压力而改宗伊斯兰教，基督教社团沦为宗教少数派。奥斯曼帝国时期，巴勒斯坦的基督教社团以希腊东正教为首，辅以各地的朝圣者和其他规模较小的社团。英国委任统治前后，基督教社团规模有一定发展，但同时面临新的挑战，特别是当地基督教社团的主要构成群体——阿拉伯基督徒的挑战。

20 世纪初在世界民族解放运动的影响下，阿拉伯民族主义蓬勃发展。特别是《贝尔福宣言》颁布后，大批犹太人开始移民巴勒斯坦和耶路撒冷，从而犹太人数激增。这使基督徒与穆斯林深感威胁与恐慌，于是他们之间的宗教分歧下降为次要矛盾，双方开始联手反对犹太复国主义。基督徒在反对犹太复国主义的运动中具有天然优势，由于基督徒受教育程度高，又与西方国家有同宗信仰的优势，所以他们的宣传易引起西方民众的关注，有利于扩大声势，促进运动发展。早在 1914 年即出现穆斯林与基督徒合作的组织，但合作仅限于双方社团事务。1918 年 3 月"穆斯林与基督徒协会"成立，协会是穆斯林与基督徒合作的重要产物。其成员包括社会知名人士、地方大族的族长、村庄谢赫、基督徒领导人、协会中的所有人士等。政治上的公开合作，对穆斯林和基督徒来说意义非凡，其影响迅速扩展到欧洲。协会包含两个分支①，一个负责耶路撒冷地区，另一个负责整个巴勒斯坦，耶路撒冷是运动的中心。1921 年雅法、加沙、纳布卢斯、图卡门（TulKarm）和希伯来相继建立类似组织，而拉马拉、伯利恒和海法创建组织失败。众多协会中唯有耶路撒冷协会的内部机构复杂，其执行委员会由 10 名当地穆斯林代表、5 名罗马天主教社团代表、5 名希腊东正教社团代表和 10 名乡村级行政区代表组成。耶路撒冷协会也负责雅法协会的部分工作，如经济、商业和穆斯林聚居区的公共福利等事务。

我们必须看到，基督徒和穆斯林的联合是脆弱的。基督徒虽然卷入了巴勒斯坦阿拉伯民族主义运动，但参与动机与穆斯林不同。大部分天主教社团，尤其以罗马天主教耶路撒冷宗主教区主教巴拉萨尼亚（Barlassina）和加利利希腊礼天主教会主教哈吉（Hajjar）为代表，在巴勒斯坦民族主义运动期间一方面坚持反犹太复国主义立场，另一方面担心阿拉伯东正教社团壮大和教会整体阿拉伯化，因此在叙利亚问题上与英、法殖民者保持一致。同样，双方的联合与合作也受到部分穆斯林领导人的反对，这部分人强调伊斯兰教在巴勒斯坦民族认同方面所具有的优势，指出伊斯兰教是巴勒斯坦民族运动的基础，②并认为几个世纪以来作为"受保护人"的基督徒应该对伊斯兰教产生敬畏，甚至皈依伊斯兰教，这样民族运动才不会

①　Anthony O'Mahony Edited, *The Christian Communities of Jerusalem and the Holy Land*, University of Wales Press, 2003, p. 20.

②　Ibid., p. 21.

迷失方向。与领导阶层不同，参与运动的民众仍希望穆斯林与基督徒消除分歧、联合行动，基督徒诗人瓦迪·巴斯塔尼说道："无论何时我都是一名基督徒，但我也是阿拉伯人中的一员，我爱穆罕默德。"① 而穆斯林的象征派诗人则在作品中多次将巴勒斯坦比作祖国，将穆斯林与基督徒之间亲密合作称为兄弟关系，呼吁巴勒斯坦各派消弭宗教间隙，"团结在祖国的旗帜之下"。②

随着巴勒斯坦民族运动的深入开展，阿拉伯人的民族认同获得广泛认可。1920 年在海法组织召开了巴勒斯坦阿拉伯人大会，大会的主要议题是建立民族政府；反对犹太民族之家思想；组织巴勒斯坦阿拉伯民族主义运动。③ 可以说在巴勒斯坦地区民族主义的觉醒方面，耶路撒冷的基督教社团，尤其是阿拉伯基督徒积极与穆斯林合作，树立了不同宗教、教派间友好合作的典范。但是应该看到，基督教社团并不是反抗犹太复国主义运动和巴勒斯坦民族解放运动的可靠盟友，因为耶路撒冷基督教社团内部派系复杂、政治立场混乱、领导者目的各异，而且从根本上看非阿拉伯裔基督徒并不反对英国委任统治，他们对英国当局抱有幻想，在运动中立场摇摆不定，难以发挥更大作为。

四　以色列与耶路撒冷基督教社团

1948 年，以色列建国，随即第一次中东战争爆发。战争期间以色列占西耶路撒冷，东耶路撒冷在约旦的管辖之下。战后以色列正式宣布对西耶路撒冷的主权，将其并入以色列国。为回应以色列的行为，约旦在耶路撒冷任命新穆夫提。1950 年 1 月以色列正式宣布耶路撒冷为首都，4 月约旦宣布将约旦河西岸和东耶路撒冷并入其领土。耶路撒冷的分裂对城市中的基督教社团影响巨大。首先，社团运作难度增大。由于西耶路撒冷是教会财富的中心，而东耶路撒冷的许多圣地和修道院需要西部资金支持，所有基督教社团领袖生活和工作在东耶路撒冷，所以东西耶路撒冷的分裂使

---

① Anthony O' Mahony Edited, *The Christian Communities of Jerusalem and the Holy Land*, University of Wales Press, 2003, p. 21.

② Ibid. .

③ 刘中民：《从阿拉伯民族主义到巴勒斯坦民族主义——20 世纪上半叶巴勒斯坦地区民族主义的发展与转型》，《西亚非洲》2011 年第 7 期。

基督教社团的慈善机构、宗教机关、教育机构都遭遇不同的法律问题，他们必须与以色列和约旦政府同时保持良好的合作关系，才能确保众多机构的正常运转。其次，耶路撒冷的分裂使基督教社团，特别是阿拉伯基督徒，有能力去填补战后巴勒斯坦穆斯林阿拉伯人领导层的政治真空。所以以色列建国初年耶路撒冷阿拉伯基督徒的人口在阿拉伯的总人数从 1948 年的 10% 上升到了 1949 年的 21%。[①]

耶路撒冷阿拉伯基督徒人口的增长，随着以色列政策和国际环境的变化逐渐步入危机。建国后以色列政府制定三项试图改变耶路撒冷"现状"的措施：（1）完全兼并城市；（2）改变耶路撒冷城市的人口结构；（3）没收并征用阿拉伯人的财产。[②] 当局的目的是将耶路撒冷完全置于犹太政权控制中，增加犹太人在耶路撒冷人口中的比重，并扩大犹太社区面积，最终完全夺取耶路撒冷。1949 年以色列无视联合国第 181 号决议的规定，将几个政府部门从特拉维夫迁往耶路撒冷，并于 1950 年 1 月正式宣布定都耶路撒冷。1967 年第三次中东战争后，耶路撒冷老城及东耶路撒冷完全被以色列吞并，大批阿拉伯人背井离乡。此后以色列强迫居住在耶路撒冷的阿拉伯人搬迁，同时增设大量犹太人定居点。两次中东战争的胜利使以色列吞并耶路撒冷的计划得以顺利实施，多年的移民政策和对阿拉伯人的迫害政策的交互作用使耶路撒冷的人口构成变化巨大，1947 年耶路撒冷的人口构成是：99690 名犹太人、60560 名穆斯林和 44850 名阿拉伯基督徒；1979 年年末的时候穆斯林的数量为 64000 人，阿拉伯基督徒减少到 10000 人，犹太人的数量上升到 275000 人。[③] 通过数据可知，耶路撒冷犹太人数量增长最大，穆斯林数量基本持平，而阿拉伯基督徒人口大幅缩减。此外，以色列耶路撒冷学会提供的一份 2009 年的人口统计数据[④]显示，耶路撒冷的基督教人口占总人口的 2%，目前大约有 15000 名基督徒生活在耶路撒冷，按教派大致可划分为：4500 名天主教徒，3500 名东正教徒，1500 名亚美尼亚人和 850 名新教徒，另外有 2600 名外国基

① Anthony O' Mahony Edited, *The Christian Communities of Jerusalem and the Holy Land*, University of Wales Press, 2003, p. 25.

② Henry Cattan, *The Question of Jerusalem*, Third World Centre for Research and Publishing, 1980, p. 30.

③ Ibid. , p. 36.

④ http://ivarfjeld. wordpress. com/2009/06/27/christian—population—of—jerusalem—in—decline/.

督徒，主要是修道士和牧师。与 1947 年阿拉伯基督徒人数相比，减少1/3
以上。之所以如此，是因为以色列政府的基督教政策和圣地基督徒自身原
因双重作用的结果。

犹太人对基督徒的感情十分复杂。1948 年 5 月 15 日以色列的"独立
宣言"声明，承认宗教信仰自由并保护所有的圣迹，明确保证"宗教信
仰在法律面前一律平等"。① 同时承认基督教社团有权任命教会神职人员，
管理自己的财产，维护宗教法庭的裁判权；承认安息日为基督徒的假日；
为基督徒市民在国会中预留议席；国家批准基督教社团附近学校的运转；
允许基督教牧师为社团成员主持婚礼。尽管以色列政府在宗教活动、基督
徒参政、教育和日常生活方面给予基督徒诸多便利，但仍不能掩盖他们之
间的矛盾，而矛盾主要源自阿拉伯基督徒。由于以色列境内近 90% 基督
徒是生活在城市的阿拉伯人，尽管耶路撒冷作为基督教圣地吸引着全世界
基督徒前来朝圣甚至定居，然而构成当地基督教社团主体的仍然是土生土
长的阿拉伯基督徒，现实促使犹太人充满担忧。而阿拉伯基督徒积极参与
巴勒斯坦民族独立运动，迫使以色列政府放弃在宗教信仰方面的让步，转
而将他们划归到阿拉伯人的行列中。1953 年 4 月以色列高层一份秘密报
告指出："无论是出于天然的或是情感上的不可抗拒，生活在以色列的阿
拉伯宗教少数派无法断绝他们与阿拉伯民族运动之间的内在联系，而后者
一直对以色列构成威胁，（其结果是）在建国后的五年中，尽管已授予阿
拉伯宗教少数派公民地位和平等权，然而我们并未发现任何能够使他们从
情感上融入这个国家的表现。"② 从报告的讨论内容可以看出，当局对阿
拉伯基督徒的行为非常失望，并认为他们已对国家构成威胁。所以以色列
政府修改对基督徒政策——从妥协联合变为限制甚至迫害。生活在以色列
境内的阿拉伯基督徒大多受过高等教育，对生活质量要求较高。面对当局
的种种限制与迫害，知识分子、技术人才大量移民国外，加之当地基督徒
人口增长率低，最终导致耶路撒冷基督教社团人口持续减少，社团规模逐
步萎缩，在圣地的影响下降。

与圣地基督教社团萎靡不振态势不同，以罗马教皇为核心的天主教界

---

① 《圣地保护法》（*Protection of Holy Plaes Law*）内容参见 http：//www. knesset. govil/laws/
spelid/eng/Holy Plales. htm。

② UriBialer, *Cross on the Star of David the Christian World in Israel's Foreign Policy*, 1948—
1967, Indiana University Press, 2005, p. 125.

也一改以色列建国初期其对犹太人的消极抵制态度，主动向以色列政府寻求缓和。1964 年 1 月 4 日，教皇保罗六世（Paul VI）离开罗马踏上前往耶路撒冷的朝圣之旅，① 此后多位教宗陆续造访耶路撒冷。2009 年 5 月 8 日至 15 日教皇本笃十六世访问耶路撒冷圣地，在耶路撒冷若瑟法山谷为圣地的信徒举行弥撒，这是有史以来第一位在耶路撒冷为公众举行露天弥撒的教皇，他与耶路撒冷当地的基督教社团及各宗派负责人讨论宗教、社会和政治问题，对社团当今的困难处境表示担忧。表面上看教皇造访圣地的直接目的是为当地基督教社团增加声势，激励圣地基督徒的信心，挽救基督教在圣城耶路撒冷所面临的危机，扩大基督宗教的影响力；实际上他的圣地之行为巴勒斯坦地区的和平事业做出了贡献，促进了基督宗教各派之间的了解、团结与和谐共存。本笃十六世在访问期间还参观了圆顶清真寺，与伊斯兰教最高领导人士举行了会谈，并与伊斯兰教大教长分别发表讲话。此间，他参访了犹太教徒的圣地——哭墙，并指出："天主教希望和犹太教加强彼此友谊的关系。"临别时，教皇向欢送他的以色列政教要人、各界代表呼吁说："不要再流血！不要再交战！不要再彼此冲突！不要再有恐怖暴力行为！要打破暴力的恶性循环！但愿建立基于正义的持久和平，享有真正的修和与痊愈。"② 显然，本笃十六世耶路撒冷之行的目的是在呼吁和平的同时，为生活在犹太人国家与伊斯兰国家夹缝中的基督徒（尤其是天主教徒）营造宽松平和的生存环境。

五　基督教社团对当代耶路撒冷政治、经济生活的影响

随着近代文明曙光的到来，民族意识觉醒，国家主权意识增强。人类社会在意识形态领域的新变化与基督教的普世特征产生了抵触。区域性的国家主权与民族利益相比，普世性的宗教利益更加神圣不可侵犯。耶路撒冷作为基督教普世主义的象征再一次被推到风口浪尖之上，尤其是以色列建国以后耶路撒冷世俗层面上的主权利益成为多方关注的焦点，其中不乏世界各地的基督教会和当地的基督教社团。

当代耶路撒冷基督教社团的成员仍以阿拉伯人为主，此外有希腊人、

---

① http：//www. vatican. va/holy_ father/paul_ vi/travels/sub—index/index_ terrasanta. htm.

② http：//www. chinacath. org/news/vatican/2009—05—04/2863. html.

亚美尼亚人和全世界基督教会留守圣地的人员等。社团成员民族成分的复杂化势必导致政治立场的差异，耶路撒冷基督教社团的政治分歧根源表现为：怎样通过宗教经典解释以色列政权的合法性？如何解读巴勒斯坦问题？外国基督徒与本土基督徒在中东政治中扮演怎样的角色？根据耶路撒冷基督教社团所持的政治立场，人们通常将其划分为保守与自由①两大派别。前者如南方浸礼会②（Southern Baptist），他们最大的特征是支持犹太复国主义运动和以色列官方政治中的一切保守要素，其理论依据来自圣经新约《路加福音书》，书中记载耶稣预言在他之后 70 年耶路撒冷遭受的浩劫，犹太人将丧失对耶路撒冷的控制权，此后耶城受外邦人管制，直到外邦人的日期满为止。③ 因此保守派们认为支持当代犹太人国家是促成作为弥赛亚的基督复临的关键，那时他将对全世界进行重新审判。1980 年，支持犹太复国主义的各基督教派为了便于协调，在耶路撒冷建立起一个合作组织，命名为"耶路撒冷国际基督教大使馆"（The International Christian Embassy Jerusalem）④，其主要任务是拥护以色列政府的一切政治决策，诋毁巴勒斯坦人在圣地的合法权益，他们认为既然上帝将耶路撒冷允诺给了阿拉伯民族，那么他们也必须能够容忍生活在这块土地上的以色列人，上帝也乐意赐福于他们。⑤ 与保守派相对应的是自由派，自由派新教中的大多数教派研究圣经时，采取文字考据与历史考证结合的方法，他们认为圣经是上帝启示的记录，它所反映的是各卷作者在不同时代对神谕的领受与理解，要具体问题具体分析。因而该派并未将神学与政治立场完全结合起来，也没有一致的政治宣言。他们在巴以冲突中持中立态度，有时会向巴勒斯坦人方面倾斜。联合基督教会（The United Church of Christ）⑥便是其中一员，他们在 1990 年的一份声明⑦中说："联合基督教会的全体成员在以色列与神所订立的具有重大意义的契约（covenantal）⑧ 问题上

---

① http：//www. bc. edu/dam/files/research ＿ sites/cjl/texts/cjrelations/resources/articles/perko 03. htm.
② 美国最大的一个基督教新教教派。
③ 《路加福音书》，第 21 章第 24 节。
④ http：//int. icej. org/.
⑤ 《创世记》，第 17 章第 20 节和以赛亚书，第 19 章 24、25 节。
⑥ 美国新教教派，1957 年由公理会、福音归正会和新教教会联合组成。
⑦ http：//www. bc. edu/dam/files/research ＿ sites/cjl/texts/cjrelations/resources/articles/perko 03. htm.
⑧ 指《圣经》中记载的上帝对人们的诺言，这里指犹太人重回巴勒斯坦地区建国。

无法达成一致。我们非常赞赏这一道德争论，它将当代以色列建国归因于民族自决的传播和上帝对受迫害者的怜悯；我们也承认这件事使巴勒斯坦人背井离乡，并损害了他们的人权。"联合基督教会的声明充分体现出自由派的中间立场，同时也是基督教会对巴以冲突的主流态度。如果说支持犹太复国主义的基督教派属于极右派的话，那么巴勒斯坦解放神学学者则是极左派。解放神学起源于拉美，将耶稣视作"解放者"，强调神学不仅要反思世界，而且要改造世界，在第三世界国家的边缘群体中拥有广泛的支持者，其中包括巴勒斯坦地区。巴勒斯坦解放神学的代表人物是米特里·瑞哈勃（MitriRaheb），他是伯利恒路德教会的牧师，深受德国宗教学影响，认为圣经并不是直接由神赐予人的，当代经文是经历积年累月的阐释与解读之后而来；解读圣经要围绕一个核心，将旧约与新约作为一个整体。瑞哈勃指出，由于从《创世记》第 23 章第 1—20 节和《士师记》第 1 章第 21 节的经文中都明确说明在以色列人定居圣地时，已有其他人生活在这片土地上了。《利未记》第 25 章第 23 节说："地不可永卖，因为地是我的；你们在我面前是客旅是寄居的。"瑞哈勃据此进一步指出：耶路撒冷圣地的所有权归上帝，任何人类都只能是居民，而不是土地的所有者。显然，瑞哈勃的言论旨在为巴勒斯坦人在耶路撒冷的生存权寻找神学依据。

从三大派别的情形看，耶路撒冷基督教社团（包括关注耶路撒冷局势的其他地区的基督教社团）把解读圣经、发展神学同他们的政治态度有机结合，让神学为政治利益服务。首先，基督教犹太复国主义者们不加批判地支持以色列政府的政策，尤其是"大以色列"计划等右翼政策，他们凭借自身优势频繁游说美国政府，为繁荣以色列控制下的耶路撒冷经济而积极促进基督教旅游业的发展，为犹太移民活动提供财政支持，为当代犹太政权的合法性寻找神学理论支撑。其次，持中立态度的基督教社团（包括罗马教廷），他们拒绝在神学上承认以色列占有圣地的合法性，并认为以色列政府对待巴勒斯坦人的政策是错误的，认为巴以冲突双方都有不可推卸的责任。他们有时会偏向巴勒斯坦方面（值得说明的是作为政治实体的罗马教廷虽属于自由派，但更希望看到耶路撒冷乃至整个巴勒斯坦地区的稳定，巴以双方能够早日迎来和平，试图借此维持三大教派在圣地的均势，尽可能小地触动天主教会在圣地的利益）。最后，作为基督教社团内最坚决的反犹太派别，巴勒斯坦神学家尽可能地利用宗教文献向全世界其他基督教派阐明：上帝支持巴勒斯坦人民的解放事业，巴勒斯坦人在圣地拥有神圣不可侵犯的权利。由于实力薄弱，缺乏统一组织，他们的作用停留在舆论层面上。总之，阿拉伯基督社团由于自身条件所限，在巴以冲突中并未发挥应用的作用。

政治上的四分五裂对耶路撒冷基督教社团的消极影响巨大，截至2011年年底，耶路撒冷基督教人口仅占总人口数的1.9%，[①] 较2009年又下降了0.1个百分点。以色列中央统计局的数据显示，2010年年末，居住于耶路撒冷的阿拉伯基督徒有11576人，非阿拉伯基督徒3029人。其中非阿拉伯基督徒的成分较为复杂，包括持有以色列国籍的耶路撒冷亚美尼亚人，他们大多数是在原苏联时期移民而来的；外籍劳工和难民，难民主要来自南苏丹和厄立特里亚。尽管人口持续流失严重威胁着耶路撒冷基督教社团在城市中的地位，但耶路撒冷作为基督宗教圣地的地位依旧是无法撼动，这通过耶路撒冷现存教堂和修道院的数量得以证实，20世纪90年代的调查显示，耶路撒冷矗立着大约160座教堂（其中包括教会学校和教会公共机构）；21世纪初的调查显示，在老城与橄榄山有117个基督教公共机构和遗迹存在。与逐渐减少的社团人口相比，教会组织的势力却并未受到大的影响，他们仍占有耶路撒冷大量的建筑与土地。正因如此，耶路撒冷的基督教社团在处境困难条件下，仍能为城市的教育、社会福利、旅游等行业做出贡献。

首先，在教育方面，耶路撒冷约有20个教育机构隶属于各个基督教会或组织，大部分学生是穆斯林，其中很多成为社会精英，这些教育机构对东耶路撒冷阿拉伯人的科学文化素质提高做出贡献。耶路撒冷的高等教育机构和研究中心也隶属于各基督教会或组织，学生多数为外国留学生。著名的有塔图基督教学院（Tantur Ecumenical Institute）、方济各会圣经学院（the Franciscan Biblical School）、教皇圣经学院（Pontifical Biblical Institute）、瑞典神学院（SwedishTheological Institute）等。

其次，耶路撒冷基督教社团在医疗卫生、社会福利和慈善事业中扮演着重要角色。当地基督教会或组织通过经营医院、创办慈善团体为居民服务，如奥古斯都维多利亚医院（Augusta Victoria Hospital）、圣约翰眼科医院（St. John's Ophthalmic Hospital）等。

---

① http://www.jiis.org/.upload/Amnon% 20Ramon% 20Christians% 20in% 20Jerusalem% 20—% 20christmas% 202011% 20_ 1_ .pdf.

最后，耶路撒冷基督社团在旅游业的作用不可或缺。据统计，2010年到以色列和耶路撒冷的旅行者共计约 345 万人，其中 66% 的人是基督徒。对基督徒来说，耶路撒冷之行是朝圣之旅或是"文化之旅"。2010 年年末，耶路撒冷的宾馆入住率近 90%，有 25 家基督教会或基督教组织经营的宾馆为朝圣者和旅行者服务。基督教圣迹和圣墓教堂是吸引全球旅行者的关键，圣墓教堂在复活节前一天举办的"圣火"典礼一直是基督徒关注的焦点，而今吸引着对宗教和文化旅行有兴趣的人们。当地基督教社团的联合与共同参与对发展旅游业至关重要，而旅游业的发展又促进了当地基督教社团的和谐共存，激发了他们的宗教认同感。

综上所述，尽管耶路撒冷基督教社团目前遭遇了人口锐减、规模不断缩小的困境，但是无论以色列的强硬派还是巴勒斯坦当局，都清楚社团存在的必要性，社团不仅为城市发展做出贡献，而且在巴以和平中扮演重要角色。因此，耶路撒冷基督教社团如果消失，将会成为以色列乃至整个中东地区的巨大损失。

耶路撒冷所在的巴勒斯坦地区既是基督教的发源地，也是基督教社团最早的核心活动区域，正是拥有基督教社团才使耶路撒冷成为一座世界性城市，备受世人瞩目。民族与宗教问题一直是困扰耶路撒冷和平与发展的两个关键要素。法国社会功能学派代表人杜尔凯姆认为，"宗教不是被看作一种世界的解释，而是作为手段制造对社会之象征的阐述"。① 民族被看作是"人群共同体的认同方式之一"，通常具有隐秘性。二者与政治具有密不可分的联系。宗教自产生以来便经常与国家政权结合，双方互相利用各自优势以维护共同利益。国家作为"民族矛盾不可调和的产物"②，是民族与政治天然联系的中介，因此耶路撒冷基督教社团的发展史便是这三个要素融合与碰撞的结果。在政治的作用下，民族与宗教成为国家与社会发展的推动者或阻碍者，耶路撒冷的基督教社团跌宕起伏的命运便是重要例证。在罗马帝国和早期伊斯兰国家时期，他们一直是宗教政治生活中的主角，然而以色列建国后，巴勒斯坦地区阿拉伯民族主义兴起，宗教信仰的矛盾逐渐让位于阿以之间的民族矛盾，基督徒的活动不再是冲突的焦点。但是现代社会民族突破宗教的趋势并没有使基督教社团对耶路撒冷的

① ［英］菲奥纳·鲍伊：《宗教人类学导论》，金泽等译，中国人民大学出版社 2006 年版，第 18 页。

② 牟钟鉴：《民族宗教学导论》，宗教文化出版社 2009 年版，第 106 页。

影响力减弱，他们在科学、教育、文化等领域的表现异常活跃，为维护耶路撒冷的和平与稳定做出了一定贡献。但同时应该注意到，当代耶路撒冷的民族矛盾与宗教矛盾依旧盘根错节，任何双方之间的小摩擦都有可能演变为民族宗教的全面冲突，"和平之城"的心愿未果。加之耶路撒冷基督教社团民族成分复杂、内部教派繁多、牵涉多方势力，又受到犹太民族、阿拉伯民族以及伊斯兰教中的极端势力迫害等，使其在耶路撒冷乃至中东社会中的处境日益艰难。然而，他们所处的微妙地位，使他们或成为维持地区和平的关键因素，或成为冲突的导火线。因此，耶路撒冷基督教社团与当地民族和宗教的关系仍值得密切关注，基督教社团仍是中东地区一支不可忽视的力量。

第 九 章

新朱尔法的亚美尼亚社团

一 新朱尔法的亚美尼亚社团历史溯源

1699 年英国东印度公司董事会的董事们对亚美尼亚人的报告显示，亚美尼亚人是世界最古老的商人群体之一。[①] 17 世纪，奥斯曼帝国和萨法维帝国对峙为中东许多城市的亚美尼亚社团兴盛提供了契机。由于信仰什叶派的萨法维帝国和信仰逊尼派的奥斯曼帝国互相禁止对方的穆斯林商人入境，所以亚美尼亚商人成为唯一能穿越两大伊斯兰帝国并进而前往西方和东方世界进行贸易活动的商人。亚美尼亚人跨越欧亚非的贸易是 17—18 世纪世界贸易中一大特征。

在 17 世纪亚美尼亚商人的商业网中，有两个城市处于最重要的地位：欧洲的阿姆斯特丹和波斯伊斯法罕城郊的新朱尔法。后者是亚美尼亚人在东方的商品集散地，他们以此为中心向奥斯曼帝国、俄国、南亚以及东南亚进行贸易。因此，新朱尔法的亚美尼亚社团成为中东城市亚美尼亚社团的代表。

根据留存至今的墓碑铭文判断，在 16 世纪中期，伊斯法罕有小规模的亚美尼亚人社团存在。[②] 但由于人数较少，有关该社团活动的记载不多。17 世纪初伴随新朱尔法城市的建立，伊斯法罕出现规模庞大的亚美

---

① Sushil Chaudhury, *Bulletin of the School of Oriental and African Studies*, University of London, Vol. 64, No. 1, 2001, p. 112.

② Yarut ' iwnTerYovhaneanc ' Patmut ' iwn Nor Julayu or yAspahan (Julfa, 1880—1881), Vol. 1, p. 158；Vol. 2, pp. 282—283, 转引自 *Treasures in Heaven：Armenian Art，Religion，and Society*, p. 49.

尼亚人社团。

新朱尔法位于伊斯法罕西南城郊，与伊斯法罕城隔河相望，是一个相对独立的城市。"新朱尔法"是后世历史学家为与之前位于萨法维帝国早期首都大不里士附近的城市朱尔法相区分而命名的。新朱尔法的建立与朱尔法有深厚的渊源。

朱尔法建城较早，早在中世纪该地为亚美尼亚人定居的村庄，10—13世纪朱尔法逐渐发展成为小城镇。它坐落在纳西切万（该区历史上属亚美尼亚，今属阿塞拜疆共和国）的阿拉斯河畔，位于大不里士西北方约80公里处。朱尔法早期发展缓慢，14世纪随着跨越阿拉斯河桥梁的建立，城市在区域贸易中的重要性凸显。丝绸制造技术传到中亚后，波斯成为西亚主要的丝绸产地和出口地，其成本比中国和孟加拉低，[①]大批的生丝和丝绸从波斯运往西方。在新"丝绸之路"建立过程中，亚美尼亚商人扮演了不可或缺的角色，积聚大量亚美尼亚商人的朱尔法自然日渐繁荣。朱尔法之所以能成为商业要地，一方面是因为它的北部和南部有山地与河流为天然屏障，东西部有坚固的石墙保护，城市安全在战争频发的中东地区极为重要；另一方面它是连接外高加索和伊朗、安纳托利亚、叙利亚、地中海的交通枢纽，具有重要的战略意义。[②]

朱尔法重要的地理位置使其既在贸易活动中获得丰厚的回报，又屡受战火袭扰。萨法维帝国阿巴斯一世（1587—1629年）统治时期，为了与奥斯曼帝国作战，帝国于1598年将都城从大不里士迁至伊斯法罕。同时，阿巴斯将大批有精湛技术的人口，特别是商人和工匠迁移伊斯法罕，这些人对帝国经济繁荣起到了重要作用。[③]同样在贸易活动中颇有建树的亚美尼亚人自然成为迁移的对象。1603年，阿巴斯一世来到朱尔法，并受到当地商人热情的款待。朱尔法城市的富裕与亚美尼亚人的贸易网给他留下深刻印象。[④]阿巴斯一世基于以下三个层面的考虑，决定将朱尔法整体搬迁至伊斯法罕城郊：首先，朱尔法亚美尼亚人拥有巨大财富，他将这些亚

---

①　贡德·弗兰克：《白银资本》，刘北成译，中央编译出版社2000年版，126页。

②　Safavid Persia, Charles Melville edited, *the History and Politics of an Islamic Society*, University of Cambridge, 1996, p. 306.

③　Vazken S. Ghougassian, *The Emergence of the Armenian Diocese of New Julfa in the Seventeenth Century*, p. 33.

④　RazmikPanossian, *The Armenians: from Kings and Priests to Merchants and Commissars*, p. 78.

美尼亚商人看做"自己的商人",阿巴斯一世希望增加国家税收的同时,减少属于奥斯曼帝国的财富。[①] 其次,将朱尔法的亚美尼亚人迁移至伊斯法罕,很大程度上使丝绸贸易的路线避开奥斯曼土耳其帝国,新路线从伊斯法罕到波斯湾,经海路运往欧洲。最后,作为非穆斯林的亚美尼亚人需要缴纳人头税来获得自治,这笔税收完全属于国王所有,有利于增加王室的收入。

后来,阿巴斯一世在伊斯法罕的西南郊区划出一片土地来安置这些亚美尼人。从1603年起,大约2000个家庭所组成的朱尔法亚美尼亚社团从当地前往伊斯法罕,在这次大规模的迁徙中,他们是唯一受到优待的亚美尼亚人。[②]（为了对抗奥斯曼帝国,阿巴斯一世实行焦土政策,除朱尔法的亚美尼亚人外,位于波斯和奥斯曼帝国边境的诸多亚美尼亚人都被阿巴斯一世强制迁往波斯腹地,在这次迁徙中,由于路途艰辛和气候恶劣等诸多原因,大量亚美尼亚人死亡。）最后,这些迁移到伊斯法罕的亚美尼亚人获得了扎延达卢德河（Zayenderud River）右岸的小片土地,并开始建造自己的城市——新朱尔法。自此,一个亚美尼亚人流散时期所建立的最重要的城市社团形成,而之前的朱尔法地区则被波斯军队完全摧毁。

与波斯乃至中东其他地区的亚美尼亚人社团相比,新朱尔法有两个特征:其一,新朱尔法不像阿勒颇、大马士革、伊斯坦布尔等城市中的亚美尼亚社团那样,在基于漫长的历史发展中自然形成——尽管16世纪后半叶起就陆续有为了躲避战火而迁移到伊斯法罕定居的亚美尼亚人,但在新朱尔法建立之前其数量并不多,直到阿巴斯一世颁布行政命令进行干预后才迅速建立定居点。其二,新朱尔法建立伊始,在人口数量、阶级结构、管理体系等方面基本都是对原朱尔法的复制。而后来,新朱尔法在丝绸贸易中很快繁荣。

---

① R. W. Ferrier, "The Armenia and the East India Company in Persia in the Seventeenth and Early Eighteenth Centuries", *Economic History Review 2nd. ser*, 26（1973）, pp. 38—62; Vartan Gregorian, "Minorities in Isfahan, the Armenia Community of Isfahan, 1587—1722", *Irannia studies*（1974）, pp. 652—680.

② Vazken S. Ghougassian, *The Emergence of the Armenian Diocese of New Julfa in the Seventeenth Century*, p. 29.

二　新朱尔法亚美尼亚社团的组织结构、人口数量及阶层分化

1. 新朱尔法亚美尼亚社团的组织结构

新朱尔法建立后，迁居而来的亚美尼亚社团在承袭原有制度的基础上，发展出一套较为完备的组织结构。又由于城市建立伊始，国王阿巴斯一世赠予其诸多自治权，因此它有自己的政府管理机构和教会。12 座亚美尼亚人村庄环绕其周围，这些村庄同样获得自治。① 一个法国旅行者将新朱尔法看做一个小型的共和国。②

新朱尔法的居民可按其所从事的职业分为教士、商人、工匠等几大群体，其中富商是新朱尔法管理阶层的基础。在新朱尔法，最基本的行政单位是行政区（Tasnak），其依据街道位置而成：十条平行的大街从北向南穿过纳扎尔大道（Nazar Avenue），将新朱尔法分为 20 个行政区。每区都有一名区管理员（Tasnakawag），从当地最杰出家族中选出，任务是征税、处理居民之间的冲突。③ 管理员是新朱尔法最基层的官员，每个区的居民选出一些社会和经济地位较高的人作为代表，组成城市议会。议会的领袖称为市长或"城市管理者"（其波斯语称为 Kalantar，亚美尼亚语称为Ichkhanapet），他们的责任是管理新朱尔法行政、征税等事务。市长由国王任命，或由民众选出后得到国王确认。

依照惯例，新朱尔法的市长从最杰出的商人中选出，如 1605—1660年，所有的市长均来自萨伊夏森克（Sahixasenk）和萨夫拉詹克（Safrazeank）家族。④ 1660 年赫瓦贾海伊卡兹（Haykaz）去世后，继任市长从不同家族选出。⑤ 多数情况下，新朱尔法市长与国王关系密切，是国王的贵宾。治安官（Darugha）在城市行政管理中也扮演重要角色。治安官

---

① *The Rise of Islam and Non - Muslims in Persian Islam*, p. 63.

② Thomas F. Mathews and Roger S. Wieck, *Treasures in Heaven: Armenian Art, Religion, and Society*, 21—22 May 1994, The Pierpont Morgan Library, p. 60.

③ Ibid. , p. 53.

④ Arakel Dawrizeci, p. 25.

⑤ Vazken S. Ghougassian, *The Emergence of the Armenian Diocese of New Julfa in the Seventeenth Century*, p. 61.

由穆斯林担任，表面看来其职责是负责维持地方治安；但实际上负责监视整座城市。由于新朱尔法被看做伊斯法罕的一部分，治安官并不常驻新朱尔法，只是在发生严重犯罪行为时才到新朱尔法。[①]

新朱尔法另有一些基层管理者，如征税员，他们由民众自行选出，是当地的村民、土地所有者和萨法维统治者的中间人。值得一提的是，新朱尔法被看做是太后的财产，因此亚美尼亚人被置于她的保护之下。[②] 如亚美尼亚人与天主教发生冲突后使向太后求助，并借此对天主教予以打击。

2. 新朱尔法的人口数量

新朱尔法建城之初，是一座大约由 2000 个家庭、10000 人口组成的小镇。[③] 但在亚美尼亚人的辛勤经营与萨法维帝国各种特权支持下，小城迅速发展，其标志之一是人口数量的迅猛增长。新朱尔法作为亚美尼亚人国际贸易的中心，人口由流动人口和长期定居人口两部分组成。前者是长期从事国际贸易的商人，后者则主要为神职人员和商人家眷。由于城市亚美尼亚社团中商人居多，因此想要准确地确定社团的人口数量是困难的，而不同的文献对人口数量的记载也有所出入，主要观点如下：

观点之一：1620 年，大约有 30 万亚美尼亚人生活在日渐繁荣的新兴城市新朱尔法。[④] 而拉兹米克·潘诺西恩（Razmik Panossian）则认为，1630 年，新朱尔法估计有 3 万亚美尼亚人，如果算上周围的村庄，大约 5 万人。[⑤] 观点之二：截至 1715 年，新朱尔法是一座拥有 60 万亚美尼亚人、30 座独立教堂的城市。[⑥]

由于上述文献记录出入较大，因此要判断哪一组数据更加准确，需要了解当时新朱尔法的城区面积，并据此对人口进行大致估算。相关资料记载：17 世纪，新朱尔法占地面积大约 233 公顷（575 英亩），[⑦] 这里只能

---

① Vazken S. Ghougassian, *The Emergence of the Armenian Diocese of New Julfa in the Seventeenth Century*, p. 64.

② Thomas F. Mathews and Roger S. Wieck, *Treasures in Heaven: Armenian Art, Religion, and Society*, 21—22 May 1994, The Pierpont Morgan Library, p. 52.

③ Herbert, Sir Thomas, *Some Years Travels into Diverse Parts of Africa and Asia the Great*, London, 1677, p. 169.

④ *The Rise of Islam and non - Muslims in Persian Islam*, p. 63.

⑤ Razmik Panossian, *The Armenians: from Kings and Priests to Merchants and Commissars*, p. 79.

⑥ *The Rise of Islam and Non - Muslims in Persian Islam*, p. 63.

⑦ Karapetian K., *Isfahan*, New Julfa: The House of the Armenians, p. XXIV.

容纳大约 3500 间房屋。因此，查尔丁（Chardin）认为，17 世纪新朱尔法的人口大约在 3500 户家庭，25000—30000 人。① 因为新朱尔法的城区面积有限，他的结论是比较合理的。新朱尔法人口数量的峰值应该在 3 万人左右，并一直保持到 17 世纪后半叶。

17 世纪末，由于萨法维帝国强迫亚美尼亚人改宗，又由于国内外局势动荡影响商业的发展，一些亚美尼亚人开始迁出新朱尔法，新朱尔法的人口数逐渐下降。特别是阿富汗人入侵期间，大批亚美尼亚人逃亡他处，新朱尔法的人口锐减。到 18 世纪中期，失去贸易重镇地位的新朱尔法人口只有 6000 人左右。

3. 新朱尔法的阶层分化

新朱尔法的亚美尼亚社团内部阶层界限明显，可按财富和社会地位将其分为上层社会和下层社会。其中上层社会的人口在城市人口中占多数。上层社会包括以下四个阶层：处于金字塔最顶端的宗教阶层，包括格里高列教会长老（katolikos）、大主教（primate）、主教（bishop）、修士以及教区神甫。他们掌握着宗教和文化教育的权力，并受到市民的普遍尊敬。

贵族和大商人构成第二个阶层，前者通常为原朱尔法的少数显要家族，其男性成员常常享有"赫瓦贾"的尊称。② 大商人则多为普通贵族，拥有大量财富，有贸易公司，雇用小商人为其工作。该阶层是新朱尔法实际的统治集团。作为一座商业城市，大商人在新朱尔法的各个方面都起着举足轻重的作用。17 世纪，新朱尔法的商人领袖们组建正式的商业公司，该公司的董事们也是城市的管理者。③

第三个阶层是普通商人阶层。该阶层在新朱尔法的人口中所占比重最大。亚美尼亚商人无论大商人还是普通商人，均从事本地和国际贸易。他们被誉为既聪明又谨慎，同时极富创造力的一个群体。普通商人阶层是新朱尔法亚美尼亚社团的主体。

上层社会中的最后一个阶层是熟练技工，他们通常被尊称为师傅

① Vazken S. Ghougassian, *The Emergence of the Armenian Diocese of New Julfa in the Seventeenth Century*, p. 38.

② Ibid., p. 48.

③ Thomas F. Mathews and Roger S. Wieck, *Treasures in Heaven: Armenian Art, Religion, and Society*, Organized by 21—22 May 1994, The Pierpont Morgan Library, p. 61.

（Varpet），该群体除从事手工业的熟练技工（Vayelcagorc）外，还从事艺术（Geleckarar），如绘画大师、彩饰书稿者（Manuscript Illuminator）、雕刻、金银制造以及其他一些有名望的职业。他们有的在王室作坊工作，有的为独立手工业者，其他一些则隶属于新朱尔法城区的作坊。[①]

与上层社会相比，新朱尔法的下层社会数量较少，主要包括以下两个阶层。其中数量较多的一部分是普通工匠，包括鞋匠、石匠、铁匠、蜡烛制作工、木匠等，他们是新朱尔法下层社会的主体部分。下层社会的另一主要群体是为教士、富商服务的仆人们。在新朱尔法，有一些亚美尼亚人因为债务问题或迫于生计，去从事仆人的工作。但以仆人为职业的亚美尼亚人数量非常有限。

三　新朱尔法亚美尼亚人的经济活动

1. 新朱尔法的商业概况

亚美尼亚人自古就以擅长商业活动而闻名。在 16 世纪萨法维帝国建立前，散居于波斯湾、印度洋、里海、地中海和黑海地区的亚美尼亚商人就来往于各地从事商业活动。随着新航路的开辟和东西方世界联系日益密切，亚美尼亚商人迎来了更广阔的舞台。该时期一些城市的亚美尼亚商人闻名于世，如波兰的利沃夫（今属乌克兰），奥斯曼帝国的士麦那、阿勒颇、伊斯坦布尔等的亚美尼亚商人，但新朱尔法亚美尼亚人的成就则无与伦比，他们于 17 世纪成为世界一支重要的贸易力量。[②]

新朱尔法的商人之所以能取得辉煌的成就，与以下主客观因素密不可分：首先，新朱尔法优越的地理位置使之成为东西方贸易的重要商品中转站。其次，新朱尔法商人受到萨法维帝国的优待和支持，他们与其他商人群体相比，更容易在波斯乃至周边地区立足。最后，亚美尼亚商人几乎是唯一能自由穿越欧亚地区，特别是两大敌对的伊斯兰帝国——奥斯曼帝国与萨法维帝国的商人群体，即使两国处于战争状态，他们依然来往自由。

---

① Vazken S. Ghougassian, *The Emergence of the Armenian Diocese of New Julfa in the Seventeenth Century*, p. 49.

② Thomas F. Mathews and Roger S. Wieck, *Treasures in Heaven: Armenian Art, Religion, and Society*, Organized by 21—22 May 1994, The Pierpont Morgan Library, p. 60.

如 1616 年萨法维帝国与奥斯曼帝国重开战事，奥斯曼帝国通往欧洲的商路关闭。1618 年部分亚美尼亚商人向国王请求，重开出口商路。在每次出口货物支付 5 托曼赋税的前提下，国王同意了他们的请求。①

随着世界范围内远距离贸易的发展，欧亚诸多地区贸易城市的亚美尼亚人形成一个庞大的商业网，新朱尔法是该网的中心。17 世纪，新朱尔法亚美尼亚商人的身影遍及世界诸多商业城市，强化了其与欧洲的联系。他们在荷兰和意大利建立诸多公司，在伦敦、塞维利亚、马赛扩张自己的势力，在马德拉和孟加拉巩固了自身的地位，在西藏、缅甸、爪哇岛建立自己的贸易点，甚至"在广州就如同在故乡一样"。② 即使在遥远的北欧和俄罗斯，新朱尔法商人也成功进入了当时对西欧人来说仍然陌生的地区。1667 年沙皇阿历克斯·米哈伊洛维奇和新朱尔法的代表格里高列·卢西肯茨（Gregory – Loussikents）在莫斯科达成贸易协定，即亚美尼亚商人在为其所运输的商品支付税款的前提下，可以通过阿斯特拉罕—莫斯科—阿尔汉格尔斯—白海的路线到西欧。③ 在贸易方面，亚美尼亚商人放弃通过土耳其帝国的贸易路线，一是奥斯曼帝国对该线路限制越来越多，二是 1686 年亚美尼亚商人从瑞典人手中获得了使用波罗的海纳尔瓦港口的权利——该港口可以经由诺夫哥罗德到达此地。十年后库兰公爵的公告，使亚美尼亚商人取得经斯摩棱斯克和米托（现在的叶尔加瓦）到达利邦港口的商路。17 世纪 90 年代，贸易延伸到吕贝克、阿姆斯特丹以及斯堪的纳维亚港口地区。1711 年彼得大帝给予俄国境内的亚美尼亚商人一切特权和担保。④

新朱尔法亚美尼亚商人的成功，不仅依赖于广阔的商业网，而且与两种商品贸易休戚相关：一是波斯生产的丝绸制成品和生丝，它们经由奥斯曼帝国运往欧洲，或由海路运往印度；二是销往欧洲的丝绸所换回的白银，它们被带回波斯后再流入印度。⑤ 除了丝绸和白银之外，亚美尼亚商人还从伊朗出口玫瑰香水、机织地毯、干果、金银色的布料、染料、食

---

① N. Steensgaard, Carracks, *Caravans and Companies*: *The Structural Crisis in the European—Asian Trade of the Early Seventeenth Century* (*Copenhagen*, 1973), pp. 329 – 331.

② Sushil Chaudhury, Michel Morineau, *Merchants*, *Companies and Trade*, Cambridge University Press, 1999, p. 82.

③ Ibid., p. 88.

④ Ibid..

⑤ Thomas F. Mathews and Roger S. Wieck, *Treasures in Heaven*: *Armenian Art*, *Religion*, *and Society*, Organized by 21—22 May 1994, The Pierpont Morgan Library, p. 60.

盐、宝石、棉花、丝织品、染色布、优质羊毛；他们从印度和远东地区出口白布和染色布、大米、糖、咖啡、茶、各种香料、象牙、椰子油，檀香木和珠宝；向欧洲出口镜子、玻璃、水晶、枝形吊灯、手表、棉织品、毛织品以及金银币。[①] 亚美尼亚商人经营范围广泛，从日用品到奢侈品。在阿巴斯统治一世时期，在欧亚之间的"珍稀商品"贸易活动中，亚美尼亚商人是最好的中间人。[②] 在奥斯曼帝国和萨法维帝国的领土上，许多学者以是否经营奢侈品来确认亚美尼亚人社区。[③]

新朱尔法亚美尼亚人的商业活动从开始到繁荣经过较长的发展历程。就整个萨法维帝国的商业环境和政策而言，新朱尔法的商人们逐渐摆脱了国家对他们商业活动的控制。在新朱尔法建立之初，阿巴斯一世将贸易控制在王室手中，亚美尼亚商人通常是其代理人。1629 年阿巴斯一世去世，王室对贸易的控制逐渐减弱。[④] 亚美尼亚商人摆脱王室的任免权，开始独立地组织和扩展其贸易活动。[⑤] 在 17、18 世纪，新朱尔法成百上千的亚美尼亚商人从事国际贸易，其中许多人是新朱尔法最著名、最富有的 20 个商人家族的贸易代理人。[⑥]

随着亚美尼亚人商业网的扩展，越来越多的商人开始前往欧亚地区独立进行商业活动，他们将新朱尔法的影响扩展到世界许多地区，并与当地的商人群体展开竞争。17 世纪，欧洲国家试图与萨法维帝国进行贸易，以控制丝绸的生产与销售。英国、荷兰、法国的东印度公司在欧洲到印度的贸易路线上建立诸多代理处，他们与萨法维王朝缔结贸易协定，彼此之间互相竞争，以期获得更多的优势来支配国际贸易。[⑦] 法国和天主教使团尝试将亚美尼亚人带到天主教国家的活动圈，这一企图在某种程度上使亚美尼亚人的工商业资本从（格里高列）教会中转移出来，也削弱了他们

---

① Vazken S. Ghougassian, *The Emergence of the Armenian Diocese of New Julfa in the Seventeenth Century*, p. 69.

② R. K. Porter, *Travels in Georgia, Persia, Armenia, London*, 1821, Vol. I, p. 424.

③ Daniel Goffman, *The Ottoman Empire and Early Modern Europe*, Cambridge University Press, 2004, p. 87.

④ Ferrier. R. W., *The Armenians and the East India Company*, p. 41.

⑤ Ibid., p. 44.

⑥ See the list in TerYovhaneanc Y., Vol. I, p. 162.

⑦ Vazken S. Ghougassian, *The Emergence of the Armenian Diocese of New Julfa in the Seventeenth Century*, p. 67.

的商业网。① 尽管面临着欧洲商人的竞争，亚美尼亚人依然在欧洲商业公司的挑战下成功地生存下来。② 这一方面得益于萨法维帝国始终对基督徒的欧洲人怀有戒心，致使其在波斯的商业活动受到很大限制，而得到国王支持的亚美尼亚商人在与欧洲商人的竞争中占据优势，以致亚美尼亚人将欧洲人公司排挤出波斯长达半个世纪之久。③ 另外，新朱尔法的商人自身素质高，他们的才干与智慧使其凭借低利润的盈利而发展兴盛，他们愿意从事各种商品的生意，甚至前往遥远的生产中心——有着预期利润的地方。亚美尼亚人的能力使其能适应与之贸易的任何国家的语言和文化，并保存自身的民族特性，这是他们在 17、18 世纪的国际贸易中取得显著成就最重要的因素。④

17—18 世纪以朱尔法为中心的亚美尼亚商人取得了辉煌的商业成就。在 19 世纪资本主义世界市场建立起来之前，亚美尼亚人建立了当时世界上规模最大的国际商业网。

当然，就商业成就而言新朱尔法的商人成绩非凡，他们来往于世界各地并赚取巨额财富，赢得显著的社会地位和特权。但同时，他们也经历了常人难以想象的艰辛，付出了巨大的代价。从欧洲到远东诸多国家间的贸易路线无论是海路还是陆路，其过程都充满艰难险阻。许多新朱尔法的商人背井离乡多年，一生的多半时间消耗在贸易途中。⑤ 有些亚美尼亚人对此颇有非议，如著名的编年史作者格雷戈尔·达拉纳西（Grigor Daranalci），强烈谴责那些自小就离乡背井的新朱尔法的商人们，认为他们将大多数时间用在了追求利润的贸易上，而忽视了等待他们归来的妻子与家人，有时会让其等待长达 30 年之久。但无论如何，他们的成就则为他们在世界贸易史上书写了光辉的一笔。

---

① Sushil Chaudhury, *Michel Morineau, Merchants, Companies and Trade*, p. 82.

② Vazken S. Ghougassian, *The Emergence of the Armenian Diocese of New Julfa in the Seventeenth Century*, p. 68.

③ Vartan Gregoria, "Minorities of Isfahan: The Armenian Community of Isfahan, 1587—1722", *Iranian Studies*, Part2 (1974), pp. 65 - 80.

④ Sushil Chaudhury, "Bulletin of the School of Oriental and African Studies", *University of London*, Vol. 64, No. 1 (2001), p. 114.

⑤ Vazken S. Ghougassian, *The Emergence of the Armenian Diocese of New Julfa in the Seventeenth Century*, p. 69.

2. 亚美尼亚人与丝绸贸易

丝绸贸易是亚美尼亚商人商品贸易中不可或缺的一环。16 世纪，由于萨法维帝国与奥斯曼帝国战事频繁，来源于波斯的丝绸贸易规模小。16 世纪末随着两国战事渐息，波斯丝绸的生产及贸易量逐渐增长。许多原本居住在奥斯曼帝国的亚美尼亚商人纷纷到波斯参与丝绸贸易，他们游走于波斯各地，从波斯商人处收丝绸并运往国外，波斯的丝绸贸易走向繁荣。新朱尔法建立后，该城的亚美尼亚商人奔走于欧亚各大商业城市，凭借其敏锐的商业嗅觉经营各种能带来巨额收益的商品，在欧洲十分畅销的丝绸自然成为他们经营的主要商品。由于亚美尼亚商人几乎是唯一能往来于奥斯曼帝国和萨法维帝国的商人群体，亚美尼亚商人特别是新朱尔法的亚美尼亚商人逐渐控制并最终垄断了波斯输往奥斯曼帝国和欧洲的丝绸贸易。伴随着新朱尔法的繁荣，一条由亚美尼亚人支配并穿越波斯到达奥斯曼帝国的安纳托利亚地区、地中海、欧洲以及印度地区的丝绸之路形成，而新朱尔法则成为这条贸易路线最主要的中心。

新朱尔法的亚美尼亚商人对丝绸贸易的垄断通过以下两个原因实现：一是他们击败了英国商人的挑战。17 世纪早期，亚美尼亚人对波斯丝绸贸易的控制一度受到外国商人特别是英国商人的挑战。英国人垂涎于丝绸贸易的高额利润，试图直接收购丝绸运往欧洲。由于当时波斯政府控制丝绸出口，无论是亚美尼亚商人还是其他商人，必须向波斯商人购买丝绸，而不能直接通过丝绸生产地来购买。英国商人用高于比亚美尼亚商人的价格从波斯商人处购买，他们为每一包量的货物支付 50 托曼。同时英国人在商品出售和贵金属的交易方面非常有竞争力。1618—1619 年波斯的丝绸市场暂时为英国人所控制。[1] 面对英国商人的挑战，亚美尼亚人竭力对向波斯渗透的外国资本设置障碍。17 世纪英国还没有足够的力量向波斯腹地扩张，英国商人在与已形成完善的商业网的亚美尼亚商人的竞争中处于下风，亚美尼亚人凭借自身的天然优势很快将英国商人排挤出去，重新恢复了在波斯丝绸贸易中的优势地位。[2] 亚美尼亚人获得经营丝绸贸易商

---

[1] Bayburtian, *Armenian Community of New Julfa*, pp. 42 – 44; V. Papazian, *Armenian Trading Routes*, pp. 52 –53.

[2] Sushil Chaudhury, Michel *Morineau*, *Merchants*, *Companies and Trade*, Cambridge University Press, 1999, p. 89.

行的垄断权，控制了波斯境内的丝绸贸易。在经历了旷日持久的贸易战后，英国商人与亚美尼亚商人达成妥协。1688 年英国东印度公司和新朱尔法亚美尼亚商人的代表，时任市长的霍杰·潘诺斯（Khodja Panos）在伦敦达成并签署协定：亚美尼亚人允诺对欧洲的贸易中只使用英国人的船只；作为交换，英国东印度公司给予亚美尼亚人在东印度群岛等地区建立自己的商业网点的权利，在这些地区他们的贸易活动不受宗教影响。显然，英国人既想让亚美尼亚人远离旧商路——穿过奥斯曼帝国统治区的贸易路线，也想让他们远离穿过俄国统治区的新商路。但这实施得并不顺利，到萨法维帝国灭亡前，英国人都未能达成其目标。①

二是亚美尼亚商人控制了丝绸生产。17 世纪初，亚美尼亚商人尚未能直接从生产地获得丝绸，这使他们所主导的丝绸出口贸易受到很大限制。这一状况随着 1629 年国王萨菲放弃对丝绸出口销售的国家垄断而改变。对亚美尼亚商人而言这是一个重要的转折点：这使亚美尼亚商人可直接从地方生产商得到供货——就像他们在印度所做的那样——（在得到供货方面）这比英国和荷兰东印度公司要轻而易举得多。② 1639 年随着大批亚美尼亚工匠到伊斯法罕，亚美尼亚人逐渐控制了从生丝加工到丝绸的全部贸易。瓦罕·帕帕兹（Vahan Papazian）认为，大约 17 世纪中期，几乎所有出口的波斯丝绸都经由亚美尼亚商人之手。这在一定程度上归功于 1639 年与奥斯曼帝国达成的和平协定。协定推动了前往黎凡特地区贸易港口的商路发展，对意大利港口供给丝绸数量增加。而由亚美尼亚人控制的从波斯输往欧洲的丝绸数量也十分巨大。从一份当年的档案中可以看到 17 世纪 90 年代经由俄国的货物运输的规模和数量：1690 年一名来到诺夫哥罗德的亚美尼亚商人携带了 21376 公斤（合约 1305 普特）的生丝；1691 年一名由 15 名亚美尼亚人组成的商团向海关申报 21130 公斤的货物，其中包括 18133 公斤（合约 1107 普特）的生丝，价值 25935 卢布。另一份账簿提供了一位名叫萨哈德·班杜里的商人从 1712 年到 1718 年间从新朱尔法到荷兰的出口记录：132 包量的生丝，重达 15487 公斤，这是用 900 托曼原始资本的一部分所购买，相当于 328.5 公斤的白银，借自三个霍杰（khodjas）之处，带来的这些货物出售得到了 2500 托曼，相当于

---

① SushilChaudhury, Michel Morineau, *Merchants*, *Companies and Trade*, Cambridge University Press, p. 89.

② V. Papazian, *Armenian Trading Routes*, pp. 58 - 59.

910 公斤的白银。① 可以说，正是丝绸贸易的繁荣使亚美尼亚人在经济上取得了巨大成功，这种成功也让新朱尔法的商人得到王室的优待。只要商人得到优待，新朱尔法地区就会发展兴盛。②

新朱尔法的亚美尼亚商人的丝绸贸易经过半个多世纪的繁荣后，于18 世纪开始走向衰落。这首先是因为萨法维帝国所面临的国际环境日渐险恶：当时奥斯曼帝国与日渐强大的俄国多次与萨法维帝国发生战争；其次则是因为萨法维帝国中央政府对偏远行省的控制力下降，使许多原本经过波斯的商路安全不再，丝绸生产陷入停滞状态。在 18 世纪的头十年，新朱尔法地区许多原先单一从事丝绸贸易的亚美尼亚商人开始经营其他的商品，许多亚美尼亚商人利用其商业网络，从印度进口纤维织物来代替产量不断下降的丝绸。1723 年，萨法维帝国倒台，伊斯法罕及新朱尔法地区的丝绸生产遭到破坏，此后国家陷入长期动荡，波斯已无力提供大规模出口丝绸，而叙利亚地区的丝绸生产则发展起来。

四　新朱尔法亚美尼亚社团的宗教信仰

1. 早期亚美尼亚格里高列教派基本情况（1605—1660 年）

绝大多数亚美尼亚人属于基督教格里高列教派。亚美尼亚人皈依基督教是在帕提亚人统治他们时期，当时亚美尼亚贵族格利高列（约 240—332 年）将基督教传到了亚美尼亚，并于公元 301 年组建了教会，由此亚美尼亚成为世界上第一个以基督教为国教的国家。此后亚美尼亚教会从基督教东派中分裂，单独成为基督教教会，称"格利高列教会"。该教会尽管在组织上和礼仪上接近东正教，但在宗教仪式中使用亚美尼亚语，显示出亚美尼亚民族宗教上的独立性。亚美尼亚人通常被看做东正教徒，但实际上他们与希腊和俄国东正教会并无历史联系，只是从它们那里获得了一些基本教义。③

亚美尼亚人虽然长期被异族统治，但其宗教信仰代代传承。无论是居

---

① C. Khatchikian, *Account Book of Sarhad*, pp. 99 – 101.

② Vazken S. Ghougassian, *The Emergence of the Armenian Diocese of New Julfa in the Seventeenth Century*, p. 76.

③ A Christian Van Gorder, *Christianity in Persia and the Status of Non – muslim in Iran*, Published by Lexington Books, 2010, p. 61.

住在亚美尼亚高原还是流散于周围地区，教会和宗教信仰都是彼此联系的
纽带。奥斯曼帝国占领君士坦丁堡后，1461 年素丹马赫默德二世建立亚
美尼亚"米列特"，并任命亚美尼亚格里高列派大主教，自此伊斯坦布尔
的亚美尼亚大主教逐渐在名义上成为整个亚美尼亚教会的领袖。但随着萨
法维帝国崛起，波斯境内的亚美尼亚教会实际上脱离了伊斯坦布尔亚美尼
亚大主教的管辖，新朱尔法的亚美尼亚社团由于受到阿巴斯一世的重视和
优待，它的大主教也成为波斯境内亚美尼亚人格里高列派的宗教领袖。17
世纪下半叶，与伊斯坦布尔的亚美尼亚大主教具有同等地位，并在整个亚
美尼亚教会日常事务中扮演着重要角色。[①]

　　萨法维帝国允许境内的非穆斯林群体实行一定的自治，只要非穆斯林
们缴纳各种税负，可保持原有的宗教信仰、文化传统、生活习惯及人身安
全。新朱尔法是贯彻这一原则的典范——当初阿巴斯一世建立新朱尔法的
目的，就是希望利用亚美尼亚人在商业活动中的出色表现为波斯经济服
务。实际上，亚美尼亚人经济上的贡献为他们换回了丰厚的回报。他们得
到法律的保护，并享有国王阿巴斯一世及后两位继任者的特殊对待。他们
能修建美丽的宅邸、教堂，可以在新建教堂的穹顶上竖立十字架，可以建
造学校并用亚美尼亚语教学。根据一些旅行者的记载，大多数新朱尔法的
亚美尼亚妇女穿着她们传统的民族服饰、帽子，具有穿裙子的自由（在
奥斯曼帝国是不允许的）。[②] 普莱斯（Price）认为，即使与同时期其他伊
斯兰国家相比，（新朱尔法的）亚美尼亚人所获得的这些特权也是空前
的。[③] 新朱尔法和伊斯法罕的教堂数量众多，根据圣衣会编年史和一名
1617—1619 年到过伊斯法罕的意大利旅行者的记载，1630 年亚美尼亚人
在新朱尔法建造 10 座教堂，伊斯法罕建造 2 座教堂。[④] 到 1634 年，新朱
尔法和伊斯法罕的教堂有 20 多座。[⑤] 亚美尼亚人享有的宗教信仰自由可
见一斑。

---

① Vazken S. Ghougassian, *The Emergence of the Armenian Diocese of New Julfa in the Seventeenth Century*, p. 105.

② Thomas F. Mathews and Roger S. Wieck, *Treasures in Heaven: Armenian Art, Religion, and Society*, The Pierpont Morgan Library, 1994, p. 60.

③ *The Rise of Islam and Non-Muslims in Persian Islam*, p. 63.

④ Vazken S. Ghougassian, *The Emergence of the Armenian Diocese of New Julfa in the Seventeenth Century*, p. 86.

⑤ Ibid., p. 94.

在新朱尔法的亚美尼亚教会中，万圣主修道院（All Saviour's monastery）的地位最高。作为新朱尔法教区的首脑机构，它成为高等教育、文学、缮写室、印刷和绘画的中心。作为一个教区，新朱尔法成为整个亚美尼亚教会中最有权势和影响的部分。17世纪晚期到18世纪早期，在达文特（Dawit，1652—1683）及其三位继任弟子斯蒂潘诺（1683—1696）、阿莱克桑德尔（1697—1706）和莫夫瑟斯（1707—1725）担任大主教期间，万圣主修道院在宗教、管理、文化生活方面都扮演了重要角色。[①] 它是连接萨法维帝国和亚美尼亚教会的主要桥梁。

亚美尼亚人除了修建教堂和在教堂内做礼拜、弥撒外，最主要的宗教活动是在宗教节日公开举行庆祝活动。17世纪，位于新朱尔法附近，施鲁斯坎（Shrushkan）村庄的教堂闻名一时，这里放置着亚美尼亚人信仰的新约圣经的手稿，据说它有医治疾病和不可思议的力量。那些触碰过该手稿的病人会立即痊愈。该手稿在每年的宗教节日活动中展示一次，该节日由名为"圣经之仆"的群体所组织。根据莱昂·阿尔皮的记录，节日中有很多奇特表演：许多男女巫晃动着身体，拍打着胸部，拉扯着头发并抓着面部；巫师们在圣经面前预言未来，民众与他们一起用一种神秘的语言歌唱教会的圣歌，焚香致意。[②] 众多远道而来的朝圣者包括穆斯林，参加纪念新约圣经的节日以确保他们的未来，或通过触摸神圣的宗教经典来体验治愈疾病的神迹。[③]

教会由于在民众的日常生活中扮演重要角色，因此收入颇丰。收入主要来自以下几个方面：个人的捐赠和遗赠，主要来自富裕的个人或家族；土地收入——根据伊斯兰法律，教会可以有权拥有土地，可以雇用劳动力耕作（根据万圣主修道院的档案文件，它拥有许多土地的所有权）；征收税负和依据习俗从民众处募捐的赠礼。

长期以来，新朱尔法教会与亚美尼亚社团之间关系密切：社团民众的捐赠使教会繁荣壮大，而强大的教会为民众提供人身和宗教信仰保护。商人们的许多陈情都是通过教会转交给萨法维政府官员和国王得以实现的。

总之16世纪上半叶，新朱尔法的亚美尼亚人能获得相对宽松的宗教

① Vazken S. Ghougassian, *The Emergence of the Armenian Diocese of New Julfa in the Seventeenth Century*, p. 100.

② Ibid., p. 64.

③ Ibid..

环境与国王阿巴斯一世个人密不可分。首先，阿巴斯一世对非穆斯林及其信仰持较为宽松的态度；其次，与宣扬伊斯兰教相比，他更看重国家的经济发展和政治稳定，国家政策出发点都是围绕这两个基本理念而制定的。因此在阿巴斯一世及继任者萨菲统治时期，新朱尔法的亚美尼亚社团的宗教活动几乎不受官方和任何穆斯林的干涉。尽管阿巴斯一世晚期逐渐热衷于伊斯兰教，甚至在驾崩前不久发布一道手谕：任何改宗伊斯兰教的基督徒，可以对他们非穆斯林亲属之前七代人（后来改为四代人）的一切财产提出所有权。为了保留自身财产和土地，许多人皈依伊斯兰教。但这批改宗者中少有亚美尼亚人。[1] 这除了因为亚美尼亚人宗教信仰坚定外，更重要的因素则是阿巴斯一世对亚美尼亚人宗教信仰的宽容态度。因此，17世纪上半叶是亚美尼亚社团宗教自由发展的平静时期。

2. 亚美尼亚人宗教信仰面临的挑战

（1）亚美尼亚人与伊斯兰教的关系

17世纪50年代后期，新朱尔法的亚美尼亚人遭遇官方要求改宗伊斯兰教的挑战。虽然从理论上，萨法维帝国允许非穆斯林通过缴纳人头税来实现其宗教信仰自由；但实际上，官方允许其宗教信仰自由的程度通常更多地取决于国王本人的意志，因此亚美尼亚人的宗教信仰自由并不能始终得到执行，从新朱尔法建立到大规模流散的一百多年中，亚美尼亚人多次面临被迫改宗的威胁。1604年，来自卡尔斯（Kars）的3000多名亚美尼亚人俘虏，在伊拉克的基齐勒巴什接受伊斯兰教。[2] 在萨菲和阿巴斯二世统治的二十多年中，许多基督徒改宗伊斯兰教。到17世纪中期，在伊斯法罕附近地区15000多名基督徒——其中大多数是格鲁吉亚人和亚美尼亚人——改宗伊斯兰教。[3] 这一时期，改宗伊斯兰教的亚美尼亚人多数是位于伊斯法罕和新朱尔法外围的农民及小手工业者等下层阶级，而新朱尔法内富裕的亚美尼亚商人、贵族、神职人员等上层社会则未受太多的影响。

在萨法维帝国最后两任统治者苏莱曼和侯赛因统治的时期，亚美尼亚

---

① A Christian Van Gorder, *Christianity in Persia and the Status of Non - Muslim in Iran*, Published by Lexington Books, 2010, p. 62.

② Vazken S. Ghougassian, *The Emergence of the Armenian Diocese of New Julfa in the Seventeenth Century*, p. 73.

③ *A Chronicle of the Carmelites*, Vol. I, p. 288.

人的宗教信仰处境开始恶化。由于两位统治者都是虔诚的穆斯林，他们既缺乏治国的雄才大略，而宗教狂热又使之制定民族政策时从个人喜好出发，于是新朱尔法的亚美尼亚社团成为国王宗教狂热的牺牲品。在苏莱曼执政期间，官方开始用加重税负的办法逼迫亚美尼亚人改宗伊斯兰教。1660 年后，亚美尼亚人需要每年支付人头税，并且该税只在其永久居住地有效，若因贸易目的前往他处，则需要另行支付。因此许多亚美尼亚商人迫于支付人头税的压力，不得不假装改宗伊斯兰教以避免多次上缴不同税负。① 1671 年，时任新朱尔法市长的赫瓦贾·阿尔艾皮里（Alapiri）被国王苏莱曼说服而改宗伊斯兰教。② 这一事件足以说明亚美尼亚人所遭遇的改宗压力。

侯赛因即位后，形势更加严峻。在他授意下，穆斯林传令官到新朱尔法宣讲基督徒改宗伊斯兰教后可以享受的种种好处和特权。为了辨识不同的民众，亚美尼亚人被迫在低于颈部的位置戴上项圈，在背部挂一片破布；他们不允许骑马进城；不允许在雨天进入市场，以避免损坏穆斯林商人的货物，或避免双方发生身体接触。面对沉重的经济负担和日趋严重的宗教迫害，许多不愿改宗的亚美尼亚人，特别是商人纷纷逃离。③ 数以百计旅居国外的亚美尼亚人写信给萨法帝国官员，声称除非得到保护，否则绝不回国。④ 大量商人出逃严重影响了新朱尔法的经济活动，而此时国际形势的变化又使新朱尔法在国际贸易中的地位下降，内外交困使曾经繁荣一时的新朱尔法亚美尼亚人社团日薄西山。

（2）亚美尼亚人与天主教的冲突

天主教对新朱尔法亚美尼亚人的宗教信也仰构成威胁。从新朱尔法建立到1722 年萨法维帝国灭亡，信仰格里高列教派的亚美尼亚人与欧洲天主教传教士发生多次激烈的冲突，其根源为阿巴斯一世的政策。阿巴斯一世为对抗奥斯曼帝国而与西方国家结盟，并取悦亚美尼亚商人和欧洲教皇，为此支持新朱尔法的亚美尼亚人享有完全的宗教自由，并许欧洲人在

---

① Vazken S. Ghougassian, *The Emergence of the Armenian Diocese of New Julfa in the Seventeenth Century*, p. 158.

② Ibid. .

③ *TerYovhaneanc Y.*, Vol. Ⅱ, p. 203.

④ *Letter of Catholicos Astuacatur Hamatanc*, 1720, AASM.

本国建立天主教传教团。① 阿巴斯一世的所作所为，埋下了新朱尔法亚美尼亚人与欧洲天主教传教士近百年宗教冲突的伏笔。

最早来到萨法维帝国的天主教传教士是葡萄牙人。时任教皇的克莱蒙八世认为阿巴斯一世的示好是天主教在东方发展的契机，他立即接受了阿巴斯一世的提议。1603 年，三名葡萄牙传教士来到萨法维帝国，在伊斯法罕建立了第一座天主教教堂。② 四年后，第二批来自罗马的圣衣会传教士在萨法维帝国的首都建立了第二座天主教教堂。③ 然而，葡萄牙天主教传教士的使命并不成功。1620—1622 年，阿巴斯一世借助英国东印度公司海军的帮助，夺回霍尔木兹岛，并将葡萄牙人赶出波斯湾。伊斯法罕的奥古斯丁派修士遭到冷落和排斥，再未恢复和发挥其预期作用。但 1627 年，法国红衣主教黎塞留向伊朗派遣的传教团成功地生存下来，该传教团的目的是获得阿巴斯一世许可，在伊斯法罕建立圣方济各会教区。④

法国天主教传教士到伊斯法罕之初，与亚美尼亚人的关系一度非常友好。起先，长期处在穆斯林包围中的亚美尼亚人把来自欧洲的天主教传教士看做同宗兄弟而热情欢迎。1627 年，正是在新朱尔法市长的赫瓦贾纳扎尔（Nazar）的帮助下，黎塞留的特使佩雷·帕西菲科获得建立教区的许可，该教区则为法国波旁王朝和天主教会的利益服务。⑤ 而作为对亚美尼亚人帮助的回报，1629 年 11 月，法王路易十三和黎塞留给予新朱尔法亚美尼亚商人从伊朗到马赛的贸易特权。⑥

然而双方的友好期很短，当天主教传教士站稳脚跟后，和亚美尼亚人的矛盾凸显。首先是传教问题，天主教传教士满怀热情来到萨法维帝国，但实际情况却令人大失所望。他们发现，在伊斯兰国家他们将从事一个不可能完成的任务——劝使穆斯林改宗。因为根据伊斯兰教法，任何穆斯林放弃他的信仰都必然受到死刑的惩罚。因此，天主教传教士们只能将传教的主要精力用在非穆斯林少数民族身上，如琐罗亚斯德教徒、犹太教徒、

① Vazken S. Ghougassian, *The Emergence of the Armenian Diocese of New Julfa in the Seventeenth Century*, p. 84.

② *A Chronicle of the Carmelites*, Vol. I, p. 92.

③ Ibid. , p. 105.

④ Savory R. , *Iran under the Safavids*, p. 120.

⑤ Ibid. .

⑥ Alisan L. , *Sisuan*, p. 456.

亚述人、格鲁吉亚人和亚美尼亚人等。① 尽管如此，在 17 世纪 30 年代，新朱尔法和天主教教区之间的关系比较平稳。为避免激怒阿巴斯一世，亚美尼亚人尽量避免与天主教传教士正面对抗；甚至为了在欧洲的经济利益，与圣衣会和圣方济各会的传教士合作。②

17 世纪 30—60 年代，天主教传教士对亚美尼亚人传教收效不大，新朱尔法信仰天主教的亚美尼亚人微乎其微。而在新朱尔法建立之始，只有少数以萨利曼宁家族（Sahrimanean）和劳拉宁家族（Laramean）为首的亚美尼亚天主教徒定居于此。③ 截至 1658 年，新朱尔法只有 6 个家族的亚美尼亚人信仰天主教。④ 随着双方矛盾的激化，之前信仰天主教的那些家庭，特别是著名的萨利曼宁家族，则在新朱尔法遭遇诸多困难。据估计，萨利曼宁家族兄弟五人，所拥有的财富大约有 7 万托曼。⑤ 他们在社团内不受欢迎，并且被社会所隔离。⑥

这一时期，双方没有爆发大规模的公开冲突，原因是亚美尼亚人和天主教传教士都比较克制，还有国王对亚美尼亚人的支持。天主教传教士的活动被局限于伊斯法罕城内，未能深入亚美尼亚人的聚居地新朱尔法。早期的天主教的三个传教团：奥古斯丁修会、圣衣会、圣方济各会们，均驻扎在伊斯法罕。1651 年，圣方济各会打算在新朱尔法开设一所学校，随后圣衣会也效仿，并于 1652 年 6 月 15 日在新朱尔法建立了一个定居点。⑦ 1652 年，耶稣会传教士也在法国国王的支持下进入波斯。神甫艾米·齐扎乌德（Ayme Chezaud）到伊斯法罕，经国王阿巴斯二世的批准，在新朱尔法建立了一所教堂。对此亚美尼亚人十分反对，他们向阿巴斯二世递交请愿书，并在 1654 年得到回应。⑧ 根据国王命令，耶稣会、圣方济会和圣衣会的传教士被迫放弃在新朱尔法的定居点并退回伊斯法罕。⑨

---

① Vazken S. Ghougassian, *The Emergence of the Armenian Diocese of New Julfa in the Seventeenth Century*, p. 128.

② Ibid. , p. 134.

③ Ibid. , p. 129.

④ *A Chronicle of the Carmelites*, Vol. I, pp. 381 – 382.

⑤ Ibid. , p. 456.

⑥ Vazken S. Ghougassian, *The Emergence of the Armenian Diocese of New Julfa in the Seventeenth Century*, p. 143.

⑦ Ibid. , p. 139.

⑧ Ibid. .

⑨ Ibid. , p. 140.

　　17 世纪 70 年代末期，亚美尼亚教会和天主教传教士的矛盾再度紧张。1679 年，新朱尔法的亚美尼亚商人得到大主教达文特的命令，禁止与西欧人（Franks）保持任何联系，严禁亚美尼亚人和天主教徒通婚。① 17 世纪 80 年代到 17 世纪末，伊斯法罕及新朱尔法地区天主教传教活动达到巅峰，这归功伊利亚斯神甫。他采取行之有效的方法，在贫穷的亚美尼亚人中吸引了许多追随者。② 1683 年，作为对神圣罗马帝国皇帝推荐信的回应，国王苏莱曼授予圣衣会"享有在国王统治辖区内不受任何限制的建立定居点"的全权。③ 结果新朱尔法再次面临天主教传教士的渗入。在萨利曼宁众兄弟的财政支持下，新朱尔法建造了一座圣衣会修道院。1694 年，25 个传教士在新朱尔法独立传教。④

　　面对天主教咄咄逼人的态势，亚美尼亚人采取包括行贿在内的一切手段，获得萨法维王朝国王和官员的支持。获得国王苏莱曼的支持并非易事，因为当时苏莱曼正与欧洲一些国家发展关系，而后者向他推荐了圣衣会的传教士。对此亚美尼亚人不得不向他们的保护人皇太后陈情，要求得到保护，在太后的帮助下，国王苏莱曼向大法官下令拆除所有新建的教堂，将神甫伊利亚斯和圣衣会逐出新朱尔法，向萨利曼宁众兄弟征收 550 托曼的罚款。⑤

　　侯赛因登基后，已晋升为主教的伊利亚斯一度从国王处得到重回新朱尔法的判决，但亚美尼亚人在皇太后的帮助下，他们又被驱逐出伊斯法罕，并面临被驱逐出新朱尔法的威胁。由于天主教教会失去强有力的领袖，1699—1705 年亚美尼亚人和天主教传教士的紧张关系得以暂时缓和。⑥ 此后，伊斯法罕的天主教传教士势力大大削弱，人数锐减。

　　1708—1710 年是天主教在伊斯法罕传教活动的最后一个高峰。1708 年，任法国驻伊斯坦布尔大使秘书的皮埃尔·维克多·米歇尔作为法王路易十四的全权特使来到伊斯法罕，他代表法国与波斯国王签订了贸易协

　　① Vazken S. Ghougassian, *The Emergence of the Armenian Diocese of New Julfa in the Seventeenth Century*, p. 143.

　　② Ibid. , p. 144.

　　③ *A Chronicle of the Carmelites*, Vol. I, p. 458.

　　④ Vazken S. Ghougassian, *The Emergence of the Armenian Diocese of New Julfa in the Seventeenth Century*, p. 144.

　　⑤ Ibid. , pp. 145 – 146.

　　⑥ Ibid. , p. 149.

定，协定有一部分内容涉及保护天主教传教士。[①] 1710 年，国王侯赛因下达判决，不仅取消了之前授予天主教传教士的所有特权，而且命令地方官员禁止天主教徒介入亚美尼亚人的宗教事务，诸如劝说亚美尼亚人改宗，或将他们的孩子带入天主教堂或学校，禁止天主教徒与亚美尼亚人通婚，天主教不得在伊朗购买土地和建造教堂。[②] 此后尽管教皇克莱蒙十四世致信国王侯赛因要求保护天主教传教士，但侯赛因对教皇的信置之不理。[③] 1715 年，大多数天主教传教士被新朱尔法驱逐出去，在伊斯法罕的活动也黯然落幕。

五　新朱尔法的文化教育活动

各个城市的亚美尼亚人社团历来重视文化教育，这是他们民族文化传承和身份认同的必要手段。新朱尔法是波斯亚美尼亚人的经济中心、文化教育中心。新朱尔法的经济发达是文化教育发展的前提，而文化教育的发展既提高了民众的文化水平，也培养了一支高素质的商人队伍，二者互相依托，最终造就了新朱尔法的繁荣。

教会是新朱尔法文化教育的支柱。教会不仅有稳定的经济来源，而且主教和牧师们接受过良好的教育，在亚美尼亚民众中享有很高的威信。主教哈卡图尔·凯萨拉西（Xacatur Kesaraci）为新朱尔法的文化教育奠定了基础。他担任大主教期间（1623—1629 年）在所有的修道院中建立学校。1631 年，这些学校开设了语法、修辞学、哲学、自然科学、几何学、音乐、神学、圣经研读等课程，从而这些学校成为高等教育中心。[④] 在他和其他宗教领袖的努力下，新朱尔法的万圣主修道院成为高等教育的中心，修道院的缮写室则致力于文学、印刷以及绘画。[⑤] 新朱尔法的主教区成为波斯最重要的缮写室，许多居住在新朱尔法、伊斯法罕以及周围村镇的抄

---

① Vazken S. Ghougassian, *The Emergence of the Armenian Diocese of New Julfa in the Seventeenth Century*, p. 152.

② "A Copy of Shah Sultan Husayn's decree in the archives of Caro Owen Minasean at UCLA Liabrary"，转引自 *The Emergence of the Armenian Diocese of New Julfa in the Seventeenth Century*, p. 152。

③ Vazken S. Ghougassian, *The Emergence of the Armenian Diocese of New Julfa in the Seventeenth Century*, p. 155.

④ Ibid. , p. 169.

⑤ Ibid. .

写员和微图画家，应教会神职人员的要求从事抄写、复制和装饰书籍工作。350 多部撰写于新朱尔法及其周围地区的手稿留存至今。①

为适应商业发展的需要，17 世纪亚美尼亚教育家康斯坦·瓦尔扎彼特（Kostand Varzapet）在新朱尔法建立一座商业学校，开设"百科全书总集"等课程，讨论贸易活动的基本规则，介绍不同国家的货币、衡器及量器的运用。瓦尔扎彼特还出版了一部介绍世界各个国家和城市的图书，该书涉及远东、中亚、俄罗斯、近东、北非、欧洲等一百多个国家与城市，甚至还包括"新大陆"。② 他撰写了名为《总集》的教科书，讲述基本的贸易规则、新朱尔法商人的贸易路线及欧亚不同国家的货币、衡器和量器等。③ 当然也有证据表明：小男孩有家中的长者传授商业经验。家族是亚美尼亚人整个贸易系统的基础。④

1636 年万圣主修道院建立了新朱尔法第一家印刷厂，1638 年《大卫之诗》（《旧约圣经》的内容）的第一部卷集出版。但印刷厂遭到抄写员的强烈反对，于 1650 年被迫关闭。由于亚美尼亚格里高利派与天主教传教士斗争日趋激烈，1687 年大主教斯蒂潘诺斯（Stepanos）重开印刷厂，1693 年，印刷厂又遭关闭，1863 年重新运营。⑤尽管新朱尔法的印刷厂历经波折，但依然为新朱尔法的文化发展做出了重要贡献。

17 世纪下半叶，新朱尔法的文化活动进入全盛时期。新朱尔法的商人是主要资助者。17 世纪亚美尼亚人印制了 80 多种作品，亚美尼亚人第一部印刷版的圣经诞生于新朱尔法。⑥

新朱尔法文化成就远播于亚美尼亚民众及流散世界各地的亚美尼亚社团中，其影响并未随 18 世纪新朱尔法的衰落而消失；相反，在 18—19 世纪，从新朱尔法迁出并定居于印度、俄罗斯和欧洲的亚美尼亚人，在出版亚美尼亚人书籍和杂志方面仍扮演重要角色。他们建立了许多规模巨大、

---

① Vazken S. Ghougassian, *The Emergence of the Armenian Diocese of New Julfa in the Seventeenth Century*, p. 172.

② *TerYovhaneanc Y.*, Vol. I, pp. 159 – 160.

③ Vazken S. Ghougassian, *The Emergence of the Armenian Diocese of New Julfa in the Seventeenth Century*, p. 172.

④ Thomas F. Mathews and Roger S. Wieck, *Treasures in Heaven：Armenian Art, Religion, and Society*, The Pierpont Morgan Library, 1994, p. 60.

⑤ Ibid., pp. 173 – 176.

⑥ Oskanyan N., *Hay Girke*, pp. 16 – 132.

永久性的教育机构，促进了亚美尼亚人自由、解放意识的产生和发展。①

新朱尔法在建筑艺术方面也颇有建树，其中代表作是教堂艺术。新朱尔法的亚美尼亚教堂在建筑方面兼有亚美尼亚和波斯风格。波斯风格主要特征是有洋葱型或穹顶型的圆顶。由于得到官方许可，亚美尼亚教堂的波斯元素并未激起穆斯林的狂热反对。② 新朱尔法的亚美尼亚商人在旅居欧洲之时，将欧洲的绘画带入了波斯，并雇用当地的画工来装饰他们的房屋和教堂。

六　新朱尔法亚美尼亚社团的流散

17 世纪，在获得萨法维王朝优惠政策的前提下，亚美尼亚商人将伊斯法罕作为他们的家园和贸易基地，③ 大量资金注入伊斯法罕，新朱尔法的亚美尼亚社区受益匪浅。从上文可知，新朱尔法的兴衰很大程度上就取决于它本身商人的经济力量与波斯统治者的政策。新朱尔法在阿巴斯一世、萨菲和阿巴斯二世当政期间得到发展，并在苏莱曼统治前期达到巅峰。从苏莱曼统治的中后期开始，许多亚美尼亚人面临着宗教和经济压力，部分人离开他们的贸易总部，其财富也随之移出，导致新朱尔法社团的日渐衰落。④

新朱尔法的衰落与萨法维帝国政治环境、国际贸易的走向等诸多因素密不可分。17 世纪 60 年代后，亚美尼亚人需要每年支付人头税，许多亚美尼亚商人不得不假装改宗伊斯兰教以避免多次上缴不同的税负。⑤ 1695 年，国王侯赛因的法令规定，亚美尼亚人教堂免除国王苏莱曼于 1671 年强加于他们的税负，但这道法令没什么效果。1703 年、1709 年、1712 年三度就此颁发的法令也成为一纸空文。亚美尼亚教会在众多国家官员的强迫下不得不继续支付各种年税以及其他费用，这一情况持续到萨法维帝国

① Vazken S. Ghougassian, *The Emergence of the Armenian Diocese of New Julfa in the Seventeenth Century*, p. 185.

② Carswell J. , *New Julfa*, p. 20.

③ Vazken S. Ghougassian, *The Emergence of the Armenian Diocese of New Julfa in the Seventeenth Century*, p. 70.

④ Ibid. , p. 157.

⑤ Ibid. , p. 158.

终结。① 当萨法维帝国的政治经济环境逐渐恶化时，俄国和英国东印度公司则试图拉拢亚美尼亚人为自己服务。俄国政府和英国东印度公司分别在1673 年、1688 年同亚美尼亚人签署贸易协定，给予亚美尼亚人贸易特权。② 因此在 17 世纪最后的 25 年中，许多著名的家族因为商业原因移居到印度、俄国、欧洲。在 18 世纪前 20 年亚美尼亚人大规模向外移居日渐普遍。离开的商人将他们的财富带出，波斯的白银大量外流，导致货币材质下降。③ 财富大量外流影响到了波斯的亚美尼亚教会。教会的资助越来越少。教会作为新朱尔法的精神支柱，在社团凝聚力方面发挥着不可或缺的作用，并承载着新朱尔法精神文化与教育的发展。随着新朱尔法商人的外迁和财富的外流，教会对社会各方面的掌控力不从心；失去教会的支持，新朱尔法的文化日渐衰落，亚美尼亚人对新朱尔法的认同感降低，越来越多的商人离开。这种恶性循环不断侵蚀着新朱尔法繁荣的根基。

新朱尔法走向衰落的外部原因则是国际贸易形势的变化。18 世纪，随着欧洲国家殖民扩张活动日益加剧，国际贸易路线从陆路转向海洋。欧洲商人在强有力政府的保护下，建立了海洋贸易路线，他们将全世界的货物由海路运往欧洲各个港口。而相比之下，欧亚传统的陆地贸易路线成本高，且随着列强在亚洲国家的争夺充满不确定因素。同期，印度被英国征服，英法势力深入东南亚，在这些地区，英法的商人以极低的成本获取原料，而亚美尼亚商人则无力与之竞争，逐渐失去了对原产地的商业控制。在这种情况下，亚美尼亚人以新朱尔法为中心通往东南亚和俄国阿斯特拉罕的贸易网日趋衰落。亚美尼亚商人在世界贸易中的地位下降，新朱尔法也失去了国际贸易中的重要地位。

萨法维帝国的民族、宗教政策与国际贸易的变化使新朱尔法日渐衰落。1722 年阿富汗人占领伊斯法罕时期则加速了衰落的进程。1722 年 3 月 22 日阿富汗兵临伊斯法罕城下，新朱尔法落入阿富汗人之手。④ 阿富汗人领袖马茂德向新朱尔法征收七万托曼的补偿，由于未能及时交付，阿富汗人强迫亚美尼亚人交更多金额，结果新朱尔法商人的财产大多用以支

---

① *TerYovhaneanc Y.* , Vol. II , pp. 243 – 251.

② Vazken S. Ghougassian, *The Emergence of the Armenian Diocese of New Julfa in the Seventeenth Century* , p. 162.

③ Ferrier. R. W. , *The Agreement of the East India Company* , p. 432.

④ *Chronicle of Petros Di Sarkis Gilanentz* , p. 10.

付赔偿金。阿富汗的占领持续到 1729 年，该期，新朱尔法经济混乱，人身安全难以保证。许多亚美尼亚人逃往伊拉克、印度和俄罗斯。[1] 随着萨法维帝国的覆灭和阿富汗的占领，新朱尔法元气大伤，再未重现 17 世纪的繁荣。[2]

由于继萨法维帝国之后的阿夫沙尔王朝和赞德王朝在经济上并无多大建树，加上持续不断的宗教歧视和官员腐败，因而进一步摧毁了新朱尔法亚美尼亚社团的基础。1725—1750 年，新朱尔法的亚美尼亚社团急剧衰减。尤其是 1747 年，新朱尔法的亚美尼亚人社团首脑纳扎列台扬移居俄国的阿斯特拉罕，许多亚美尼亚工商业者也随其迁居俄国，使新朱尔法的居民大量减少。[3] 纳扎列台扬移民对新朱尔法亚美尼亚社团的流散起到了决定性作用。到 18 世纪 70 年代，新朱尔法亚美尼亚社团只有 6000 人，不到 17 世纪亚美尼亚人总数的 1/3。[4] 新朱尔法已沦为小城镇，曾繁荣一时的亚美尼亚社团也消逝在历史的长河中。

　　[1]　Vazken S. Ghougassian, *The Emergence of the Armenian Diocese of New Julfa in the Seventeenth Century*, p. 164.

　　[2]　Thomas F. Mathews and Roger S. Wieck, *Treasures in Heaven: Armenian Art, Religion, and Society*, The Pierpont Morgan Library, 1994, p. 55.

　　[3]　东欧中亚研究，1993（1），pp. 90 – 95。

　　[4]　Vazken S. Ghougassian, *The Emergence of the Armenian Diocese of New Julfa in the Seventeenth Century*, p. 165.

第 十 章

耶路撒冷的亚美尼亚社团

　　亚美尼亚人是由世代生活于亚美尼亚高原的本地部落哈伊阿斯人与乌拉尔图人、胡里特人、赫梯人等以及外来的阿尔明人长期融合而成的古老民族。[①] 早在公元前 18 世纪，他们就生活在亚美尼亚高原，并建立了独立的国家。亚美尼亚人深受乌拉尔图（Urartu）文化[②]的影响，尽管关于其民族起源史学界尚有争议，然而有一点是明确的，即亚美尼亚人是首个将基督教确立为官方宗教信仰的民族。公元 114 年，罗马帝国皇帝图拉真征服亚美尼亚王国，将其置为一个行省。在此后的一千多年历史中，亚美尼亚人多次受到异族的统治。该期部分亚美尼亚人向周边地区迁居，这样从安纳托利亚高原到西亚都有亚美尼亚人的定居点，而部分人则移居欧洲。15 世纪，早先移居中东地区的亚美尼亚人多数成为奥斯曼帝国臣民，小部分处于波斯萨法维帝国统治之下。而亚美尼亚人的家园亚美尼亚高原，则在 17 世纪被奥斯曼帝国和萨法维帝国瓜分。21 世纪初，全世界大约有 700 万亚美尼亚人，[③] 中东地区是其最重要侨居地，其中以色列 4000人，主要聚居于耶路撒冷的亚美尼亚社区。[④] 自古以来，耶路撒冷便是亚

---

　　① 赵锦元等主编：《世界民族通览》（上），中央民族大学出版社 2000 年版，第 519—521页。

　　② 乌拉尔图（Urartu）最初是一个地理概念，始见于亚述文献，指高加索以南、美索不达米亚以北、幼发拉底河以东、里海以西的土地。亚述国王沙尔玛尼瑟尔一世（Shalmaneser I，公元前 1263—前 1234 年）曾征服该地区，在抵抗亚述的过程中一位名叫阿让姆（Aramu，公元前 860—前 843 年）的国王逐步统一了其他小国和部落，公元前 9 世纪末，乌拉尔图王国进入全盛时期，直至公元前 6 世纪末被亚美尼亚所取代。

　　③ Edited by Edmund Herzig and Marina Kurkchiyan, *The Armenians Past and Present in the Making of National Identity*, Routledge Curzon, 2005, p. 2.

　　④ http：//www. cnewa. org/default. aspx? ID = 548&pagetypeID = 4&sitecode = HQ&pageno = 3.

美尼亚人重要的精神归宿，其地位甚至高于亚美尼亚境内的埃奇米阿津（Etchmiadzin）。① 亚美尼亚使徒教会是亚美尼亚的民族教会，也是耶路撒冷亚美尼亚人信奉的主流派别，它由圣雅各兄弟会领导，虽然与希腊东正教会和拉丁教会（罗马天主教）相比规模较小，但是圣地的三大监护人之一。亚美尼亚人以圣雅各大教堂（St. James Cathedral）为中心，逐渐在老城的西南方形成民族聚居区，即现在的亚美尼亚区，它是耶路撒冷最古老的民族社区（ethnic neighborhoods）之一。除亚美尼亚区以外，教会还拥有圣墓教堂部分圣迹的管理权，如传说发现真十字架（true cross）的小教堂等。此外，在教堂主入口的墙面上可以看到具有亚美尼亚特色的涂鸦雕刻，可见亚美尼亚教会在耶路撒冷众多基督教会中具有较高的地位。而该地位的取得与亚美尼亚人在耶路撒冷悠久的奋斗史密不可分。

一　早期罗马时代的耶路撒冷亚美尼亚社团

亚美尼亚人与耶路撒冷的关系，最早可追溯到耶稣基督诞生前的亚述、巴比伦时代。据史载，亚美尼亚"万王之王"蒂格兰二世（Tigran Ⅱ，公元前95—前55年）征服了"新月沃土"北方的大部分地区，包括叙利亚和巴勒斯坦，这时的巴勒斯坦处在犹太哈斯摩尼（Hasmonean）家族统治之下。罗马帝国崛起后，亚美尼亚人主要从事贸易、工匠、重步兵、政府官员等职业。公元70年犹太人起义被镇压后，罗马将军提图斯摧毁耶路撒冷第二圣殿，驱逐犹太人，但亚美尼亚人在浩劫后仍坚持在耶路撒冷废墟附近生活十多年之久。

早期基督教实质上是一种秘密社团，由于其与犹太教关系密切，且耶稣本人和大多数使徒、信徒多为犹太人，基督徒几乎成为犹太人的代称，因此，在犹太人起义频发的年代，基督徒自然成为罗马人迫害的对象。公元2世纪初，非犹太基督徒逐渐成为宗教社团主体，并在教会统治集团中处于支配地位。宗教社团民族成分的变化客观上使罗马帝国的迫害范围扩大化，如公元1世纪左右基督教已传遍整个小亚细亚地区，门徒达太和巴塞罗缪在为亚美尼亚地区的犹太人社团带去福音的同时，促成了部分亚美尼亚贵族的皈依，随后基督教在亚美尼亚境内传播，新宗教的传播增强了亚

---

① 圣埃奇米阿津大教堂是亚美尼亚使徒教会圣座所在地，由首任大主教格里高利（St. Gregory）建于公元303年。公元2000年被联合国教科文组织收入世界文化遗产名录。

美尼亚人与西方关系，安提阿、凯萨利亚、耶路撒冷和亚历山大里亚等希腊城市逐渐成为亚美尼亚基督徒修行的首选地。

公元 135 年，哈德良平息了最后一次犹太人暴动，再次驱逐生活在耶路撒冷及周围土地上的犹太人，耶路撒冷改称"阿里亚·卡皮托里纳"，同时宣布禁止犹太人重返家园，耶路撒冷的罗马名称一直沿用到公元326 年。①

罗马政府的迫害使早期基督教社团无法在耶路撒冷修建公共宗教建筑，教徒通常在民居中举行秘密聚会，锡安山上的马可楼（亦称"最后的晚餐楼"）便是其中之一。基督徒称其为"教堂之母"（Mother of the churches），传说它是耶路撒冷首任主教耶稣兄弟圣雅各（St. James）的财产，而如今老城亚美尼亚区的核心建筑"圣雅各大教堂"，正是安置这位圣徒头颅的地方。此外锡安山的古代遗迹附近也有部分亚美尼亚人定居。

自基督教产生至公元 2—3 世纪，没有直接证据能说明耶路撒冷亚美尼亚基督教社团的生存和发展情形，唯一值得参考的资料来自基督教史学家优西比乌（260—339 年）。公元 313 年尤西比乌担任凯萨利亚主教，他与亚历山大里亚主教狄奥尼修斯（Dyonesius）和摩斯格（Moushegh）有书信联系，254 年摩斯格曾担任亚美尼亚人主教，他们之间的书信交流很可能经由耶路撒冷的亚美尼亚人之手；此外，耶路撒冷圣雅各修道院档案室的文献中有关于耶路撒冷主教马卡里乌斯（Macarius）在主持发掘圣迹、建设圣所时，分别于 325 年和 335 年与远在亚美尼亚的主教进行书信交流的记录。②

直到公元 5 世纪初，基督教世界仍无明显教派区分，教徒主要使用希腊语、古叙利亚语或阿拉姆语诵经撰文。同时教会统治集团也吸纳各个城市的主教，耶路撒冷基督教会的宗教设施不分国家与种族由全体信徒共

---

① 耶路撒冷在更名重建后城市地位有所下降，从基督教区的划分可窥见一斑，基督教早期在耶路撒冷、安提阿、罗马、亚历山大里亚等主要城市设有宗主教区负责管理若干教省教务，宗主教威望和权力也较普通教区高，由于耶路撒冷犹太基督教社团遭罗马政府迫害趋于瓦解，新生多民族教会难以在短时间内树立正统形象，致使耶路撒冷主教地位衰落，甚至长期沦为凯萨利亚大主教的助手，直至公元 451 年卡尔西顿大公会议宣布重建耶路撒冷牧首区（大主教辖区）为止，耶路撒冷仅保有宗教象征意义的荣光，并无多少实质教务管辖权。参见 http://www. newadvent. org/cathen/08355a. htm, Catholic Encyclopedia, Jerusalem (A. D. 71—1099)。

② http：//www. holyland. org/.

享，条件允许时也会在圣地建立一些具有民族特色的修道院和教堂。可以说，作为地下组织的早期基督教社团具有真正纯洁的普世性特征。

二　亚美尼亚民族教会的形成

公元303年，在"引路者"圣格里高利（St. Gregory the Illuminator）的支持下，亚美尼亚国王提尔达特三世（Terdat Ⅲ）宣布将基督教作为亚美尼亚唯一的官方宗教信仰，[①] 从而亚美尼亚成为首个将基督教确立为国教的民族。323年罗马皇帝君士坦丁一世颁布米兰敕令（Edict of Milan）承认基督教，将它和罗马多神教一同作为官方宗教信仰。从此，基督徒不再遭受迫害与排斥，基督教活动合法化。由于君士坦丁和母亲海伦娜（Helena）都是虔诚的基督徒，并热衷在圣地寻找古代教会圣迹，因而亚美尼亚人积极参与这项复兴耶路撒冷的工程。伯利恒的各各他（Golgotha）、圣玛丽的诞生地、圣墓教堂和许多著名的教会建筑便是海伦娜在亚美尼亚宗教领袖的协助下发现的。

公元4世纪时基督教进入"隐修时代"，玛拉蒂亚（Melitene，今土耳其境内）主教尤西米乌斯（Euthymius）是圣地隐修制度的开创者之一，也是基督教世界公认的隐修制度（monasticism）的主要创始人之一。据说他在马萨达（Masada）和伯利恒之间至少修建了15座修道院，时人称为"亚当第二"（second Adam）。隐修制度逐渐成为基督教的"时尚"，拉丁人、埃塞俄比亚人、波斯人、格鲁吉亚人和其他民族的信徒齐聚耶路撒冷，共同修行。

根据圣雅各修道院（St. James convent）的档案记载，隐修制度吸引了大批优秀的亚美尼亚基督徒，据说4—8世纪，亚美尼亚人在圣地建立的修道院超过70座，它们聚集在耶路撒冷周围的山区，通常一座修道院至少2人，最多400人，修道士们种植花木、栽培果树，在自然与艰苦的生活环境中为神服务。更重要的是，每一座修道院都承担一个或多个与文化相关的项目，如修订手写书籍、誊抄手稿、创作宗教绘画、创制礼拜仪式的规程以及编写赞美诗等；此外部分修道院制造商品，并逐步扩展到贸易领域；有些则相当于智囊团，为宗教法、教堂礼拜仪式、赞美诗以及所

---

① http：//www. armenian—patriarchate. org/page2. html.

有受基督教影响的国家进行神学指导。

得益于宗教文化活动的繁荣，公元 405 年圣梅斯罗布（St. Mesrob Mashtotz）在主教圣萨哈格（St. Sahag Bahlavouni）的支持下创制亚美尼亚字母表和语法。① 此举对保存和发展亚美尼亚民族文化具有重大意义。亚美尼亚语发明后，第一项任务就是将古希腊语和阿拉姆语版的《圣经》译成亚美尼亚语，命名为"Asdvadzashoonch"，为"神的气息"（The Breath of God）。亚美尼亚字母表和语法发明后，其影响力迅速从国内延伸到耶路撒冷，从 5 世纪到 8 世纪数以千计的亚美尼亚朝圣者前往圣地献身学术事业，撰写神学著作。这些作品逐渐发展成为闻名遐迩的《亚美尼亚经文选》（Armenian Lectionary），其中包含宗教仪式服务、宗教节日日程表、圣徒纪念日日期和一份赞美诗目录表。书中指出：耶路撒冷对亚美尼亚人的重要性不仅在于它是教会礼拜仪式形成与发展的源泉，更重要的是它起到了规范亚美尼亚人基督教仪式的作用，使其具有正统属性。时至今日，耶路撒冷的亚美尼亚圣托洛斯教堂，还保存着 4000 多份古代手稿和精美插图。19 世纪下半叶，在橄榄山上的一座俄罗斯修道院中出土了 6 块公元 5—6 世纪的马赛克地板，上面镌刻着亚美尼亚语铭文，② 这成为亚美尼亚基督徒在圣地积极发展民族文化的又一有力证据。

5 世纪上半叶，基督教会内部出现宗派意识。431 年，在以弗所第三次大公会议上，聂斯托利及其追随者被定为异端，基督教会第一次分裂为两大阵营。当时埃奇米阿津（Etchmiadzin）的亚美尼亚教会处于波斯统治之下，无法出席会议，对大会决议并不知情。尽管亚美尼亚国土被波斯和拜占庭两大国瓜分，但是教会在宗教事务和文化事务方面具有相对独立性。439 年后，伊斯特格德二世（Hazgerd）继承波斯王位，试图用索罗亚斯德教同化亚美尼亚人，由于亚美尼亚人坚决反抗而失败。

公元 451 年亚美尼亚人再次错过重大宗教会议，卡尔西顿大公会议的决议和教义争论在此后的 30 年里才陆续传到亚美尼亚，并衍生出多种版本。当波斯的威胁减弱后，491 年亚美尼亚主教在瓦哈沙巴特（Vaghar-shabat）召开会议，拒绝承认卡尔西顿大公会议的决议。506 年召开教士会议，反对罗马教会和希腊教会将亚美尼亚教会划入一性论派的言论。

卡尔西顿大公会议分歧没有立刻对耶路撒冷和圣地的基督教社团产生

---

① http：//en. wikipedia. org/wiki/Armenian_ language.

② http：//www. holyland. org/.

消极影响，随后的一个世纪里，圣地的基督徒仍然由同一个宗教领袖管理，共同维护圣地、共同礼拜。而此时君士坦丁堡和罗马的主教们正忙于争夺教会权力，前者试图控制小亚细亚的其他教会，后者则向基督教世界宣扬自己毋庸置疑的正统地位。耶路撒冷的和睦局面最终在查士丁尼统治时期（527—565 年）被打破，他公开承认二性论派，强迫帝国境内的所有基督徒承认"二性说"。于是，耶路撒冷的修道院开始驱逐一性论派教徒，结果，基督教社团中的弱势群体逃往人迹罕至的地区或到邻国寻求避难，有实力抗争的社团留在圣地建立独立教会。亚美尼亚人在埃奇米阿津教会（Catholicoi）的支持下在耶路撒冷建立主教辖区，制定一整套教阶制度，并对东方一性论派社团行使管辖权（叙利亚雅各比派、科普特人和阿比西尼亚人）。而希腊宗主教控制着罗马帝国境内所有的基督二性论派，罗马主教在耶路撒冷则几乎没有影响力。

据 7 世纪一位名叫阿纳斯塔斯·瓦特巴德（Anastas Vartabed）的修道士记载，亚美尼亚人在耶路撒冷和圣地附近有 70 名修道士，他们拥有自己的教堂，亚美尼亚贵族向查士丁尼一世缴纳大笔钱财赎回亚美尼亚教会的财产。不久，耶路撒冷地方政府警告包括亚美尼亚人在内的一性论派，要求其拥护卡尔西顿会议决议，否则将遭驱逐，约有 500 名修道士拒绝主教霍夫汉内斯二世（Hovhannes Ⅱ）的劝告，坚持信仰，放弃财产，离开耶路撒冷前往巴勒斯坦沿海城市凯萨利亚和埃及开罗，另一部分亚美尼亚修士选择继续留在耶路撒冷，希望用实际行动维护亚美尼亚教会的独立性。

亚美尼亚教会的教义和宗教仪式是传统而独特的。551 年教会采用自己的历法；554 年在第二次第温会议上正式宣布完全脱离君士坦丁堡的管辖；609 年公开宣布建立独立的亚美尼亚民族教会，包括耶路撒冷在内，亚美尼亚教会全面采用主教直接负责制；614 年波斯军队入侵，耶路撒冷遭到严重破坏，亚美尼亚人积极参与圣地重建，已存的耶路撒冷主教莫德斯塔斯（Modestus）与亚美尼亚主教柯米达斯（Komidas）的通信见证了他们的合作。

三　伊斯兰时代的耶路撒冷亚美尼亚社团

公元 638 年 2 月，哈里发欧麦尔（634—644）攻入耶路撒冷，穆斯林统治者废除了非希腊人不得担任宗主教的歧视政策。640 年哈里发欧麦尔发布特许状提拔亚伯拉罕一世（Abraham I，638—660）为宗主教，他是首位有明确历史记载的亚美尼亚人宗主教。此后美尼亚人断断续续担任宗主教、副主教和世俗监护人等管理机构职务。亚美尼亚人在倭马亚（638—749）、阿拔斯（749—970）和法蒂玛（971—1099）三大阿拉伯王朝统治期间享受优待，民族宗教社团进一步发展。无论在阿拉伯人和亚美尼亚人还是欧洲人的编年史中，都可以检索到阿拉伯人统治者如何欣赏并信任亚美尼亚人的忠诚行为。哈里发欧麦尔在特许状里也列举了给予圣地亚美尼亚宗主教区的特权、确保他们宗教财产的完整性、为他们作人身担保的案例。

阿拉伯人征服巴勒斯坦的重大意义在于，它是首次以和平方式进入耶路撒冷城的征服者。穆斯林战士没有在城中进行杀戮、掠夺财产。世人对哈里发欧麦尔评价颇高，称其像穆罕默德一样简朴，并能够约束下属军官，比以前的征服者更具怜悯之心，更加忠实于先知教诲。起初阿拉伯人依然称耶路撒冷为伊利亚（阿利亚）［Ilya（Aelia）］或 Bayt al - Maqdes（意为圣殿 house of the holy），后来穆斯林将其视为第三圣地［Al - Quds（The holy place）］。而穆斯林统治者之所以实现宽厚仁慈政策，是因为希望借此安抚耶路撒冷众多的基督教社团，稳定社会秩序，减少统治阻力；试图借助亚美尼亚人遏制具有强大本土优势的希腊人，利用双方矛盾来分而治之。

1. 十字军时代

十字军东征使巴勒斯坦再次陷入战火之中。十字军统治耶路撒冷后，亚美尼亚人仍享有穆斯林时代的优厚待遇，这得益于以下因素：首先，十字军与亚美尼亚人结盟实现了互惠互利。即使在混乱无序、罪行累累的第一次十字军东征期间，十字军领导人愿意与当地有实力的亚美尼亚贵族结盟，因为亚美尼亚社团在中东地区分布广泛，在耶路撒冷、阿克里、凯撒利亚、加沙、卡拉克、纳布卢斯等城市都有亚美尼亚社团存在，因而与其结盟对十字军的征服事业有利。其次，亚美尼亚贵族也欢迎桀骜不驯的十字军帮助他们击败并驱逐东方的塞尔柱突厥人，他们承认诺曼底人和法兰克人君主的高贵地位并同意在一些地区为十字军王国建立缓冲带，十字军成为安提阿（Antioch）和埃德萨（Edessa）的领主，其主要居民是亚美尼亚人。最后，十字军东征时期西里西亚的亚美尼亚王室与法兰克贵族的联姻现象普遍，姻亲关系使二者形成一种天然盟友关系。如 1100 年 7 月继任耶路撒冷国王的鲍德温一世的王后阿尔达是西里西亚托洛斯男爵的女儿。

1099 年春，十字军兵临耶路撒冷城下，凭借人数上的优势击退了阿拉伯人和犹太人的抵抗，十字军"杀害了他们所见到的每一个撒拉森人和土耳其人"①，据记载有 30000 人遇难，其中包括妇女和儿童，十字军无情地洗劫了城市，鲜血染红了街道。而鲍德温的统治受到当地十字军和基督徒的热烈欢迎。他意识到获得当地基督徒的信任对十字军政权在中东地区的生存至关重要，加之妻子是亚美尼亚人，因此对当地基督徒的信任度有所提升。1100 年 11 月，鲍德温在伯利恒圣诞教堂加冕为"拉丁人国王"，大批亚美尼亚人从安提阿、埃德萨、塔苏斯、西里西亚和卡帕多西亚涌入耶路撒冷，部分人选择定居耶路撒冷。总之耶路撒冷的亚美尼亚人在拉丁王国统治时期受到执政者的格外重视，统治者为其颁布特别法，承认亚美尼亚人和其他基督徒贸易的特权、免税以及其他一些激励措施等，这又进一步推动了亚美尼亚人向耶路撒冷移民，正是这一时期耶路撒冷老城的西南角开始出现亚美尼亚人聚居点，尽管人数较少，但却拉开了亚美尼亚区建设的序幕。

十字军对耶路撒冷的统治昙花一现，但法兰克人在圣地留下的遗产却成为基督教永久的标志，尽管其宗教狂热与狭隘饱受世人诟病，但部分务实的统治者重建了城市，同时引进了西方文化元素，影响一直持续至今。高超的建筑学造诣便是其中一大亮点，如圣墓教堂的主体建筑重建于十字军时期，并保存至今，这件美丽的宗教艺术品成了荣誉的纪念碑。然而对于亚美尼亚人来说，最伟大的成就莫过于宏伟的圣雅各大教堂的建立。它是一座综合性的宗教建筑，包括使徒雅各和雅各青年时代的遗迹，以及小教堂中圣美卡和圣米纳斯的墓（St Makar and St. Minas）。

2. 阿尤布、马穆鲁克时代

1187 年 10 月 2 日，先知穆罕默德夜行登霄纪念日，萨拉丁和平

---

① http：//www. holyland. org/.

进驻耶路撒冷。新穆斯林统治者规定法兰克贵族和富人只需要支付赎金就可以离开耶路撒冷，市民可以自由营业。萨拉丁提防猜忌拉丁人和希腊人，扶植亚美尼亚人，并给予其特权。耶路撒冷城中约 500 名亚美尼亚修道士和 1000 个亚美尼亚家庭，无一遭到驱逐，也没有充当地方官员的奴隶。萨拉丁为亚美尼亚宗主教颁发特许状，要求其承担保护亚美尼亚人人身安全、财产完整和圣地特权、信仰自由等权利的责任。萨拉丁的政策很快收到了成效，耶路撒冷亚美尼亚宗主教亚伯拉罕三世（1180—1191）及所属牧师团宣布，坚决拥护素丹、忠于素丹，按规定缴纳人头税。

　　1251 年马穆鲁克王朝建立，耶路撒冷基督教社团出现新趋向，即基督教派开始为夺取圣地权利而互相攻击。教会通过贿赂政府官员为自己增加筹码，部分统治者在接受贿赂后武断地处理基督教事务，偏袒行贿一方，加深了教派间的矛盾与隔阂，甚至引发政治混乱。如格鲁吉亚教会凭借与马穆鲁克家族的密切关系，侵占亚美尼亚人的教会财产。受此影响，基督教社团进一步分化，逐步形成三大主要竞争对手：希腊东正教社团、亚美尼亚社团和罗马天主教社团。三大社团都宣称自己是圣地的委托人、保护人。事实上对宗教财产的贪婪与政治阴谋结合使他们成为耶路撒冷社会动荡的根源。

　　在圣地三大基督教社团中，亚美尼亚社团由于没有强大的政治势力支持，一直处于守势地位。然而，同犹太人坚持自己的宗教文化传统一样，亚美尼亚人也对基督教信仰忠贞不渝，为了接近圣地或便于朝圣，亚美尼亚人遍布中东地区，亚美尼亚社团建立教会并帮助耶路撒冷教会增加收入，保护自己的财产，巩固亚美尼亚人在圣地的核心利益；同时，亚美尼亚人一贯的低调与守势恰恰成为本民族的护身符，耶路撒冷亚美尼亚社团对政治事件往往持保守中立态度，教会几乎不去干预世俗政治，这种态度能够使处于频繁更迭中的统治者放松对亚美尼亚人的警惕，甚至将其视为拉拢对象，所以亚美尼亚人成为自十字军时代至马穆鲁克时代动荡 300 年中唯一能够保存社区并有所发展的基督教社团。如素丹查希尔·查克马克（Al - Zahir Chaqmaq，1438—1453）统治时期拉丁人遭受迫害，耶路撒冷罗马天主教势力几乎瓦解，然而同时期亚美尼亚基督徒的生活却丝毫未受影响，1438 年查克马克还为亚美尼亚人颁布了一道特别法令，禁止耶路撒冷埃米尔向亚美尼亚人征收苛捐杂税，并将其镌刻于圣雅各修道院的门口。[①]

马穆鲁克时期的耶路撒冷同多数东方城市一样出现了明显的隔都化[②]趋势，居民习惯于依照宗教和种族聚居，亚美尼亚人和马格里布人（Maghribis）共同居住在城市的西南角，亚洲各国的穆斯林（包括伊朗人、阿富汗人和印度人）生活在禁地（Haram）和奥玛尔清真寺附近，少量犹太人生活在东南角。然而耶路撒冷的隔都化也并非严格意义上的隔绝，穆斯林、犹太人和基督徒的生活社区相互毗邻，日常生活、购物与贸易时人员往来密切，此外也存在一定的混居现象。

四　奥斯曼帝国时代的耶路撒冷亚美尼亚社团

1516 年 12 月，奥斯曼帝国素丹塞利姆抵达耶路撒冷，受到三大宗教社团领袖的热烈欢迎，耶路撒冷被和平纳入奥斯曼帝国版图。然而，奥斯曼帝国统治下的耶路撒冷所面临的是更加复杂化的教派斗争与新国际秩序的冲击，因而奥斯曼时代是亚美尼亚社团遭遇过的最具挑战的时代。

奥斯曼帝国早期，政府依据素丹法令和部分世俗规章制度管理耶路撒冷。1517 年塞利姆一世以阿拉伯前王朝素丹颁布的法令为依据，为亚美尼亚教会和希腊东正教会颁发特许状，承认二者对各自基督教社团的管辖权，再次确认圣地财产分配的现状。这条法令为耶路撒冷亚美尼亚人宗教财产的完整性做出明确担保。法令禁止皇室成员、政府官员和其他社团干扰亚美尼亚教会的宗教仪式及社团成员生活，禁止妨害亚美尼亚人修道士和圣殿以及其他财产。

由于奥斯曼帝国早期对欧洲长期采取军事行动当局十分猜忌拉丁人，因而政治环境对希腊人和亚美尼亚人十分有利。素丹政府以"米列特"制度管理非穆斯林社团，此外伊斯坦布尔的希腊和亚美尼亚宗主教区对耶路撒冷的两个自治社团提供了巨大帮助。

---

①　敕令大意为："这条法令来自于我们至高无上的素丹和国王达哈尔·阿布·萨义德·穆罕默德（Al – Daher Abu Sayid Muhammad），任何人无论出于何种原因对圣地造成危害，那么他们本人和他们的子孙将永远受到真主安拉的诅咒。阿布·克伊尔·拉赞以此方式向耶路撒冷的亚美尼亚人修道院提供担保。回历 854 年（公元 1438 年）。"参见 http://www.holyland.org/。

②　隔都化是指城市在发展过程中由于政治、经济、宗教信仰、文化等原因导致的居住区隔离现象。参见王新中、车效梅《耶路撒冷的隔都化及其影响》,《西亚非洲》2010 年第 1 期。

苏莱曼时期（1520—1566 年）耶路撒冷的地位得到进一步提升，1536—1541 年重建耶路撒冷城墙并留存至今，同时兴建了许多适用于所有社团的公共建筑。帝国的强盛使其对宗教信仰持更加开放的态度，亚美尼亚各阶层人士能够以朝圣者的身份通过陆路和海路前往圣地，雅法的圣尼古拉斯修道院成为旅途的起点，他们来自中东各地甚至是欧洲。朝圣者带来的礼物与财富为亚美尼亚教会地位的提升奠定了物质基础，而定居的移民壮大了亚美尼亚社区的人口规模。苏莱曼去世后，耶路撒冷的地位遭到忽视，中央任命官职较低的官员管理城市，中后期行政事务由当地的阿拉伯家族负责管理。

耶路撒冷混乱的管理滋生腐败，而对圣地争夺的加剧又成为社会腐败愈演愈烈的根源。各派基督教社团为在圣地争夺战中占据优势，通常会采取两项措施：首先是鼓励朝圣，增加社团常住人口，扩大教会规模；其次是贿赂帝国官员获得庇护与支持。然而，各级官员从基督教社团收受贿赂的行为甚至得到素丹的鼓励，原因明显：大批朝圣者的涌入推动了朝圣经济的繁荣，充盈了国库；定居人数的增加使"米列特"上缴的人头税提升；受贿所得的财富满足了包括素丹在内的统治阶级奢靡的生活需求；素丹希望借此平衡耶路撒冷基督教各派势力，以维护其统治。基督教社团在圣地权利的大小开始以贿赂的多少为判定标准，这种恶性循环一直持续到19 世纪中期，它加速了奥斯曼帝国的衰亡，也加深了圣地基督教各派的隔阂与矛盾，社团之间几乎每天都要爆发争夺圣地的战斗。

1852 年 2 月，马吉德颁布了著名的关于圣地地位的敕令。官方首次正式对外公布圣地基督教宗派及所属宗教财产的相关信息，详细列出各派在圣地已拥有的权利与宗教财产，并规定以此"现状"为定制，不能再作任何形式的修订和更改，该教会当时的主要受益者是希腊教会。"圣地现状"得到 1856 年《巴黎公约》、1878 年《柏林条约》和 1919 年《凡尔赛和约》的再次重申，后来成为 1922 年《巴勒斯坦枢密令》的基础，委员会声明中提道："圣地现状不容改变。"[①] 1967 年以后以色列政府部分接受"现状"对基督教权利的确认，但对历史传统上属于犹太人的圣地持保留权利。

在伊斯坦布尔和耶路撒冷宗主教的努力下，亚美尼亚教会通过圣地

---

① http：//www. holyland. org/.

"现状"法令取得了与希腊东正教会和罗马天主教会平起平坐的地位，更重要的是这种地位是以法律条文加以确认的，并得到当时国际社会认可，所以对于在宗教财产争夺中处于弱势的亚美尼亚教会来说具有巩固成果的意义。如法令中规定：在所有与基督教圣地现状有关的原则问题上，只有三大教派拥有发言权，他们的宗主教有权在正式的宗教游行中进入圣墓教堂，他们各自都拥有要求穆斯林门卫打开圣墓教堂入口的权力。

亚美尼亚民族大屠杀悲剧

第一次世界大战期间，土耳其加入同盟国，亚美尼亚人的灾难随之开始。1915—1918 年政府的民族歧视政策最终酿成了种族灭绝的悲剧。1908—1912 年土耳其在巴尔干战事失利，巴尔干半岛民族独立运动蓬勃发展，基督徒与穆斯林之间的民族宗教矛盾加剧，当局被迫对西亚美尼亚的 50 万穆斯林难民进行重新安置。土耳其政府遂命令清空部分亚美尼亚村庄安置移民，然而实际上一系列民族压迫政策源于当局的政治阴谋，他们试图通过清除非土耳其族或将少数民族土耳其化来树立民族霸权，同时希望团结外高加索、伊朗、中亚的全体穆斯林，建立一个横跨欧亚的新土耳其帝国。

西方列强入侵和社会转型改革的失败激化了土耳其境内的社会矛盾和民族宗教矛盾，政府开始强化对非穆斯林民族宗教社团的监控，双方间的不信任感增强。早在 1915 年 2 月，军队中的亚美尼亚籍士兵就被解除武装，军队还诱骗年轻人从事羞耻而下贱的工作，在种族政策最严重的时期几乎所有的少数民族都被当作囚犯看待（受害者中包括希腊人和犹太人）。1915 年 4 月 24 日晚，土耳其政府在首都伊斯坦布尔抓捕 200 多名亚美尼亚知识分子、宗教界和政治领导人并杀害，此后在各主要城市和村庄继续屠杀亚美尼亚人，美其名曰"驱逐出境"。当局对亚美尼亚人的种族清洗计划系统而周详，首先中央命令地方官员和军事长官驱逐自己治下的亚美尼亚人，然后政府将城镇和村庄里搜捕到的健壮人群集合在一起，运出城外，集体枪决，将剩下的老人、妇女、儿童赶上大篷车，在极度缺乏食物和水的情况下长途"迁徙"，掉队的人或被土耳其士兵和库尔德雇佣兵射杀，或被推到河里溺死。"旅途"的目的地是土耳其南部的沙漠，行进途中土耳其人、库尔德人、阿拉伯人抢夺儿童，年轻女性和少女遭到强暴或被当地人强娶为妻或成为土耳其富人的女佣，最后即使活着到达代尔佐尔（Deir – Zor）沙漠的人也难逃厄运，他们或被枪杀或死于酷热。据统计，在这场运动中 150 多万亚美尼亚人遭到屠杀。① 另外 100 万亚美尼亚人幸运地逃过了这场劫难。

耶路撒冷的亚美尼亚人便是种族屠杀幸存中的一部分。大屠杀时期耶路撒冷是杰米勒（Jemal）帕夏第七集团军第八军团司令部的驻地，种族灭绝政策执行期间他们得到一项更为重要的任务，即阻止英国人从埃及进入巴勒斯坦。为了强化加沙南部的防御工事，军队在老城和耶路撒冷附近只有数千人留守，军队无力完成屠杀任务。可以说是第一次世界大战中西线的战事和军力的匮乏拯救了耶路撒冷的亚美尼亚人。此后耶路撒冷的亚美尼亚人在亚美尼亚语中得到了"Kaghakatsi"的称呼，意为"城市人或当地人"，主要用以区别"Kaghtagan"一词，意为"流亡者"。耶路撒冷的亚美尼亚社团虽然没有遭到土耳其政府的屠杀，但同样受到种族歧视政策的影响，如为政府工作的公职人员都被免职等。此外，为抵抗英军进入巴勒斯坦，土耳其当局从城市强征少数民族青年入伍做杂役。耶路撒冷青年为了逃避土耳其军队的兵役，各自寻求庇护所，犹太人躲入犹太社区的犹太会堂中，阿拉伯人躲入奥马尔清真寺里，而亚美尼亚人则在圣雅各修道院里避难。耶路撒冷老城的神圣地位和国际舆论的压力使土耳其人不得不放弃追捕，他们也意识到圣雅各修道院作为宗教机构的特殊地位，而且自古代以来圣雅各修道院就不断得到阿拉伯素丹和土耳其素丹的各种担保敕令，在当地声望颇高，所以圣雅各兄弟会才有能力为躲避土耳其兵役的青年提供避难，并为土耳其大屠杀的幸存者提供庇护所和食物。

亚美尼亚社团没有受到种族灭绝事件影响的另一个重要原因在于耶路撒冷阿拉伯管理者的细心经营。耶路撒冷名义上的地方长官是一个土耳其人，但其通常居住在大马士革，城市运转则由阿拉伯公务员全权负责，市长和副市长都是阿拉伯人。当时耶路撒冷的市长是侯赛因·萨利姆·侯赛尼（Hussien Selim Al – Husseini），他的家族与其他两个阿拉伯家族长期掌握耶路撒冷的实际控制权，负责管理城市事务以及相关机构。所以耶路撒冷如果爆发冲突首先会严重损害三大家族的利益，而且阿拉伯人和亚美尼亚人同为被统治民族，有相同的民族利益，加之双方深厚的传统友谊，这些因素交互作用，促使阿拉伯人愿意为亚美尼亚人提供帮助，因此阿拉伯

---

① Edited by Anthony O'Mahony and *Emma Loosley*, *Eastern Christianity in the Modern Middle East*, Routledge, 2010, p. 87.

人在保护圣地亚美尼亚人免遭大屠杀方面做出了不容忽视的贡献。

奥斯曼帝国晚期的统治者腐朽而残暴，"圣地现状"的法令是帝国后期留下的唯一具有积极影响的政策，它在一定程度上缓解了基督教各派对圣地的争夺，有助于权力相对公平地分配，促进基督教社团间的和睦。

五 英国委任统治时期的耶路撒冷亚美尼亚社团

1916 年英国为了补充埃及远征军的兵力，组建了一支由亚美尼亚人组成的志愿旅。1917 年 12 月 11 日，艾伦比将军和平进入耶路撒冷，举行受降典礼。为表达对圣城的敬意，他步行穿过雅法门。1918 年 12 月 28 日，英国正式宣布对巴勒斯坦实施军事管制。1922 年 7 月 22 日，经国际联盟枢密院批准，英国开始对巴勒斯坦实行委任管理。而亚美尼亚人为英军取得巴勒斯坦战役的胜利做出了贡献，时至今日，耶路撒冷老城南城墙外的亚美尼亚公墓里仍旧矗立着一座用来纪念在巴勒斯坦战役中牺牲的亚美尼亚军团战士的石质纪念碑。每年 4 月 24 日，圣雅各兄弟会的成员都会在耶路撒冷宗主教的带领下，在纪念碑前举行庄严的纪念仪式。

英国接管耶路撒冷受到各阶层热烈欢迎，尤其是亚美尼亚人。美国红十字会开始为 7000 多名难民提供食物和庇护所，数百名亚美尼亚难民被安置在城市中的一处市场里。与此同时，圣雅各兄弟会继续向逗留在修道院里的亚美尼亚难民伸出援手。但是，耶路撒冷亚美尼亚教会和社团遇到了一个棘手问题，即亚美尼亚宗主教职位空缺，政权交接时期社团领导核心的缺失对亚美尼亚人产生巨大的消极影响，如重要会议无代表出席，重大宗教仪式无人主持等。英国当局为履行《巴勒斯坦枢密令》规定的职责，维护圣地"现状"，向亚美尼亚教会伸出援手，帮助他们邀请埃及的托克姆·柯塞因（Torkom Koushagian）① 大主教出访耶路撒冷，主持复活节庆祝活动。此举有助于耶路撒冷亚美尼亚人的团结，并且是向其他基督教社团重申亚美尼亚人在圣地权利和特权的最佳时机。作为代理宗主教，托克姆·柯塞因的出现对亚美尼亚教会未来的发展至关重要，他坚决维护

---

① 亚美尼亚宗主教区宗主教，1929—1939 年在任，能够流利地讲亚美尼亚语、英语、法语、土耳其语四种语言，在任期间积极发展教育，提升亚美尼亚社团地位。

亚美尼亚人在圣地的权利，积极应对希腊东正教会的各种挑衅活动，敦促英国当局重申并确认亚美尼亚人的权利。

犹太复国主义运动的迅速发展使阿犹矛盾急剧升温，1921 年，耶路撒冷冲突与暴力不断。而此时亚美尼亚社团却正在经历新的文化发展与繁荣期，为此亚美尼亚人继续他们低调保守的传统生活方式，不参与政治斗争，坚持中立。但他们很快发现即使中立也很难保证自身的绝对安全，暴力事件愈演愈烈，任何人都有可能轻易成为受害者。为了区别于犹太人和阿拉伯人，亚美尼亚人采取措施以突出他们的民族身份，男性开始佩戴俄式皮帽并蓄须，[①] 而女性更加小心翼翼，她们不独自前往犹太人聚居区看电影或购物，大部分时间都在亚美尼亚区度过。

英国的统治政策既是导致阿犹暴力冲突频起的根源，也是造成当今巴勒斯坦问题的重要历史因素。尽管英国当局沿袭"米列特"制度，但与土耳其人相比英国在巴勒斯坦的统治有新的特点，它为中东引进了近代西方社会思想，促进了当地民族意识的觉醒，推动了基督教的传教工作，壮大了耶路撒冷的基督教社团力量，它还平等对待耶路撒冷所有的民族宗教社团，帮助其发展教育事业和文化事业，为社团培养出了大批科教文卫和专业技术人才。

亚美尼亚人希望借助英国的帮助来重建他们在耶路撒冷辉煌时期的文化，这项运动的发起人是宗主教雅各·图里安（Yeghishe Tourian），他是一位教育家、文学家兼任阿马仕神学院院长（1890—1914），1921 年当选为耶路撒冷宗主教。他积极倡导终身教育，号召所有在大屠杀中幸存的知识分子团结起来服务教育。他在耶路撒冷首创男女同校的教育制度，修建图书馆，对神学院课程进行现代化改革，发展印刷业。他的活动使耶路撒冷的亚美尼亚社区出现了欣欣向荣的景象。1931 年 12 月 1 日托克姆·柯塞因大主教继任耶路撒冷宗主教职位。这位昔日的代理主教延续图里安的事业，强调教育和启蒙知识的重要性，提升圣地亚美尼亚教会的地位并巩固宗主教区的财政基础。

作为耶路撒冷亚美尼亚宗主教中功绩最为卓著者，图里安和柯塞因利用自身的知识和人格魅力为亚美尼亚教会的后续发展奠定了稳固的基础，正是由于他们的努力，耶路撒冷的亚美尼亚社团变得繁荣强盛，他们的教

---

① 犹太男性通常戴着一种被称作费朵拉（fedora）的软呢帽，而阿拉伯男性则通常佩戴红白相间的贝都因头饰。

育事业为亚美尼亚社团培养出数以千计的知识分子，其中很多人至今仍在为亚美尼亚社团服务。1921—1948 年，受第二次世界大战和其他不稳定因素的影响，巴勒斯坦的局势一直不容乐观，但圣地亚美尼亚人的数量却增长到了 15000 人，[1] 与中东地区其他的民族宗教社团萎缩相比显得分外耀眼。

六 以色列统治时期的耶路撒冷亚美尼亚社团

1948 年阿以战争爆发，巴勒斯坦地区的亚美尼亚社团再次遭遇劫难，修道院弹痕累累，大约有 30 名亚美尼亚人遇难，人口锐减至 3000—4000人，[2] 集中生活在沿海城镇和耶路撒冷新街区的难民营里。战后，耶路撒冷分治，一部分难民离开巴勒斯坦，另一部分滞留在以色列边境无法返回家乡，后大多数移民至黎巴嫩、苏联、西欧或美国，而留在耶路撒冷的人重新建立家庭，开始新工作。圣救主堂（holy saviour）几百年来一直是亚美尼亚人的公墓，而战后其中一部分被以色列军队占领并开发，由于大多数亚美尼亚人生活在东耶路撒冷的亚美尼亚区，所以去世的人只能埋葬于修道院附近。战争促使少部分人离开以色列，分治后只有 800—1000 名亚美尼亚人仍生活在以色列境内，他们分布在雅法、海法和西耶路撒冷。亚美尼亚宗主教区在以色列境内拥一处修道士住所，这是东耶路撒冷亚美尼亚修道士与他们的同胞团聚的唯一固定居所，然而由于以色列政府禁止亚美尼亚人拜访东耶路撒冷的宗主教区，因而使西耶路撒冷的亚美尼亚人的宗教生活面临重重困难。

耶路撒冷的分裂使亚美尼亚宗主教区遭遇财政困难，教会的主要财富集中于以色列控制下的西耶路撒冷。后来以色列政府为拉拢基督教徒，逐步允许持有特别通行证的东耶路撒冷亚美尼亚人和其他基督教会的牧师穿越停火线，实现双方人员往来。1949 年以色列政府取消对宗教机构财产的监管，允许将它们收入中的一部分转汇至约旦，但是剩余部分要存放在以色列的银行。亚美尼亚人对此表示欢迎。到 20 世纪 50 年代中期，以色列境内的亚美尼亚宗教财产负责人每月向宗主教区汇款 500 镑。然而面对

---

① http：//www. cnewa. org/default. aspx？ID = 548&pagetypeID = 4&sitecode = HQ&pageno = 3.

② Edited by Anthony O'Mahony, *The Christian Communities of Jerusalem and the Holy Land*, University of Wales Press, 2003, p. 70.

宗主教区的高额开销，这可谓是杯水车薪。由于其宗主教区的财政赤字率高达60%，[①] 因而必须依靠海外捐赠维持。

1967年六日战争后耶路撒冷重获统一，亚美尼亚宗主教区收回了西耶路撒冷的财产。但损失在所难免，以色列禁止阿拉伯国家的亚美尼亚朝圣者前往圣地朝圣，亚美尼亚区中的阿拉伯人居住区被以色列征用，并入犹太人社区。合并到以色列的亚美尼亚人仍保留着约旦国籍，这种特殊身份使他们能够自由出入其他中东国家。1963年耶路撒冷亚美尼亚宗主教戴德里安在以色列政府的帮助下主持搁置已久的圣墓教堂修复工作，后与约旦、苏联确立外交关系。

据统计，1992年圣雅各兄弟会大约有50名成员，其中一多半分散在世界各地，为其他的亚美尼亚社团服务。20世纪70—80年代出现了一个针对土耳其的亚美尼亚恐怖组织——亚美尼亚地下解放军[②]（ASALA），土耳其政府声称该组织在耶路撒冷具有强大的影响力，因此1979年后土耳其当局禁止本国的亚美尼亚青年离开伊斯坦布尔前往耶路撒冷求学，土耳其的政策直接影响到了亚美尼亚神学院的生源，20世纪90年代神学院的学生数最低时降至20人。

20世纪的耶路撒冷笼罩在巴以冲突的阴云之下，面对全球化的趋势，圣地的亚美尼亚人难以继续维持曾经无视政治的传统，数度成为战争的受害者。同耶路撒冷的其他基督教人口一样，随着巴勒斯坦地区政治经济环境的恶化，当代耶路撒冷的亚美尼亚人也面临人口锐减的威胁。亚美尼亚社团的人口规模由1948年的16000人缩减到当今的不足3000人，[③] 主要生活在老城的亚美尼亚区中，一些富有的家庭定居在耶路撒冷的北郊和拉马拉。一部分教会学校的职员和教师定居在修道院。大多数亚美尼亚人从事个体小买卖和商业，他们居住在修道院外，主要在老城中心商业街的珠宝店和纪念品商店工作，或为游人拍摄纪念照等。此外，亚美尼亚人在某些手工业和贸易方面具有优势，如制陶业、金匠工艺、摄影、制药等领域。大多数亚美尼亚人喜欢经营家族企业，雇用少量的非亚美尼亚人，他

---

① Edited by Anthony O'Mahony, *The Christian Communities of Jerusalem and the Holy Land*, University of Wales Press, 2003, p. 71.

② 全称：Armenian Secret Army For The Liberation of Armenia，亚美尼亚激进组织，活跃于20世纪70—90年代。该组织要求土耳其政府公开承认1915年对亚美尼亚人的种族屠杀行径。曾制造恐怖袭击行动，20世纪80年代美国将其列为恐怖组织。

③ http：//www.cnewa.org/default.aspx? ID=548&pagetypeID=4&sitecode=HQ&pageno=3.

们很少从事公职或成为工薪阶层，选择自由职业的人更为稀少。

当代耶路撒冷的亚美尼亚社团从宗派角度划分，除了占主体地位的使徒教会以外，还有亚美尼亚天主教会。据记载，早在19世纪下半叶，耶路撒冷就有16名亚美尼亚天主教徒[1]，20世纪时教徒人数增至150多人[2]。此外，进入现代社会以后，耶路撒冷便出现了规模更小的亚美尼亚新教教徒，他们既没有明确的宗教信仰组织也没有普遍性的身份认同，只零星分布于向亚美尼亚人开放的各新教教会中。

---

[1]　Yehoshua Ben‑Arieh, *Jerusalem in the 19th Century—The Old City*, New York, St. Martin's Press, 1984, p. 192.

[2]　Edited by Anthony O' Mahony, *The Christian Communities of Jerusalem and the Holy Land*, University of Wales Press, 2003, p. 87.

第 十 一 章

16—18 世纪阿勒颇民族社团与宗教团体

　　阿勒颇是叙利亚第二大城市，也是世界最古老并持续有人居住的城市之一。其早期历史可追溯至公元前 2 世纪早期，这可从赫梯和马里①档案得到佐证。由于处于几条商道的交会点，阿勒颇成为地中海东岸通往小亚细亚、阿拉伯半岛、美索不达米亚平原、波斯等地的交通和贸易枢纽。正因如此，阿勒颇在这一时期曾是亚摩利人所建的亚姆哈德（Yamkhad）王国的都城，盛极一时。

　　公元前 800 至公元前 400 年，亚述人和波斯人相继统治叙利亚，阿勒颇被纳入他们各自的版图。公元前 333 年，阿勒颇被亚历山大大帝夺取，希腊人将这座城市称作"庇哩亚"（Beroea）。这一时期，阿勒颇是一座重要的贸易城市，连接着幼发拉底河和安提俄克（Antioch）。公元前 64 年，阿勒颇为庞培所夺取，从而成为罗马及后来拜占庭帝国的一部分。637 年，阿拉伯人将其纳入政治版图，并以"哈莱卜"（Halab）命名之。

　　10 世纪，哈木丹尼王朝以阿勒颇为都城，与阿拔斯王朝分庭抗礼。962 年，阿勒颇为拜占庭人攻占。十字军东征时期，阿勒颇频繁遭遇基督徒的争夺，但仍为穆斯林掌控。13 世纪，处于阿尤布王朝统治下的阿勒颇成为中东最美丽、最富活力的城市之一。

　　1260 年，阿勒颇被蒙古大军占领，不久又为马木路克王朝纳入版图。马木路克统治时代，贸易线路偏离阿勒颇，北方移到安提俄克，南方则通过帕尔米拉（Palmyra）。随着蒙古帝国的崩溃，东西方贸易线路再次回复到阿勒颇。奥斯曼土耳其崛起后，欧洲人同印度、中国的贸易转到海上，

---

　　① 上古西亚国家。

阿勒颇未能完全获得阿拉伯半岛以北区域的贸易中心地位。

1517 年，奥斯曼吞并叙利亚，并于 1549 年将伊拉克完全纳入帝国版图。军事征服形成的庞大帝国以及由此带来的和平安定的政治秩序，打破了人为制造的贸易壁垒，地中海到波斯湾的大片区域置于统一的中央权威之下，区域性政治地理的重新组合为阿勒颇的崛起奠定了坚实的政治地理基础。与此同时，西方世界的兴起使东西方贸易空前繁荣起来，阿勒颇超越大马士革成为奥斯曼帝国境内仅次于伊斯坦布尔和开罗的第三大城市。

络绎不绝的各方商人奔波在东西方贸易线上，作为贸易中转站的阿勒颇汇集了大批来自东西方的商人。奥斯曼土耳其人传统尚武，热衷圣战事业，鄙视商业。奥斯曼帝国境内外的穆斯林商人、基督徒商人、亚美尼亚人、希腊人、犹太人以及欧洲基督徒商人，成为奥斯曼帝国与西方基督教世界之间贸易的重要中介。

一 阿勒颇的基督徒社团

叙利亚基督徒商业社团在利凡特的出现，在奥斯曼时期的阿勒颇历史上占有重要地位。虽然阿勒颇是当时东西方的贸易中心，但对于许多当地人来说，只有基督徒是这一重要地理位置的受益者。早在 1600 年，阿勒颇的基督徒社团尚处于贫穷、懒散怠慢、愚昧无知、肮脏不堪的生活状态，一无是处。然而，在 17 世纪，基督徒社团特别是其中一部分人，命运发生重大改变，其关键因素在于阿勒颇与更广阔的外部世界建立了不断发展的商业关系。

1600 年，阿勒颇基督徒社团至少分为四个派别：希腊东正教徒、马龙派天主教徒、叙利亚东正教徒和亚美尼亚基督徒。

阿勒颇基督教社团中规模最大的当属希腊东正教徒，在欧洲的一些史料中，他们全部被当作希腊人，而叙利亚人则称呼他们为麦尔基派。尽管从阿勒颇当地的史料，包括在法庭记录里出现的一些人名来看，这个群体中除牧师以及一些偶尔漂泊于此的塞浦路斯人外，全都讲阿拉伯语而非希腊语。在奥斯曼统治时期的叙利亚，信仰希腊东正教的阿拉伯人在城市人口构成中最为众多。他们是基督教徒社团中被阿拉伯穆斯林主流文化和经济同化程度最高的团体，但是也是最穷的。根据曾于 17 世纪初到过阿勒颇的欧洲人比多尔夫（Biddulph）和泰谢拉（Teixeira）记载，这些人贫困潦倒。比多尔夫还不无歧视地说，这个城市的男人多是搬运工，女人多是妓女。[①] 然而，我们必须对这些描述持谨慎的态度，因为阿勒颇的东正教社团通常对欧洲人更加提防，他们认为与穆斯林相比，那些欧洲人在神学上所犯的错误更为严重。于是，阿勒颇东正教徒对欧洲人的厌恶之情，也反过来造成了欧洲人对东正教徒的鄙视，在欧洲人看来，当地希腊东正教徒们迷信无知，愚昧落后。不过，可以肯定的一点是，希腊东正教社区成员几乎没有任何经济影响力和政治权力。

与一直生活在阿勒颇的麦尔基派不同，另外三个派别多为移民社团。马龙派教徒起源于叙利亚北部，但是几个世纪前，他们已经移居到叙利亚和黎巴嫩的沿海山区。16 世纪早期，他们重新确立了与西方的联系，而这种联系在十字军东侵后曾一度中断。到 1600 年，他们因在各种各样的欧洲社团中做代理人和翻译而声名远播，同时凭借他们在黎巴嫩山区对生丝生产和丝品市场的主导地位，在利凡特贸易方面也非常活跃。我们不清楚在多大程度上阿勒颇的马龙派教徒是因为与西方的贸易往来而迁入阿勒颇城的，还是他们仅仅只是那些定居在叙利亚北部的圣徒马龙（Saint Marun）追随者的后代。但是不论他们来自哪里，他们的人口数量不多，尽管其群体是该城市里四个基督教社区中最富有的。[②]

叙利亚东正教徒也想在阿勒颇有名的纺织业中为他们自己谋求一席之地。到 17 世纪中期，他们在纺织条纹布（iraqi）方面已经有了自己的一套方法并因此出名。叙利亚东正教徒在丝绸纺织行业也占据着主导地位，纺织行业很大程度上集中在位于城内的朱达伊达（Judayda），这是一个由新基督教徒聚居的城郊地区，该地区在 17 世纪还拓展到城市的北部，叙利亚正教徒和亚美尼亚人也居住在那里。[③] 1640—1740 年，阿勒颇城市成年男性基督教徒的数量增长了 3 倍以上，多为来自哈马、霍姆斯和特里波利的阿拉伯人。[④]

---

① Bruce Masters, *The Origins of Western Economic Dominance in the Middle East*, New York and London: New York University press, 1988, p. 91.

② Suraiya Faroqhi, *The Later Ottoman Empire, 1603—1839*, Cambridge: Cambridge University Press, 2006, p. 169.

③ Bruce Masters, *The Origins of Western Economic Dominance in the Middle East*, New York and London: New York University press, 1988, p. 93.

④ Abraham Marcus, *The Middle East on the Eve of Modernity: Aleppo in the Eighteenth Century*, New York: Columbia University Press, 1989, p. 233.

各社团之间的关系不甚和谐，尽管他们都生活在城市中几个相同的街区中。这一方面是因为任何一个虔诚的教徒对那些他自认为的异教徒本能的不信任，而语言上的差异导致了各社区之间的隔离；另一方面源自奥斯曼帝国对基督教徒的政策。尽管米列特制度的仍然运转，但是奥斯曼官方不信任基督教徒的现象处处可见。奥斯曼征税对象是整个基督教徒，并不以具体社团为单位征收，四大基督徒社团需通过协商如何分配帝国向他们征课税款的份额。

17—18 世纪，日益增多的东正教徒放弃他们的信仰，皈依天主教。但是不管麦尔基派如何解释自己皈依天主教的倾向，这一改宗影响了其他三个基督教社团，他们也出现了改宗的倾向。早在 1625 年，法国天主教会就下令向阿勒颇派遣传教士，目的是争取东正教徒改宗，从而扩大法国在该地区的影响力。这一活动在路易斯十四（1643—1715）统治期间更加频繁，派往阿勒颇的法国领事馆的天主教牧师数量从 1670 年的 8 人增加到了 1681 年的 28 人。这波传教活动深刻凤愿，到 17 世纪中后期，阿勒颇大约有 3/4 的叙利亚东正教徒变成了天主教徒。别的宗教社团也有大量改变宗教信仰的人，但是 17 世纪后半叶，在法国传教士保管的改宗者名单上，占压倒性数量的是叙利亚东正教徒；而根据英国 1750 年的估算，当时只有 1/10 的麦尔基派信徒改宗天主教。[①]

由于能适应新的商业形势和新的环境，叙利亚的基督教徒在许多方面取代了穆斯林的商业角色。17 世纪，天主教耶稣会在阿勒颇建立一所学校，旨在使信教者远离传统教堂。该学校的课程有阿拉伯语、希腊语和意大利语，目的是使其学生能应对叙利亚不断变化的经济形势。不久，越来越多的欧洲人到该学校学习。

与埃及人的贸易合作使基督教徒形成一个明显的优势，该优势使他们能超越他们的穆斯林竞争对手。纵观 17 世纪的大部分时期，就控制沿海航运范围而言，东部地中海的居民占据了该水域进行的大部分贸易。尽管欧洲商船已经垄断了在中东和欧洲之间的通商航行，但从叙利亚海岸至埃及、塞浦路斯和安纳托利亚的海上贸易仍掌控在奥斯曼帝国的手中。一些小型货船从事的贸易基本上都是由塞浦路斯希腊人操控的，叙利亚水手参与其中。

---

① John Joseph, *Muslim – Christian Relations and Inter – Christian Rivalries in the Middle East*, State University of New York Press, 1983, p. 40.

奥斯曼法律鼓励当地海员持续控制贸易。据阿勒颇的史料记载，1640年10月23日，朱尔法亚美尼亚商人从欧洲返途中，首次停泊塞浦路斯，并在此用奥斯曼货船把他们的货物销往叙利亚海港帕亚斯（Payas）。发表于1702年4月2日的一条针对阿勒颇的海关条例规定，沿着那些相同的路线，今后凡是来自伊斯坦布尔、伊兹密尔、塞浦路斯、特里波利或亚历山大的威尼斯商人，只要他们是从国界外部踏入这座城市就得缴纳海关关税，之前他们无须交税。1702年税法法规改变前，利用奥斯曼货船的主要因素是，欧洲领事允许当地对到达伊斯肯德伦的欧洲商船征收额外的赋税，奥斯曼商船上的欧洲商人只需要按照奥斯曼帝国内部的税率纳税，有时税率甚至低于这一水平。① 这种海上贸易占奥斯曼经济总量的一半，包括把特里波利和伊斯肯德伦的橄榄油和肥皂运往伊斯坦布尔，在伊斯坦布尔这两种商品的价格是叙利亚的两倍；这些产品数量很大，而且是相对低廉的生活用品，适宜用船运。此前，这类货物都由陆上商队运输，显而易见，欧洲船运的发展不仅影响了当地海员的生活，还影响了本土陆路商队的生意。

18世纪早期，欧洲势力在利凡特沿海贸易中不断加强，给叙利亚的基督商人提供了前所未有的机会。相较于其他人，法国人当然更偏爱自己的同类——天主教徒，同样，英国人更喜欢基督徒而非穆斯林。这源于他们害怕一旦与穆斯林产生纠纷则面临伊斯兰法庭审判的被动局面。考虑到这一形势，利凡特公司在1673年12月23日颁布一条命令，明文禁止在英国货船上搭载穆斯林或他们的货物。但颁布于1698年和1704年、针对伊斯肯德伦和达米埃塔（Damiette）的命令，却规定可以向搭乘英国船只的穆斯林商人征收领事签证费，我们可以猜测穆斯林当时并没有被英国海运完全禁止。尽管如此，英国仍明显偏爱基督教徒，他们觉得相较于欧洲人（不管这种想法正确与否），当地基督教徒在穆斯林法庭审讯中处于较为不利的地位。②

欧洲船只控制了地中海东部和阿拉伯海的海上交通。由欧洲竞争和伊朗经济衰退而导致的贸易模式的改变，意味着必须和欧洲人进行贸易活动。尽管这不能阻止穆斯林参与到商业中来，但却给那些熟悉欧洲人语言

---

① James D. Tracy, *The Rise of Merchant Empires*, Cambridge, MA: Cambridge University Press, 1990, p. 156.

② Ibid. , p. 159.

和精于商业运作的人带来优势。当叙利亚基督徒发现了一个从未梦想过的充满机遇的新世界时，叙利亚穆斯林却发现他们的世界越来越小，越来越受到限制。

二　阿勒颇的亚美尼亚商人社团

数个世纪以来，亚美尼亚人在利凡特地区的贸易中扮演着非常重要的作用。在西里西亚亚美尼亚王朝于 1375 年被马木路克王朝征服前，他们通过阿亚斯港（Ayas）控制着东西方贸易。随着西里西亚王国的衰落以及伊朗丝品在欧洲市场重要性的增强，亚美尼亚商人在其横跨土耳其—伊朗边境的古老家园再一次占据重要地位，此时他们主要充当贸易代理人的角色。1600 年，亚美尼亚人在伊朗商贸领域的显赫地位再次建立，但是与一个世纪之前相比，其社团成员数量大大减少。[①]

16 世纪大部分从事丝品贸易的伊朗亚美尼亚人大多来自一个名为朱尔法的城镇，该镇位于阿拉克塞斯（Araxes）河畔。故此，阿勒颇的英国商人将所有的亚美尼亚人称为朱尔法人（Chelfalines），而不论他们实际起源于何处。对于英国人而言，朱尔法亚美尼亚人是个外来群体，甚至在 1600 年朱尔法亚美尼亚人依然被看做伊朗丝品贸易的关键所在。威廉·比多尔夫（William Biddulph）曾记载，米尔法亚美尼亚人世居波斯与美索不达米亚之间，这使他们能够带着伊朗的丝品前往阿勒颇。他们是一群爽快的人，如果有人付给他们钱，那么会带给比你所付的更多的钱，一旦他们看准这桩买卖，不出数日他们就会带回丝品，并将其贮存起来。如果他们没有还钱或者贩回丝品，那么说明他们客死他乡永远不会回来了。他们的同伴会告诉外人他们住到了一个名为伊甸园（Eden）的地方，那里是亚当生活的地方。[②]

尽管经济势力雄厚，但是 1604 年朱尔法作为商业中心遭遇重大挫折。这一年，阿巴斯大帝面对日益逼近的奥斯曼军队，命令包括朱尔法亚美尼亚人在内的人们内迁。朱尔法亚美尼亚人在这位伟大的国王资助下，重新

①　Bruce Masters, *The Origins of Western Economic Dominance in the Middle East*, New York and London: New York University press, 1988, p. 82.

②　James Mather, *Pashas: Traders and Travellers in the Islamic World*, New Haven and London: Yale University Press, 2009, p. 87.

兴旺发达起来。阿巴斯大帝将他们安置在首都伊斯法罕郊区一个名为新朱尔法的地方，并且授权该社团垄断国家丝品贸易。这一垄断权一直持续到阿巴斯大帝的继承者萨非一世时才被取消。尽管如此，在没有官方授予垄断权的情况下，这些亚美尼亚商人还是通过其同胞在波兰和印度的商业扩张有效控制着伊朗的出口贸易。①

朱尔法亚美尼亚商人也在阿姆斯特丹建立起自己的社团，在那里他们的社团成员发展到大约 100 人的规模，并且声称拥有自己往返于利凡特与荷兰之间的船队。亚美尼亚人发展的商业类型与先前几个世纪所进行的贸易方式如出一辙，亚美尼亚商人或许从未像英国人那样发展出公司股份的融资方式，但是他们在其成员间却拥有一张庞大的商业网络。该网络对社团中的准商人提供经验培训，如通过印制的手册指导那些年轻商人。经过培训，他们成长为同其西方竞争对手那样老练的商人。

尽管这个商业网络的动力很大程度上来自伊朗的亚美尼亚人，但是他们的成功无疑对于其生活在奥斯曼帝国境内的同胞产生了巨大影响。1600年，阿勒颇亚美尼亚社团中大部分具有影响力的成员都来自朱尔法，伊朗的亚美尼亚人甚至构成了该社团的主体。从阿勒颇城内现存的一些墓碑来看，这些墓碑的雕刻年代至少在 1571—1659 年，45 位墓主中的 29 位确定来自朱尔法。②

伊朗亚美尼亚商人在阿勒颇的出现，促成了该城整个亚美尼亚社团的繁荣。随着阿勒颇亚美尼亚客商经济、文化地位的提高，一些新教堂得以建立。曾于 1581—1601 年担任锡斯（Sis）大主教的朱尔法亚美尼亚人阿扎里亚（Azaria）转任阿勒颇。到 17 世纪中期，阿勒颇已成为事实上的教会驻地，并对历史上位于埃奇米阿津的宗教中心地位发起挑战。

17 世纪早期，对于亚美尼亚人而言，阿勒颇经济和文化的发展与安纳托利亚地区的动荡密切相关，这一重要性吸引着奥斯曼亚美尼亚人迁入阿勒颇。在奥斯曼帝国法律之下，乌玛的理念并未在法律上将奥斯曼帝国的亚美尼亚人与伊朗的亚美尼亚人区别开来。

1690 年，奥斯曼帝国颁布了一项法令，免除了亚美尼亚人作为非穆

---

　　① Rudolph P. Matthee, *The Politics of Trade in Safavid Iran: Silk for Silver, 1600—1730*, Cambridge: Cambridge University Press, 1999, p. 118.

　　② Bruce Masters, *The Origins of Western Economic Dominance in the Middle East*, New York and London: New York University press, 1988, p. 87.

斯林缴纳的人头税"吉齐亚"。1724 年，奥斯曼帝国政府同意让伊朗国王派出代表全权处理那些在奥斯曼帝国领土范围内去世的伊朗人所留下的财产。虽然这种做法不同于奥斯曼帝国所授予，与奥斯曼—欧洲议定书对应的治外法权这一惯例，在奥斯曼帝国，散居的伊朗亚美尼亚人已经获得了作为商人最为重要的特权。

虽然奥斯曼出于征税和授予法律地位的目的而对伊朗和奥斯曼帝国的亚美尼亚人进行区分，但 17 世纪末期，阿勒颇的亚美尼亚人和安纳托利亚亚美尼亚人丝品贸易频繁，模糊了奥斯曼亚美尼亚人和伊朗亚美尼亚人的区别。同时，商队运到阿勒颇的丝品大多数是由亚美尼亚人经营的，这项贸易不再专属新朱尔法人。

阿勒颇的英国代理商和几乎垄断整个丝品贸易的亚美尼亚人之间的矛盾日益激烈。亚美尼亚人开始认为东印度公司在窃取伊朗丝品贸易上竞争力不强，且英国人在不定期安排的情况下不能直接到伊朗旅行经商。1689 年，利凡特公司在埃尔祖鲁姆成立了分公司与伊朗进行贸易，该公司于 1691 年开始运营，但两年后关闭，原因是影响了公司在伊兹密尔和伊斯坦布尔的运作。[1] 尽管英国 1693 年下令将贸易撤至沿海地区，但分公司继续在安卡拉以买卖马海毛维持多年。1706 年 3 月，一伙暴徒袭击驻地的英国商人，迫使他们到阿勒颇一家商队客栈避难，后被奥斯曼军队解救。该事件使英国放弃了在奥斯曼帝国腹地经商的机会，内陆贸易于是完全由亚美尼亚人掌控。

利凡特公司被强迫加入亚美尼亚的商业贸易中，如 1791 年新朱尔法的客商邀请他们携带其商品来阿勒颇。亚美尼亚商人没有被禁止进入英国，相反，英国人还给予他们荷兰人在英国所能享有的自由。个别亚美尼亚人出现在伦敦，但其商业活动受到了利凡特公司的排挤，该公司垄断了英国进口地中海东部产品和出口奥斯曼帝国的贸易。

垄断使亚美尼亚人必须直接和英国人进行贸易。通过贿赂英国代理将其商品以代理人的名义装入利凡物公司商船。这样的非法操作对于一些代理人而言显然极具诱惑，虽然公司三令五申禁止这一行为。如常住伦敦的亚美尼亚人阿鲁丁·乔治（Arutin George）一直在从事这项违法活动。他原是利凡特公司驻伊兹密尔的翻译，他在伊兹密尔经商的兄弟和在利沃诺

---

① Suraiya Faroqhi, *The Later Ottoman Empire*, *1603—1839*, Cambridge: Cambridge University Press, 2006, p. 162.

的姐夫一起成立了辛迪加（联合企业），利用他和利凡特公司代理人的联系非法运送商品进出伦敦。1710 年，公司下令处罚帮助从事这些活动的英国人，即征收被没收商品价值的 20% 作为罚款。不过，是否禁止亚美尼亚人登上英国船只，此后尽管争论不断，但不可能完全有效地遏制。①

　　18 世纪早期，萨法维王朝衰落，盛产蚕丝的伊朗吉兰和马赞德兰地区为俄国占领，亚美尼亚人逃离上述地区，伊朗生丝业在产销两方面均遭重创。作为阿勒颇贸易的主营项目，伊朗生丝因战乱产量锐减，后来虽有所恢复，但颓势已不可挽回，仅有的产量还转道他处出口。货源几近断绝给这座以贸易起家的古城沉重的一击，亚美尼亚人的商业阵地随之转移到日渐兴盛的伊兹密尔等地。

三　阿勒颇的犹太商人社团

　　奥斯曼国家宗教宽容政策，使帝国成为 16 世纪初塞法迪犹太人的避难所。15 世纪晚期至 16 世纪早期，自西班牙和南意大利被驱逐的犹太人定居到奥斯曼帝国境内，阿勒颇和大马士革自然也成为犹太人迁居的目的地，包括操阿拉伯语的犹太人，这些新移民同其他欧洲国家以及地中海其他区域的塞法迪犹太人进行贸易。意大利里窝那（Livorno）的犹太人皮乔托（Picciotto）家族便是其重要的贸易伙伴。很多阿勒颇犹太人尽管来自西班牙，阿拉伯语却是犹太社团的日常用语。除了欧洲外，安纳托利亚、叙利亚和伊朗等地也是阿勒颇犹太人的来源地。

　　经商的散居犹太人、塞法迪犹太人与利凡特公司形成一定的竞争关系。在收复失地运动中被迫逃离伊比利亚半岛的犹太人组成了广泛的团体，其成员分布于众多地中海周边城市。尽管塞法迪犹太人的主要文化和商业中心位于意大利，从 16 世纪开始，他们在奥斯曼帝国逐步构建起一股重要的商业势力，在伊兹密尔和萨罗尼卡（Salonica）建立起规模庞大的团体。到 1600 年，阿勒颇也成立了这样的社团。

　　1672 年，在阿勒颇登记的有 380 户犹太家庭，其中 73 户是塞法迪犹太人，其他是阿拉伯犹太人（Araban‐ı Halep Yehudileri）。虽然吉齐亚户

---

　　① Abraham Marcus, *The Middle East on the Eve of Modernity*, New York：Columbia University Press, 1989, p. 139.

籍册没有登记成年男子的实际人数，但从塞法迪犹太人和阿拉伯犹太人家庭之间的比例大致对应其各占整个犹太社团的比例推断塞法迪犹太人在所有犹太人中占很大的比例。①

塞法迪犹太人并不钟情于对某种具体商品或某条商路的控制，他们也很少作为欧洲各国商人的中间商，因此大多数经商的犹太人普遍得不到外来者的信任。尤其是英国人，厌恶和他们进行商业交易。英国人的不信任反映在利凡特公司于 1713 年给它在伊斯坦布尔、伊兹密尔和阿勒颇的贸易代表下达的指令中，公司要求不得雇用犹太人作为公司的翻译。正如其禁止亚美尼亚人直接将地中海东部商品出口到英国一样，这一禁令也代表英国对犹太人的不信任和面临竞争的担忧，正如 1694 年、1696 年送往伦敦的报告所反映的，警告葡萄牙犹太人的商业活动正冲击利凡物公司同奥斯曼帝国、地中海各港口的商业联系。但是也有不同看法，如在阿勒颇的英国领事 1722 年 9 月 19 日在一封信中写道：应该保护意大利犹太人的商业活动，提供一个机会以证明他们相比于过去更为真诚。②

在阿勒颇，塞法迪犹太人拒绝西方主要商业国家的保护，转而寻求法国人的支持。具有讽刺意味的是，在 1682 年犹太人被马赛当局排斥的同时，却在阿勒颇得到了法国的人保护。但是，显然从一开始，这一保护就毫无平等可言。法国在 1673 年所签署的协议中，英国人所需缴纳的税率从 5% 降至 3%，但其保护下的犹太商人仍然需付 5% 的税率。③

因为这种敌意，大多数犹太商人寻求其他保护人，到 1750 年，他们大多得到威尼斯人的保护，也有少数人获得英国人的保护。由于欧洲商人的不信任，奥斯曼帝国虽然给予塞法迪犹太人一定特权，但无力与利凡特公司竞争。因此，被迫转而从事其他贸易，如安哥拉羊毛这些英国商人不感兴趣，仍未涉足的行业。到 18 世纪中期，他们在叙利亚的经济地位也被叙利亚基督徒中崛起的商业新人所取代。

---

① James Mather, *Pashas: Traders and Travellers in the Islamic World*, New Haven and London: Yale University Press, 2009, p. 201.

② Bruce Masters, *The Origins of Western Economic Dominance in the Middle East*, New York and London: New York University press, 1988, p. 113.

③ Ibid. .

四　阿勒颇的欧洲商人社团

叙利亚居留的欧洲人，被当作教派来对待，服从本教教长的法律，享受奥斯曼赋予他们的治外法权。1521 年，威尼斯人首先获得这种权利；1535 年和 1580 年法国和英国人分别获得这一特权。①

1570—1573 年，法国与威尼斯为争夺地中海的商贸利益发生战争。战争以法国的胜利告终，威尼斯商人曾经垄断的商业空间被迫同法国人共享，这一进程极大地促进了法国人的商业利益。与此同时，英国商人也开始考虑直接同利凡特进行贸易的可行性。虽然 16 世纪 80 年代之前，东地中海同英国之间的贸易仍由威尼斯人操控，但在 16 世纪 20 年代，英国的商船已经航行到地中海地区，造访了西西里王国、克里特岛和开俄斯。1553 年，英国人詹金森冒险进入奥斯曼帝国境内，到达阿勒颇并定居于此，他成功地得到同威尼斯人、法国人相同的贸易机会。1580 年，英国人获得治外法权后，揭开了西方国家争夺帝国贸易的序幕，法国和英国竞相向奥斯曼帝国争取更多的权利，期望以此打败对手。

由于伊朗生丝成为世界市场上廉价生丝的大宗，诞生中的欧洲丝织工业的需求提高了阿勒颇的重要性，这一状况一直持续到 17 世纪末叶孟加拉蚕丝业的兴起。② 但伊朗人始终未能提高他们的生丝产量，在阿勒颇市场上伊朗生丝贸易竞争激烈。东地中海贸易的老手威尼斯人，一个多世纪以来，在阿勒颇贸易市场占据着无可争议的老大地位，由于生丝贸易竞争中新产品的出现和新的组织形式的出现，他们的地位受到了来自法国人、英国人和荷兰人的威胁。

经过残酷的竞争，英国人获得东地中海贸易的支配性地位、法国人部分获得成功，与此同时，威尼斯人失败。英国利凡特公司独占东地中海贸易的鳌头。随之，生丝成为 17 世纪英国唯一从欧洲以外进口的重要

---

① ［美］菲利浦·希提：《阿拉伯通史》，马坚译，新世界出版社 2008 年版，第 664 页。

② Chaudhuri, *The Trading World of Asia*, New Haven and London: Yale University Press, 1988, pp. 343 – 353.

商品。①

　　威尼斯人可以在意大利购到生丝，而且它的丝织业集中于高档丝织品，中东次等的生丝对它用处不大，因而威尼斯人不像英国人那样参与对伊朗生丝的竞争，而伊朗生丝对英国丝织业却不可或缺。进一步讲，威尼斯的手工业落后于西北欧，它的商人不像英国人和荷兰人那样，手中拥有较多种类的手工业制品可以在地中海东岸的市场上进行大量以货易货的贸易。威尼斯人在易货贸易中手段僵化，他们坚决拒绝用金属货币偿付买进的商品，从而削弱了竞争力。而英国人则不同，只要能做成生意，他们始终乐意支付金属货币，这正投亚美尼亚人所好。然而，英国人的支配地位一经建立，他们便重新确立起一套同先前威尼斯人所运用的极为相似的易货贸易政策。同时，比在交易中使用贵金属而获益更具决定性意义的是，英国人带来的毛纺布是该地区最受叙利亚消费者和伊朗的亚美尼亚人欢迎的欧洲商品。消费者对毛纺布的接受减轻了英国商人对现金的依赖，并且为英国纺织品打开了广阔的市场。短时间内，对叙利亚和伊朗出口的欧洲毛纺布成为利凡特贸易中的主要项目。据估计，17 世纪 80 年代后期，出口到中东的毛纺布达到峰值，其中，每年出口到阿勒颇的毛纺布大约为6000 匹，这些毛纺布最远流向伊朗。② 在叙利亚，毛纺布取代当地粗布，主要用于制作人们外出穿着的长袍。毛纺布贸易的发展使利凡特公司与英国纺织品生产商之间形成联盟。利益的一致，有助于解释利凡特公司在伦敦所拥有的一定政治影响力。③

　　英国人拥有的最大优势在于其贸易公司的结构。该结构使英国商人能够在集体对付奥斯曼官员的同时，允许个人主动求利。个人只对伦敦公司总部为他提供贸易资本的股东负责。实际上，员工个人之间往往彼此直接竞争。正是这种力量与弹性的结合，使威尼斯人在竞争当中败下阵来。

　　然而，威尼斯人无力改进他们的贸易传统，因为他们面临来自奥斯曼帝国的多重外部挑战，奥斯曼人正寻求在地中海将威尼斯人的商站抢夺过

---

　　① Ralph Davis, *English Imports from the Middle East 1580—1780*, London and New York: I. B. Tauris & Co Ltd., 1970, p. 196.

　　② Chaudhuri, *The Trading World of Asia*, New Haven and London: Yale University Press, 1988, p. 116.

　　③ Ibid., pp. 278 - 281.

去。争夺的高潮是 1669 年克里特岛战争，威尼斯战败，被迫将该岛割让给奥斯曼帝国。战后，威尼斯在贸易上对西北欧商人不再具有竞争力。加之它的产业落后于对手，① 所以，随着生产者与消费者直接贸易关系的形成，作为东西方贸易中间人的身份成为多余。

法国人同威尼斯人一样，也面临类似问题。他们的商人受控于马赛贸易委员会（the Marseilles Chamber of Commerce），缺乏利凡特公司商人享受的制度自由。他们的纺织业技术革新步伐落后于英国，他们的产品质量至少在 17 世纪总体上劣于阿勒颇市场上的竞争者。② 结果，17 世纪初威尼斯人还将法国人视为其最强有力的竞争对手，但到该世纪末，法国人竟同威尼斯人一样，几乎从阿勒颇市场上消失了。

由于在阿勒颇的贸易竞争中的失败，法国人将其在叙利亚的商业利益重新定位于特里波利。在那里，他们可以收购到黎巴嫩山地区的生丝，货源较为充足，但质量逊于伊朗生丝。这一重新部署反映在 17 世纪末期马赛同地中海东岸各港口之间的贸易数额：伊斯坦布尔，70 万里弗；伊兹密尔，80 万里弗；阿勒颇，40 万里弗；西顿，45 万里弗；特里波利，20 万里弗，以及埃及，120 万里弗。同阿勒颇的贸易额较 1671 年下降了，据记载，当年马赛同阿勒颇的贸易额为 165 万里弗。③ 相比较而言，阿勒颇对英国变得非常重要。英国经利凡特公司出口到奥斯曼帝国的商品总额在 1663 年达 367595 英镑，而同年的进口额为 167661 英镑。该公司中贸易额的大约一半是在阿勒颇完成的。同年，英国经垄断亚洲其他地区贸易的东印度公司的出口额为 175116 英镑，而该公司 1664 年的进口为 138278 英镑。④ 这使中东成为英国在欧洲以外地区的主要贸易区域。

五　18 世纪阿勒颇贸易优势地位的丧失和团体的解体

阿勒颇的贸易优势地位在 18 世纪上半期终结，这座曾经风光一时的

---

① Bruce Masters, *The Origins of Western Economic Dominance in the Middle East*, New York and London: New York University Press, 1988, pp. 88—105.

② Daniel Goffman, *The Ottoman Empire and Early Modern Europe*, Cambridge: Cambridge University Press, 2002.

③ Suraiya Faroqhi, *The Later Ottoman Empire, 1603—1839*, Cambridge: Cambridge University Press, 2006, p. 374.

④ Chaudhuri, *The Trading World of Asia*, New Haven and London: Yale University Press, 1988, pp. 507 – 508.

贸易中转城市从此便江河日下了。首先，最致命的打击是主营项目蚕丝贸易来源的枯竭。18 世纪早期，阿富汗人不断反抗波斯人的统治，曾经辉煌一时的萨法维王朝轰然解体。北方的强邻沙皇俄国趁火打劫，占领盛产蚕丝的吉兰和马赞达兰等地区。连续的战乱使养蚕业和丝品贸易受到严重影响，阿勒颇的贸易受到沉重打击。仅有的蚕丝产量中，相当部分分流到俄国，进入俄国的伊朗生丝或进一步流向欧洲，或用于俄国本身的丝织工业。这使上述地区从利凡特贸易系统中剥离出来，未能向外输出更多的丝品。

其次，18 世纪奥斯曼帝国政治的分裂，切断了阿勒颇同帝国内部其他地区的有机联系。阿勒颇所属的叙利亚和邻近的伊拉克部落、家族势力强大，奥斯曼以强大的军事力量征服这些地区后，这些势力得到遏制。由于这些势力根深蒂固，中央或行省政府历来对他们无可奈何，只要他们服从中央和地方政府，政府就让他们存在下去。但这些势力仅仅表面服从，一旦政府权力衰弱，他们就在自己的势力范围内割据自立，对民众搜刮掠夺，无所不为。奥斯曼帝国统治后期，由于政治腐败，经济萧条，对外战争连吃败仗，帝国内部掀起连绵的起义和暴动，以及封建统治阶层内讧，更严重削弱了帝国的根基。在奥斯曼帝国的版图内，笼罩着封建无政府状态，阿拉伯人、希腊人、库尔德人、亚美尼亚人、斯拉夫人反抗异族统治的人民运动和起义，震撼着帝国腐朽的封建统治。奥斯曼封建制度濒临崩溃的边缘。

在这一历史背景下，16 世纪阿勒颇兴起的地缘环境此时已荡然无存，奥斯曼帝国前期形式上的一统天下已为一件四分五裂的政治百衲衣所替代，奥斯曼土耳其人军事征服所造成的地理上的整合重新被打破。加上连年的兵荒马乱，彻底打破了这一区域的和平安宁。1831—1840 年，埃及对叙利亚的入侵造成巨大的动荡。1860 年，叙利亚 3 万多名基督徒被屠杀①。这无疑对阿勒颇商业活动造成了极大的破坏。

再次，作为副港的伊斯肯德伦的局限性，使阿勒颇的优势地位逐步丧失。17—18 世纪，伊兹密尔日益崛起，成为伊朗生丝贸易的主要中转市场。商人们在通往阿勒颇的路上要被课以较之去伊兹密尔更高的税。这样，伊兹密尔的兴起与伊斯肯德伦港的兴起形成了一个有趣的对比，后者

---

① ［德］卡尔·布罗克尔曼：《伊斯兰各民族与国家史》，孙硕人等译，商务印书馆 1985 年版，第 421 页。

是作为对特里波利当权者贪得无厌的反应而得以加速发展起来的。法国旅行家让—巴提特·塔维涅（Jean – Baptite Tavernier）在 17 世纪前半叶的记录表明，商人从大不里士到伊兹密尔沿途需付的通行费为 36 库鲁或 37 库鲁。同一世纪下半叶，另一位法国人德阿维约克斯（d'Arvieux）勋爵记载说，去阿勒颇需付高额的税费，迫使亚美尼亚商人将他们的生意从阿勒颇转移到伊兹密尔，利凡特公司驻阿勒颇的代理人在信中经常反复对这一状况进行指责。①

到 18 世纪，经伊兹密尔转口到欧洲的商品数量已实际上超过阿勒颇。但这时，伊朗丝品贸易已接近枯竭，安纳托利亚内陆贸易区的产品——羊毛、棉花、烟草以及水果——成为伊兹密尔出口商品的大项。

最后，工业革命后海运建立了对传统陆运的绝对优势，这是导致阿勒颇衰落最根本的原因。16—17 世纪，欧洲人通往东方的新航路尽管已经开辟，但由于当时航海技术落后，航海设备简陋，以及海上航行受到自然条件的严苛限制，只有少量的东西方贸易是经新航路进行的。陆路贸易之于海路贸易的优势仍非常明显。"陆上活动与海上活动是不对称的。在多数时间里，海上活动对陆上活动的影响不如陆上活动对海上活动的影响大。几乎所有的港口城市都与延伸到内地偏远地方的商路有一种兴衰与共的关系，有时还与遥远的跨大陆地区、尤其中亚有一种共生关系。"② 进入 18 世纪，东西方的陆路贸易仍然显示出极强的适应性。甚至欧洲人从东南亚持续增长的香料进口，也至少有一部分是沿古老的贸易路线到达中东的。③ 尽管阿勒颇市场上这些商品的价格很高而使转口欧洲无利可图，但只要驼队运输仍保持低成本，这些商品便可在当地与跨大西洋或经好望角海运而来的同类商品的竞争中占据优势地位。部分中东商人比欧洲商人接受较低贸易利润空间的意愿是驼队贸易继续存在的关键，只要驼运成本低于海运成本，便有盈利的潜力。18 世纪中叶，自英国肇始的工业革命及其为人类社会带来的巨大变革逐步地、永久性地改变了这一现状。随着机器带动的轮船和火车的应用和推广，天平永久性地向海运倾斜。靠陆路

---

① Rudolph P. Matthee, *The Politics of Trade in Safavid Iran*, Cambridge：Cambridge University Press, 1999, pp. 34 – 36.

② ［德］贡德·弗兰克：《白银资本——重视经济全球化中的东方》，刘北成译，中央编译出版社 2008 年版，第 83 页。

③ Bruce Masters, *The Origins of Western Economic Dominance in the Middle East*, New York and London：New York University press, 1988, p. 197.

贸易发家的阿勒颇终于为历史的潮流所击垮。

对于阿勒颇来说，历史和地理的机缘让它从转口贸易中获益 200 年。这一惬意的处境使阿勒颇的商人得到伊朗养蚕人和英国细布纺织工部分劳动积累的盈余。买进和卖出国外的商品使阿勒颇从中积累的财富、西欧人对亚洲原材料特别是伊朗丝品持续增长的需求，以及奥斯曼帝国提供的安全环境使阿勒颇成为八方商贾的天然聚集地。作为一个商业中转站，阿勒颇以及已有几百年经商史的穆斯林商人从经过他们领土的亚欧贸易中获利。然而，17—18 世纪世界贸易模式的变化，标志着这种传统的终结，新技术使西方的轮船取代了驼队。随着在转口贸易中作为竞争者地位的降低，阿勒颇的商人发现他们自己与西方处在一种陌生的关系中。他们不再是叙利亚以外地区商品的中间人，转而成了当地农产品向欧洲人的经销者。

然而，到 19 世纪，尤其是苏伊士运河开通后，上述区域对外贸易直接与欧洲联系在一起，阿勒颇这样的内陆贸易中心便被地中海沿岸的城市所取代。

商人是逐利的群体，"天下熙熙皆为利来，天下攘攘皆为利往"。阿勒颇贸易环境和条件的不断恶化促使作为阿勒颇商人团体主力的外商移师他处，另辟生财之路。

参考文献

1. [以色列] 阿巴·埃班：《犹太史》，阎瑞松译，中国社会科学出版社1986年版。

2. [英] 爱德华·吉本：《罗马帝国衰亡史》上册，商务印书馆1997版。

3. [以色列] 埃利·巴尔纳维主编：《世界犹太人历史：从〈创世记〉到二十一世纪》，刘精忠等译，黄民兴校注，中国人民大学出版社2007年版。

4. [英] 埃里克·霍布斯鲍姆：《民族与民族主义》，李金梅译，上海人民出版社2000年版。

5. [法] 布罗代尔：《15—18世纪的物质文明、经济与资本主义》第2卷，顾良、施康强译，生活·读书·新知三联书店1993年版。

6. [美] 保罗·梅尔：《约瑟夫著作精选》，北京大学出版社2004年版。

7. [美] 本尼迪克特·安德森：《想象的共同体：民族主义的起源与散布》，吴睿人译，上海人民出版社2003年版。

8. [英] 伯纳德·刘易斯：《现代土耳其的兴起》，范中廉译，商务印书馆1982年版。

9. [英] 伯纳德·路易斯：《中东：激荡在辉煌的历史中》，郑之书译，中国友谊出版公司2000年版。

10. [美] 戴维森：《从瓦解到新生：土耳其的现代化历程》，张增建、刘同舜译，学林出版社1996年版。

11. [德] 恩格斯：《土耳其问题》，见《马克思恩格斯全集》第12卷，人民出版社1998年第2版。

12. [美] 菲利普·希提：《阿拉伯通史》，马坚译，新世界出版社2008年版。

13. [英] 弗朗西斯·鲁宾逊主编：《剑桥插图伊斯兰世界史》，安维华、钱雪梅译，世界知识出版社2005年版。

14. [德] 贡德·弗兰克：《白银资本——重视经济全球化中的东方》，刘北成译，中央编译出版社2008年版。

15. [英] 基托：《希腊人》，上海人民出版社1998年版。

16. [德] 卡尔·布罗克尔曼：《伊斯兰各民族与国家史》，孙硕人等译，商务印书馆1985年版。

17. ［英］罗素：《西方哲学史》上卷，商务印书馆1982年版。

18. ［美］刘易斯·芒福德：《城市发展史——起源、演变和前景》，宋俊岭、倪文彦译，中国建筑工业出版社2005年版。

19. 《古兰经》，马坚译，中国社会科学出版社1996年版。

20. 马克思：《东方战争》，见《马克思恩格斯全集》第13卷，人民出版社1998年版。

21. 马克思：《关于瓜分土耳其的文件》，见《马克思恩格斯全集》第13卷，人民出版社1998年版。

22. 马克思：《马克思致恩格斯》，见《马克思恩格斯全集》第28卷，人民出版社1973年版，第255页。

23. 马克思：《叙利亚事件——英国议会会议——不列颠的贸易状况》，见《马克思恩格斯全集》第15卷，人民出版社1963年版。

24. 马克思：《宣战。——关于东方问题产生的历史》。

25. 《马克思恩格斯全集》第9卷，人民出版社1961年版。

26. 《马克思恩格斯全集》第38卷，人民出版社1972年版。

27. ［英］M. M. 波斯坦、D. C. 科尔曼彼得·马赛厄斯主编：《剑桥欧洲经济史》第2卷，王春法主译，经济科学出版社2002年版。

28. ［英］诺曼·所罗门：《当代学术入门犹太教》，赵晓燕译，辽宁教育出版社1998年版。

29. ［美］乔尔·科特金：《全球城市史》，王旭译，社会科学文献出版社2006年版。

30. ［美］R. E. 帕克：《城市社会学》，华夏出版社1987年版。

31. ［埃及］萨阿德·埃丁·易卜拉欣：《阿拉伯世界中的民族冲突与建国》，《国际社会科学杂志》（中文版）1999年第2期。

32. ［美］西·内·费希尔：《中东史》，姚梓良译，商务印书馆1979年版。

33. ［美］斯塔夫里亚诺斯：《全球分裂：第三世界的历史进程》，迟越等译，商务印书馆1993年版。

34. ［美］斯塔夫里阿诺斯：《全球通史》，董书慧等译，北京大学出版社2005年版。

35. ［美］斯坦福·肖：《奥斯曼帝国》，许序雅、张忠祥译，青海人民出版社2006年版。

36. ［英］塞西尔·罗斯原：《简明犹太民族史》，黄福武等译，山东大学出版社1997年版。

37. ［英］谢·亚·托卡列夫：《世界各民族历史上的宗教》，中国社会科学出版社1985年版。

38. Abu – Lughod, Jnet L., *The Islamic City—Historic Myth*, *Islamic Essence*, *and Contemporary*; Abu—Munshar, Maher Y., *Islamic Jerusalem and Its Christians*, *A History of Tolerance and Tensions*, 2007.

39. Ajami, Fouad, *In the Pharaoh's Shadow*: *Religion and Authority in Egypt*.

40. Akcam, Tuner, *From Empire to Republic*: *Turkish Nationalism and the Armenian Genocide*, London & New

York, 2004.

41. Akyalcin, Dilek, *The Jewish Community In The Making Of Istanbul Intra Muros*, *1453—1520*, Istanbul: Sabanci University Press, 2003.

42. Al - baladhuri, *Kitab Futuh al - Buldan*, New York, 1968.

43. Al - Haj, Majid, *Immigration and Ethnic Formation in a Deeply Divided Society: the Case of the 1990s Immigrants from the Former Soviet Union in Israel*, Boston: Brill, 2004.

44. Alice L. Eckardt, *Jerusalem: City of the Ages*, Bost: University Press of America, 1987.

45. Ali, Tehran, Madanipour, *The Making of a Metropolis*, Chichester, 1998.

46. Al Jubeh, Nazim, "The Ghettonization of Arab Jerusalem", *Jerusalem Quarterly*, November 2002.

47. Allott, Miriam, *Alexandria: A History and A Guide*, Andre, Deutsch, 2004.

48. Almosnino, *History Of The Ottoman Kings*, National and University Library, Jerusalem, Israel.

49. Alsayyad, Nezar, *Cities and Caliphs, On the Genesis of Arab Mulsim Urbanism*, New York, 1999.

50. Amrahmadi, Hooshang and EL - Shakhs, Salahs, *Urban Development in the Muslim World*, the State University of New Jersey, 1993.

51. A. Ya ari, *Hebrew Printing at Constantinople*, The Magnes Press, 1967.

52. Ayalon, Ami, "Egypt's Coptic Pandora's Box", in Ofra Bengio and Gabriel Ben—Dor (eds.), *Minorities and the State in the Arab World*, Boulder: Lynne Rienner Publishers, 1999.

53. Baer, Grbriel, *Population and Society In the Arab East*, London, 1964.

54. Baer, Gabriel, *Population and Society In The Arab East*, Routledge, London, 1998.

55. Baram, A. , *Culture, History and Ideology in the Formation of Ba' thist Iraq, 1969—1989*, New York, 1991.

56. Barclay, John M. G. , *Jews in the Mediterranean Dispora: From Alexandria to Trajan*, University of California, 1996.

57. Batatu, Hanna, *The Old Social Classes and the Revorlutionary Movement in Iraq: A Study of Iraq'Old Landed.*

58. Beirut, *The Phoenix and the Reconstruction Predicament, Urbanization and the Changing Character of the Arab City*, United Nations New York, 2005.

59. Benayahu, *Sermons*, Paris: Hachette, 1981.

60. Ben - Dor, *State and Conflict in the Middle East.*

61. Bernard Lewis, *Jews of Islam*, Princeton University Press, 1984.

62. Bialer, Uri, *Cross on the Star of David The Christian World in Israel's Foreign Policy, 1948—1967*, Indiana University Press, 2005.

63. Bianca, Stefano, *Urban Form in The Arab World, Past and Present*, Thames and Hudson, 2000.

64. Blake, G. H. and Lawless, R. I. , *The Changing Middle Eastern City*, Harnes, 1980.

65. Borenstein, L. , *The Jewish Community in Istanbul in Mid - seventeenth Century*, Ramat Gan: Bar Ilan University, 1979.

66. Boyle, Kevin and Sherif, Adel O-mar, *Human Rights and Democracy: the Role of the Supreme Constitutional Court of Egypt*, London: Kluwer Law Internat ional, 1996.

67. Breger, Marshall and Ahimeir, Ora, *Jerusalem: A City and Its Future*, Syracuse University Press, 2002.

68. Burgat, Francois, *Face to Face with Political Islam*, New York: I. B. Tauris, 2003.

69. Caldarola, Carlo, *Religion and Societies: Asia and the Middle East*, Mouton, 1982.

70. Calhooun, Craig, *Social Theory and the Politics of Identity*, Cambridge: Blackwell Publishers, 1994.

71. Calvert, Peter, *Border and Territorial Disputes of the World*, London: John Harper Publishers, 2004.

72. Carter, B. L. , *The Copts in Egyptian Politics*, London: Croom Helm, 1986.

73. Cattan, Henry, *The Question of Jerusalem*, Third World Centre for Research and Publishing, 1980.

74. Celik, Zeynep, *The Remaking of Istanbul, Portrait of Ottoman City in the Nineteenth Century*, Washington, 1986.

75. Charles, Issawi, *An Economic History of the Middle East and North Africa*, New York, 1982.

76. Charlesworth, James H. , *The Old Testament Pseudepigrapha*, Vol. 2, New York, 1985.

77. Chaudhry, Kiren Aziz, *Economic Liberalization and the Lineages of the Rentier State: Iraq and Saudi Arabia Compared*, in Nicholas Hopkins and Saad Eddin Ibrahim eds. , Arab Society: Class, Gender, Power and Development, Cairo, 1997.

78. Chaudhuri, The *Trading World of Asia*, New Haven and London: Yale University Press, 1988.

79. Cohen, Hayyim J. , *The Anti - Jewish " Farhud " in Baghdad, 1941*, Middle Eastern Studies, Vol. 3, No. 1, Oct, 1966.

80. Costello, V. F. , *Urbanization in the Middle East*, New York, 1977.

81. Cragg, Kerneth, *The Arab Christian: A History in the Middle East*, London, 1992.

82. Crystal, Jill, *Oil and Politics in the Gulf: Rulers and Merchants in Kuwait and Qatar*, Cambridge University Press, 1990.

83. Dan, J, *The Hebrew Story in the Middle Ages*, Jerusalem, Kater Publishing House, 1974.

84. Davis, Ralph, *English Imports from the Middle East 1580—1780*, London and New York: I. B. Tauris & Co Ltd. , 1970.

85. Denoeux, Guilain, *Urban Unrest in the Middle East, A Comparative Study of In-*

formal Networks Egypt , Iran , and Leba-non, State University of New York Press, 1993.

86. Deshen, Shlomo, "Baghdad Jewry in Late Ottoman Times: The Emergence of Social Classes and of Secularization", AJS Review, Vol. 19, No. 1, 1994.

87. Dieckhoff, Alain and Gutierrez, Natividad, Modern Roots: Studies of Nation-al identity, Aldershot: Ashgate.

88. Dinstein, Y. and Tabory, M. (eds.), The Protection of Minorities and Human Rights, London: Martinus Nijhoff Publishers, 1992.

89. Eckardt, Alice L. , Jerusalem: City of the Ages, Alice L. Eckardt New York: American Academic Association.

90. Elon, Amos, Jerusalem: City of Mirrors, Boston: Harper Collins Publisher Ltd. , 1991.

91. Elon, Amos, Jerusalem: City of Mirrors, Boston: Little, Brown and Compa-ny Limitied, 1989.

92. Epstein, Ottoman Jewish Communi-ties And Their Role in The Fifteen And Six-teen Centuries, Freiburg: Klaus Schwartz Veriag, 1980.

93. E. Rivlin, History of the Scholars of Jerusalem, Jerusalem: Solomon priting, 1929.

94. Eunjeong Yi, Guild Dynamics In Seventeen Century Istanbul, Leiden · Bos-ton, 2004.

95. Fadil, Abu, M. , Small Measured Steps, Middle East, 1992.

96. Farhad, Kazemi, Poverty and Revo-lution in Iran—The Migrant Poor, Urban Marginality and Politics, New York Univer-sity Press, New York and London, 1980.

97. Faroqhi, Suraiya, The Later Otto-man Empire, 1603—1839, Cambridge: Cambridge University Press, 2006.

98. Faroqhi, Suraiya, The Ottoman Empire and the World Around it, London and New York: I. B. Tauris & Co Ltd. , 2006.

99. Faroqhi, Suraiya and BrillI, Haulinalgi, The Ottoman Empire and Its Heritage, Politics, Society and Economy, Volume 23, Leiden, Boston, Koln, 2001.

100. Fisk, R. , New Battle for Beirut, Independent on Sunday, London, 24 May, 1992.

101. Freely, Johe, Istanbul the Imperi-al City, London, 1996.

102. Friedman, Jewish Polygamy in the Middle Ages, Tel Aviv University, 1986.

103. Gabriel, Baer, Fellan and Towns-man in the Middle East, London, 1988.

104. Gat, Moshe, "The Connection Betweet the Bombing in Baghdad and the Emigration of the Jews from Iraq: 1950—1951", Middle Eastern Studies, Vol. 24, No. 3, Jul. , 1988.

105. Gerber, Economic and Social Life of the Jews in the Ottoman Empire in the 16th And 17th Centuries, Jrusalem.

106. Gideon, S. Golany, Babylonian Jewish Neighborhood and Home Deisign, The Edwin Mellen Press, 1999.

107. Goffman, Daniel, *The Ottoman Empire and Early Modern Europe*, Cambridge: Cambridge University Press, 2002.

108. Golany, Gideon S. , *Babylonian Jewish Neighborhood and Home Deisign*, The Edwin Mellen Press, 1999.

109. Goldschmidt, A. , *A Concise History of the Middle East*, Boulder, Colo: Westview Press, 1991.

110. Grant, Michael, *The Ancient Mediteranean*, Scribner's, 1969.

111. Grosby, Steven, *Biblical Ideas of Nationality: Ancient and Modern*, Winona Lake, 2002.

112. Gurr, Ted Robert ed. , *Peoples versus States: Minorities at Risk in the New Century*, Washington: United States Institute of Peace Press, 2000.

113. Hacker, *Pride And Depression: Polarity of the Spiritual and Social Experience of The Iberian Exiles In The Ottoman Empire*, Jerusalem: Zalman Shazar Centre, 1989.

114. Hacker, *The Ottoman System Of Surgun And Its Influence On The Jewish Society In Ottoman Empire*, Zion 55, 1990.

115. Haim, Sylvia G. , "Aspects of Jewish Life in Baghdad under the Monarchy", *Middle East Studies*, Vol. 12, No. 2, May, 1976.

116. Harris, W. V. and Ruffini, Giovanni, *Ancient Alexanderia Between Egypt And Greece*, Leiden · Boston, 2004.

117. Hassan, R. , "Lebanon Shows Signs of Life", *Middle East Markets*, 14 October, 1991.

118. Hatina, Meir, "In Search of Authenticity: A Coptic Perception", *Middle Eastern Studies*, Vol. 42, No. 1, January 2006.

119. Held, C. , *Middle East Patterns: Places, People and Politics*, Boulder, Colo: Westview Press, 1994.

120. Hellenism, *Norma Bentwich*, The Jewish Publication Society of America, 1919.

121. Heyd, Uriel, *The Jewish Communities Of Istanbul in The Seventeenth Century*, Oriens , 1953.

122. Hodage, Richard, *Dark Ageb Economics: The Origins of Towns and Trade*, New York, 1982.

123. Hudson, M. C. , *The Precarious Balance: Modernization in Lebanon*, New York: Random House, 1968.

124. Ibn
Yahya. Responsa. Venice, 1622.

125. Inalcik, H. , *The Ottoman Empire: the Classical Age 1300—1600*, New York, 1973.

126. Inalcik, *The Ottoman Empire*, London: Weidenfeld and Nicolson, 1973.

127. Inlcik, H. , *An Economic and Social History of Ottoman Empire, Vol. 1: 1300—1600*, Cambridge, 1994.

128. Issawi, Charles, *An Economic History of the Middle East and North Africa*, New York, 1982.

129. Jacoby, *The Jews of Constantinople and Their Demographic Hinterland*,

Cambridge Variorum.

130. Jerusalem, *From the Ottomans to the British*, Roberto Mazza, 2009.

131. Jill, *Oil and Politics in the Gulf.*

132. Jones, A. H. M. , *The Greek City From Alexander To Justinian*, Oxford, 1940.

133. Karawan, Ibrahim A. , *Arab Dilemmas in the 1990s: Breaking Taboos and Searching for Signposts*, The Middle.

134. Kedourie, Elie and H. D. S. , "The Jews of Baghdad in 1910", *Middle Eastern Studies*, Vol. 7, No. 3, Oct, 1971.

135. Khoury, P. , " Reconstruction: Implementing Horizon 2000", *Lebanon Report 6*, 1995.

136. Khuri, Fuad, *From Village to Suburb: Order and Change in Greater Beirut*, Chicago, 1975.

137. Kourtis, Miachel, *Religion and Politics in the Middle East*, Westview Press, 1981.

138. Lambton, A. K. S. , *State and Government in the Medieval Islam*, Oxford, 1985.

139. Lebanon Report, " Elissar and Southern Suburbs", *Lebanon Report*, 1995.

140. Levy, A. , Jews Turks, *Ottomans: A Shared History, Fifteenth Through The Twentieth Century*, New York.

141. Levy, A. , *The Jews of the Ottoman Empire*, Princeton: The Darwin Press, 1994.

142. Levy, Avigdor, *Jews, Turks, Ottomans, A Shared History, Fifteenth Through the Twentieth Century*, Syracuse University Press, 2002.

143. Lewis, B. , *Istanbul And The Civilization of The Ottoman Empire*, University of Oklahoma Press, 1963.

144. Lewis, B. , *Jews of Islam*, Princeton: Princeton University Press, 1984.

145. MacDnald, Charles G. and A. O' Leary, Carole, *Kurdish Identity: Human Rights and Political Status*, University Press of Florida, 2007.

146. Madanipour Ali, *The Making of A Metropolis*, Chichester, 1998.

147. Magali, Morsy, *North Africa 1800—1900*, London, 1984.

148. Mahgoub, Yasser, *The Evolving Arab City: Tradition, Modernity and Urban Development*, Routledge, 2004.

149. Marcus, *Abraham The Middle East on the Eve of Modernity: Aleppo in the Eighteenth Century*, New York: Columbia University Press, 1989.

150. Marr, Phebe, *The Modern History of Iraq*, Westview Press, 1985.

151. Marshall L. , Breger Ora Ahimeir, *Jerusalem: A City and Future*, Syracuse University Press, 2002.

152. Masters, Bruce, *Christians and Jews in the Ottoman Arab World*, Cambridge University Press, 2001.

153. Masters, Bruce, *The Origins of Western Economic Dominance in the Middle East*, New York and London: New York University press, 1988.

154. Mather, James, *Pashas: Traders and Travellers in the Islamic World*, New Haven and London: Yale University

Press, 2009.

155. Matthee, Rudolph P. , *The Politics of Trade in Safavid Iran: Silk for Silver, 1600—1730*, Cambridge: Cambridge University Press, 1999.

156. Meadows, I. , Lebanon, *Up from the Ashes*, 1994.

157. Meateer, Miclrael, "Arab Christians among Middle East's Most Oppressed", *Anglicnra*, Journal February, 2000.

158. Meir - Glitzenstein, Esther, *Zionism in An Arab Country: Jews in Iraq in the 1940s*, London: Routledge, York: Palgrave Macmillan, 2008.

159. Mendels, *Doron, The Rise and Fall of Jewish Nationalism: Jesish and Christian Ethnicity in Ancient Palestine*, New York, 1992.

160. Metz, A. , *The Renaissance of Islam*, Delhi. 1979.

161. Milivojevic, M. ; "Construction Boom", *Middle East International*, 12 May, 1995.

162. Minz, Yehudah, Responsa. Venice, 1546.

163. Morad, Tamar eds. , *Iraq's Last Jews: Stories of Daily Life, Upheaval, and Escape from Modern Babylon*, New York: Palgrave Macmillan, 2008.

164. Nasr, S. , edited by Khalaf, S. and Khoury, P. , *New Social Realities and Post - War Lebanon: Issues for Reconstruction, In Recovering Beirut: Urban Design and Post - War Reconstruction*, 1993.

165. Nisan, Mordechai, *Minorities in the Middle East: A History of Struggle and Self - Expression*, McFarland & Company, Inc. , Publisher, 2002.

166. Norman, Stillman, *The Jews of Arab Lands in Modern Times*, The Jewish Publication Society, 1991.

167. Pacini, Andrea edit, *Christian Communities in the Arab Middle East: The Clxallenge of the Future*, Clarendon Press Oxford, 1998.

168. Pennington, J. D. , "The Copts in Mordern Egypt", *Middle Eastern Studies*, Vol. 18, No. 2, April 1982.

169. Peri, Oded, *Christianity Under Islam in Jerusalem, The Question of the Holy Sites in Early Ottoman Times*, Brill, 2001.

170. Piscatori, James P. ed. , *Islam in the Political Process*, Cambriage: Cambriage University Press, 1983.

171. P. Zenner, *Walter A Global Community—the Jews from Aleppo Syria*, Wayne state University Press , 2000.

172. Quataert, D. , *An Economic And Social History of The Ottoman Empire 1300—1904*, Cambridge, 1997.

173. Raymond, Andre, *Arab Cities in the Ottoman Period*, Ashgate, 2002.

174. Raymond, Andre, *The Great Arab Cities In The 16—18th Centuries, An Introduction*, New York, 1984.

175. Reed, E. and Beirut, F. Ajami, *City of Regrets*, New York, 1988.

176. Rejwan, Nissim, *The Jews of Iraq: 3000 Years of History and Culture*, London: Weidenfeld & Nicolson, 1985.

177. Rejwan, Nissim, *The Last Jews in Baghdad: Remembering A Lost Homeland*, Texas: University of Texas, 2004.

178. Relevance, "International Journal of Middle East", *Studies*, Vol. 19, No. 2, May 1987.

179. Robison, G. , "Three Years after End to Warfare, Optimism Gains Ground in Lebanon", *Journal of Commerce*, 21 October, 1993.

180. Roth, B. C. , *The Jews in The Renaissance*, Jerusalem: Bialik institute, 1962.

181. Rozen, Minna, *A History of The Jewish Community in Istanbul : The Formative Years, 1453—1566*, Brill, Leiden, Boston, 2002.

182. R. T. Dumper, Michael and E. Stanley, Bruce, *Cities of The Middle East and North Africa, A Historical Encaclopedia*, ABC—CLIO, Inc, 2007.

183. Rubin, Barry, *Islamic Fundamentalism in Egypt Politics*, New York: Palgrave, 2002.

184. Sassoon, David Solomon, *A History of the Jews in Baghdad*, Simon Wallenberg, 2006.

185. Scholem, G. , *Major Trend in Jewish Mysticism*, Jerusalem: Schoken Publishing House, 1977.

186. Serjeant, R. B. , *The Islamic City*, Unesco, Paris, 1980.

187. Sena, E. , P. Cahin, S. Nuri Erbas, J. Martelino, and A. Mazarei, *Economic Dislocation and Recovery in Lebanon*, Washington D. C. International Monetary Fund, 1995.

188. Shaw, Stanford, Shaw, Ezel Kurat, *Illusory of the Ottoman Empire and Modern Turkey*, Cambridge University, 1977.

189. Shiblak, Abbas, *The Lure of Zion: The Case of Iraqi Jews*, London: Al Saqi Books, 1989.

190. Simon, Reeva Spector eds. , *The Jews of the Middle East and North Africa in Modern Times*, Columbia University Press, 2003.

191. Sirat, *Jewish Philosophical Thought in the Middle Ages*, Jerusalem, Keter publishing house, 1975.

192. Solidere, *The Reconstruction of Beirut Central District: The Major Urban Redevelopment Project of the 1990s*, Beirut: Solidere, 1994.

193. Somogyi, Joseph de, *A Qasida on the Destruction of Baghdad by the Mongols*, Bulletin of the School of Oriental Studies, University of London, Vol. 7, No. 1, 1933.

194. Spector, Simon, Reeva eds. , *The Jews of the Middle East and North Africa in Modern Times*, Columbia University Press, 2003.

195. Stewart, Desmond, Great Cairo, *Mother of the World*, Cairo, 1981.

196. Stivachtis, Ioannis A. , *Co – Operative Security and Non – Offensive Defence in the Zone of War: the Greek – Turkish and the Arab – Israeli Cases*, New York: Peter Lang, 2001.

197. Tarn, William, *Hellenistic Civilisation*, Methuen & Co Ltd. , 1978.

198. Tcherikover, V. & Fuks, A. , *Corpus Papyrorum Judaicarum.*

199. Theodor, Hanf, *Coexistence in Wartime Lebanese: Decline of A State and Rise of a Nation*, London: University Press, 1993.

200. Thubron, *Colin and the Editors of Time—Life Books*, Istanbul, B. , V. , 1978.

201. Tilly, Charles, "Reflections on the History of European State – Making", in Charles Tilly ed. , *The Formation of National States in Western Europe*, Princeton, 1975.

202. Tracy, James D. , *The Rise of Merchant Empires*, Cambridge, MA: Cambridge University Press.

203. Ukraine, T. , *Aras Kuzio: State and Nation Building*, London and New York: Routledge, 1998.

204. Walden, P. , "Rebuilding of Lebanon Owes Much to Vision and Fortune of Hariri ", *Wall Street Journal*, 29 March, 1994.

205. Walter, Fischel, "The Origin of Banking in Mediaeval Islam: A Contribution to the Economic History of the Jews of Baghdad in the Tenth Century", *Journal of the Royal Asiatic Society of Great Britain and Ireland*, No. 3, Jul. , 1933.

206. Whittington, J. , "Beirut Property Prices Soar to Sky – High Limits", *Financial Times*, 22 November, 1994.

207. Ya ari, *Hebrew Printing at Constantinople*, Jerusalem: The Magnes Press, 1967.

208. Yeor, B. , *The Dhimmis: Jews and Christians under Islam*, London, 1985.

209. Y. Saqqaf, Abdulaziz, *The Middle East City Ancient Traditions Confront A Modern World*, New York, 1987.

210. Yuhasz ed. , *Sephardi Jews in The Ottoman Empire*, Jerusalem: the Israel museum, 1989.

后　记

中东是民族兴衰与宗教兴盛的舞台，一部中东史就是一部多民族和多宗教的不断冲突与融合的历史。正是在不断冲突与融合的过程中，中东缔造了一个个大帝国，而每个帝国文明都是中东不同民族和宗教共同创造的结晶，这样宗教和民族的多样性成为中东伊斯兰城市的突出特征，也是从事中东城市研究不可回避的课题。为此曾设想写一部中东城市民族社团与宗教社团史，从全景与个案不同角度为读者展示中东主要城市民族社团与宗教社团的历史演变过程。

2008 年山西省青年学术带头人扶持项目"中东城市民族社团与宗教社团研究"提供了研究契机，历经五载春秋，书稿完成。然囿于资料和精力，书稿与初衷仍有较大距离，正如黄民兴先生在序中所言，选择的个案均为不同城市的单一社团，而没有对某个城市的民族社团与宗教社团的全面分析。这些有待今后努力。

忆学术心路历程，每一点进步都离不开我恩师的提携与帮助，在本书出版之际，向我的恩师张象先生、彭树智先生、黄民兴先生、王铁铮先生、胡德坤先生、李世安先生等致以感谢。尤其是值本书付梓之际，黄民兴先生、毕健康先生欣然提笔作序，令我深感荣幸。

我的合作伙伴王新中博士、谢立忱博士、王宝龙讲师、马一笑硕士、李晶硕士、李鑫硕士、孙超硕士、张鑫硕士、续亚彤硕士参与部分章节写作工作，感谢他们的合作与辛勤劳动。

感谢山西省教育厅科技处的张志强处长。

感谢山西师范大学武海顺教授、卫建国教授、许小红教授。

感谢我丈夫续德朴先生，感谢我的家人。

感谢中国社会科学出版社任明先生。